语教学

究方法与应用

理论与实践系列丛书

语教育基础

策划

北京日本文化中心

（日本国际交流基金会）

高等教育出版社

总主编

曹大峰　林洪

主编

馆冈洋子　于康

著者

（按章节顺序）

任星　熊可欣

玉冈贺津雄　初相娟

早川杏子　齐藤信浩

大和祐子　小松奈奈

李晓博　欧丽贤

范玉梅　田一苇

曹大峰　施建军

于康　毛文伟　林璋

高等教育出版社·北京

图书在版编目（CIP）数据

日语教学研究方法与应用 ／（日）馆冈洋子，于康主编 . -- 北京 ：高等教育出版社，2015.6
（日语教育基础理论与实践系列丛书 ／ 曹大峰，林洪主编）
ISBN 978-7-04-042358-7

Ⅰ．①日… Ⅱ．①馆… ②于… Ⅲ．①日语－教学研究 Ⅳ．①H369

中国版本图书馆CIP数据核字 (2015) 第062851号

策划编辑 李 炎	责任编辑 李 炎	封面设计 张志奇	版式设计 张志奇
责任校对 张博学	责任印制 张泽业		

出版发行	高等教育出版社	咨询电话	400-810-0598
社 址	北京市西城区德外大街4号	网 址	http://www.hep.edu.cn
邮政编码	100120		http://www.hep.com.cn
印 刷	北京天时彩色印刷有限公司	网上订购	http://www.landraco.com
开 本	787mm×1092mm 1/16		http://www.landraco.com.cn
印 张	24.5	版 次	2015 年 6 月第 1 版
字 数	513千字	印 次	2015 年 6 月第 1 次印刷
购书热线	010-58581118	定 价	55.00元

总　序

日语在中国已经成为学习人数仅次于英语的外语语种。据日本国际交流基金会的调查和中国高等教育学生信息网显示，中国日语学习人数 2012 年突破了 100 万人，跃居世界第一。其中，高等院校的日语学习者 67.9 万人，日语教师 11271 人；开设日语专业的高校 506 所，具有日语硕士学位授予权的高校 83 所，可招收日语语言文学博士研究生的高校近 20 所。

随着教育规模的快速增长和社会需求的不断变化，中国日语教师专业化发展的问题也日益凸显。主要问题有二：一是高校日语学习者的多样化和复合型国际化人才的培养目标对教师提出了新的要求，以中青年教师为多数的日语教师队伍亟待更新教学理念，改革教学方法，提高教学能力；二是目前日语教师的学科背景多为日语语言学、文学、社会学、文化等，而教育学、心理学专业背景的教师人数尚在少数，同时缺少比较集中的系统的有关教学、课程、教师、学习、教材等方面的专业培训。

据中国日语教学研究会和日本国际交流基金会的问卷调查，大学日语教师对教师专业化培训的需求迫切，他们希望获得国内外语言学、教学理论、研究方法等方面的学术前沿信息和教学方面的案例分析。[1] 许多教师认为日语教育研究较难，原因是"未受过专业教育""不懂研究方法""没有地方发表成果""没有途径获取最新信息"等。[2]

1　引自中国日语教学研究会与北京师范大学、北京日本学研究中心和北京日本文化中心合作实施的《大学日语教师专业发展现状与需求调查》问卷结果。

2　引自北京日本文化中心对赴日研修教师的问卷调查结果。

鉴于上述情况，高等教育出版社和日本国际交流基金会北京日本文化中心共同策划了这套《日语教育基础理论与实践系列丛书》，计划三年内出版 8 部与日语教育学领域相关的论著，其主题为语言理论与教学、协作学习、对比研究与教学、科研方法、教学法、第二语言习得、跨文化交际、教师与学生等，以期为相关领域的教师培训和研究生教育提供支持。

本套丛书是国内首次策划出版的一套"日语教育基础理论与实践系列丛书"，其特点为中日两国专家合作编写，反映中、日两国在同领域的学术前沿信息和最新研究成果；用日汉双语撰写以充分表述观点，立足中国本土，放眼全球；丛书各册均从日语教育的角度来讨论相关话题，与以往的纯学术性的研究专著不同，更加注重教学基础理论与实践及科研能力的结合；提供一定数量的课例及教案分析，以帮助读者通过实例理解体会新的教育观和语言观，结合自己的教学实践加以对比和反思，从而更好地组织教学、展开研究。

我们希望通过这套丛书，为读者建立一个全景式地了解日语教育学相关理论与实践成果并由此向教师专业化发展迈进的基础平台，以帮助日语教师在教学和科研方面成为良好的思考者、实践者和成功者。

曹大峰　林洪

2014 年春

第三部　语料库与日语教学及日语研究

1. 研究テーマの設定

1.1　テーマ設定から書き上げるまで：テーマ決め→方法→調査→分析→執筆？

　みなさんは、研究成果を発表する（書くあるいは口頭発表するなど）までのプロセスをどのようにとらえているでしょうか。まずテーマを決め、次にそのテーマに関して先行研究の調査をし、それをふまえたうえで研究課題を設定し、課題を実現するための研究計画を練り、それにしたがって調査および分析をして、何かを明らかにする……といった一連のプロセスを想定しているのではないでしょうか。だいたい論文もこのような展開で書かれていることが多いために、こうした順序を想定するのも当然かもしれません。しかし、実際には、この順序で研究が進むことはむしろまれで、行きつ戻りつしながら、あるいはいくつかのことが同時並行的に進んでいくものです。

　まず、研究課題の設定といっても、ぼんやりとしている上にいろいろな要素が絡んでいて、明確に設定しにくい場合が多いでしょう。あとで述べますが、実はテーマ設定自体がたやすいことではないのです。また、研究方法についても、最初からはっきりと決まっておらず、手探りでやってみながら適切な方法を模索し、変更しながら決定するということもあります。また、自分が計画した調査を実行しようとしたら、調査協力が得られない、あるい

は、調査に適したフィールド自体が見つけられないなど、研究の途中で起きてくる問題もあるでしょう。また、調査・分析をする中で、いろいろなことがわかってくるにつれて、調査者自身の問題意識が変わり、最初に考えていたテーマと少しずつずれてくる、したがって、研究計画を練り直さなければならない、といった事態が生じることもあります。調査の分析をしているときに、そもそも自身が立てた問いは適切であったのか、あらためて問い直し、最初から考え直さなければならないことも少なくありません。つまり、研究のプロセスは、しっかりテーマを決め、最初にあげたような手順を粛々と進めていくというよりは、試行錯誤しながら、ときには立ち止まり、思考しながら、だんだん全体をぼんやりしたものからはっきりした形にしていくといったほうが適切かもしれません。

1.2　テーマ決めという難問

そもそも研究テーマが決まらないと、研究を始めることができないのですが、この「研究テーマの設定」こそが、実は研究の最初の、そして、もしかすると最大の難関ということができるでしょう。「研究」というとおおげさに考えてしまって、抽象的な大きな問いをかかげ、定理を発見しようというような研究計画を考えてしまうかもしれません。しかし、私たちがふだんいろいろなことに対してもっている興味や関心から離れて、「研究テーマ」というものがどこかに存在するわけではありません。

興味、関心といえば、きっとみなさんも日本語教育においていろいろな分野のいろいろなテーマに関心があるでしょう。ご自身が日本語学習者であった方は、自身の学習経験から関心をもったことをテーマにすることも多いと思います。

Aさんの例を検討してみましょう。中国で日本語教師をしているAさんは、最近、日本から来た講師が「協働学習」のテーマで行った講演会に参加しました。日本での事例について聞いたり、授業のビデオを見たりする中で、「協働学習」にとても興味をもちました。

そこで、Aさんはなぜ自分が協働学習に関心をもったのか、自己分析をしてみました。そこには、現在の自分の授業がややマンネリ化し、テストのために行っているように思うこともあることや、学生たちがもっと生き生きと学べるはずなのに、と疑問を持っていたことが背景にあることに気がつきました。そこが協働学習によって解決できるのではないかと期待がもてたようです。一方、講演の中で、日本での協働学習の授業風景の

ビデオを見せてもらって、学習者同士が話し合い、楽しそうに授業を進めている様子は魅力的だとは思ったものの、なんとなく遊んでいるようにみえて、中国人の学生たちには受け入れてもらえないような気も直感的にしていました。教師である自分自身も学生たちが本当に協働学習のような授業スタイルで、日本語の実力をつけているのかどうか、不安に思いました。このように自分がなぜ関心をもったのかを検討してみると、協働学習についてのいくつかの「問題に思っていること」が浮かんできます。これらを「問題意識」と呼びます。つまり、興味・関心から一歩踏み込んで、「何を問題だと思っているか」といったその人の考えが問題意識です。協働学習は楽しそうでいいが、本当に日本語の力は伸びるのか、また、中国の学生たちに受け入れられるだろうか、ということが、Ａさんの協働学習に関する問題意識と言えるでしょう。研究課題を設定するときには、その背景にはいつも研究しようとしている人の問題意識があり、問題意識があって始めて研究課題設定の入口に立つといえます。「自分はなぜこの研究をするのか」という問いが課題設定の中核にあるわけです。

　この問題意識には、かならず研究をする人の体験があったり、何かのきっかけがあったりするものです。たとえば、Ａさんの場合は、たまたま日本で行われている「協働学習」の講演を聞いたことや授業ビデオを観たことがきっかけになっています。そのきっかけと重なるような、実際の教師としての授業について感じていた疑問や課題、あるいはある具体的な授業風景や学生の発言なども影響しているかもしれません。もし、そのようなエピソードがあれば、この具体的なエピソードについて詳細に記述したり、人に話してみたりすることで、あなた自身の問題意識を整理することができます。自分がひっかかっていること、気になっていることのきっかけを作っているエピソードがはっきりしてくることで、問いの原点を探ることができるのです。

　しかし、問題意識を明確にもっているからといって、それがそのまま研究課題となるわけではありません。研究をする意味があること、価値があることでなければ、研究をしてもしかたがないでしょう。たとえば、どんなに問題意識が高くても、大変個人的で他者にとってはどうでもよいこと、「お好きなように」と思うことであれば、研究する意味がありません。たとえば、「自分にはどんな服が似合うか」ということの問題意識がどんなに高くても、研究課題とはなりません。つまり、自分の分野（ここでは日本語教育）において、どんな意味があるのか、ということが重要になります。これが日記を書いたり、エッセイを書いたりすることとは異なる点です。研究をすることで、当該分野に貢献をすることが研究をすることの社会的な意義だと思います。もちろん自分の問題意識を解決するということも大きな意義ですが、それと同時に、たとえば、先のＡ

さんの問題意識であれば、それを解決することでAさん以外の先生方にも役に立ちます。そして、自分の研究が日本語教育の分野においてどのように位置づけられるのかということも考えるべきでしょう。そのためには、自分の研究の先行文献を読み込んだり、その周辺のテーマについても学んだりすることが必要になってきます。たとえば、Aさんの例は、授業に関する研究であり、今までどのような授業研究の歴史があり、また現在の社会状況や教育観の中でどう位置づけられるのかということを検討してみる必要があります。

1.3　テーマ設定のオリジナリティ

修士論文の課題を決めようとしている学生たちの相談にのっているときに、学生たちがよく発する質問は、「これは研究課題としてどうでしょうか。研究になりますか。」というものです。この質問には答えようがありません。研究課題は、先述のように、その人から出た問題意識と深く連動しており、その人のオリジナルなものであるからです。同じフィールドに立っていても、人によって見ているものが異なります。たとえば、数人の実習生が「ある日本語の授業」を見学したとします。ある人は、教師がどんなふうに学生たちに話しかけるか、どんな説明の仕方をするか、など、教師の振る舞いに関心をもつかもしれません。また、ある人は、学生たちがどんな間違いをするか、学生の誤用が気になるかもしれません。また別のある人は、教室の後ろのほうに座って、居眠りをしたり、隣の学生とおしゃべりしたりして授業にあまり参加していないようにみえる学生に関心を払うかもしれません。あるいはまた、教師や学生ではなく、教室で行う課題や活動の内容に関心をもつ人も少なからずいるでしょう。同じフィールドを見て、ここから研究の課題設定をしようとした場合、このように人によってテーマの「切り出し方」はさまざまです。つまり、研究する人とフィールドとの間に研究課題が生まれるともいえます。したがって、課題がいくつか目の前にころがっていて、その中からあれこれ迷って何かひとつを選択するということではなく、あくまでも課題はその人次第なのです。同じフィールドでも人によって異なった課題設定をするということから、すでに課題設定自体にその人らしさが表れているということがわかるでしょう。だからこそ、「なぜ自分はこの研究なのか」ということをよく考えてみなければなりません。

2. 研究テーマと方法との関係

2.1 仮説検証型と仮説生成型

研究には、「仮説検証型」の研究と「仮説生成型」の研究があります。

「仮説検証型」の研究とは、あらかじめ仮説をたて、その妥当性を検証するタイプの研究で、多くの量的な研究がこの「仮説検証型」で行われます。たとえば、何人かの中国語母語話者が日本語の「鼻（はな）」と「腹（はら）」、また、「ドアをノックする」と「ドアをロックする」など、「ナ行音」と「ラ行音」を聴き間違えることが多いこと、そのような間違いはとくに中国の南方方言話者に多いようだということに気づいたとします。そこで、「中国南方方言話者である日本語学習者は日本語の『ラ行音』と『ナ行音』を混同して聴きやすい、それには母語の影響があるのではないか」という仮説をたてます。研究としては、中国南方方言話者たちに協力してもらって、該当する発音がでてくる単語や文章をいくつか聴き取ってもらうなどの調査をし、その仮説が多くの確率で成立するかどうかをデータにより検証します。統計的な処理のもとで検証された仮説は、ある特定の条件のもとであれば「普遍的」な理論を示していることになります。もちろん、このときいくつくらいデータをとったらよいのか、南方方言話者たちにはみな同じ傾向があるのか、また母語の干渉以外の要因は考えられないのかなど、実験上、検討しなければならないことがいくつかでてきます。しかし、ある一定の条件の下では、中国南方方言話者である学習者やこれらの学習者に教える教師には、この研究の成果は役にたつでしょう。

一方、「仮説生成型」の研究とは、データを記述し分析し、そこから何らかの主張（仮説）を導き出すタイプの研究で、多くの質的な研究が「仮説生成型」で行われます。たとえば、ある日本語授業の雰囲気がとても活発で、なんとかほかの教室でもそのような授業をしてみたいが、何がこの活発さの原因なのだろうという問いを持っているとします。その問いを解決するために、ある特定の教室を観察して、その活発さの要因を解明しようとします。観察ばかりでなく、必要があれば、教師や学生にインタビューをすることもあるかもしれません。その結果、「〇〇がこの活発さの要因となっているのではないか」という仮説を新たに生成します。ここで生み出された仮説は、ある特定の授業という限定された場を説明する「理論」だということもできます。

先の仮説検証型の量的研究で導かれた「理論」は、より普遍性、一般性を志向した「理

論」ですが、仮説生成型の質的研究によって生み出された「理論」はある領域にのみ通用する領域固有の「理論」だということができます。

2.2　量的方法と質的方法

　仮説検証型、仮説生成型といった説明の中で、すでに量的研究、質的研究ということばがでてきました。本書では、それぞれについて具体的な説明に紙幅を割いています。それに先立ち、ここでその2つの研究方法をおおざっぱに整理してみましょう。

表1　量的調査法と質的調査法の特徴

	量的調査法	質的調査法
研究の特質	量（どのくらいの量や数か）	質（特性、本質）
哲学的な背景	実証主義、論理的経験主義	現象学、象徴的相互作用論など
調査の目標	過去のデータからある傾向をつかみ、まだ起きていないことを予測する	ある事象や人、フィールドを理解したり、解釈したりする
仮説のあり方	仮説検証	仮説生成
サンプル	ランダム 母集団を代表するもの	ノンランダム 理論的ある特徴を担ったもの
データ収集の方法	テスト、質問紙など	調査の主たる道具としての調査者によるインタビュー、観察など
分析のモード	演繹的（統計的手法による）	帰納的（調査者による）
調査結果の記述	数値を用いる	ことばを用いる

　2つの調査法の基本的相違点を示すためにやや強調して上記の対比を行いました。量的研究は「量的データ」、質的研究は「質的データ」を扱う研究ともいうことができます。ここでいう「量的データ」とは、数値で表されているデータで、平均、標準偏差、相関などの統計手法を用いて発達してきました。量的研究では、別の人が同じ材料で同じ手順で実験をしたら、必ず同じ結果になること、つまり、「再現可能性」が重要になります。再現可能だからこそ、他者の研究結果を自分のフィールドに適用することができるのです。母集団を代表するサンプリングをすることによって、「1を聞いて

10 を知る」科学ということができるでしょう。

それに対して、「質的データ」とは行動観察記録、会話記録、内省的言語報告などことばによって書かれた「記述データ」をさします。記述データは、カテゴリーに分類してカウントし、量的データにすることもありますが、むしろ量には還元しにくい、質的内容的な側面に着目するところに強みがあります。ある現象について、なぜそれが起きているのかを理解したい場合などに用いられます。特定の誰かを対象に調査をする場合、調査対象に誰を選ぶのか、なぜその人を選ぶのかが重要であり、知りたいことがわかるような対象者を選び出すことになります。調査は 1 度だけでなく、研究にそって必要な人を選びつつ、分析とサンプリングを同時に進めます。このサンプリングは「理論的サンプリング」と言われています。このような研究は、「1 の意味・質を知る」科学ということができるでしょう。

2.3　方法は棚の上に並んでいるわけではない！

前節では、量的な研究、質的な研究について、簡単に述べましたが、実際にはこのおおざっぱな括りで説明するだけでは不十分で、背景を異にする多様な研究方法が生み出されています。たとえば、質的研究であっても量的研究の考え方を取り入れているものがあったり、量的な研究と質的な研究を組み合わせている場合もあります。これらの研究方法は、それぞれの研究者が、自らの見たいものを見ようとして開発し、工夫をしてきたものであって、その人の問題意識や世界の捉え方（認識論）を反映したものだといえるでしょう。そもそも量的研究と質的研究についても、ただデータが数値か記述データかという違いだけではなく、現実（リアリティ）をどのようにとらえるかという立場が全く異なっています。

どんな方法で研究をするのか？アンケートをすることによってクラス全体のある傾向を知ることはできるかもしれませんが、クラスにいるある特定の学習者の学習への取り組みを明らかにすることはできません。「自分は何をみたいのか」それがはっきりしないと方法を選択することもできません。

方法というと、いろいろな名前のついた多様な方法が棚の上に並んでいて、そこから選ぶように思いがちですが、実は、ただ方法だけを切り取って自分に当てはめて使うのではなく、その方法が生まれた背景や何の目的で生み出されたのかについて考える必要があります。それには研究方法について学ぶとともに、いろいろな研究方法が用いら

れている先行研究（論文）をたくさん読むことがとても役に立ちます。先人たちが生み出したさまざまな方法は、どんな問題意識をもって何をみようとしたものなのか、どんな工夫があるのか、それをよく検討して、みずからの問題意識との重なりを考えてみるとよいでしょう。それは、結局は方法の問題であると同時に、その方法を支える認識論の問題でもあります。ある方法を選択するということは、自分の立ち位置を示すことでもあるのです。結局は、どんな方法を選ぶかは自らの日本語教育観を示すことだともいえるでしょう。

3. 研究を書く―あなたにとっての「日本語教育」とは？

3.1 執筆のプロセスでの試行錯誤

　冒頭にも述べたように、研究のプロセスは予定していたとおりに粛々と進むものでは決してありません。むしろ、考えれば考えるほど、「木を見て森を見ず」という状態になることもありますし、自分の考えが整理できずに迷走してしまうこともあります。そこで、重要なのが、たえず最初の問題意識に戻るということです。自分がなぜこの研究をはじめたのか、その原点にもう一度立ってみるということです。もちろん、自分の当初立てた研究課題がそんなに確固としたものでないことも多いでしょう。しかし、「そもそも」「なぜ」私はこの研究をはじめたのかと原点に戻ることで、発散してしまいがちな自分の関心を収束させ、またあらためて最初の問いを問い直し、テーマをさらに明確にすることができます。

　原点に戻ることと同時に重要なのは、自分のテーマをいつも頭において批判的にそれを検討することです。そのように行動していると、図書館に行っても関連図書が目につくでしょうし、電車の中で目にする広告や友達との会話からヒントが得られる可能性もあります。自分のたてた課題をたえず批判的に捉え直し、自問自答する姿勢が大切だと思います。

3.2 他者からのコメントの重要性

　ある課題のもとで論文を書く、発表をするということはどういうことなのでしょう

か。それは、論文全体あるいはスピーチ全体を通して、ある主張をするということです。ある問題意識のもとで課題を設定し、その課題について調査をしたり分析したりすることをとおして、オリジナルな自分の考えを主張します。では、オリジナルな考えはどこから生まれてくるのでしょうか。それはひとりで考え抜いて生み出すものだというイメージをもっている人が多いと思われますが、実際には、他者との対話が大変重要な役割をはたしているのです。

　対話のひとつの大きな役割は、自分の考えを多様な観点から検討し直すことができることです。自分では考えてもいなかった点を指摘されたり、当然だと思っていたことに疑問を投げかけられたりすることで、再検討を迫られます。自分の研究が他者にとって了解可能なものとなっているのか、独りよがりな主張をしていないか、それを教えてくれるのが他者との対話です。

　また、もうひとつの大きな役割は、他者との異なりと重なりに気づくことから、自分の自分らしさ、それこそオリジナルな点に気づくことです。自分がどこにこだわっているのか、どういう視点が自分らしいのか、これは自分だけでは到底、気づくことがむずかしいものです。しかし、自分とは異なった他者と対話をしてみて初めて、「自分がいいたいのはそうではなくて、こういうことだ」と思うものです。

　こうして、他者との対話は、すでに自明だと思っていたことにゆさぶりをかけ、新たなアイディアを生み出し、みずからのオリジナリティに磨きをかけてくれるものなのです。研究というものは、本来ひとりで取り組むものだと思われがちですが、他者と対話をし、そして自己と対話をし、その往還の中で深まっていくものだと思います。

3.3　どんな研究をするか─それは日本語教育観を示すもの

　みなさんが研究をするにあたって、どんな方法で進めるかは、大変重要なのですが、本章では、それに先立ち、「1. 研究テーマの設定」、「2. 研究テーマと方法との関係」「3. 研究を書く」という観点から述べてきました。研究テーマはその人の問題意識から生まれること、研究方法の選択はその人の立ち位置を示すということ、さらに研究を書くということは対話をとおして自らのオリジナルな主張を明らかにすることを述べました。ここで気が付くのは、結局、研究をするということの全てが、その人らしさの発揮であり、どんな研究をどういう方法で行うかはその人にとっての「日本語教育とは何か」を表現することにほかなりません。研究のプロセスは、自らが設定した研究課題を明ら

かにするプロセスであると同時に、「自分が日本語教育というものをどのようにとらえるか」ということの試行錯誤のプロセスであり、それをとおしての成長のプロセスとなるでしょう。

　本書では、これから量的研究、質的研究、コーパス研究について、具体的な方法や執筆者たちの工夫が語られます。みなさんはその背景にある執筆者たちの問題意識や日本語教育をどのようにとらえているかを読み取りながら、ご自身の研究課題と照らし合わせ、ご自身の研究についてさらに考えてみてください。そこで執筆者との対話が起こることを期待しています。

第一部　量的研究

要旨

　　本章将介绍日语教育研究领域中常用的几种统计学分析手法，主要有描述统计、t检验、方差分析、相关分析和回归分析。在第一节中介绍描述统计的基本概念及其分析方法。描述统计多应用于考试数据分析、问卷调查等，它既可以用众数、中位数、平均数等对现象进行初步的估计和预测，还可以用离散量数反映数据发散的程度。最后，将简单介绍用来分析客观事物之间关系的分析方法——相关分析。在第二节及第三节中，详细介绍t检验和方差分析。t检验是用来考察样本平均数之间差异的分析手法，分为独立样本t检验、配对样本t检验和单样本t检验。t检验最多可以检验两个样本间存在的差异性，当要检验三个及三个以上的样本时，则应使用方差分析。根据数据样本之间是否存在关联性，可以将方差分析分为完全随机设计的方差分析和重复测量设计的方差分析。第四节介绍相关分析以及多元回归分析。相关分析是用来研究两个变量间关系的分析，当一个变量随着另一个变量的增加而增加时，叫做正相关。相反，当一个变量随着另一个变量的增加而减少时叫做负相关。但是，相关分析只能检验变量之间的强度。若想验证变量之间的因果关系，则需要用到回归分析。在本章中将主要介绍日语教育中常用的由多个自变量预测一个因变量的多元回归分析。

　　本章は主に、日本語教育の分野でよく使われている統計的手法を紹介します。第1節では、記述統計の基本概念および分析方法を説明します。記述統計は、学生の成績、アンケート調査の結果の分析に用いられます。最頻値、中央値、平均値などを用いて現象に対して予測し、さらに、散布度を持ってデータの散らばり程度を表すことができます。最後に、2つの変数の関係を表す分析方法—相関分析を簡単に紹介します。第2節および第3節では、t検定と分散分析について説明します。t検定は変数の平均の差を考察する手法であり、独立したサンプルのt検定、対応のあるサンプルのt検定、1サンプルのt検定があります。t検定は最大で2つのサンプルの間に差があるかどうかを検定する手法です。サンプルが3つあるいは3つ以上がある場合は、分散分析を使ってください。分散分析は、データが対応しているか否かによって、反復の無い分散分析と反復の有る分散分析に分けられます。第4節では、相関分析および重回帰分析について紹介します。相関分析は主に2つの変数の関係の度合いを数値で表す手法で、1つの変数が増えると、もう1つの変数も共に増える関係は正の相関があることを意味します。逆に、1つの変数が増えると、もう1つの変数が減るという関係は負の相関関係があると言います。なお、相関関係が方向性を持つ因果関係ではありません。因果関係を検証する場合、回帰分析を使用します。独立変数が1つであれば単回帰分析、2つ以上であれば重回帰分析と呼ばれます。本章では、日本語教育でよく使われている重回帰分析を詳しく説明します。

1. 描述统计

任星

1.1 描述统计的概念

描述统计（descriptive statistics）是指对所收集的原始数据进行整理、概括和计算，使之条理化和系统化，以揭示出数据所包含的总体趋势、总体特征或总体数量关系。此方法可以将大量的数据简化为几个有限的量值，以此来反映总体的特点。描述统计的主要任务就是计算和报告这些反映总体特征的量值。描述统计对从某个研究群体收集的数据进行统计分析，从中得出关于那个研究群体本身的结论。例如，日语教师对一个班的日语考试成绩进行统计分析，并根据计算出的统计量做出仅与该班有关的结论。

描述统计是通过图表或数学方法，对数据资料进行整理、分析，并对数据的分布状态、数字特征和随机变量之间关系进行估计和描述的方法。描述统计大体可分为集中趋势量度分析、离散趋势量度分析和相关分析三大部分。

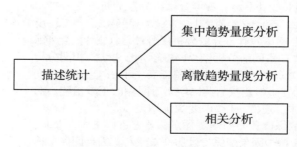

图 1-1　描述统计的种类

1.2 频数表

频数表（frequency table，频数分布表）是描述统计中经常使用的表格之一。在观察大量的数值时，为了解一组同质观察值的分布规律和便于指标的计算，可编制频数表。从频数表我们可看出频数分布的两个重要特征：集中趋势（central tendency）和离散程度（dispersion）。例如，考试成绩有高有低，但多数成绩集中在中间部分（良好）组段，以"良好"成绩居多，此为集中趋势；由"良好"到"及格"或"优秀"的频数分布逐渐减少，反映了离散程度。对于数值变量资料，可从集中趋势和离散程度两个侧面去分析其规律性。

频数分布的类型有对称分布（symmetrical distribution，正态分布）和偏态分布（skewed distribution）之分。对称分布是指多数频数集中在中央位置，两端的频数分布大致对称。例如本科生入学年龄（表1-1、图1-2）。偏态分布是指频数分布不对称，集中位置偏向一侧，若集中位置偏向数值小的一侧，称为正偏态分布；集中位置偏向数值大的一侧，称为负偏态分布。例如研究生入学年龄图表（表1-2、图1-3）。不同的分布类型应选用不同的统计分析方法。频数表可以揭示资料分布类型和分布特征，以便选取适当的统计方法，便于进一步计算指标和统计处理，便于发现某些特大或特小的可疑值。

表1-1　入学年龄频数表（本科）

	频率	百分比	有效百分比	累积百分比
有效　17.00	3	15.0	15.0	15.0
18.00	8	40.0	40.0	55.0
19.00	7	35.0	35.0	90.0
20.00	2	10.0	10.0	100.0
合计	20	100.0	100.0	

表1-2　入学年龄频数表（研究生）

	频率	百分比	有效百分比	累积百分比
有效　21.00	1	5.0	5.0	5.0
22.00	4	20.0	20.0	25.0
23.00	15	75.0	75.0	100.0
合计	20	100.0	100.0	

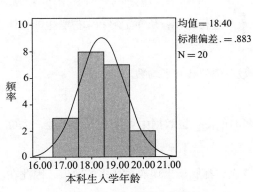

图1-2　直方图（本科）

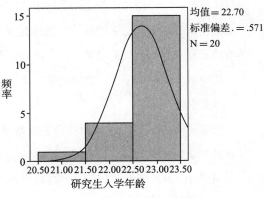

图1-3　直方图（研究生）

通过IBM SPSS Statistics 19操作，我们可以很简单地生成频率表。在此简单介绍其操作方法。先在数据编辑器直接输入数据或从Excel导入。主菜单"分析"→"描述统计"→"频率"。点击"频率"后，出现频率对话框。将变量移到变量框中（图1-4），然后点击右上方的"图表"键，出现一个"频率：图表"对话框（图1-5）。选钩"直方图"和下面的"显示正态曲线"再点"继续"生成频数表（表1-1或表1-2）和直方图（图1-2或图1-3）。

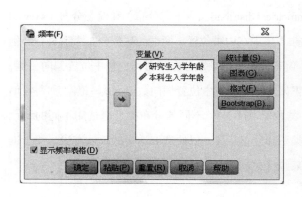 

图1-4 "频率"对话框　　　　　　　　　图1-5 "频率：图表"对话框

1.3 集中趋势量度分析

集中趋势量度（measures of central tendency）是描述数据的方法之一，用于确定和表示一组数据的中心。集中趋势量度有两个基本作用，一是用于描述数据的中心，反映数据的整体特征；二是用于数据组与数据组之间的比较。例如，一位教师可以计算出所教的每个班级某次日语考试的平均成绩，然后对各个班级进行比较，从而了解和掌握学生的整体学习情况和班与班之间的差异。

集中量度的种类很多，常用的有三个：众数、中位数和平均数。

（1）众数

众数（mode）是一组数据中出现次数最多的值。一组数据中可以有一个众数，也可以有多个众数。

在表1-3的A班中，75、85、88均出现了2次，都属于出现次数最多的数值，因此在A班中有三个众数，成为多众数。以此类推，B班的众数只有69一个，而C班出现了88

16

和90两个众数，成为双众数。众数多用来表示定类数据的集中趋势。

众数在日语教育领域有着广泛的应用。例如在日语能力的等级评定中，按照初级、中级和高级水平，组织编写教材和组织教学，也可视为使用众数的原理。

表1-3　考试成绩数据组

	A班	B班	C班
1	65.00	60.00	66.00
2	68.00	66.00	68.00
3	70.00	68.00	72.00
4	72.00	69.00	77.00
5	74.00	69.00	78.00
6	75.00	69.00	79.00
7	75.00	71.00	84.00
8	76.00	74.00	85.00
9	78.00	75.00	85.00
10	79.00	76.00	86.00
11	81.00	78.00	88.00
12	82.00	78.00	88.00
13	84.00	79.00	88.00
14	85.00	81.00	89.00
15	85.00	83.00	90.00
16	86.00	85.00	90.00
17	88.00	86.00	90.00
18	88.00	87.00	91.00
19	91.00	88.00	92.00
20	92.00	89.00	92.00

（2）中位数

中位数（median）是按大小顺序排列的一组数据中，位于最中间的那个值。如果数据

的数值总数是单数的话，中位数就是最中间的那个数值。如果数据的数值总数是偶数的话，中位数是中间两个数值的平均值。中位数多用来表示定序数据的集中趋势。

以上述表1-3的A班为例，以下数据中，最中间的有两个数字79和81。因此其中位数为(79+81)/2=80。

表 1-3　A 班成绩：65　68　70　72　74　75　75　76　78　<u>79　81</u>　82　84　85　85　86　88　88　91　92

中位数的优点是不受极值的影响。正是由于它的这个优点，它常常用于有极值的场合，便于人们对数据的总体趋势进行大致的分析。例如，想了解日语学习者的学习年限，假定收集到的样本数据经过排序后为：

学习年限：0　0　0　1　1　1　1　2　2　2　2　3　4　4　5　5　5　6　6　7　8　9

中位数是3年。然而，该组数据的平均学习年限是3.44年，大于52%以上的数值，与中位数相差0.44年。平均数与中位数之间的这种差异，显然是平均数受到了极值的影响。因此，中位数对以上数据的代表性比平均数好。也就是说，中位数更能代表学生的总体学习年限。

（3）平均值

平均值（mean）是数据中所有数值之和除以数值数。以表1-3中A班为例，该班的平均成绩为79.8。

平均数是最常用的集中趋势量度，也是推断统计中最常用的量值。因此，在定量研究报告或论文中，一般都要报告均值。平均数的优点在于计算时包括了数据中所有的数值。然而，这也造成了它的缺点，使它容易受到数据中极值的影响，例如以下数据，为了使均值能够更好地代表数据的集中趋势，当数据中有极值时，可以按一定的百分比（如5%，10%）修剪数据，去掉两端的极值。假如我们按30%的比例修剪下列数据，那么大概可以修剪掉两端6个数值，每端3个。

表 1-3　A 班成绩：65　68　70　72　74　75　75　76　78　79　81　82　84　85　85　86　88　88　91　92

余下的数值为：72　74　75　75　76　78　<u>79　81</u>　82　84　85　85　86　88

修剪后数据的平均值为80，等同于中位数（[79+81]/2=80）。这时，平均数就可以很好地代表学生的总体成绩了。

1.4　离散趋势量度分析

集中趋势量度用于确定和表示一组数据的中心部分。但是，集中趋势量度不能反映数据的其他一些情况。例如，两个班的学生，在相同的日语水平考试中，取得了相同的平均分，都是78分。那么能否说两个班的总体情况一致呢？ A班的分数可能80%以上集中在70至89之间；B班的分数可能三分之一在60至69分之间，三分之一在70至79分之间，三分之一在80至90分之间。比较两个班的分数分布，可以发现，A班的分数比较集中，或者说分散度小，而B班的分数分散度较大。因此，平均分相同不一定完全说明两个班的总体情况一致。

为了解决上述问题，具体表示数据分散情况，需要使用另一组量度——离散趋势量度（measures of dispersion/variability），描述和反映数据偏离中心的情况。常用的离散趋势量度有三个：极差、方差和标准差。

（1）极差

极差（range）是数据中最大值和最小值之间的差。R极差为最大值减去最小值的值。极差又称全距，它的优点是简单易算，常用于粗略地估计小规模数据的分散情况。例如表1–3中三个班的考试成绩如下：

三个班的极差分别为：$R_A=92–65=27$，$R_B=89–60=29$，$R_C=92–66=26$。

如数据显示，B班的内部差距最大，C班的内部差距最小。但是，当两组数据的极差相等时，就无法说明两组之间的差别。或者当数据无限大，既没有上限又没有下限，无法计算极值时，就无法使用极差反映数据的分散情况，所以极差的应用是非常有限的。

通过IBM SPSS Statistics 19操作，能够得到极差以及后述方差、标准差、偏度和峰度。操作方法有两种，其一，先在数据编辑器直接输入数据或从Excel导入。主菜单"分析"→"描述统计"→"频率"。点击"频率"后，出现频率对话框。将变量移到变量框中（图1-6），然后点击右上方的"统计量"键。点击"统计量"后，出现一个"统计量"对话框（图1-7）。此处可以选择所需要的统计量，如在"集中趋势"下选择"均值""中位数""众数"，在"离散"下选择"标准差""方差""范围""最小值""最大值"等。然后，点击"继续"，回到"频率"对话框，点击"确定"，输出结果（表1-4）。

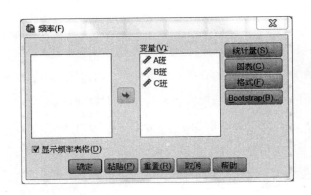

图1-6　统计量对话框　　　　　　　　　　　图1-7　频率对话框

表1-4　统计量

		A班	B班	C班
A	有效	20	20	20
	缺失	0	0	0
均值		79.7500	76.5500	83.9000
中值		80.0000	77.0000	87.0000
众数		75.00[a]	69.00	88.00[a]
标准差		7.79929	8.26199	7.93991
方差		60.829	68.261	63.042
偏度		-.178	-.147	-1.126
偏度的标准误		.512	.512	.512
峰度		-.899	-.874	.233
峰度的标准误		.992	.992	.992
全距		27.00	29.00	26.00
极小值		65.00	60.00	66.00
极大值		92.00	89.00	92.00

a. 存在多个众数。显示最小值

方法其二是，主菜单"分析"→"描述统计"→"描述"。如同图1-6所示，选择变量和对话框右上角"选项"中的选项。然后输出结果（表1-5）。但本方法无法输出"中值"和"众数"。

表1-5　描述统计量

	N	全距	极小值	极大值	均值	标准差
	统计量	统计量	统计量	统计量	统计量	统计量
A班	20	27.00	65.00	92.00	79.7500	7.79929
B班	20	29.00	60.00	89.00	76.5500	8.26199
C班	20	26.00	66.00	92.00	83.9000	7.93991
有效的N（列表状态）	20					

	方差	偏度		峰度	
	统计量	统计量	标准误	统计量	标准误
A班	60.829	-.178	.512	-.899	.992
B班	68.261	-.147	.512	-.874	.992
C班	63.042	-1.126	.512	.233	.992
有效的N（列表状态）					

这部分操作的结果是一个描述统计表（表1-5）。用SPSS做出的结果如表1-5所示。以A班为例：均值=79.75；中值=80.00；众数=75.00（a表示存在多个众数）；标准差=7.80；方差=60.83；全距=27；极小值=65；极大值=92。

表1-5中，N表示变量的有效取值数，"缺失"表示缺漏值的数目。因此例中，变量的有效取值数为20，缺漏值数为0。

（2）方差

方差（variance）是反映数据离散趋势的另一个量度。方差是离差平方和的平均值。离差指每个数值离开数据均值的平均距离。

方差广泛用于推断统计的各种计算，例如用于方差分析。方差的计算结果是平方值，所以最后得出的计算单位也是平方单位，如"分数"的平方、"策略"的平方或"年""小时"的平方。这样的结果无法按常规来解释或说明。那么，将方差开方，便可以解决这个问题。方差开方得出另一个差异程度测量数——标准差。

（3）标准差

标准差（standard deviation）反映数据内部的发散情况。例如两个班学生期末考试成绩的平均分都是80分，A班的标准差是10分，B班的标准差是6分。从平均分数来看，两个班之间没有差异。如果比较标准差，可以看出，A班的标准差大于B班。这说明A班学生之间的内部差异大于B班内部的差异。换句话说，A班学生的成绩高低层次不齐的程度高于B班的学生。平均值相同，标准差为0时，说明数据的内部差异为零，即所有个值相等。例如，一个班学生的考试成绩，如果平均分是85分，标准差为0，说明这个班每一个学生的成绩都是85分。

这些标准差可以用"经验法则"来说明其意义和用途。

经验法则：经验法则说明数据正态分布时，有一定百分比的数值落入平均值的给定标准差内。经验法则的内容是：在均值的一个标准差范围内，有大约70%（实际为68.2%）的数值；在均值的两个标准差范围内，有大约95%（实际为95.4%）的数值；在均值的三个标准差范围内，有大约99%（实际为99.7%）的数值。

以表1-3的A班为例，均值是79.8分，标准差是7.8分，那么70%左右的成绩是在72到87.6分之间，95%的成绩在64.2到95.4分之间，99%的成绩在56.4到103.2之间。

（4）偏度

偏度（skewness）又称偏斜系数、偏态系数，是用来帮助判断数据序列的分布规律性的指标。在数据序列呈对称分布（正态分布）的状态下，其均值、中位数和众数重合。如果数据序列的分布不对称，则均值、中位数和众数必定分处不同的位置。这时，若以均值为参照点，则要么位于均值左侧的数据较多，称之为右偏；要么位于均值右侧的数据较多，称之为左偏。偏度系数=0为对称分布；偏度系数>0为右偏分布（如图1-3）；偏度系数<0为左偏分布。

（5）峰度

峰度（kurtosis）是用于衡量分布的集中程度或分布曲线的尖峭程度的指标。峰度用来度量数据在中心聚集程度。在正态分布情况下，峰度系数值是0。正的峰度系数说明观察量更集中，有比正态分布更长的尾部。负的峰度系数说明观测量不那么集中，有比正态分布更短的尾部，类似于矩形的均匀分布。峰度系数的标准误用来判断分布的正态性。峰度系数与其标准误的比值用来检验正态性。如果该比值绝对值>2，将拒绝正态性。

1.5　相关分析

相关分析是分析客观事物之间关系的定量分析方法。比如，在日语学习中，学习者的学习动机、认知方式和学习策略与学习效率有关，学习者的年龄与知识和技能的发展速度有关。在语音习得研究中，学习开始年龄与习得程度状况相关，语音习得与性别的相关等。

相关分析可分为定类变量的相关、定序变量的相关和定距变量的相关。从相关涉及的现象或变量的多少来分，相关有单向相关和复向相关两种。两个变量之间的相关称为单相关，又称二元相关。例如，母语与第二语言水平之间的相关；年龄与第二语言水平之间的相关；学习时间长度与第二语言水平相关等。一个变量与两个或多个变量之间的相关，称为复相关或多元相关。例如第二语言水平除了受到第一语言水平的影响外，还会受到其

他因素的影响。

通过IBM SPSS Statistics 19操作，先在数据编辑器直接输入数据或从Excel导入（表1-6）。主菜单"分析"→"相关"→"双变量"。在对话框（图1-8）右上角"选项"中选择相关选项后输出相关性统计量结果（表1-7）。

表1-6　日本语能力测试成绩

	语言知识	阅读	听力
1	45.00	58.00	44.00
2	59.00	50.00	50.00
3	50.00	40.00	44.00
4	48.00	45.00	38.00
5	30.00	32.00	30.00
6	25.00	19.00	30.00
7	51.00	50.00	38.00
8	44.00	45.00	30.00
9	38.00	40.00	32.00
10	30.00	40.00	30.00

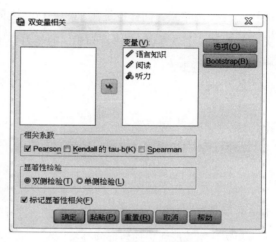

图1-8　双变量相关对话框

表1-7　相关性比较

		语言知识	阅读	听力
语言知识	Pearson 相关性	1	.762[*]	.836[**]
	显著性（双侧）		.010	.003
	N	10	10	10
阅读	Pearson 相关性	.762[*]	1	.626
	显著性（双侧）	.010		.053
	N	10	10	10
听力	Pearson 相关性	.836[**]	.626	1
	显著性（双侧）	.003	.053	
	N	10	10	10

*.在0.05水平（双侧）上显著相关。

**.在.01水平（双侧）上显著相关。

当用相关系数的大小表示变量间的关系时，一般认为，相关系数的绝对值在0.0—0.2之间时，几乎没有相关；0.2—0.3之间为较弱相关；0.3—0.4之间为有一定的相关；0.4—0.5之

间为中度的相关；0.5—0.7之间为高度的相关，0.7—1.0之间为非常高的相关或完全相关。但在实际应用中，对相关系数表示相关程度大小的解释，取决于研究目的和研究环境。如果研究者希望根据样本得出相关关系，对整体做出推断，必须要进行统计显著性检验。

表1-6的数据为日本语能力测试各项的得分情况表。其相关性统计结果如表1-7所示。第一项"语言知识"和"阅读"的第一行显示".762"，此数据即是相关系数。此数在"0.7—1.0"之间，从相关程度来看，是有非常高的相关，而"阅读"和"听力"之间的相关程度显示".836"，同样也是在"0.7—1.0"之间，比"语言知识"和"阅读"之间的相关系数更高。也就是说，"语言知识"的能力直接影响"阅读"和"听力"能力，且对于"听力"的影响更大。

1.6　小结

本节主要介绍了描述统计的基本概念及其分析方法。在日语教育研究领域，多应用于大量的考试数据分析、问卷调查等，对数据进行整理和归纳，用数列、分类、百分比、统计表和统计图等形式表现数据的分布情况。用一些能够代表众多数值的概括性量值，如众数、中位数和平均数等数值，反映数据的中心。通过这些量值，可以对现象进行初步的估计和预测，以及对其现象之间进行比较。离散量数，如极差、方差和标准差，反映数据发散的程度，或者说数据偏离中心的程度。离散量数大，说明一组数据内部的差别大；离散量数小，数据内部的差异小。数据偏离集中量数的程度越大，集中量数对数据的代表性越低。相关量数是描述现象之间关系密切程度的数量指标。相关量数越大，说明现象之间的相关程度越高。反之，相关量数越小，现象之间的相关程度越低。同时，可根据计算出的统计量做出有关的结论。

2. t 检验

熊可欣·玉冈贺津雄

2.1　t 检验的概念

t 检验是用来考察样本平均数之间差异的分析手法，分为独立样本 t 检验（independent

samples *t*-test），配对样本*t*检验（paired samples *t*-test）和单样本*t*检验（one sample *t*-test）（图1-9）。独立样本*t*检验和配对样本*t*检验主要用于考察两个样本平均数之间是否存在显著性差异。单样本*t*检验主要用于考察单个样本的平均数与特定总体平均数之间是否有显著性差异。分析时需要根据研究目的及对象从三种方法中选择更为恰当的分析方法。比如，当我们讨论日语教学法A是否有效时，任意抽取两组日语专业学生。其中一组用教学法A来指导，另一组不采用该教学法。然后比较这两组学生的成绩是否有显著性差异。因为我们比较的是两组不同的学生，应该选择独立样本*t*检验。如果我们想比较的是同一组学生在使用教学法A指导之前和之后的成绩是否有显著性差异时，视为针对同一组学生进行两次检验，应选择配对样本*t*检验。接下来我们将举实例详细说明这三种*t*检验的概念及使用方法。

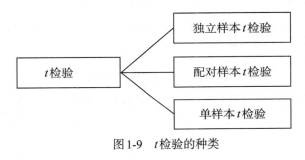

图1-9　*t*检验的种类

2.2　独立样本 *t* 检验

独立样本*t*检验，是用来考察任意抽取的两组相互独立的无关联的样本所得的平均数之间是否有显著性差异的分析手法。我们用具体实例来说明如何使用该分析方法。

众所周知，日语中有利用英语单字拼合而成的和制英语，如ドクターストップ（doctor stop）、モーニングサービス（morning service）。英语为母语的学生能否用自己的母语知识正确推测出和制英语的意思呢？推测理解和制英语的能力是否会随着日语的学习而提高呢？

柴崎·玉冈·高取（2007）用30种和制英语，通过比较学过日语的美国学生和没学过日语的美国学生对和制英语的已知程度（既知度）和推测能力（意味推测），对该问题进行了分析研究。调查问卷如图1-10所示：首先，用二选一的形式确认两组学生对这30个词的已知程度。如果知道这个词，选yes，不知道的话选no。这一前提条件非常重要，只有两组学生对这些词的已知程度是相同的，才可以直接比较这两组学生对未知和制英语的推测能力。然后，推测该词的意思，在ABCD四个选项中选择最恰当的一项。

1. ドクターストップ doctor stop　　　　yes □　　　no □

　　　　　　　　A □ doctors on strike

　　　　　　　　B □ doctor's visit

　　　　　　　　C □ doctor's order

　　　　　　　　D □ doctor who is stuck in a traffic jam

图1-10　柴崎·玉冈·高取（2007）的调查问卷示例

最后，将测试结果输入Excel，便于计算。具体输入方法如表1-8。1）"ID"为被试学生编号；"日语"为学生是否学过日语，"是"计为1，"否"计为0。2）在是否知道该词的问题上，"知道"为1，"不知道"为0。如ID1的被试学生知道其中的两个词，则"已知合计"为2。3）记录学生对该词意思的推测是否正确，"正确"为1，"不正确"为0。同样，以ID1学生为例，该学生正确推测出了19个词的意思，则"推测合计"为19。

表1–8　独立样本t检验数据录入例

ID	日语	已知1	推测1	…	已知30	推测30	已知合计	推测合计
1	1	0	0	…	0	1	2	19
2	1	0	1	…	1	1	9	16
3	1	0	0	…	0	1	4	22
·	·	·	·	…	·	·	·	·
·	·	·	·		·	·	·	·
70	0	0	0	…	0	0	4	13
71	0	0	0	…	0	1	1	11

将上述Excel的数据导入SPSS软件后，即可用独立样本t检验对数据进行分析了。以IBM SPSS statistics 19（最新版IBM SPSS statistics 22于2013年8月发行）为例，点击任务栏中的"分析→比较均值→独立样本t检验"。在弹出的对话框中（图1-11），将"已知合

图1-11　独立样本t检验的操作示例

计"和"推测合计"两个变量放入"检验变量"中，然后将"日语"放入下面的"分组变量"中。点击定义组，选择"使用指定值"。在录入 Excel 时，我们设定学过日语的学生为1，没学过日语的学生为0，因此，在这里我们设定组1为"1"，组2为"0"。

分析结果如表1-9所示。组统计量为描述性统计结果，包括被试学生人数（N）、均值、标准差和标准误。独立样本检验为该次 t 检验的结果，"已知合计"与"推测合计"各分为两行，第一行为"假设方差相等"，第二行为"假设方差不相等"。首先要看方差方程 Levene 检验，若"假设方差相等"的结果不显著时，可以假设两组方差是相等的，应使用第一行结果。若结果达到了显著性水平，则应该用第二行"假设方差不相等"的结果。此次分析中，由于"已知"与"推测"的结果都是不显著的，则选择使用第一行结果。

表1-9　独立样本 t 检验的分析结果示例

组统计量

日语		N	均值	标准差	均值的标准误
已知合计	1	36	4.94	4.720	.787
	0	35	4.00	4.366	.738
推测合计	1	36	17.56	3.806	.634
	0	35	12.89	3.075	.520

独立样本检验

		方差方程 Levene 检验		均方程检验					差分的95%置信区间	
		F	Sig	t	df	Sig（双侧）	均值差值	标准误差值	下限	上限
已知合计	假设方差相等	.028	.867	.875	69	.385	.944	1.080	−1.210	3.099
	假设方差不相等			.876	68.832	.384	.944	1.079	−1.208	3.096
推测合计	假设方差相等	2.461	.121	5.677	69	.000	4.670	.823	3.029	6.311
	假设方差不相等			5.695	66.789	.000	4.670	.820	3.033	6.307

t 检验结果

"已知"与"推测"的F值都是不显著的，所以可以假设两组方差是相等的。

应使用自由度为69的显著性水平

在论文中可以采取如下描述：我们用独立样本 t 检验，分析比较了在美国学过日语的学生和没学过日语的学生对和制英语的已知程度和推测能力。其结果为，无论是否学过日语，在和制英语的已知程度上是没有显著性差异的 [$t(69)=0.875$, $ns.$]。但是，在对和制英语的意思推测上，学过日语的学生要比没学过日语的学生能够更准确地推测出和制英

语的意思［$t(69)=5.677$，$p<.001$］。也就是说，对于母语为英语的学生来说，有日语学习经验可以提高和制英语的意思推测能力。

2.3　配对样本 t 检验

以上我们介绍了独立样本 t 检验的定义及使用方法。与它相对的，如果想要检验随机抽取的两组相关联的样本所得的平均数之间是否有显著性差异，则应使用配对样本 t 检验。例如，给某种病的患者施药，然后测量施药10分钟后和20分钟后的血压变化。因为是对同一组被试患者重复测量两次，两个样本的数据间是一一对应的，应使用配对样本 t 检验。接下来我们用与日语相关的研究实例来具体说明一下。

在 Tamaoka et al.（2005）的实验5中，用包含宾格（accusative）动词和与格（dative）动词造了4种使役句。我们以含宾格动词（对格動詞，accusative verb）的使役句的分析为例来具体说明配对样本 t 检验。

a.　師匠が弟子にアトリエを作らせた。（宾格动词ニヲ）

b.　師匠がアトリエを弟子に作らせた。（宾格动词ヲニ）

上述例句中，a在日语中为基本语序，b为语序漂移（scrambling）之后的非基本语序。因此，我们可以预测在理解这两类句子时，a比b更易理解，消耗时间更短。Tamaoka et al.（2005）在实验5中，用这两种句子对32名日本在读大学生进行了测试。首先将所得测试结果录入Excel。录入方法如表1-10所示，然后分别比较两种语序的反应时间（判断句子正误所需的时间）和错误率。

表1-10　配对样本 t 检验数据录入例

ID	ニヲ反应时间	ニヲ错误率	ヲニ反应时间	ヲニ错误率
1	1,912	0.00	2,007	0.25
2	2,398	0.00	2,575	0.25
3	3,749	0.38	3,433	0.38
4	1,935	0.00	1,871	0.13
5	1,993	0.38	2,057	0.13
⋮	⋮	⋮	⋮	⋮
32	1,941	0.25	3,108	0.63

由于该实验是比较同一组学生在不同条件下的测试结果，所得两组数据是相互对应的，应用配对样本 t 检验。将上述 Excel 的数据导入 SPSS 软件即可进行分析。以 SPSS19 为例：点击任务栏中的"分析→比较均值→配对样本 t 检验"。因为我们要分别比较反应时间与错误率，在选择成对变量时，应将两种语序的反应时间作为一对，然后将两种语序的错误率作为一对进行分析，具体方法参照图1-12。

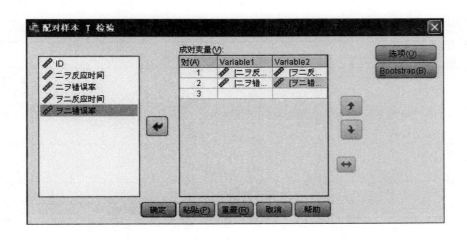

图1-12　配对样本 t 检验的操作示例

分析结果如表1-11所示。"成对样本统计量"为描述性结果，包括均值、被试学生人数（N）、标准差和标准误。"成对样本相关系数"是指两个配对样本数据的相关系数。"成对样本检验"为 t 检验的结果。在论文中可以这样描述：我们用配对样本 t 检验，分析比较了含宾格动词的基本语序使役句（宾格动词ニヲ）和非基本语序使役句（宾格动词ヲニ）的理解。其结果为，日本学生在理解判断含宾格动词的基本语序使役句时，比非基本语序的句子所需时间更短 $[\,t\,(31)=-2.489,\ p<.005\,]^{1}$，错误率更低 $[\,t\,(31)=-4.160,\ p<.001\,]$。也就是说，含宾格动词的基本语序使役句比非基本语序使役句更加容易理解，符合我们的预测。

1　t 值为负数，是因为在这里我们以基本语序使役句（宾格动词ニヲ）为基准，若以非基本语序使役句（宾格动词ニヲ）为基准则为正数。绝对值是不变的。

表1–11　配对样本 *t* 检验的分析结果示例

成对样本统计量

	均值	N	标准差	均值的标准误
对1　ニヲ反应时间	2199.19	32	496.836	87.829
ヲ二反应时间	2386.03	32	558.591	98.746
对2　ニヲ错误率	.11	32	.119	.021
ヲ二错误率	.2344	32	.16111	.02848

成对样本相关系数

		N	相关系数	Sig.
对1	ニヲ反应时间 & ヲ二反应时间	32	.682	.000
对2	ニヲ错误率 & ヲ二错误率	32	.246	.175

成对样本检验

	成对差分					t	df	Sig （双侧）
	均值	标准差	均值的标准误	差分的95%置信区间				
				下限	上限			
对1　ニヲ反应时间 - 　　　ヲ二反应时间	-186.844	424.620	75.063	-339.935	-33.752	-2.489	31	.018
对2　ニヲ错误率- 　　　ヲ二错误率	-.12891	.17530	.03099	-.19211	-.06570	-4.160	31	.000

2.4　单样本 *t* 检验

以上我们介绍的两种 *t* 检验，都是用来比较两组变量的分析方法。其实，如果可以设定某一特定值做检验值的话，也可以检验单个样本的平均数与该指定值之间是否有差异。这就是单样本 *t* 检验（one sample *t*-test）。例如，「下ろした」「投げた」「動かした」等使役移动动词的句子中，我们假设宾格（ヲ格，accusative）和与格（二格，dative）的顺序为「ヲ二」而不是「二ヲ」。若让日本人用「投げた」「悦子が」「空き缶を」「ゴミ箱に」这几个词排列顺序造句，比起「悦子がゴミ箱に空き缶を投げた。」，大家会更倾向于「悦子が空き缶をゴミ箱に投げた。」。

中本・李・黑田（2006）用20个含不同使役移动动词的句子，对15名日本学生进行测试，验证了这一假设。在实验中，首先，在电脑屏幕中央给出指令"覚えてください"，

然后以下四个短语会随机出现在屏幕的中央：「投げた」「悦子が」「空き缶を」「ゴミ箱に」。每个短语平均停留700微秒。接下来，屏幕中央会出现下一个指令"再生してください"。分别记录学生用「ヲ・ニ」这种顺序造的句子（「空き缶をゴミ箱に」）和用「ニ・ヲ」这一顺序造的句子（「ゴミ箱に空き缶を」），最后计算两种语序在整体数据中所占比例。结果如表1-12所示。

「ヲ・ニ」所占比例为48.8%（标准差23.6%）。我们设定随机概率为50%，即0.50。以此为基准，「ヲ・ニ」所占比例0.488与指定检验值0.50之间的差是否为显著性的呢？在这里，因为只有一个样本平均数0.488，用它和检验值0.50做比较，应该使用单样本t检验。

表1-12 中本·李·黑田（2006）的实验结果示例

動詞	ガ格	使役移動ヲ格	ニ格	ヲ-ニ比率
動かした	和子が	レバーを	手前に	0.92
誘導した	雄太が	トラックを	駐車場に	0.88
⋮	⋮	⋮	⋮	⋮
送付した	夏子が	申込書を	事務局に	0.14

在分析中本·李·黑田（2006）的数据时，需要特别注意：该研究所得数据是频数，也就是说分析两种语序的出现频率。属于非参数检验（nonparametric test）。但是因为该实验中仅有15名被试学生，每个句子的最高出现频率只有15。若使用非参数检验，被试学生过少可能会导致无法得到理想的结果，还可能会出现无法分析的情况。比如，在用「譲った」和「贈った」两个动词分别排列语序时，15名被测试者全部选择了「ニ・ヲ」这种语序，「ヲ・ニ」语序的出现频率则为0。此时，因为有0的存在，则不能使用配合度检验或独立性检验等卡方（x^2）检验。

接下来，我们一起用单样本t检验来分析一下测试结果。首先，将数据输入SPSS。同样，以SPSS19为例，在变量视图中输入变量名称"使役移动ヲニ比率"。在数据视图页面输入数据（也可输入Excel表格中，再将其导入SPSS）。然后点击任务栏中的"分析→比较均值→单样本t检验"。在弹出的对话框中，将"使役移动ヲニ比率"放入检验变量，在检验值处输入"0.5"，点击"确定"。具体方法参照图1-13。

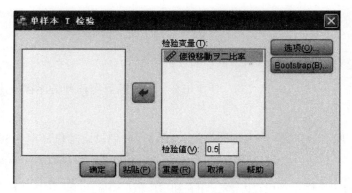

图1-13　单样本 *t* 检验的操作示例

结果显示，自由度为19，*t* 值为-0.228，显著性水平为0.822，视为不显著[1]。在论文中，可以做如下表述：我们用单样本 *t* 检验，分析比较了15名被测试者在使用日语使役动词时，对于「ニ·ヲ」和「ヲ·ニ」两种语序使用倾向的调查数据。结果显示，在使用「動かす」「投げる」等使役移动动词时，「ヲ·ニ」这种语序与检验值（随机概率0.5）之间没有显著性差异 [*t* (19)=-0.228, *ns.*]。由此可知，在使用使役移动动词时，「ニ·ヲ」和「ヲ·ニ」两种语序使用几率几乎是相同的，不一定遵循「ニヲ」这种常见的基本语序。

表1–13　单样本 *t* 检验的分析结果示例

单个样本统计量

	N	均值	标准差	均值的标准误
使役移動ヲニ比率	20	.4880	.23574	.05271

单个样本检验

	检验值＝0.5					
	t	**df**	**Sig.（双侧）**	**均值差值**	**差分的95% 置信区间**	
					下限	上限
使役移動ヲニ比率	−.228	19	.822	−.01200	−.1223	.0983

2.5　小结

以上介绍了独立样本 *t* 检验，配对样本 *t* 检验以及单样本 *t* 检验。这三种方法在日语教

1　中本·李·黑田（2006）的论文中未做该分析。

育领域经常会用到，是很重要的分析方法。分析时要根据实际情况选择最为恰当的一个分析方法。检验两个独立的样本平均数之间是否有显著性差异时要用独立样本 t 检验，若两组是相关联的、有对应关系的样本，则应使用配对样本 t 检验。讨论某单个样本与特定总体平均数之间是否有差异时要用单样本 t 检验。

3. 方差分析

熊可欣・玉冈贺津雄

3.1 方差分析的概念

方差分析（analysis of variance，ANOVA）与 t 检验相同，都是用来检验平均数差异显著性的检验手法。t 检验最多可以检验两个样本间存在的差异性，而方差分析能够同时对多个样本进行差异的显著性检验。根据数据样本之间是否存在关联性，可以分为完全随机设计的方差分析（ANOVA non-repeated measures）和重复测量设计的方差分析（ANOVA repeated measures）。方差分析与 t 检验的对应关系如图1-14所示。完全随机设计的方差分析，与独立样本 t 检验的相同之处在于，样本之间都是相互独立的。重复测量设计的方差分析，与配对样本 t 检验相对应，样本之间的数据是相互关联的。例如，我们要检验某降压药对不同年龄段的患者产生的效果。分别给50岁患者、60岁患者以及70岁患者同时施药，然后测量施药10分钟后的血压变化。因为是

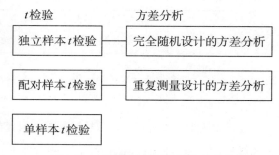

图1-14　t 检验与方差分析的对应关系

在相同实验条件下对不同被试者进行测量，因此样本之间是相互独立的，应该用完全随机设计的方差分析。如果我们想要测量的是某降压药的药效长短，可以使用如下方法。给同一组患者施药，然后测量并比较施药10分钟后、20分钟后以及30分钟后的血压变化。因为是对同一组被试者在不同条件下重复进行了的三次测量，同一名被试者的三组样本数据是相互关联、相互对应的，应该用重复测量设计的方差分析。另外，方差分析是对多个样本进行检验的手法，没有与单样本 t 检验相对应的方差分析。

在方差分析里，自变量称为因素（factor），各个因素的值称为水平（level）或条件

（condition）。例如，当我们测量日语专业学生的词汇量的大小对阅读能力的影响时，词汇量为因素，词汇量的大与小为因素的两个水平。方差分析对因素和水平的数量没有特殊限制。根据因素的数量，可以分为，单因素方差分析、双因素方差分析以及多因素方差分析。另外，也可以用"a×b的方差分析"来表示。例如，某实验包含两个因素，第一个因素包含两个水平，第二个因素包含三个水平，则可以用2×3的方差分析来表示。以此类推，2×2×2的方差分析则代表该实验中有三个因素且每个因素包含两个水平。

完全随机设计的样本是独立的，检验的是组间[1]（between-participants）差异，根据因素的个数，可以分为完全随机设计的单因素方差分析、完全随机设计的多因素方差分析。而重复测量设计的样本是相互关联的，检验的是组内（within-participants）差异，可以根据因素个数分为重复测量设计的单因素方差分析和重复测量设计的多因素方差分析。然而，在实际研究中，还有一种情况是同时包含独立样本以及重复测量的样本，该分析称为多因素混合设计（mixed design）的方差分析。还是以前文中的降压药测试为例，分别给50岁患者、60岁患者以及70岁患者同时施药，然后测量并比较施药10分钟后、20分钟后以及30分钟后的血压变化。该情况下，三组患者的差异为组间差异，是独立样本，而三个时间段的差异为组内差异，是重复测量样本。同时进行分析时，应使用多因素混合设计的方差分析（图1-15）。

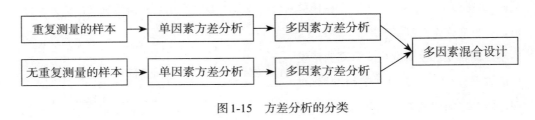

图1-15　方差分析的分类

使用单因素方差分析时可以检验某单一因素在各水平下产生的结果变化，该单个因素产生的作用称为主效应（main effect）。当有两个及两个以上的因素时，除各因素自身对结果产生的影响，因素与因素之间还会相互影响，这种交互作用下产生的差异被称为交互效应（interaction effect）。例如，测试学生听力成绩是否受母语和词汇量的影响。选取母语不同（中，韩）且词汇量不同（大，中，小）的学生进行听力测试。假设结果为韩国学生的听力成绩随着词汇量的增加而提高，中国学生只有词汇量大的一组听力成绩很高，词汇量中等及词汇量小的两组之间没有显著性差异。像这样，某因素（在这里指学生的词汇量）的水平之间会随着另一因素（在这里为学生母语）的水平不同而产生平均数的差异，这种差异就是交互

1　在日语教育领域，常以日语专业学生或者日本人为调查对象，因此也可以称组间为被试间，组内为被试内。

效应。接下来，我们将举几个日语研究中的实例来对方差分析进行详细的说明。

3.2 完全随机设计的方差分析

完全随机设计的方差分析，检验的是组间差异，因此又称为组间设计的方差分析。如前文所述，完全随机设计与独立样本 t 检验中的样本一样，被试组间的数据都是相互独立的，没有一一对应的关系。也就是说，该手法可以用于检验三个或三个以上的独立样本。需要注意的是，因素对平均数有显著性影响，指的是"水平之间的平均差是显著性的"，并不能说明具体哪两个水平之间有显著性差异。因此，当方差分析中某因素包含三个以上水平时，需要用多重比较（multiple comparisons）来进一步验证具体哪个水平之间有显著性差异。多重比较分为两种，一种是事后比较（post hoc comparisons），用于检验因素对平均数有显著性影响之后使用。还有一种是事前比较（priori comparisons），多用于未使用方差分析之前，对某特定水平之间进行检验。常用的多重比较方法有 Dunnett，Scheffe，Bonferroni 等。其中，Scheffe 能更好地反映方差分析的结果，在本章的分析中将采用 Scheffe 分析法。

以饭田・玉冈・初（2012）的研究为例，考察日语专业学生对日语的拟声词的理解是否随着日语阅读能力的不同而有差异。实验中，首先对日语专业的二三年级学生进行阅读理解测试，根据阅读成绩将学生分为高、中、低三组。然后用30个拟声词以四选一的形式分别测试了三组学生（图1-16）。

1. めそめそ（　　　　　）

A泣く　B晴れる　C忘れる　D疲れる

图1-16　饭田・玉冈・初（2012）的调查问卷示例

该实验在相同条件下对三组相互独立的样本（被试学生）进行了测验，分析时应使用完全随机设计的单因素方差分析。单一因素是学生的阅读能力，包含高、中、低三个水平。接下来，我们在该实验数据中，从每组中随机抽取24名学生的数据重新进行分析，具体说明完全随机设计的单因素方差分析的操作方法：1）将数据输入Excel（表1-14）。ID为被试学生编号。分组为学

表1-14　完全随机设计的单因素方差分析数据录入例

ID	分组	得分
1	1	9
2	1	11
3	3	22
4	2	17
5	3	24
6	1	10
7	2	19
8	2	18
⋮	⋮	⋮

生的阅读能力，从低到高分别为1，2，3。得分一栏为学生判断日语拟声词的成绩。然后将数据导入SPSS。

2）以IBM SPSS19为例，先将数据的度量标准改为度量（S）。点击任务栏中"分析→比较均值→单因素ANOVA"。在弹出的对话框中（图1-17），将"拟声词"放入因变量列表，将"分组"放入因子。本次实验的因素中含有3个水平，因此需要进行多重比较。点击"两两比较"，在弹出的对话框中选择"Scheffe"。点击"继续"返回主对话框。然后单击"选项"，选择我们需要输出的统计结果。一般可以勾选"描述性"。点击"继续"回到主对话框。然后单击"确定"就可以进行分析了。

图1-17　完全随机设计的单因素方差分析操作示例

分析结果如表1-15所示。首先给出的是描述性统计结果，包括被试学生人数（N），均值，标准差和标准误等。ANOVA为该次方差分析的结果，$F(2, 69)= 471.18$，$p< .001$，结果是显著性的。最后是使用scheffe所得的多重比较的结果。结果显示，各分组两两之间的差异均为显著性的。

表1-15　完全随机设计的单因素方差分析结果示例

描述

拟声词

	N	均值	标准差	标准误	均值的95%置信区间		极小值	极大值
					下限	上限		
1	24	11.67	1.274	.260	11.13	12.20	9	13
2	24	18.17	.761	.155	17.85	18.49	17	19
3	24	22.38	1.498	.306	21.74	23.01	21	26
总数	72	17.40	4.595	.542	16.32	18.48	9	26

ANOVA

拟声词

	平方和	df	均方	F	显著性
组间	1397.028	2	698.514	471.177	.000
组内	102.292	69	1.482		
总数	1499.319	71			

多重比较

拟声词 Scheffe

（I）分组	（J）分组	均值差（I-J）	标准误	显著性	95% 置信区间	
					下限	上限
1	2	−6.500	.351	.000	−7.38	−5.62
	3	−10.708	.351	.000	−11.59	−9.83
2	1	6.500	.351	.000	5.62	7.38
	3	−4.208	.351	.000	−5.09	−3.33
3	1	10.708	.351	.000	9.83	11.59
	2	4.208	.351	.000	3.33	5.09

在论文中可以这样描述：为了考察阅读能力的差异是否影响日语拟声词的理解，我们用完全随机设计的单因素方差分析，检验了阅读能力不同的三组学生对日语拟声词的理解。结果显示，阅读能力的主效应是显著性的 $[F(2, 69)=471.18, p<.001]$。随后用 Scheffe 分析法进行的多重比较结果显示，高（M=22.38，SD=1.50），中（M=18.17，SD=0.76），低（M=11.67，SD=1.27）三组，两两之间都有显著性的差异。且随着阅读能力的提高，对日语拟声词的理解也在提高。由此可见，学生的日语阅读能力是能够影响日语拟声词的学习的。

以上举例说明了完全随机设计的单因素方差分析。当有两个或两个以上的因素时，我们还可以进行双因素或多因素方差分析。虽然原理与单因素相同，但 SPSS 操作方法是不同的，我们还是用饭田·玉冈·初（2012）的部分数据进行说明。前文中提到，他们选取了二年级和三年级的日语专业学生作为被试者。除了阅读能力这一因素，我们还可以考察学生年级的高低是否对日语拟声词的理解产生影响。此时，我们有年级（二年级，三年级）和阅读能力（高，中，低）两个因素。为双因素方差分析，也可称为 2×3 的方差分析。

具体分析步骤如下：

1）将数据输入 Excel。除了新加入的一列学生年级信息，其他与表1-14相同。然后将数据导入 SPSS。

2）以 IBM SPSS19 为例，点击任务栏中"分析→一般线性模型→单变量"。在弹出的对话框中（图1-18），将"拟声词"放入因变量，将"年级"和"分组"放入固定因子。本次分析中，年级包含二年级和三年级两个水平，不需要多重比较，而阅读能力包含高

中低三个水平，需要进行多重比较。因此，点击"两两比较"，将因子中的"分组"放入"两两比较检验"中。然后勾选"Scheffe"。点击"继续"返回主对话框。然后单击"选项"，将"因子与因子交互"中的"年级，分组，年级*分组"放入"显示均值"中，勾选"比较主效应"，置信区间选择"LSD"。然后在下面的输出选项中勾选"描述统计"。点击"继续"回到主对话框。最后点击"确定"就可以进行分析了。

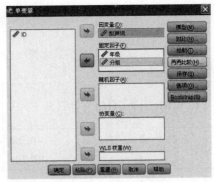

图1-18　完全随机分析设计的双因素方差分析操作示例

分析结果如表1-16所示。首先给出的是描述性统计结果，包括被试学生年级，分组，均值，标准偏差和人数（N）。主体间效应的检验为该次方差分析的结果，包括两个因素的主效应以及因素间的交互效应。结果显示，分组的主效应达到了显著性水平 $[F(2, 66)=423.04, p<.001]$。年级的主效应 $[F(1, 66)=0.94, ns.]$，以及年级与分组之间的交互效应 $[F(2, 66)=0.04, ns.]$ 都未达到显著性水平。

表1-16　完全随机设计的双因素方差分析结果示例

描述性统计量

因变量：拟声词

年级	分组	均值	标准偏差	N
2	1	11.50	1.225	14
	2	18.00	.816	10
	3	22.25	1.389	8
	总计	16.22	4.661	32
3	1	11.90	1.370	10
	2	18.29	.726	14
	3	22.44	1.590	16
	总计	18.35	4.371	40
总计	1	11.67	1.274	24
	2	18.17	.761	24
	3	22.38	1.498	24
	总计	17.40	4.595	72

主体间效应的检验

因变量：拟声词

源	III型平方和	df	均方	F	Sig
校正模型	1398.625	5	279.725	183.345	.000
截距	20540.438	1	20540.438	13463.168	.000
年级	1.438	1	1.438	.942	.335
分组	1290.847	2	645.424	423.041	.000
年级*分组	.126	2	.063	.041	.959
误差	100.695	66	1.526		
总计	13305.000	72			
校正的总计	1499.319	71			

它表示年级与分组的交互效应

最后，在分析中我们对分组进行了多重比较。结果显示，三个水平两两之间的差异均为显著性的，与上例中的结果基本一致。在论文中可以这样描述：我们用完全随机设计

的双因素方差分析考察了学生年级以及阅读能力的差异对日语拟声词理解的影响。结果显示，分组的主效应是有显著性影响的 $[F_{(2, 66)} = 423.04, p < .001]$。而年级的主效应 $[F_{(1, 66)} = 0.94, ns.]$，以及年级与分组之间的交互效应 $[F_{(2, 66)} = 0.04, ns.]$ 都未达到显著性水平，因此对拟声词的理解不产生影响。用 Scheffe 分析法对学生阅读能力进行的多重比较显示，高中低三组，两两之间都有显著性的差异。由此可见，学生的日语拟声词的理解会随着阅读能力的提高而提高，与学生的年级高低是没有关系的。

3.3 重复测量设计的方差分析

重复测量设计的方差分析，检验的是组内差异，因此又称为组内设计的方差分析。它与配对样本 t 检验相对应，用于同一组被试者在不同条件（水平）下重复进行三次或三次以上测量所得数据的分析，样本数据是一一对应的。重复测量（repeated measures）所得的主效应达到显著性水平时，可以使用简单对比（simple contrast）进一步比较具体哪两个水平之间有显著性差异。

例如，考察日语中以下五种句式的礼貌程度。我们可以抽取一组日本人来给这些句子的礼貌度打分。该分析是对同一组被试者在不同水平下重复进行五次测量，分析时应该用重复测量设计的单因素方差分析。接下来，我们将使用林·玉冈·宫冈（2011）的调查数据来具体说明该分析的操作步骤。

(1) 貸してくれる？

(2) 貸してもらえる？

(3) 貸してもらえますか？

(4) 貸してくださいますか？

(5) 貸していただけますか？

林·玉冈·宫冈（2011）对80名日本在校大学生进行了调查研究，对以上五种句式进行打分。测试时分 1～5 五个档，1 为礼貌度最低，5 为礼貌度最高。首先将数据输入 Excel（表1-17）。ID 为被试学生编号，句式1,2,3,4,5 分别对应以上五种句式。然后将数据导入 SPSS 软件。

表1–17　重复测量设计的单因素方差分析数据录入例

ID	句式1	句式2	句式3	句式4	句式5
1	3	3	2	3	5
2	1	1	4	5	5
3	1	1	3	5	5
4	3	3	3	3	3
5	2	2	2	3	3
6	3	3	4	5	3
7	2	2	3	5	3
8	2	3	4	4	3
⋮	⋮	⋮	⋮	⋮	⋮

以IBM SPSS19为例，点击任务栏中"分析→一般线性模型→重复度量"。在弹出的对话框中（图1-19），"被试内因子名称"下面的框中输入因子名称，在此我们将其设定为"politeness"。因为该因素中含有5个水平（5种句式），所以在下面的"级别数"处输入5。点击"添加"。单击"定义"进入主对话框。选中左框中的五个句式，全部移入"群体内部变量"。该实验中有五个水平，应使用简单对比来检验各水平之间是否有显著性差异。单击"对比"，在弹出的对话框中，"更改对比"处下拉菜单，选择"简单"，点击"继续"返回主对话框。然后单击"选项"，在弹出的对话框中选择所要输出的数据。一般选择"描述统计"即可。点击"继续"，在主对话框下点击"确定"。分析完成。

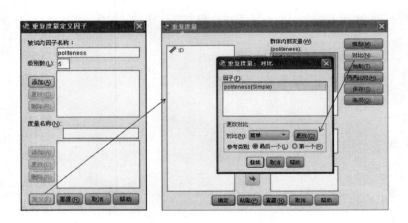

图1-19　重复测量设计的单因素方差分析示例

分析结果如表1-18所示。首先给出的是描述性统计结果，包括各句式的均值，标准偏差以及被试学生人数（N）。主体内效应的检验为该次方差分析的结果，一般采用"采用的球形度"。结果显示，主效应是非常显著的［$F(4, 316) = 212.21$, $p < .001$］。主体内对比的检验是用来检验五个水平两两之间的差异是否为显著性的，本实验中除了句式4与

句式5之间没有显著性差异，其他句式之间的平均差都达到了显著性的水平。

表1-18　重复测量设计的单因素方差分析结果示例

描述性统计量

	均值	标准偏差	N
句式1	1.96	.818	80
句式2	2.16	.934	80
句式3	3.71	.732	80
句式4	4.29	.660	80
句式5	4.39	.684	80

主体内效应的检验

$F(4, 316)=212.21, P<.001$

度量：MEASURE 1

源		III型平方和	df	均方	F	Sig.
politeness	采用的球形度	432.860	4	108.215	212.213	.000
	Greenhouse-Geisser	432.860	3.003	144.121	212.213	.000
	Huynh-Feldt	432.860	3.135	138.058	212.213	.000
	下限	432.860	1.000	432.860	212.213	.000
误差	采用的球形度	161.140	316	.510		
(politeness)	Greenhouse-Geisser	161.140	237.273	.679		
	Huynh-Feldt	161.140	249.693	.651		
	下限	161.140	79.00	2.040		

主体内对比的检验

度量：MEASURE 1

源	politeness	III型平方和	df	均方	F	Sig.
politeness	级别1和级别5	470.450	1	470.450	333.174	.000
	级别2和级别5	396.050	1	396.050	248.416	.000
	级别3和级别5	36.450	1	36.450	37.132	.000
	级别4和级别5	.800	1	.800	1.033	.313
误差	级别1和级别5	111.550	79	1.412		
(politeness)	级别2和级别5	125.950	79	1.594		
	级别3和级别5	77.550	79	.982		
	级别4和级别5	61.200	79	.775		

　　在论文中可以这样描述：我们用方差分析对5种肯定疑问句式的礼貌度进行了分析考察。结果显示，礼貌程度的主效应是非常显著的 $[F(4, 316)=212.21, p<.001]$。同时还

对该5种句式进行了简单对比，结果显示，礼貌度由低到高依次为：（1）<（2）<（3）<（4）=（5）。第4种句式和第5种句式之间是没有差异的，均为最高。

若想进一步分析考察这五种句式在肯定及否定两种情况下又有怎样的不同，例如，"（1）貸してくれる？"与"否定：（1）貸してくれない？"的平均差，"（2）貸してもらえる？"与"（2）貸してもらえない？"之间的差异等。可以用重复测量设计的双因素方差分析。操作步骤基本与单因素相同，但是需要注意的是，因为有两个因素，在添加被试内因子名称时，应添加两个因子，其中一个跟上例相同，为"politeness"，级别数为5，另外一个可以设为"negation"，级别数为2（肯定、否定两个水平）。主对话框弹出后，应该特别注意的是，将左边数据放入右边群体内部变量时一定要保证顺序正确（图1-20）。最后在选项中勾选因子与因子的交互效应及主效应。其他操作基本相同。更为简便的方法是可以像林·玉冈·宫冈（2011）的论文中那样，先用方差分析分别比较肯定情况下的五种句式和否定情况下的五种句式。然后用t检验比较每种句式在肯定和否定两种情况下的平均差。这样得到的结果更容易解读。具体结果可以参照林·玉冈·宫冈（2011）的论文。

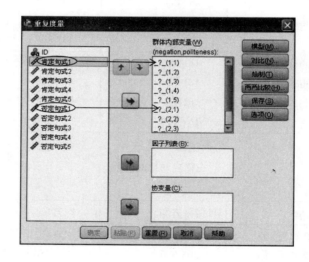

图1-20　重复测量设计的双因素方差分析操作示例

3.4　小结

本节首先介绍了方差分析与t检验的对应关系，然后分别举实例说明了几种基本的方差分析。当有三个或三个以上样本，且样本之间是相互独立的，没有对应关系时，应使用完全随机设计的方差分析；若对同一组被试者在不同的条件下进行三次或三次以上的测试

时，应使用重复测量设计的方差分析。若对不同被试者进行重复测量，例如分别让20岁、40岁、60岁的三组日本人给上述的5种句式的礼貌度打分，检验样本差异，则为3×5的方差分析。20岁、40岁、60岁的三组日本人为完全随机设计样本，相互之间是独立的，对他们进行的5次重复测量，为重复测量的样本，数据之间是相互关联的。则分析被试者的三组所得是组间差异，五种句式的差异为组内差异。将组内差异与组间差异同时分析，称为多因素混合设计的方差分析。

4. 相关分析与多元回归分析

初相娟

4.1 相关分析

相关分析[1]（correlation analysis）是研究两个变量间关系的强度。比如，学习时间增加，学习成绩也会提高，像这样一个变量增加另一个变量也增加，叫正相关。而如果像运动量和体重的关系，随着运动量的增加，体重会减少，这种一个变量增加另一个变量却减少的相关，则叫负相关。相关分析的结果用Pearson相关系数r来表示。Pearson相关系数r的数值介于$-1 \sim +1$之间，正负号表明相关的方向，$|r|$数值越接近1，说明两个变量间的相关性越大。

比如我们分析一下学习者的日语词汇能力与语法能力的关系。首先，我们需要对学习者进行词汇测试和语法测试，这里需要说明词汇和语法的测试，应该按照学习者的水平选择难易适度的测试题目（具体请参照本书第二章「テストによる日本語学習者の能力測定」），保证测试的可靠性。然后将测试结果输入到Excel中，具体输入方法参见表1-19，每道题正确即输入1，错误即输入0，这样便于计算。表1-19中ID为学习者的编号，词汇1到4代表词汇测试的题号，语法1到4代表语法测试的题号。词汇合计和语法合计可以用Excel的SUM函数进行计算。

1　相关分析有几种，这里只介绍日语教育中最常用的一种Pearson相关系数。

表 1-19 Excel 数据录入示例

ID	性别	生年月日	词汇1	词汇2	词汇3	词汇4	语法1	语法2	语法3	语法4	词汇合计	语法合计
01	女	1991年8月	1	0	1	1	1	1	0	1	3	3
02	女	1991年5月	0	1	0	1	1	1	0	1	2	3
03	女	1991年12月	1	1	0	1	0	1	1	1	3	3
04	男	1991年6月	0	0	1	1	1	1	0	1	2	3
05	女	1992年6月	1	1	0	0	0	1	0	0	2	1
06	女	1991年8月	0	0	1	0	0	1	1	1	1	3
07	女	1991年11月	0	1	1	1	1	1	1	0	3	3
08	女	1991年8月	1	0	0	0	0	0	0	1	1	1
09	男	1992年3月	0	0	1	1	1	1	0	1	2	2
10	女	1992年7月	0	1	0	0	0	0	1	1	1	2

形成上述数据后，我们就可以进行词汇和语法间的相关性分析了。分析时，使用 SPSS 软件比较方便。下面以 SPSS18.0 为例，介绍分析方法。首先打开 SPSS18.0，读取 Excel 数据，选择"分析"→"相关"→"双变量"，然后将词汇合计和语法合计两个变量投入到变量窗口中，相关系数选择 Pearson，即默认的那个，显著性检验选择"双侧检验"（结果用 p 表示），并标记显著性相关。点击"选项"，选择"均值和标准差"，点击"继续"→"确定"，即可以得到相关性系数了，同时由于选择了"均值和标准差"，还可以得到词汇和语法各自的平均值和标准差。操作界面如图 1-21 所示。

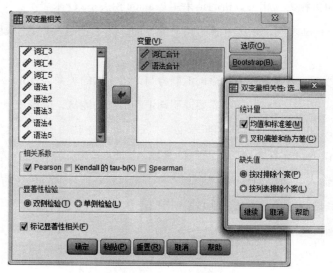

图1-21 SPSS 相关分析

SPSS 会给出如下的分析结果（表1-20），论文中可以这样描述：词汇（均值17.29，标准差5.07）和语法（均值20.97，标准差6.62）在0.01水平（双侧）上显著相关（r=.31，

44

p<0.01）。相关系数上的*表示双侧显著性相关，***表示在0.001水平（双侧）上显著相关，**表示在0.01水平（双侧）上显著相关，*表示在0.05水平（双侧）上显著相关。N表示样本数，这里是参加词汇测试和语法测试的人数。

表1–20　SPSS相关分析结果

描述性统计量

	均值	标准差	N
词汇	17.29	5.070	177
语法	20.97	6.618	177

相关性

		词汇	语法
词汇	Pearson 相关性	1	.313**
	显著性（双侧）		.000
	N	177	177
语法	Pearson 相关性	.313**	1
	显著性（双侧）	.000	
	N	177	177

相关分析需要注意以下两点。其一是相关系数是否具有统计学意义。如果不具有统计学意义，无论相关系数有多大，都是没有意义的。在相关系数具有统计学意义的前提下，我们才能讨论相关的强弱。如果相关系数$r>0.8$，一般就认为具有很强的相关，0.6左右为较高相关，$r>0.4$认为是较弱的相关，$r>0.2$认为是弱相关。这只是评价相关的一个参考，并不是绝对的基准。实际判断相关系数的强弱，我们要和前人的研究进行比较，而且要综合考虑多大的数值代表什么意义。

其二是相关分析只能验证两个变量间有无关系，而不意味着有因果关系或者是影响关系。比如上述结果得到了词汇与语法具有显著性相关，也并不能说因为词汇能力提高了，所以语法能力也提高了。如果想要验证这种因果关系的话，需要用什么分析方法呢？答案是可以选择回归分析。

4.2　多元回归分析

要验证变量间的因果关系，需要运用回归分析。这里介绍适用于日语教育中的数值型数据的回归分析，也叫线性回归分析。线性回归分析有简单回归分析（simple regression analysis）或者叫一元回归分析，和复杂的多元回归分析（multiple regression analysis）。下列图1-22是简单回归分析[1]的因果关系图，图1-23是多元回归分析的因果关系图。

1　图1-22，图1-23引自石川·前田·山城（2010：106）

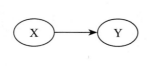

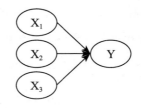

图1-22　单回归分析　　　　　　图1-23　多元回归分析

　　如图所示，简单回归分析表示自变量x对因变量y的影响。而多元回归分析则是表示几个自变量（x_1 x_2 x_3）对因变量y的影响。以下结合实例介绍多元回归分析在日语教育中的应用。比如，日语教育中，学习者的阅读能力的提高可能受到词汇能力、语法能力等很多因素的影响。那么学习者的词汇能力、语法能力对学习者的阅读能力是否有影响，以及有多大影响，我们可以用多元回归分析进行验证。首先需要做的是制作检验学习者词汇能力、语法能力、阅读能力的测试，然后实施调查。调查得来的数据录入到Excel中，接着用SPSS读取Excel文件，进行分析。操作的步骤是选择"分析"→"回归"→"线性"，然后在因变量处投入"阅读合计"，在自变量处投入"词汇合计、语法合计"，方法（M）处选择"投入"，然后点击界面右侧的"统计量"，选中"估计""模型拟合度"，再点击下方的"继续"，最后点击"确定"，SPSS即会输出结果。SPSS中多元回归分析有几种方式对自变量进行筛选，包括"投入法""逐步回归法""向前法""向后法""删除法"等。其中"投入法"表示所有选入"自变量"列表框中的变量均进入模型，不涉及变量筛选问题，在日语教育的数据分析中，"投入法"比较常用，其次是"逐步回归法"。大家也可以使用一下其他方法，比较一下结果与"投

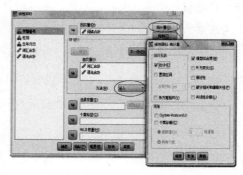

图1-24　多元回归分析

入法"是否相同。图1-24是SPSS中多元回归分析的具体操作界面图。

　　SPSS的多元回归分析结果，我们需要关注以下两个指标。

　　β—回归标准偏差系数，表示自变量对因变量的影响方向和大小。

　　R^2—判定系数，自变量整体解释因变量的程度。

　　这里我们用了初·玉冈（2013）中的数据进行了实际分析，SPSS输出结果参见表1-21。对此结果，我们在论文中可以这样叙述："运用多元回归分析，分析词汇能力和语法能力对阅读能力的是否具有影响，其结果是［$F(2,176)=60.93, p<.001$］，具有统计学

意义。并且，调整后的判定系数 R^2 为 0.405，说明模型拟合度较高。词汇能力（$\beta=.006$, $ns.$）对阅读能力的影响没有显著效应，不具备统计学上的意义。而语法能力（$\beta=.577$, $p<.001$）对阅读能力的影响具有统计学意义。"当然，实际撰写论文时，我们还需要对分析结果进行深入剖析，比如为什么语法能力对阅读能力具有较大的影响，为什么词汇能力不具有统计学意义的影响等。这些需要根据学习者的实际情况、前人研究结果、理论基础等进行综合分析。多元回归分析只是辅助我们去验证设想的模型，或者是去探索模型。而得到的结果如何解释将需要研究者深入剖析。

表1-21　SPSS的多元回归分析结果

模型汇总

模型	R	R方	调整R方	标准估计的误差
1	.642[a]	.412	.405	4.602

a. 预测变量：（常量），语法合计，词汇合计。

Anova[b]

模型		平方和	df	均方	F	Sig.
1	回归	2580.072	2	1290.036	60.925	.000[a]
	残差	3684.335	174	21.174		
	总计	6264.407	176			

a. 预测变量：（常量），语法合计，词汇合计。

b. 因变量：阅读合计

系数[a]

模型		非标准化系数		标准系数	t	Sig.
		B	标准误差	试用版		
1	（常量）	2.017	1.452		1.390	.166
	词汇合计	.006	.072	.005	.083	.934
	语法合计	.577	.055	.640	10.459	.000

a. 因变量：阅读合计

接下来我们比较一下相关分析和多元回归分析。先对上述词汇能力和阅读能力进行了相关性分析，其结果是 $r=.205$, $p<.01$，也就是说词汇能力和阅读能力具有相关，而且相关具有统计学的意义，在.01水平（双侧）显著相关。即随着学习者词汇能力的提高，阅读

能力也会提高。但是，以词汇能力和语法能力预测阅读能力的多元回归分析中，我们发现与语法能力相比，词汇能力对阅读能力几乎没有影响力。正像上述相关分析中所阐述的那样，相关分析只表示变量间关系的强度。而多元回归分析，才能看出自变量（比如词汇能力、语法能力）对因变量（阅读能力）的影响。因此，我们在实际分析中要注意，相关分析不能验证因果关系，如果需要验证因果关系，需要用多元回归分析。

另外，多元回归分析需要注意以下几点。第一，一定也要根据一定的理论背景设定模型关系。不是任何自变量都可以讨论对因变量的影响，如果没有理论支持，即使形成了影响关系，也无法解释。所以我们在日语教育中应用多元回归分析时，要考虑学习者的学习过程、实际情况、干扰因素等，设定符合理论的因果影响关系。第二，如果分析结果中 F 值不具有统计学意义，就只好放弃回归分析，或者追加数据重新分析。第三，要注意模型的样本量。一般应该在自变量数的20倍以上为宜。比如上述分析有两个自变量，那么样本量应该在40以上。少于此数则可能会出现检验效能不足的问题，此时得到的结论并非不可信，而是在解释时要加倍小心，需要时刻牢记得到的系数可能是不稳定的。

4.3 小结

两个变量间的关系强度可以用相关分析。一般日语教育中测试比较多，变量都是连续性的，变量间的关系也是直线性的，所以这里只介绍了 Pearson 相关分析。并且要注意相关系数一定要具有统计学意义，才可以进一步讨论相关系数的大小。而且相关分析并不能证明两个变量间有因果关系或者影响关系。

要想证明变量间的因果关系需要用回归分析。这里重点阐述了由多个自变量预测一个因变量的多元回归分析的方法和结果解释。多元回归分析的因果关系要建立在一定的理论背景下，而且只有在 F 值具有统计学意义时才可以进一步讨论影响关系。

【研究思考题】

1. 解释下列名词
   平均值　　标准差　　方差
2. 用SPSS计算下列数据的描述统计量（两种方法）
   45　48　55　62　65　67　68　70　75　76　77　78　79　80　82　85　86　88　90　92
3. 请分别简述三种 t 检验的特点。

4. 我们用独立样本 *t* 检验重新分析大和·玉冈（2013）的实验数据，考察学生的日语词汇量对外来语理解的影响。数据包含两组词汇量不同的学生，以及学生正确判断外来语是否存在时所需的时间以及错误率。结果如下图所示，日语词汇量 1 代表词汇量大的一组被试学生，2 代表词汇量小的一组被试学生请简述该分析结果。

组统计量

日语词汇量		N	均值	标准差	均值的标准误
反应时间	1	21	1057.78	173.520	37.865
	2	18	1337.73	283.954	66.929
错误率	1	21	.08	.080	.018
	2	18	15	077	018

独立样本检验

		Levene 检验		均值方程的 t 检验						差分的95%置信区间	
		F	Sig.	t	df	Sig.（双侧）	均值差值	标准误差值		下限	上限
反应时间	假设方差相等	2.624	.114	−.3774	37	.001	−279.948	74.172		−430.234	−129.662
	假设方差不相等			−3.641	27.251	.001	−279.948	76.897		−437.660	−122.235
错误率	假设方差相等	.000	.982	−2.579	37	.014	−.065	.025		−.117	−.014
	假设方差不相等			−2.588	36.519	.014	−.065	.025		−.116	−.014

5. 在 3.2 中提到，可以用方差分析和 *t* 检验，进一步分析考察 "(1) 貸してくれる？ (2) 貸してもらえる？ (3) 貸してもらえますか？ (4) 貸してくださいますか？ (5) 貸していただけますか？" 这五种句式在肯定及否定两种情况下又有怎样的不同。请问，应该分别使用哪一种方差分析和 *t* 检验呢？

6. 玉冈·Levent(2010) 对 194 名日本人进行了问卷调查，考察了不同年龄段不同性别的人对缩略语 "着メロ" 的使用情况。问卷中分 1—5 个档，从不使用为 1，经常使用为 5，让被试者对该词的使用频率打分。该调查含有年龄段和性别两个因素，年龄段包括 10—20 岁的被试者和 30—40 岁的被试者两个水平，性别包含男和女两个水平，为 2×2 方差分析。分析结果如下图所示，年龄段 1 代表 10—20 岁的被试者，2 代表 30—40 岁的被试者；性别中的 0 代表女性，1 代表男性。请思考一下如何在论文中描述该分析结果。

描述性统计量

因变量：着メロ

年龄段	性别	均值	标准偏差	N
1	0	4.87	.440	53
	1	4.82	.547	55
	总计	4.84	.496	108
2	0	4.39	.964	36
	1	3.92	1.397	50
	总计	4.12	1.250	86

年龄段	性别	均值	标准偏差	N
总计	0	4.67	.735	89
	1	4.39	1.131	105
	总计	4.52	.978	194

主体间效应的检验

因变量：着メロ

源	III 型平方和	df	均方	F	Sig.
校正模型	29.925	3	9.97	12.267	.000
截距	3817.391	1	3817.391	4694.744	.000
年龄段	22.360	1	22.360	27.499	.000
性别	3.171	1	3.171	3.900	.050
年龄段*性别	2.071	1	2.071	2.547	.112
误差	154.493	190	.813		
总计	4149.000	194			
校正的总计	184.418	193			

7. 先预测影响学习者日语听力能力的因素，比如词汇能力、语法能力等。然后运用多元回归分析进行解析，并对分析结果进行剖析。

8. 下表是分析自变量 X_1 X_2 X_3 对因变量 Y 的影响时所得到的结果。请对分析结果进行简述。

变量	满分	平均分	标准差	β
X_1	12	6.29	3.41	0.10
X_2	12	4.97	2.75	0.27***
X_3	12	5.38	2.5	0.22***

$F_{(3,274)}=32.990, p<.001$

$N=278$ ***$p<.001$ $R^2=.265$

9. 下列 SPSS 的相关性分析得到的结果，请思考一下在论文中该如何用文字描述。

描述性统计量

	均值	标准差	N
阅读	21.56	5.141	101
听力	12.06	3.120	101
语法	27.75	5.474	101

相关性

		阅读	听力	语法
阅读	Pearson 相关性	1	.396**	.598**
	显著性（双侧）		.000	.000
	N	101	101	101
听力	Pearson 相关性	.369**	1	.438**
	显著性（双侧）	.000		.000
	N	101	101	101
语法	Pearson 相关性	.598**	.438**	1
	显著性（双侧）	.000	.000	
	N	101	101	101

【参考文献】

马广惠. 外国语言学及应用语言学统计方法. 西安：西北农林科技大学出版社，2003

许宏晨. 第二语言研究中的统计案例分析. 北京：外语教学与研究出版社，2013

飯田香織・玉岡賀津雄・初相娟 (2012)「中国人日本語学習者の音象徴語の理解」、『日中言語研究と日本語教育』5、46-54

石川慎一郎・前田忠彦・山崎誠編 (2010)『言語研究のための統計入門』、くろしお出版

林炫情・玉岡賀津雄・宮岡弥生 (2011)「否定によって日本語の行為要求疑問文はより丁寧になるのか」『日本學報』86、143-153、韓国日本学会

小塩真司 (2004)『SPSSとAmosによる心理・調査データ解析－因子分析・共分散構造分析まで』、東京図書株式会社

柴崎秀子・玉岡賀津雄・高取由紀 (2007)「アメリカ人は和製英語をどのぐらい理解できるか－英語母語話者の和製英語の知識と意味推測に関する調査－」、『日本語科学』21、89-110

玉岡賀津雄・レベント＝トクソズ (2010)「新しく作られた短縮語使用に関する世代間比較」、『ことばの科学』23、85-99、名古屋大学言語文化研究会

中本敬子・李在鎬・黒田航 (2006)「日本語の語順選好は動詞に還元できない文レベルの意味と相関する」、『認知科学』13、334-352

初相娟・玉岡賀津雄 (2013)「中国人日本語学習者の述部構造の理解をめぐる語彙・文法知識と読解の因果関係」、『ことばの科学』26、5-24、名古屋大学言語文化研究会

宮岡弥生・玉岡賀津雄・酒井弘 (2011).「日本語語彙テストの開発と信頼性－中国語を母語とする日本語学習者のデータによるテスト評価－」『広島経済大学研究論集』34(1)、1-18

宮岡弥生・玉岡賀津雄・酒井弘 (2014)「日本語の文法能力テストの開発と信頼性－日本語学習者のデータによるテスト評価－」、『広島経済大学研究論集』36(4)、33-46

大和祐子・玉岡賀津雄 (2013)「中国人日本語学習者による外来語処理への英語レキシコンの影響」、『レキシコンフォーラム』6、229-267

Tamaoka, K., Sakai,H., Kawahara,J., Miyaoka, Y., Lim, H. and Koizumi, M. (2005). Priority information used for the processing of Japanese sentences: Thematic roles, case particles or grammatical functions? *Journal of Psycholinguistic Research*, 34, 273-324.

【推荐书目】

山田剛史・村井潤一郎 (2004)『よくわかる心理統計』、ミネルヴァ書房

小塩真司 (2004)『SPSS と Amos による心理・調査データ解析　因子分析・共分散構造分析まで』、東京
　書籍

玉岡賀津雄 (2012)「統計」, 近藤安月子・小森和子 (編)『日本語教育事典』16章、317-336、研究社

要旨

　本章では、日本語学習者の「読む」「書く」「聞く」「話す」の四技能に関する能力の測定方法について説明します。最初の節では、言語テストの種類と性質を概説し、日本語学習者の四技能を測定する上での要点を押さえます。以降、2から5は各技能における測定方法を紹介します。2は「読む能力」の測定について、「文章を理解するとはどういうことか」について説明した後、テスト作成におけるテキスト分析や、統計的手法を用いた分析例を紹介します。3の「書く能力」の測定では、「書く能力とは何を測ることか」について概観し、その評価基準や評定者間信頼性を保障するための方法について説明します。4「聞く能力」では、「聞きの理解がどのような知識によって成り立っているか」をまとめ、聴解テスト作成にあたっての準備と実施、信頼性分析、収集データの分析方法を紹介します。最後に、5「話す能力」の測定では、「話す能力をどう捉えるか」について述べます。口頭能力テストの特性と評価の関係について概説してから、会話テスト作成から実施までの流れ、評定者の訓練と採点基準について説明し、他の技能との相互関係を調べる分析方法の例を紹介します。

　　在本章中，将对日语学习者的"听、说、读、写"四种基本能力的测试方法进行详细说明。第一节主要对于测试的种类和性质，以及测试日语学习者的四种基本能力时应该注意的重点进行概述。第二节到第五节中将详细说明各个基本能力的测试方法。在第二节中主要介绍测试阅读能力的方法。首先，对"所谓的理解文章指的是什么"进行说明，然后介绍制作测试时将用到的文本分析工具，以及使用统计学的分析手法进行分析的研究实例。在第三节中详细说明测试写作能力的方法。首先对"测试写作能力究竟测试的是什么"进行概述，然后详细说明如何保证评价基准以及评分者信度。第四节中详细介绍听力测试。首先对"听力是由什么样的知识构成的"进行总结，然后将详细说明制作听力测试时所需的准备工作、实施方法、信度分析、数据收集及分析方法。在第五节中将对会话能力的测试进行详细介绍。首先论述"如何理解会话能力"，然后对口头会话能力测试的特性与评价之间的关系进行概述。接着针对会话测试从制作到实施的流程、训练评分者的方法、评分基准进行详细说明。最后，举例说明如何调查分析会话能力和其他各基本能力的相互关系。

1. 四技能の測定

早川杏子

1.1 テストの種類

　日本語教育者・研究者にとって、テストは非常に身近なものではありますが、日本語学習者の日本語能力を適切に測定するのは、実は容易なことではありません。テストを作る上では、第1に、研究で明らかにしたい目的や要因が明確であることが重要です。第2に、日本語能力をどのように定義するかを明確にすることです。それらの条件が備わって初めて、目的や要因に照らしたテスト・デザインを行うことができるといえるでしょう。そこで、テストにはどのようなものがあり、それぞれがどのような特性を持つかを把握しておきましょう。

　はじめに、テストをする際の目的が、教育であるか、研究であるかによって、テストの目的や基準は必ずしも一致しません。表2-1を見てみましょう。

表2-1　研究または教育を目的とした日本語能力の評価測定

目的	研　究	教　育
準拠対象	集団: 集団基準準拠テスト	到達目標: 目標基準準拠テスト
能力評価	外在的評価 （日本語能力試験、OPIなど）	形成的評価（中間テストなど） 総括的評価（期末、修了テストなど）
対象者	不特定多数	特定のコース内の受験者

目的	研　究	教　育
評価方法	相対評価：母集団の平均値、標準偏差などの数量化尺度に基づくことが多い	相対または絶対評価：目標に対する到達度の基準尺度 目標や課題によって数量的もしくは定質的な尺度が用いられる
測定条件	妥当性・信頼性・有用性を満たしていることが必要条件	妥当性・信頼性・有用性を満たしていることが望ましい

　研究を目的として日本語能力を測定する場合には、特定の機関のカリキュラムやコースとは関連付けずにテストを行うことが多く、それらの影響は特に考慮しないで、不特定多数の被験者を対象にテストを行うことが多いと思います。これは、特定の機関での活動外での、テスト実施の時点での学習者の日本語の実力を測ることから、外在的評価と呼ばれます。この評価では、多数の集団の中で、学習者の言語能力がどれぐらいの水準に達しているか、平均値や標準偏差などの数量的な尺度の指標を用いて位置づけられ、相対評価されます。一方、教育を目的とした能力測定では、こうした相対評価も用いられます[1]が、コースの下で、評価者があらかじめ定めておいた到達目標に対して、学習者がどれだけ到達できたかを測定する絶対評価が用いられることが多いと思います。到達目標が基準ですから、到達目標が100点であるのに対して、80点取れば、80%学習が実現できた、という解釈になります。絶対評価では、集団の中での個人の日本語能力の位置づけはあまり重視されません。しかし、ある項目の習得に対して、日本語能力を一つの重要な影響要因としてみなす研究では、一定の基準によって能力別の群分けをする必要がありますから、評価の基準を集団に依拠する（つまり、正規分布する）集団基準準拠テストを採用します。日本語能力試験はその代表的なテストといえますが、作文や会話など、研究によっては、このような標準化テストが使えない場合も少なくありません。また、観点によっては、特定の能力を測定するのに、既存の標準化テストでは抽出できない場合もあります。そこで、以上のテストの特性をふまえた上で、次に四技能別の日本語能力測定法について考えます。

1　プログラムのはじめに、個々の学習者の熟達度判定と適切なクラス配置のために行われるプレースメントテストは、得点が分布するので集団準拠テストです。

1.2 四技能の能力測定

　第1言語と第2言語習得における言語能力の違いは、第1言語では、読む、書く、聞く、話すという四技能が均衡的であるのに対して、第2言語では、それらのバランスが必ずしも等質ではないことです[1]。言語能力の四技能を情報の流れを基準に分類すると、以下のようになります。

表2-2　言語能力の四技能

言語情報 入力の方向	理解（Comprehension） インプット（Input）	産出（Production） アウトプット（Output）
視覚（Visual）	読む	書く
聴覚（Auditory）	聞く	話す

　言語活動は、学習者の脳内で起こる活動であるため、測定者がいくらその過程を見たくても、実際に目で捉えることはできません。そのため、測定者は、テストという媒体を介して表出されたデータをもって、それを日本語能力とみなします。

　「読む」、「聞く」の理解に関する能力が多くの標準化テストにおいて測定対象とされているように、これらの技能は、測定者がインプットを操作することができ、あらかじめ用意された課題の達成度で能力判定することが可能です。けれども、「書く」、「話す」の産出は、測定者が課題によってある程度方向付けができたとしても、完全に被験者のアウトプットをコントロールすることができません。したがって、読む、聞くとは異なった方法で能力を判定することになります。

　一般的な標準化テストのように、あらかじめ項目と解答を作っておき、誰が採点しても評価が変わらないタイプのテストは「客観テスト」といい、読解や聴解の技能測定によく用いられます。そして、表出されたデータに対して、ある基準にもとづいて採点を行うタイプのテストは「主観テスト」といい、作文や会話の技能測定でよく採用されている方法です。

　客観テストは、文字や音声を提示し、被験者があらかじめ用意された回答方式に沿って行えるため、1度に多数のデータが収集しやすい方法だといえます。それに対して、主観テストは、1度に収集できるデータは限られています。そのため、データを効率的

1　ここでは、言語障害をもたない健常な成人の場合を前提とします。例えば、読字障害のように、言語処理に何らかの困難を感じる場合は、成人であっても、必ずしも四技能が均衡的ではないことがあります。

に集めるために、複数名で能力を評価することも少なくありません。一見すると、前者のほうがテストの作成は簡単そうに思えますが、どちらにもメリットとデメリットはあります。表2-3を見てください。

表2–3　主観テストおよび客観テストの特性

	技能	採点	評価者	妥当性	信頼性
客観テスト	読む	容易で安定	誰でも	よく考慮する必要	得やすい
	聞く				
主観テスト	書く	容易ではない 基準や評価者に影響を受けやすい	訓練が必要 複数が多い	実際の運用に近いため高い	項目や基準を明確にする必要
	話す				

　客観テストは、解答が一定しているので、評価が安定し信頼性は得やすいのですが、その項目が本当に明らかにしたいものを測定しているのか、という妥当性については十分に考慮されている必要があります。その点で、主観テストは、実際使われる形で課題が提示されることが多いので、妥当性は高いのですが、特に評価者が複数になる場合は、評定者の個人差などが問題になることがあります。なお、表2-3では、わかりやすいように、それぞれのテストにおいてよく測定対象とされる技能を示してありますが、実際には、必ずしもこのように区分できるわけではありません。各テストの性質をよく知って、テストを作成・実施してください。

1.3　本章の構成と内容

　以下の節では、四技能それぞれの研究例と分析の方法を具体的に説明します。2では「読む能力」の測定について、文章理解に影響を及ぼす要因と、テキスト分析の方法を説明し、重回帰分析を用いた例を紹介します。3の「書く能力」の測定では、作文の評価基準をどのようにすべきか、複数名での採点を行う場合の評定者間信頼性の確保と書く能力の評価について説明します。4「聞く能力」の測定では、聴解テスト作成の手続きとデータ処理、信頼性分析の例を紹介します。最後に、5の「話す能力」の測定では、口頭能力テストの種類と方法、採点方式、口頭能力の評価について説明します。いずれの節も非常に実践的な内容です。また、分析方法は個別の技能にとどまらず、技能を超えて応用できます。ぜひ全節を熟読し、研究に役立ててください。

2. 「読む」能力の測定

斉藤信浩

2.1 読解能力とは

「読む」能力の測定には、2つの意味があります。1つは、単文や文章をどのような認知プロセスで理解しようとしているのか、読解の過程に着目した心理的、認知的な研究です。最近では眼球運動追跡（eye tracking movement）や脳波（事象関連電位；event-related potential、ERP）実験による検証が見られます。もう1つは、文章を読み、その内容をどのように理解したかという内容理解に関する研究です。本章で扱う「読む」能力は、後者の「文章を読んで内容を理解する」ことに焦点を当てます。それでは、「読解」とはなんでしょうか。まず、何よりもこの問いに答えることが「読む」能力の測定に入る前に必要です。まず、以下の文章を「読解」してみてください。

日本은 1960 年代부터 1970 年代에 걸쳐서，急速한 経済成長이 継続되었기 때문에，都市化問題나 公害問題가 発生되었다. 그러나，그 解決 為해서，그 後에 多様한 技術이 開発되어，現在，그러한 技術은 発展途上国에 輸出되어 있다.

　この文は、韓国語の文章です。読者に韓国語ができる人がいないことを期待して、この漢字ハングル混じりの韓国語の文章を読んでもらいました。中国語母語話者、日本語母語話者なら、ハングル文字が全く読めなくても、漢字というキーワードを頼りにして、上のような韓国語の文章を読んで理解することが可能です。しかし、この文章を読めても、それは果たして、読解が達成されたと理解して良いのでしょうか。確かに、全体の意味が取れたのならば、内容理解というレベルでは読解は達成されています。しかし、細部の文法やニュアンスについては全く把握されていません。このような漢字のキーワードによる理解がいわゆる読解テストの落とし穴です。斉藤・菊池・山田（2012）では、中国語母語話者と韓国語母語話者を対象に、日本語の読解テストを調査したところ、中国語母語話者は読解文章の中にある漢字語彙を追っていけば文意が理解でき、更に、設問文にも入っている漢字語彙をキーワードにして解答を行うため、二重のヒントになり、中国語母語話者は日本語を読むのに著しく有利であったと報告しています。斉藤・玉岡・毋（2012）では、人文科学、社会科学、自然科学の3分野の読解文を中国語

母語話者に与えて解答させたところ、カタカナ語の比率の高い自然科学分野の読解の得点が低かったことが報告されており、やはり中国語母語話者が漢字力で有利に日本語の文章を理解していることが観察されています。しかし、上の韓国語の文章で例示したように、その言語に対する文法的、談話的、音声的な知識がなくても、漢字能力で達成されてしまう読解テストは果たして「読解」であると言えるのでしょうか。学習者の読解力を測定していることになるのでしょうか。

2.2 読解テストの作成にあたって考慮すること

2.2.1 文法や語彙の問題にならないこと

冒頭で問いかけた「読解とは何か」ということを十分に理解していない人によって作成された読解テストには悪問、奇問が多いです。よく見られるのは、（　）に適切な語を入れるタイプの問題ですが、単なる共起関係の問題であったり、前後の文を見れば必ず入れられるような局所的な知識を問うような問題であったりし、連語の知識や文法知識を解答させていて、読解の設問になっていないものが見られます。また、前後のパラグラフを読んで接続詞を入れさせるタイプの設問も多いです。これは前後の内容を理解した上で接続関係を見るので、内容理解を問う設問に近いですが、しかし、接続詞の種類自体は、それほどバリエーションがあるわけではなく、微妙な差異のある接続詞で混乱させるような設問も見られます。以下に、悪問の読解問題を例示しましょう。

東京に始めて来たのは13年前のことだ。毎日、家から学校まで電車に（①）、1時間通勤し、授業が終わるとテストの採点のために、夜まで学校で作業をしなければならない。（②）また1時間かけて自宅に帰らなければならない。（③）実家から通える学校に赴任しておけば良かったと後悔している。仕事のやりがいも大切だが人生の豊かさも大切だ。来年、実家に帰ろうと思っている。

問1　①に入る適切な言葉を選びなさい。
　　　ア）ゆられて　　　　イ）ゆれて　　　　ウ）ゆらされて　　　　エ）ゆらして
問2　②に入る適切な言葉を選びなさい。
　　　ア）そうして　　　　イ）それでも　　　　ウ）そのため　　　　エ）それなら

　問1は語彙と文法の問題です。問2は「そうして」と「それでも」のどちらの可能性もある曖昧な設問で、問3は「やっぱり～すればよかった」という共起関係の設問です。この問1～問3は読解力を問う設問になっていません。問4は「13年前に東京に来た」と「来年、実家に帰る」が読めていれば、合計して14年住むことになりますが、問4の設問が「何年間東京に住む」か「何年間東京に住んでいる」かによって違ってくるため、設問文で混乱させています。これらの設問で読解の理解を測定したことにはならないのです。全体的な内容の理解を問うためには、以下のような設問が考えられるでしょう。

問5　内容と合っているものを選びましょう

　　　ア）　毎日、通勤には2時間がかかる　　　イ）　生活よりも今の仕事を大切にしたい
　　　ウ）　東京の学校で勉強をしている　　　　エ）　実家から通える学校で仕事をしたい

　学習者の読解能力を測定するためには、まず、設問が文法能力や語彙能力を問うような設問になっていないかを十分に考慮して設問を作成しなければなりません。意外とこのような基本的な誤りを犯している読解テストが多いのです。このような設問によって出された得点を分析しても、それは「読む」能力を測定できたことにはならないのです。

2.2.2　文化や文章の型による影響

　次に問題となって来るのは、その文化が許容している「文章の型」です。英語の文章は直線的に結論に向かって行くのに対して、日本語の文章は起承転結の非直線的な型を好むと言われています（Eggington、1987）。Hinds（1983）は、日本語の文章で多く用いられている起承転結型の文章を日本語母語話者と英語母語話者に読ませたところ、日本語母語話者は起承転結型の文章の理解が高かったのに対して、英語母語話者は低かったことを報告しています。韓国語も日本語と同様に、起承転結の非直線的な型を好み（Eggington、1987）、Kaplan（1966）は、韓国語母語話者も起承転結型の文章のほうが

直線型の文章よりも多くの情報を引き出せたと報告しています。このような非直線的な起承転結の文章の型は、中国の漢詩に端を発し、東アジアの文章の型は大きく中国文化の影響を受けています。このような文章の型による読解理解の差があるということも、読解テストの作成とその結果の解釈において念頭に入れておかなければならない事項です。つまり、文章というものは、ある程度、文化的に影響されるもので、型が変われば読みにくくもなり、読みやすくもなるものなのです。

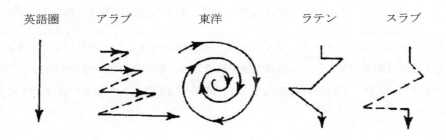

図2-1　Kaplan(1966) による文章展開の文分差

2.2.3　関連知識による影響

次に、読解を達成するためには、内容や背景知識に関する理解も要求されます。例えば、以下の文章を読んでみましょう。

パロキセチンは、イギリスのグラクソ・スミクライン社で開発された選択的セロトニン再取り込み阻害薬である。同社より、商品名「パシキル」で発売されている。日本では2000年11月に薬価収載され、販売が開始された。薬事法による劇薬指定がある。同社から2012年1月19日に、徐放性製剤である「パキシルCR」錠の製造販売承認が取得された。

私達は、特に興味がない限り、農薬やプラスティック生成法や深海魚の生態について説明することはできないし、読んでも理解するのが語彙的にも知識的にも困難です。上記の文章の場合、漢字圏の母語話者なら、"なんとなく"理解できるかもしれませんが、正確な理解のためには、知識のほうが大きく要求され、これは読解の良問とは言えません。同様に、日本人なら誰でも知っている「忠臣蔵」「紅白といえば」「風が吹けば桶屋がもうかる」「風呂上がりの一杯」などのようなトピックも、日本人（やその文化で生きてきた人）ならイメージできますが、外国人にとっては文化的な背景知識が大きく要求

されるため、適切な読解を促進できない可能性が生じます。選択される文章のトピックは可能な限り、万人が理解可能な一般的なトピックを選択すると良いでしょう。

2.2.4　前提知識による影響

　背景知識が読みに与える影響は大きく、その個人の読解力と関係なしに困難さを引き起こします。例えば、以下の文章を読んで、内容に対する問いに答えてみましょう。

あきらめる前にやることがある。多くの人は何回も何回も叩くことが良いと思っている。しかし、それは間違っている。十分な栄養を取ること、規則正しい生活をすること、ストレスを溜めないこと、これらの基本的なことが成長を促進させ、あなたの悩みを解決させるのです。

　ア）子供の育て方　　イ）社員の教育　　ウ）薄毛の悩み　　エ）ダイエット

　どんな内容の文章か予測できましたか。答えは（ウ）の薄毛の悩みを書いた文章です。この文章の理解のためには、薄毛の人がどのようにして解決しようとしているのか（何回も頭を軽く叩いて毛根に刺激を与える）、どういう解決方法が良いのか（髪の生育には栄養や睡眠が必要）という背景知識が要求されます。（ア）（イ）の解釈が成立する場合は、「栄養を取らせる」「規則正しい生活をさせる」「ストレスを溜めさせない」のように使役形にすればその解釈ができるかもしれません。（エ）の可能性もありますが「叩くことが良い」「成長を促進させ」という文で排除されます。何よりも、読む前に「薄毛の悩み」という表題が与えられていれば、内容はより理解しやすかったはずです。上記の文章は語彙的にも文法的にもさほど困難ではありませんが、内容理解で混乱するのは、「何の文章か分からずに読み始める」ためです。表題が先に出ていれば、より理解が簡単であったでしょう。このように、文章を理解するためには、その文章がどのような文章であるのか予め分かってから読むということもその読解の理解の深さに影響してくる要素です。

2.2.5　読解を構成する下位項目

　図2-2は読解を構成する知識を示したものです。読解には、言語領域、文化領域、論

理力の領域、の3つの領域が関わっていると考えられます。言語領域としては勿論、語彙能力や文法能力が要求され、それらが文の理解を生みます。1文レベルの文の理解から更に、前文と後文の関係性や文脈（context）、それらの文章がどのように結束（cohesion）しているのか、文章の一貫性や起承転結や序破急のような文章の型を理解するのは、個人の知能としての論理力の領域でもあり、且つ、言語や文化にも関連した能力だと言えます。そして、読解文章に関連した知識や前提となる知識があって始めて適切な読解が達成されるのです。

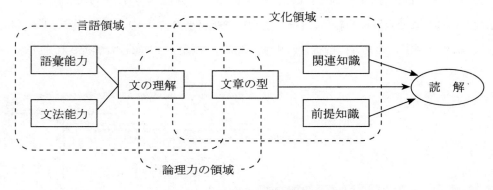

図2-2　読解を構成する下位知識

　これらの読解テストに対する注意点が十分に理解された上で、読解の文章を選択し、設問を作成する必要があり、この前提の上ではじめて、「読む」能力の測定が可能になってきます。「読む」能力の測定には、まず何よりも問題紙の作成が最も困難な作業であるのです。

2.3　テキスト分析の重要性

　次に行うべき作業は、テキスト分析（text analysis）です。読解テストとして提示する文章の文字数、単語数（異なり語数と延べ語数）、その難易度について分析をする必要があります。文字数については、Microsoft社のwordソフトの文字カウントの機能ですぐに数えることができますし、東京工業大学で開発された「リーディングちゅう太（http://language.tiu.ac.jp/)」（図2-3）や砂川有里子らによる科研グループ「読解教育支援を目的とする文章難易度判別システムの開発」（課題番号：25370573）で開発された「日本語文章難易度判別システムalpha版（http://jreadability.net/)」のよ

うなフリーで使用できるWebサイトもあります。単語数のうち、異なり語数（文章の中で出て来る異なった語の数で、例えば、同じ単語が文章の中で100回出てきても、1単語と数えます）と延べ語数（その文章に出てきた単語の総数です）の情報も必要ですし、語彙の難易度、つまり、その単語が日本語能力試験の何級に配当されているかという情報は「リーディングちゅう太」で分析することが可能です。例えば、リーディングちゅう太で、「日本の主食は米ですが、中国の主食は北のほうでは小麦、南のほうでは米が主食です。」を解析してみましょう。すると、異なり語数16（日本1、の4、主食3、は2、米2、中国1、北1、ほう2、で2、は2、小麦1、南1、が1、です1、。1、、2）で、延べ語数27になりました。配当級は、1級（主食）、2級（小麦、日本）、3級（米）、4級（北、南）、級外（中国）のように解析されます。句読点や括弧等の記号も解析されます。

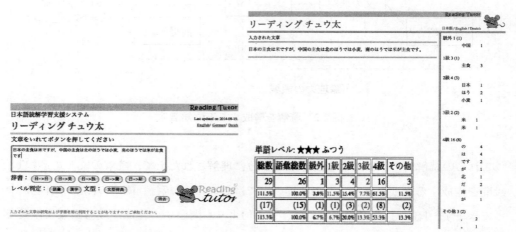

図2-3　リーディングちゅう太　　　　図2-4　リーディングちゅう太による分析結果

　読解文の中に現れる文型の難易度や、文章の長さなどの情報も分析しておく必要があります。初級レベルの読解の測定でトピックや語彙は簡単でも、文型が複雑では、正確な読解力を測定することはできません。文法テストや語彙テストと違い、その読解文が、初級レベルなのか上級レベルなのかを確実に規定することは困難ですが、可能な限りレベルを絞り込んでおくことは分析において重要なことです。それでは、日本語文章難易度判別システムalpha版によって先程の文の解析をしてみましょう。

　解析をすると、文章の難易度は中級後半と出ました。リーダビリティ・スコア（readability score）というのはその文章の読みやすさの指標で0.00～5.00の間で示されます。3.07は普通よりほんの少し難しいといったところでしょうか。一文の平均語数なども算出されます。そして、読解文の種類を分野ごとに分けて、一定の傾向性を

見せるように、例えば、会話文なのか説明文なのか、対話形式なのか独話形式なのか、デス体なのかデアル体なのか、人文科学分野なのか自然科学分野なのか等、文章形式や文体やトピックによる分類を立てておくことも分析には役立つでしょう。

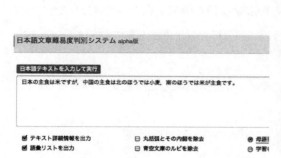

図2-5　日本語文章難易度判別システム　alpha版　　図2-6　日本語文章難易度判別
システムによる分析結果

2.4　「読み」能力の測定

　前節のテキスト分析の結果、読解文を、例えば、レベル（上級読解文、中級読解文、初級読解文）、種類（対話文、説明文）、内容（人文科学分野、社会科学分野、自然科学分野）などの下位項目に分けて調査した結果、それらの平均を統計ソフト（IBM社のSPSSなどが有名）などを用いて比較します。Excelの数式によって計算することも可能です。

　1群の学習者の各テストの平均点を検証する場合は（例えば、Aクラス30名に会話文読解テストと説明文読解テストを行った場合）、一般線形モデルの反復測定（単純対比）の方法で、各項目間の平均点の比較を行います。2群の学習者（例えば、4年生と1年生に新聞読解テストを行った場合）で点数を比較する場合には、独立したサンプルのt検定（t-test）を行い、平均点の差を検証します。3群の学習者（例えば、初級者、中級者、上級者に新聞読解テストを行った場合）の比較の場合は一元配置の分散分析で平均点の比較をします。

　但し、このような読解文の各項目の平均点の比較は、この群は説明文が良くできる、この群は人文科学の読解が良くできる、といったような、やや皮相的な分析にならざるを得ません。

　文章の読解は、文字や単語の理解から文章全体の理解まで、様々な下位過程から構成さ

れている認知的活動です。読みの能力を測定するには、複合的な分析方法で読解力を測定する方法が挙げられます。図2-2の構成図を思い出してください。読解の得点には語彙能力と文法能力のどちらが貢献しているのでしょうか。読解には本当に文章の型の違いによる得点差が影響するのでしょうか。読解は本当に読む前の前提知識があると理解が進むのでしょうか。このような読解の下位項目との因果関係を検証するのが回帰分析です。それでは、以下のような予測で調査をした場合の回帰分析の分析方法を見ていきましょう。

研究課題: 中国語母語話者の日本文読解には、文法能力と語彙能力のどちらが影響しているか

調査対象: 中国の大学で日本語を学ぶ100名の中国語母語話者

調査方法: 読解能力テスト18問（18点満点）

文法能力テスト36問（36点満点）

語彙能力テスト48問（48点満点）

	A	B	C	D	E	F	G
1	ID	学年	性別	月齢	読解テスト	語彙テスト	文法テスト
2	A001	2	1	240	10	21	16
3	A002	2	0	242	8	20	17
4	A003	1	0	230	7	19	11
5	A004	2	0	246	11	23	24
6	A005	3	0	256	12	30	27
7	A006	3	1	253	13	28	30
8	A007	4	0	262	14	33	31
				·			
				·			
				·			

図2-7　データをExcelに入力する

　SPSSにエクセルのデータを読み込ませた後、「分析」→「回帰」→「線型」と選択していきます（図2-8）。「読解テスト」を従属変数（予測変数）として、それ以外の語彙テストと文法テストを独立変数（説明変数）として、分析欄に投入し、ステップワイズ法か強制投入法で分析を行っていきます（図2-9）。回帰分析の中には単回帰分析と重回帰分析があります。

　単回帰分析は従属変数と独立変数の1対1の因果関係を探ります。この例で見ると、読解テスト（従属変数）と語彙テスト（独立変数）の間に有意な因果関係があるかどうかを見ることです。これに対して重回帰分析は従属変数に対して、複数の独立変数を立

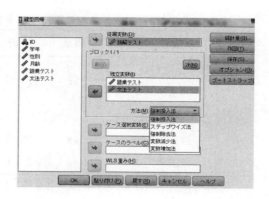

図2-8　SPSSによる回帰分析　　　　　　図2-9　変数と方法の選択

てて検証するもので、この例で見ると、読解テストに対して、語彙テストと文法テストの2つのテストとの因果関係を見るものです。図2-9では重回帰分析を行っています。注意しなければならないのは、重回帰分析には多重共線性（multicollinearity）の問題が生じます。立てる独立変数の数が多いと、それぞれの変数が干渉し合って、正しい結果が得られないのです。そのため、独立変数をあまりに多く立てすぎるのは良くありません。独立変数が多い場合は、ステップワイズ法を勧めます。ステップワイズ法は有意ではない変数を除去しながら、有意な独立変数を残していくからです。そのため、多重共線性の問題は解決します。しかし、ステップワイズ法はそれぞれの独立変数間の相関関係で判定をしていないため、回帰分析の結果が妥当ではないと考えられることもあります。図2-9の例では、独立変数が少ないため、強制投入法を選択しました。また、このように変数間の変動に影響を受けて結果が変わる可能性があるため、回帰分析にはある一定以上の被験者の数が必要です。正確な結果のためには80 ～ 100以上のデータがほしいところです。それでは、このデータの結果を見てみましょう。R^2=.923でした。これはこの回帰分析の結果、読解の点数に影響を与える要素のうち、この結果で92.3%を説明できるというものです。大変に高い数値です。表2-4は重回帰分析の結果を整理したものです。β（ベータ）は因果関係の強さを表す標準化係数です。t値が有意であれば、因果関係があり、有意でなければ因果関係はなかったということになります。

　この結果、中国語母語話者の読解には、語彙テストは（β=.71, t(99)=10.29、p<.001）で0.01 ％水準の有意で因果関係があった一方、文法テストは（β=.04, t(99)=1.81, p=12.99, ns）となり語彙、中国語母語話者の日本語文章の読解には文法能力は全く影響しておらず、語彙能力のみが影響しているということが分かりました。

表2-4　語彙と文法テストで読解テストを予測する重回帰分析の結果（R^2=.923）

変数名	満点	平均	標準偏差	β	t値	
予測変数（従属変数）						
読解テスト	18	11.00	2.22			
説明変数（独立変数）						
語彙テスト	48	25.33	4.94	.71	10.29	***
文法テスト	36	23.11	6.80	.04	1.81	*ns*

注：*p<.05. **p<.01. ***p<.001. *ns*は，有意でないことを示す。

残念ながら、ここで紹介したデータは、説明用に作った仮想データです。本当はどのような結果になるか、皆さんが実際に調査をしてみてください。

3.「書く」能力の測定

大和祐子

3.1　「書く」能力とは

　日本語学習者が日本語で「書く」ためには、日本語の語や文型を豊富に知っていなければならないのはもちろんのこと、文を書くにあたって適切である語や文型を選んで正しく表現することが必要となります。また、文レベルにとどまらず、文章を構成・展開する能力や産出した文章を推敲する能力などが必要になると考えられます。さらに、趣旨に合った、内容的に充実した文章を産出する能力も必要になります。菊池（1987）は、学習者が日本語を書くとき必要になる能力は、「日本語能力」と「文章作成能力」であると指摘しています。菊池（1987）では、作文を書くために必要な能力をさらに①趣旨の明確さ、②内容、③正確さ（文法・語法、語彙、文字・表記に関する正確さ）、④表現意欲・積極性（文法・語法、語彙、文字（漢字）に関する表現意欲・積極性）、⑤表現力・表現の豊かさ（具体的な表現の適切さ・巧みさ、文章全体の構成・展開、文章全体の長さ）の5項目に分けています。このうち①②は日本語能力と文章作成能力両方に関わるもの、③④は日本語能力のみに関わるもの、⑤は主に文章作成能力に関わるもの

であると言えます。菊池（1987）が挙げる項目の他にも、課題によっては、与えられたトピックに関する背景知識や課題として出される文章や表などを「読む」（読み取る）能力などが関わってくるものもあり、それらは間接的に「書く」能力に関わっていると言ってもいいでしょう。

　このように様々な能力や知識が関わっている「書く」ことですが、その能力を評価するには、課題を与え学習者が作文を行う、というパフォーマンステストという方法で能力を測定するのが一般的です。文法テストや漢字テストが「知っているかどうか」を問うテストであるとすれば、「書く」能力を測定するテストは「できるかどうか」を問うテストであると言えるでしょう。

3.2　「書く」能力を測定するテストの作成の流れ

　作文による「書く」能力の測定は、学習者が実際に産出した作文からの直接的な測定が可能であることから、真正性が高いテストであると言えます。しかし、そのテストの作成には、考慮すべき点があります。以下、作成の流れとともに作成時に考慮すべき点をみてみましょう。

3.2.1　課題の設定

　これまでの作文評価の研究によると、与えられる課題の特性によって、学習者の「書く」能力の評価が異なることが知られています。課題の特性とは、具体的には作文の種類やトピックなどのことです。例えば、同じ日本語学習者が書いた意見文と説明文の評価を比較したところ、同一学習者の作文であっても、項目によっては、意見文の評価と説明文の評価が大きく異なっていたと報告されています（村上、2005）。村上（2005）で扱われていたのは意見文と説明文でしたが、実際の場面では、それだけではなく、メールや履歴書の自己PR文など学習者が日本語で作文すべき文章の種類は多岐に渡ります。評価者は、文の種類によって、同じ学習者の作文でも評価が異なってくる可能性があることを知っておく必要があるでしょう。そして、重要なのは、それを評価者（テスト出題者）が認識しておくこと、そして課題を設定する際に、学習者にとってどのような課題で「書く」能力を測ることが妥当なのか、よく考慮すること

す。例えば、学習者のアカデミックジャパニーズにおける「書く」能力を測定しようというのであれば大学のレポートなどで課される可能性がある意見文を、ビジネス日本語における「書く」能力を測定しようというのであれば報告書を課題として与えるなど、目的に応じた妥当性の高い課題設定が必要となります。

3.2.2　問題文の作成

「書く」能力を測る問題には、①「わたしが興味を持っていること」のように作文のタイトルとなるものを提示し、テーマに応じた内容を作文させるもの、②あるトピックに対してAとBという対立する2つの立場を示し、どちらの意見に賛同するか、その意見を述べるように指示するもの、③図や表を提示し、そこから分かることをまとめるように指示するもの、④「アルバイトに応募したい旨を書いたメールを送る」などのタスクを提示するものなど様々あります。①や④のような課題であれば、トピックが平易なものであれば日本語能力が初中級レベルの学習者にも十分実施可能ですが、②や③などは日本語の「書く」能力のみならず情報を読み取る能力も必要とされ、複合的な能力を測ることになるため、高度な日本語能力が必要となります。問題文を作成するときは、受験者の日本語能力や作文能力測定の目的などを考慮した上で決めます。また、作文のテストでは、多くの場合、問題文の指示の中で文字数を出題者が指定します。文字数を指定するのは、極端に長い作文や極端に短い作文では、適切に評価するのが難しくなるからです。これも、受験者の日本語能力や課題の内容によって、指定する文字数を考えなければなりません。

3.2.3　「書く」能力測定のための項目設定と重みづけ

「書く」能力の測定は、漢字や文法のテストとは違い、正解・不正解というものはなく、「どの程度できるか」を測ることになります。その「どの程度できるか」を点数化するには、総合的評価（包括的評価）と分析的評価という2つの方法があります。総合的評価（包括的評価）は、作文全体を読んで、その印象を点数化する方法で、1つの作文に1つの点数がつく形になります。総合的評価（包括的評価）の場合、大量の作文の点数を比較的短時間でつけることができる点、読者（評価者）が受けた作文の印象や

課題の達成度などが評価に反映されやすい点などがメリットであると言えます。しかし、総合的評価（包括的評価）には評価者の主観が入りやすいというデメリットがあります。一方、分析的評価は、評価項目をあらかじめ設定し、その項目ごとに点数をつけ、その合計点を出すという方法です。分析的評価の場合、評価の観点が明らかになっているため、評価者の間での評価のずれを小さくすることができます。ただし、与えた課題がどのようなものか、ということによっても、その評価の観点（項目）は異なりますし、重視される（配点が高くなる）項目も異なるため、課題ごとに評価の観点や基準を確認し、調整する必要があるでしょう。教育現場では、作文を総合的評価（包括的評価）することもありますし、分析的評価することもあります。しかし、同じ評価者が作文を行う場合でも、総合的評価（包括的評価）を行うより、評価者同士で重視する評価の観点を決めて分析的評価を行う方が、評価者間の点数の一致度が高い（村上、2001）など、評価の信頼性の面では分析的評価の方が優れているという研究結果もあります。また、分析的評価であれば、評価のずれが起こった場合にも、どの項目のずれが大きいのかを知ることも可能で、項目の改善や評価者間の共通認識の構築にも役に立ちます。

　分析的評価を行う場合、テストを実施する前に、あらかじめ評価の観点とその点数配分（重みづけ）を決めておかなければなりません。では、具体的にどのような評価の観点が設定されうるのでしょうか。また、どのような観点の評価が高ければ、「いい」作文とされるのでしょうか。田中・初鹿野・坪根（1998）では、第二言語として日本語で作文を書く場合、作文評価の基本構造で「正確さ」「構成・形式」「内容」「豊かさ」の中のどの要素が重視されるのかを調べました。評価者に作文AとBを読んでもらい、いいと思う作文の決め手は何かを調べたところ、作文の「内容」「主旨の明確さ」「構成」は、ほぼどの評価者も重要だと考えていましたが、それ以外の要因については（1）「正確さ」と「読みやすさ」を重視するグループと（2）高度な文型や漢字語彙の使用を重視するグループがあったといいます。つまり、日本語の「書く」能力を評価する際には、使用している日本語そのものの正しさより産出した作文の内容が充実しているかということの方が重視される傾向があるということが分かりました。また、この研究結果からも分かるように、作文評価で重視される観点は必ずしも評価者の間で共通しているものではありません。ですから、評価基準について評価者同士で話し合っておくことは、信頼性の高い評価を行う上で重要になるのです。

3.2.4　具体的な採点基準の明示化と採点表の作成

　分析的評価を行う場合、評価する観点を項目としてたてたら、それに基づいて採点表を作成します。採点表には、具体的な採点基準を明示しておきます。例えば、「正確さ」という項目を評価の観点としてたて、5点満点で評価するとした場合、「5点: とても正確である」「1点: 全く正確ではない」とあいまいに基準を表記するのではなく、「5点: 正確な文法、多様で効果的な表現を用い、表記の面でもほとんど問題がない」「4点: 文法、効果的な表現、表記の面で大きな問題はなく、多少の誤りがあっても意味は十分理解できる」など具体的に明示しておきます。そうすることによって、評価する時に起こる評価者間の評価のずれを小さくすることができます。評価基準を作成するには、公開されている基準や基準説明を参考にするといいでしょう。公開されている評価基準としては、例えば田中・長阪（2006）による高等教育機関での書く能力を評価するための評価表などがあります。

3.2.5　評価者に対する評価トレーニング

　評価者は、実際に学習者の作文を評価する前に、評価トレーニングを受けておくことが望ましいでしょう。教育現場において、多くの学習者の作文を複数の評価者によって評価する場合はもちろん、評価を研究として行う場合も評価者間の評定をできるだけ一致させておくことが必要となります。評価者に対してトレーニングを行うことによって、評価者間の相関が高く、評価者内の採点のゆれも少ない（Kondo-Brown、2002）など、評価トレーニングの効果も報告されています。日本語教育においては、田中・長阪・成田・菅井（2009）のような評価者に対するワークショップで評価者間が共通の認識を構築するなどの取り組みがなされています。

3.3　結果の分析方法

　学習者が書いた作文を評価する際には、テスト作成段階で作成した評価基準に基づき、評価をしていきます。また、評価の信頼性が確保されているか、①複数名で行われた評価で評価者間の評価にゆれはなかったか、②評価者内の評価が安定していたか、を

検討することで確認します。それらを確認後、各学習者の作文の最終成績を出します。ここでは、エクセルなど表計算ソフトを使用して調べられるものを中心に、テスト結果を分析する方法を説明します。

3.3.1　複数の評価者の評定の一致度の検証

複数の評価者が作文を評価する場合、すべての評価者が全く同じ評価をすることは不可能です。しかし、どの程度評価者間の評価が一致しているのか、を検討することができます。

複数の評価者の評定の一致度を知るためには、図2-10のようにデータを整理します。同じシートに結果を入力するための表も、作成しておきます。評価者間信頼性とは、評価者Aと評価者Bそれぞれが出した点数の相関を調べるということなので、CORREL関数を使います。例えば、評価者Aと評価者Bの評価者間信頼性を出す場合は、結果入力用の表の評価者Aと評価者Bのぶつかるところ（図2-10では、B16）を指定し、CORREL関数を選択します。配列1には評価者Aの出した点数（図2-10では、B2からC11まで）を、配列2には評価者Bの出した点数（図2-10では、C2からC11まで）を指定します。これを繰り返すと、図のような結果の一覧が完成します。なお、論文などで評価者間の一致

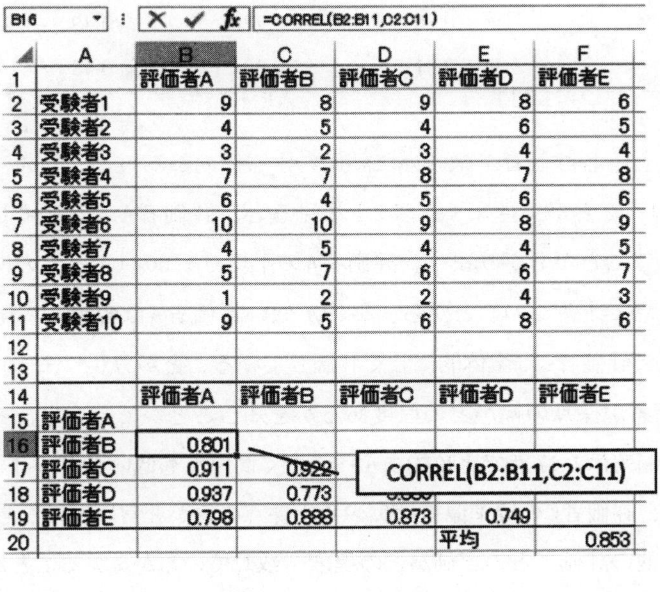

B16		✕ ✓ fx	=CORREL(B2:B11,C2:C11)		
	A	B	C	D	E	F
1		評価者A	評価者B	評価者C	評価者D	評価者E
2	受験者1	9	8	9	8	6
3	受験者2	4	5	4	6	5
4	受験者3	3	2	3	4	4
5	受験者4	7	7	8	7	8
6	受験者5	6	4	5	6	6
7	受験者6	10	10	9	8	9
8	受験者7	4	5	4	4	5
9	受験者8	5	7	6	6	7
10	受験者9	1	2	2	4	3
11	受験者10	9	5	6	8	6
12						
13						
14		評価者A	評価者B	評価者C	評価者D	評価者E
15	評価者A					
16	評価者B	0.801				
17	評価者C	0.911	0.922			
18	評価者D	0.937	0.773			
19	評価者E	0.798	0.888	0.873	0.749	
20					平均	0.853

CORREL(B2:B11,C2:C11)

図2-10　評価者間一致度の算出例

度を報告する場合には、一覧と共に、それらの平均値を全体の評価者間の一致度として報告します。

3.3.2 評価者の評価の傾向と安定性の検討

評価者自身の評価が安定しているかどうかを調べる方法として、評価者が出した受験者の点数の平均や標準偏差を使う方法があります。表2-5のように、評価者ごとに受験者の点数の平均・標準偏差・識別力を出します。識別力は、ここでは各評価者の出した点と合計点との相関を計算しますので、先ほどと同じCORREL関数を使って出すことができます。

表2–5　作文の「正しさ」（5点満点）の評価者別評価例

	評価者A	評価者B	評価者C	合計
受験者1	1	3	4	8
受験者2	2	4	4	10
受験者3	1	2	3	6
受験者4	3	4	3	10
受験者5	1	1	3	5
平均	1.60	2.80	3.40	
SD（標準偏差）	0.80	1.17	0.49	
識別力	0.81	0.99	0.48	

まず、平均から、各評価者が厳しめに評価をする傾向があるか、甘めに評価をする傾向があるかを知ることができます。表2-5を見ると、評価者Aと評価者Cは大きく異なる評価をしていることが分かります。評価者Aの平均は1.60点であるのに対し、評価者Cの平均は3.40点です。このことから、平均が低い評価者Aは全体的に厳しく評価しており、平均が高い評価者Cは全体的に甘く評価していることが分かります。次に、標準偏差からは各評価者が採点の幅がどの程度あるかを知ることができます。表2-5を見ると、評価者Bの標準偏差は1.17点で比較的まんべんなく高い点も低い点もつけていることが分かります。一方、評価者Cの標準偏差は0.49点と採点の幅が非常に狭いことが分かります。識別力からは、他の評価者との評価がどの程度一致しているかを見ることができます。評価者Cは、この識別力が0.48ですので、他の評価者の評価とかなりずれた評価をしている

ということが分かります。以上のように、平均・標準偏差・識別力を計算することによって、各評価者の評価の傾向が見えてきますし、そこから評価者自身が評価基準を見直すことができます。

　もう1つ、評価者自身の評価が安定しているかを知る方法として、同じ評価者が時間をあけて2度評価し、その相関をとる方法があります。この方法は、評価者が1名である場合に特に有効です。データを図2-11のように入力し、1回目につけた点のデータと2回目につけた点のデータの相関を、CORREL関数を使って計算します。

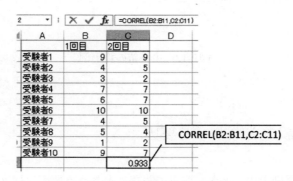

図2-11　評価者Aの評価者内一致度算出例

3.3.3　受験者の最終成績の算出

　複数の評価者が作文を評価し、各受験者の最終成績を出す場合は、中央値という値が使われることがあります。中央値と平均値は別のものです。中央値は、複数の評価者が作文を評価した場合など、複数の値が出たときに、値が小さい方から順に並べたときの、中央にあたる値のことです。なぜ平均値ではなく、中央値を最終成績とした方がいいのでしょうか。それは、平均値を最終成績とした場合、極端に高い点をつけた評価者がいたり、極端に低い点をつけた評価者がいたりしたら、最終成績に大きな影響を及ぼすことがありますが、中央値であれば、他の評価者と大きなずれがある評価者による影響を排除することができるからです。

　中央値を算出するには、MEDIANという関数を使います。関数を挿入したいセルを指定し、関数名MEDIANを選択します。図2-12のようにG列に中央値を出す場合、G2に、B2からF2までの各評価者による受験者1の点を範囲に指定すると、中央値が算出されます。

図2-12　中央値の算出例

	A	B 評価者A	C 評価者B	D 評価者C	E 評価者D	F 評価者E	G 中央値
1		評価者A	評価者B	評価者C	評価者D	評価者E	中央値
2	受験者1	9	8	9	8	6	8
3	受験者2	4	5	4	6	5	5
4	受験者3	3	2	3	4	4	3
5	受験者4	7	7	8	7		7
6	受験者5	6	4	5			6
7	受験者6	10	10	9	8	9	9
8	受験者7	4	5	4	4	5	4
9	受験者8	5	7	6	6	7	6
10	受験者9	1	2	2	4	3	2
11	受験者10	9	5	6	8	6	6

（数式バー：G2　=MEDIAN(B2:F2)　吹き出し：MEDIAN(B2:F2)）

3.4　評価の誤差となりうる要因

「書く」能力の評価をするとき、採点の誤差になりうる要因は様々あります。作文の種類、トピック、時間制限などのテスト条件、評価者などです。これらの要因がどのように作文の評価に影響するかを検討した研究のうち、ここでは、トピックの評価に対する影響について検討した廣瀬（2008）の研究例を紹介します。

廣瀬（2008）では、日本留学試験（以下、留学試験）のトピックが学習者の作文評価に与える影響を調べました。留学試験では、通常2種類のトピックのうち、どちらかを選んで作文を書くよう指示されています。廣瀬（2008）では、日本語学習者48名に2種類の異なるトピックの作文課題を与え、その2つの作文の評価に相関がみられるのかを調べました。その結果、学習者が書いた各トピックの作文の評定結果の相関は0.62でした。その値を用いて、一方の評定からもう一方の評定を予測した結果、トピックによる評定結果の幅が大きいことが分かりました。つまり、2つの与えられたトピックのうち、どちらのトピックを選択するかで学習者が受ける作文の評価は大きく異なる可能性があるということが明らかになりました。また、今回使用した2種類の作文のトピックのうち、受験者が「書きやすかった」と感じたトピックの作文の評定が必ずしも高くないことも分かりました。廣瀬（2008）では留学試験のトピックを対象としていますが、この試験に限らず、どのようなトピックを与えられるかによって学習者の「書く」能力の評価が大きく異なります。この点も、「書く」能力の測定で注意すべき点でしょう。

3.5　まとめ

「書く」能力の測定は、与えられた課題が達成できるかどうかを実際に「書く」ことによって調べる、という真正性の高いものです。しかし、その評価に影響する要因は、数多くあります。その全ての誤差をなくし、完璧に学習者の「書く」能力を測定するということは、残念ながら不可能です。しかし、課題を設定するとき、評価基準を決めるときなどによく検討し、妥当性の高いテストを作成することは可能です。また、テスト実施後にテストの信頼性を確かめ、その結果を評価基準の再検討や評価者自身の評価トレーニングに生かすことも可能です。「書く」テストの作成及びその結果の分析を行うことで、より適切に「書く」能力の測定ができるよう工夫する必要があります。

4.　「聞く」能力の測定

早川杏子

4.1　聴解能力とは

第2言語のリスニングでは、さまざまな要素が「聞く」能力（聴解能力）を支えています。知識面では、言語知識・背景知識、能力面では、認知能力・語用能力などが挙げられるでしょう。細かく分類すれば、もっと多くの要素が関わってくることがわかります。これだけたくさんの要素があるわけですから、第2言語の聴解能力を測定しようとする時、調査者が聴解のどのような側面を測定したいのかをはっきりさせておくことが重要です。

言語知識に含まれるものには、音声・語彙・文法知識があります。音声知識は、アクセントやイントネーションなどの音韻律に関わるもの、簡略化による音韻変化（例: わからない→わか<u>ん</u>ない）や縮約形（してしまう→し<u>ちゃう</u>）などです。語彙では、主に語種・語彙の量と質・連語などの知識、文法では、特に時制・ヴォイス（態）・文構造などの知識が関わってきます。

背景知識には、世界に関する一般的な知識、専門知識、文化に対する知識などが含まれます。特に、体系化されたある知識の枠組みを、専門的には「スキーマ」（scheme）や「スクリプト」（script）と呼んでいます。例えば、レストランへ行った時、「人数を聞かれる→席へ案内される→注文する」のような一連の流れは、だいたいどの店に行っ

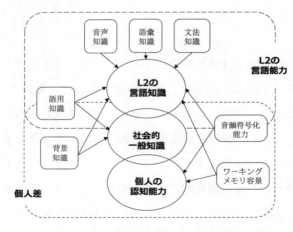

図2-13　第2言語の聴解を支える構成要素

ても同じです。ですから、たとえ初めて行く外国でレストランに入ったとしても、注文し、食事をとることができます。これは、頭の中に「レストラン・スキーマ」があって、次の行動や事態を予測することができるからだと考えられています。けれども、スキーマは経験によって形成されるので、自文化の考え方で捉えてしまうと、他文化に対する理解を阻害することがあります。聴解テキストを選定・作成する時は、背景知識についてよく考慮することが大切です。また、目的によっては、背景知識の要因を調整し、聴解への影響を測定することも可能でしょう。

　聴解を支える能力には、第1に認知能力が挙げられます。人間が普段は意識化しない知覚や感覚、記憶に関する能力です。知覚に関するレベルのものは、濁音の「バ」と半濁音の「パ」が違う音だと判別できるような、音素弁別能力などが挙げられます。最近、聴解との関連で注目されているのは、ワーキングメモリ（working memory）です。別名で、作動記憶とも呼ばれます。ワーキングメモリは、一時的に記憶を保持しておく機能を持っており、一般的な成人で「マジック7」と呼ばれ、数字を7つ程度覚えて、しばらく保持することができるくらいと言われています。ワーキングメモリの容量には個人差があり、負荷の高い認知的活動（例えば、数字を唱えながら問題を解くなどの二重課題）を行うと、記憶保持量が減ってしまいます。聴解においては、発話のテキストの特徴として、しばしば言い誤りや考えを修正したり、後から情報を補足して付け加えたりして、命題が前後する「無計画な談話」（unplanned discourse; Ochs、1979）が表れます。テキストの理解では、言語の処理と同時に談話が終了するまでテキストの情報を一定の間保持しなければならないため、ワーキングメモリが重要な役割を果たします。

　そして、語用能力は、相手の発話に対して、どのような応答をするかというコミュニケーション上の能力に関わるものです。Aさんの「ありがとう」という発話に対して、Bさんはどう答えればいいでしょうか。普通は、「どういたしまして」と答えるのが適切です。もし、「おかげさまで」とか「けっこうです」と答えたら、相手はどういう顔をしたらよいか困ってしまいます。発話に対して適切に応答ができるためには、音声を

通して、その発話が何を意図するものかを瞬時に理解し、場面や待遇関係にふさわしい言語知識がなければなりません。上の例で示した、聴解における語用能力の測定は、発話の音声理解と、学習者が蓄積した第2言語の語用的言語知識という側面を測っているといえるでしょう。

　このように、聴解能力というのは、非常に多面的です。ですから、調査や実験の目的によっては、既成の聴解テストでは項目の妥当性が低かったり、十分な項目数が得られなかったりするなどの問題にぶつかる時があります。そのような場合は、下位知識や下位能力に焦点を当てたオリジナルの聴解テストを作成することで、手法上の問題を克服することができます。

4.2　聴解テストの作成にあたって考慮すること

　最初に、オリジナルの聴解テストを作るときに考慮すべきポイントについて述べてから、次に、実際の問題作成から収集データの分析の方法までを概説します。

4.2.1　テストの構成概念

　1節では、聴解を構成する要素について説明しました。しかし、これらは聴解能力を下支えする知識や能力であって、聴解能力そのものを示しているわけではありません。能力を測定するためには、測定者が「聴解能力」とは何かを定義し、聴解におけるどのような側面を測定したいか、という明確な目的を持つことが重要です。測定者の考える抽象的な能力を、構成概念（construct validity）といいます。構成概念は、テストのデザインや評価と密接に関わっています。構成概念によって、どのような問題を作るべきかが決まり、テスト得点は、測定者が想定した能力を適切に測定しているかどうかの指標となるからです。例えば、「話し手の会話に適切に応答できるかどうか」という語用能力を構成概念として設定するなら、会話タイプのテキストを用いるべきであり、応答する必要のない独話タイプのテキストを使うのは妥当性（validity）に欠け、テスト得点が何を反映しているのかわからなくなってしまいます。そのため、項目を作るときは、構成概念に合った問題かどうかをよく考慮することが大切です。

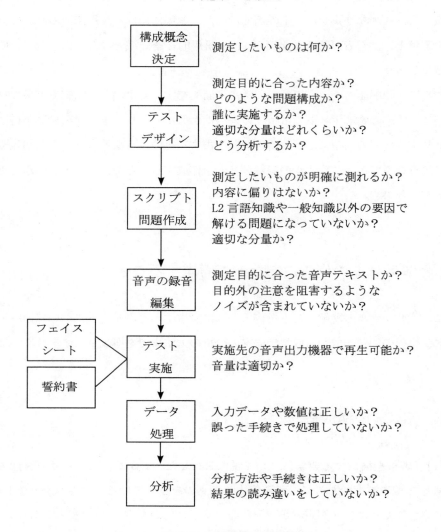

〈考慮すべき観点〉

構成概念 決定	測定したいものは何か？
テスト デザイン	測定目的に合った内容か？ どのような問題構成か？ 誰に実施するか？ 適切な分量はどれくらいか？ どう分析するか？
スクリプト 問題作成	測定したいものが明確に測れるか？ 内容に偏りはないか？ L2言語知識や一般知識以外の要因で 解ける問題になっていないか？ 適切な分量か？
音声の録音 編集	測定目的に合った音声テキストか？ 目的外の注意を阻害するような ノイズが含まれていないか？
テスト 実施	実施先の音声出力機器で再生可能か？ 音量は適切か？
データ 処理	入力データや数値は正しいか？ 誤った手続きで処理していないか？
分析	分析方法や手続きは正しいか？ 結果の読み違いをしていないか？

図2-14　聴解能力測定の流れ

4.2.2　テストデザイン

　テストの構成概念を決めたら、次はテストをデザインします。はじめに、対象者、人数、実施方法（個別か集団か）、問題項目数、使用機器などを明確にしておきましょう。聴解テストを実施する際、時間・空間・物理的な制約がある場合、それらを考慮したデザインにします。聞きの能力を定義したら、スタイル・トピック・場面・待遇関係などにも配慮しながら、テキストを作成します。

4.3 聴解テスト作成の流れ

4.3.1　スクリプトの作成

　スクリプトは、聴解テストのテキストのことですが、録音時に誰がどの部分を担当するかなどの情報を書いた、映画の台本のようなものです。男声か女声か、という情報はもちろん、背景音などを入れたい場合も、どの場面でどのような音を入れるか、などを書いておくと準備がしやすくなり、録音時にも要点を伝えやすくなります。

4.3.2　問題の作成

　問題項目を作成する際には、語彙・文法・機能などの特性をバランスよく配分したり、あるいは操作したりすることで、**難易度を変える**ことができます。テキストの難易度を調整する際に便利なオンライン・ツールとしては、「リーディングチュウ太」や「jreadability 日本語文章難易度判別システム」などがあります。問題項目の内容が構成概念に妥当なものであるかどうかを、常に念頭に置いておくことが重要です。また、構成概念に沿ったトピックや場面、人間関係（待遇表現）であるかどうかにも配慮して、必要があれば、調整します。問題ができたら、問題用紙と解答を用意しておきましょう。

4.3.3　スクリプトの録音

　録音に必要な器材は、自分で用意できるものでいいですが、ノイズを抑えることができるマイクがあると、きれいな音声が録れます。そして、必ず静かなところで録音します。背景にノイズが入っていると、編集の時にノイズを取る作業が必要となり、時間がかかります。また、録音状態が違うと、全体の声の速さやトーンなどの質も変わって、音声条件が違ってしまいますので、1日のうちに全てのテキストの音声を録ってしまいましょう。

4.3.4　音声の編集

音声はwav形式ファイルで録音すると、たいていどのような音声編集・再生ソフトでも編集や再生が可能で便利です。mp3形式などでも、簡単にファイル変換できるようなソフトがありますから、入手しやすいソフトを見つけて、編集を行ってください。

4.4　テストの実施とデータの処理

テストでは、聴解テストとともに、被験者のフェイス・シート（生年月日、学年、学習歴、言語背景など）を作っておきます。調査においては、これらによって被験者の個人情報を知り得ることになるので、個人情報の管理責任や調査責任者を明記した調査誓約書を作っておきます。聴解テストが終わったら、収集データの入力を行います。本稿では、Excelを使ったデータの入力を紹介します。

4.4.1　被験者データ

フェイス・シートの情報を入力するとき、Excelはさまざまな関数が用意されているので、単位が違うデータの処理にとても便利です。入力するデータの種類がどのような性質のものかによって、関数を使い分けます。

月や学習時間は12進法なので、被験者の年齢平均や標準偏差を出すためには、10進法の単位に変換してやらなければなりません。そこで、年齢を月齢に変換するために、DATEDIF関数を使います。図2-15のように、生年月日を入力し、別の列に「基準日」を入力します。基準日は、データ収集時の年月日で、生年月日から基準日までの日数を計算し、その時点における正確な月齢を算出します。被験者1の生年月日がB2にあり、基準日がC2にある場合、=DATEDIF（B2、C2、”M”）と入力します。C2の後ろの”M”は、B2の日付からC2の日付までの日数を月単位で求めます。”Y”だと年数、”D”だと日数が返されます。

平均は、=AVERAGE（指定範囲）、標準偏差は、=STDEV（指定範囲）で算出することができます。

性別ごとに人数を数えたいような時、検索条件の個数を数えるCOUNTIF関数を使います。「男／女」のように入力した場合は、数値ではなく文字テキストなので、検索条件

を""で示します。被験者のうち、女性の数を出したい場合、E2からE6を範囲指定し、検索条件に"女"と入れ、結果のセルE8に =COUNTIF（E2:E6、"女"）と入力します。

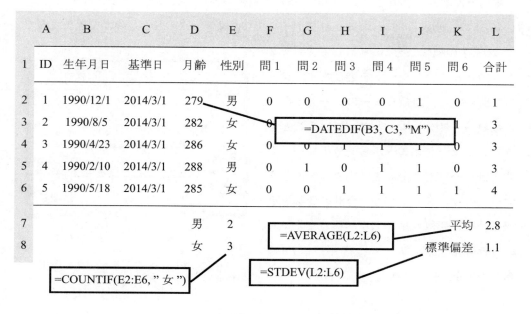

	A	B	C	D	E	F	G	H	I	J	K	L
1	ID	生年月日	基準日	月齢	性別	問1	問2	問3	問4	問5	問6	合計
2	1	1990/12/1	2014/3/1	279	男	0	0	0	0	1	0	1
3	2	1990/8/5	2014/3/1	282	女	0				1		3
4	3	1990/4/23	2014/3/1	286	女	0	0	1	1	1	0	3
5	4	1990/2/10	2014/3/1	288	男	0	1	0	1	1	0	3
6	5	1990/5/18	2014/3/1	285	女	0	0	1	1	1	1	4
7					男	2					平均	2.8
8					女	3					標準偏差	1.1

=DATEDIF(B3, C3, "M")

=AVERAGE(L2:L6)

=STDEV(L2:L6)

=COUNTIF(E2:E6, " 女 ")

図2-15　Excel関数を使用したデータ処理の例

4.4.2　聴解テストデータの入力

　テストのデータの入力は、正答を1、誤答を0として項目ごとに入力していきます。得点だけを直接入力する方法もありますが、この方法だとテストの信頼性を分析することができません。1と0で入力しておけば、頻度をカウントするだけでなく、同時に平均や標準偏差も算出できるので、一石二鳥です。データは、被験者を縦列に、項目を横列に配列します。

4.5　聴解能力による群分け

　聴解テストの得点を基準にして能力別に群分けしたい場合、まず平均を算出します。ここでは、IBM SPSS（以下、SPSS）というデータ解析ソフトを使った群分けのしかたを説明します。

4.5.1　平均・標準偏差の出力

　平均と標準偏差を出力するために、項目の最後の列に、被験者ごとの合計を求めます（図2-15のL列）。SPSSでは、Excelファイルから直接データの読み込みができますので、「ファイルの種類」をExcelにして、データが入力されているシートを選びます。シートが開いたら、変数ビューのシートで合計の数値が「スケール」となっていることを確認し、データビューから「分析」→「記述統計」→「度数分布表」をクリックします。左のウィンドウから、合計の変数を選択し、右の変数ウィンドウへ移します。右の「統計量」をクリックし、「平均値」「標準偏差」を選択します。

図2-16　SPSSによるデータの選択

4.5.2　グラフ化と正規分布

　テスト得点の分布を見たい場合は、グラフ化するといいでしょう。変数ウィンドウの右にある「図表」をクリックし、「ヒストグラム」を選びます。正規分布曲線を表示したい場合は、「ヒストグラムの正規曲線を表示」という欄に☑を入れます。グラフ化は、データが正規分布しているかどうかを確認できるばかりではなく、天井効果・床効果が出ていないかも視覚的に容易に確認することができます。テストが易しすぎれば右に偏った分布になり、難しすぎれば左に偏った分布になります。また、尖った分布になれば得点の散らばりが小さく、なだらかな分布であれば、散らばりが大きいことを意味します。正規分布でなかったり、天井効果・床効果が出ていたりする場合は適切な群分けが難しいので、ヒストグラムの表示は群分けの判断に有用な活用法です。

4.5.3　群分けの基準を決める

　群分けは、母集団の人数の関係もあるので、どのように分けるかということは特に決

まっていません。2群に分けるなら、平均を境界にして分けてしまうという方法もあります。ただ、平均を境界にしてしまうと、平均に近い分布の得点を含めてしまうことによって、群間の平均得点の差が小さくなるという問題点もあります。そこで、母集団の数が比較的多ければ、平均から±標準偏差1を境界にすると、平均に近い得点のデータを含まず、全体の上位と下位のグループを抽出することができ、群間の得点差が大きな群を設定することができます。3群に分けたい場合は、ちょうど平均に近いデータ（平均±標準偏差1以内）を中位群とします。

4.6　分析

4.6.1　信頼性分析

　使用したテストが、信頼できるテストであったかどうかを保証するために、信頼性分析を行います。信頼性（reliability）とは、仮に同じ条件の下で同じテストを受けた場合に、同じような結果が出ることを表します。信頼性とは、当該テストの一貫性と安定性の指標だといえます。

　信頼性は、数値で表すことができ、その数値は信頼性係数と呼ばれます。信頼性係数は0から1までの値をとり、1に近いほど信頼性が高くなります。データは、4.2の1と0で入力したものを使います。SPSSの変数ビューのシートで得点の数値が「スケール」となっていることを確認し、データビューのコマンドから「分析」→「尺度」→「信頼性分析」をクリックします。左のウィンドウから、項目の変数を選択し、右の項目ウィンドウへ移します。右の「統計量」をクリックすると、いろいろな指標が表示されますが、まずは簡単に「項目」「スケール」「項目を削除したときの尺度」を選択します。分析に使用される信頼性のモデル手法にはいくつかありますが、内部一貫法であるクロンバックのアルファ（α）係数がもっとも一般的に用いられます。SPSSでクロンバックのα係数を求めるには、「モデル」コマンドの「アルファ」を選択し、「OK」をクリックします。

　テストの信頼性係数は、.90以上であれば非常に高い、.90未満〜.80は高い、.80未満〜.70だと比較的高いと言われます。信頼性の高いテストを作りたいときは、問題項目を多めに作っておきます。「項目を削除したときの尺度」は、該当の項目がなかったときのテストの信頼度係数の値をチェックすることができ、この値が低いものを排除す

れば質の良いテストが作れるというわけです。

　α係数は、問題数と受験者数が多くなればなるほど高くなる傾向があります。ただし、問題数は、調査対象者の負担によって決まりますので、負担を考慮して適切な問題数を決めて、信頼性の高い問題を作成するようにしてください。

4.6.2　聴解能力を支える要因の検証

　聴解能力というのは、脳に記憶されている個々の知識によって織り上げられた能力の総体です。しかし、聴解に対して、それぞれの下位知識がどのように影響し、また相互に作用しているのか、わかっていない部分が多いのです。そのため、聴解に影響を与える要因を明らかにするためには、仮説を立て、要因を設定して、聴解テキストとその要因がどのような相互関係にあるのかを実験的に検証していく必要があります。実験や分析の手法は、仮説要因や明らかにしたいことによってかわりますが、方法としては、テキストの語彙や文法、トピック、構造などを操作したり、聴解テストとは別の測定を行って、その間の相互関係や因果関係を検討したりする方法があります。

　例として、言語知識である文法の要因を操作して、聴解能力と聴覚的に提示された文の理解の関係を検討した研究をみていきます。玉岡・邱・宮岡・木山（2010）は、語順の異なる2つの日本語文を被験者に聞かせて、文の内容に関する質問をしました。1つは正順語順の文で、主語・与格・対格・動詞（例: 看護婦が事務員に上着を貸した）の語順です。もう1つはかき混ぜ語順の文で、対格・与格・主語・動詞（例: 上着を事務員に看護婦が貸した）の語順でした。提示文「誰が上着を貸したか」に対する質問に、被験者が正しく答えられた得点を2つの文で比較しました。そして、語順の違う文の音声理解が、聴解能力と関わりがあるかどうか、聴解テストによって、上位・中位・下位群に分け、それぞれの文の得点に違いがあるかどうかを分散分析によって検討しました（図2-17）。結果は、語順・聴解能力の2つの主効果が有意で、交互作用も有意でした。つまり正順およびかき混ぜ語順の総合得点では、正順語順よりもかきまぜ語順のほうに誤答が多く、上位群に比べて中位・下位群で有意に誤答が多くなっていました。さらに、語順別にみてみると、正順語順の得点は下位・中位・上位と段階的に得点が上がっていくのに対して、かき混ぜ語順の得点は、下位・中位群がほぼ変わらず、上位群が突出しています。このことから、ある程度、習熟度が高くならないと、かき混ぜ語順の文が適切に理解できないことがわかります。聴解能力が低い学

習者は、まとまった聴きのテキストの中でかき混ぜ文が現れた時、正しく意味が取れず、理解が達成できない可能性が高いと考えられます。このように、聴きの理解とは、文法形式の難しさに影響を受けるだけではなく、単文の構造面からの影響も受けるのだといえるでしょう。

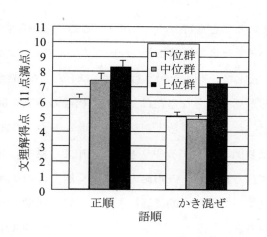

図2-17　上位・中位・下位群でみた
聴覚性文理解の得点

（玉岡・邱・宮岡・木山，2010による）

　この研究は、特定の文法が関わる文理解と聴解能力という2つの関係と相互作用を検討した例です。こうした手法以外でも、言語技能と多様な知識の間の相互関係や因果関係を検討する方法は、2.4「読む能力の測定」でも説明していますので、そちらも参考にしてみてください。

5.「話す」能力の測定

小松奈々

5.1　「話す」能力とは

　「話す」能力（口頭能力）は、正答、誤答を点数化していく客観的評価とは異なり、主観的評価に基づいて測定します。主観的評価を採用すれば、自ずとテストの信頼性は落ちてしまいますが、なぜ口頭能力は主観的評価によって測定しなければならないのでしょうか。話し言葉の性質と口頭能力の定義からその理由を考えてみたいと思います。

　まず、話し言葉と、同じく産出する言葉である書き言葉を比較すると、後で時間をかけて読まれることを前提とする書き言葉に対して、話し言葉は多くの場合、即時的なやりとりに意味があります。また、書き言葉は主語述語がはっきりしていますが、話し言葉の場合、節単位で構成されていて完全な文章ではなく、母語話者であっても文法の間違いが頻繁に起こります。縮約形やフィラーも多く用いられ、文と文をつなぐ接続表現も明確ではないなど、学習者が教科書で習う文法的に正しい文とはかけ離れた形をとっ

ていることも特徴の一つです。このことからすでに、話し言葉が文法や語彙の正確さといった尺度では測りきれないものであることがわかります。

　そして、話すという行為は、ほとんどの場合[1]会話の中で行われます。会話では、自分が話し手となるだけでなく、相手の発話を聞いたうえで反応をしたり自分の考えを述べたりしながら、やりとりが進みます。つまり、会話における話すこととは、「話したり聞いたりするやりとり」の中で「話す」部分だけを取り出したものと考えられます。ですから、口頭能力は、聞く能力と切り離して考えることは難しく、「聞く能力と話す能力を統合的に適用する相互口頭活動（Oral interaction）」（이완기、2007；308 筆者訳）と捉えられています。この「相互活動」という視点は早くから注目されており、Canale（1983）はコミュニケーション能力の定義のうち、文法能力と談話能力を同等な重要度に位置付けています。さらにネウストプニー（1995a）は、文法・発音・語彙などの言語能力、言葉を適切な相手や状況で使用することができる社会言語能力（コミュニケーション能力）を包括する能力として社会文化能力（インターアクション能力）という概念を提案しています。つまり、口頭能力では、産出される言葉そのものと同時に、会話相手とどううまくやりとりするかも重要視されているのです。

　そのため、テストでは文法や語彙を正確に使えているかといった測定項目は、全体の判断の一部となります。世界的に認定されている口答試験（ACTFL、FCE、IELTS等）での測定項目を総合すると、「正確性（文法・語彙など）」のほか「発音」「レンジ（文法や語彙の知識および使用範囲）」「適切性」「流暢さ」「インターアクション」などが必要であると考えられています。これらの項目は、正解、不正解で判断するのが困難であり、聞き手がどう受け止めるかを判断する採点者の存在が必要になります。そのような理由で、口頭能力は主観的評価を取るべきテストなのです。

5.2　テスト作成の流れ

5.2.1　テスト枠組の決定

テストを作成する際は、まず、実施したいテストの目的を明確にする必要がありま

1　講義やスピーチなどは一見すると一人で話しているように見えますが、実際は聞き手である聴衆がいて、話し手はあいづちやうなずきなどの反応を意識しながら話しています。そのため、これらも会話と捉えられます。

す。例えば、日本語クラスのアチーブメ
ントテストの一部として行うのか、受験
者の口頭能力を広く評価するために行う
のかでは、採用するテストの種類も採点
方法も異なってきます。また、自分が受
け持つ一クラスの人数分のテストなら一
対一のインタビューや学生同士にペアを
組ませる方法も可能ですが、学校単位や
もっと大規模なテストを想定するなら、
これらの方法は使えないでしょう。この
ように、実施の条件面も考慮し「行いた

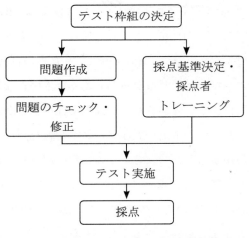

図2-19　テスト作成・実施の流れ

いテスト」と「できるテスト」の妥協点を見つけるようにします。

　次に、測定項目を考えます。5.1で述べた測定項目のうちどのような要素が実施しよ
うとするテストの目的に合致するか、よく考えて決定していきます。先に挙げた、日本
語クラスにおけるアチーブメントテストなら、学習した項目が正しい文法を用いて発音
できているかどうかが重視されるでしょうし、もっと広く口頭能力を測りたい場合はさ
らに測定する項目を増やします。ここで注意することは、採用するテストでは測ること
ができないものまで測定項目に含めないことです。たとえば、コンピューターを用いた
録音式のテストなら、インターアクション能力を測るのには制限があります。テストの
形式と内容、測定項目に一貫性を持たせることは、テストの妥当性を高めることにもな
ります。

5.2.2　問題作成

　テスト問題には、受験者の発話を促すような「質問」「テキスト」「表・グラフ」「挿絵」
などを準備します。受験者のレベルが予め想定できない場合は全レベルに対応できる問
題を作成する必要がありますが、このとき重要なことは、問題の難易度を段階的に低い
レベルから高いレベルへ引き上げていくことです。そうすることで、受験者に緊張を強
いることなく解答を引き出すことができますし、受験者がどこまで達成可能かが明確に
わかります。特に、上級以上の受験者を細分化して判別するためには、試験問題をよく
練る必要があります。受験者の解答が短く終わってしまった場合、間違いがないことや

不自然な解答ではないという点だけでは、上級の実力を判断する決め手になりません。そのため、例えば、あるテーマについて意見を求める場合は「意見を述べてください」だけでなく、「その根拠を挙げてください」「具体的な例を挙げながら話してください」「2つの立場を比較しながら話してください」など、詳細に話さなければならない設定を意図的に作り、受験者がどの段階で挫折するか、判断できるようにします。

　また、テキストや表などの文字情報を読んで解答する問題の場合、難易度の高い語彙を使用すると、受験者がその語彙を理解していないために見当違いの解答をしてしまったり、無回答になってしまうということが起こります。採点者の立場からは、これを「語彙力がないための無言」なのか「口頭能力が低いための無言」なのか判断することはできません。このようなことを防ぐために、テキストを読んで流暢さを測る問題などでは、漢字に振り仮名を振るなどの工夫が必要です。質問形式の問題も同様で、聞き返しができないタイプの問題の場合は特に、「どのような表現を使えば一回で理解させられるか」を念頭において一語一句をよく練りながら作成しましょう。

5.2.3　問題のチェック・修正

　問題を一通り作り終えたら、作成者以外のチェックを入れると理想的です。もし日本国外で実施する場合は、その国の言語および文化に精通している人による問題のチェックがあると良いでしょう。その国の言語と日本語との類似から問題のレベルが意図したものより簡単になってしまったり、文化的特性から逆に難しくなってしまったりするのを防ぐ役割を果たします。母語話者と非母語話者の両方からのチェックにより、自然でありながら特定の国での実施に沿った問題を作ることができるでしょう。

　コンピューターの画面で問題を提示する方式を取る場合は、グラフや挿絵の色が予定通りに出ているか、テキストの改行が正しく行われているか、解答時間は正しく設定してあるかなど、技術的な面にも注意してチェックを行います。

5.2.4　採点基準の決定・採点者トレーニング

　問題の作成と同時並行して、採点についても準備を進めます。口頭試験は、5.1でも述べた話し言葉の特性から、客観的評価は難しく、採点者による主観的評価が行われま

す。つまり、口頭試験は本質的に信頼性が低いという性質をもっているのです。そのため、信頼性を高めるためのいくつかの段階を必ず踏まなければなりません。

　まず、採点基準の決定です。口頭能力の測定項目について、各項目での能力を何段階かのレベルに分け、文章化した採点基準表を作成します。レベルをいくつ設定するかはテストにより異なりますが、上級、中級、初級の3段階だけでは、採点が簡単である代わりに詳細さに欠けてしまいますし、10段階以上ある場合は、複数の採点者が評価を一致させることが難しくなります。通常は、上級、中級、初級の各段階に＋、－をつけた9段階や、そこに母語話者に近いレベルである超級を加えて10段階とするのが一般的です。各レベルの説明は、採点者によって様々な意味に解釈されないよう簡潔で具体的な表現を用いることが重要です。また、すぐ上やすぐ下のレベルと何が違うのか、レベルごとにはっきりと能力が異なることがわかるように記述する必要があります。採点基準表ができたら、採点者トレーニングの時間を設けます。通常、口答試験の採点はダブル・レイティングといって、複数の採点者によって個別に採点されたものをすり合わせて、平均値を取ったり最終的にひとつの評価に決めたりするという方法が取られます。採点者同士で採点基準について、あるいは実際の受験者のテスト結果について議論することを通して、採点者間の解釈の一致が得られ、判定の差が縮まり、さらには一人の採点者内での基準も確固としたものとなります。このように、誰が採点しても、いつ採点しても同じ判定になるように採点に一貫性を持たせることが客観性を上げ、ひいては試験の信頼性を高めることにつながるのです。

5.2.5　テスト実施（発話の抽出）

　発話をどのように抽出するかという点については、これまでもいくつか例を挙げてきましたが、ここでは日本語教育分野でよく行われる試験形式の中で代表的なものを紹介し、そのメリットとデメリットについて考えます。

　まず、直接インタビューが挙げられます。これは、教師などのテストの採点者が主にインタビュアーとなって、受験者に様々な質問をしていくという形をとります。自然な形で会話が進むため、受験者の実際に近い状態での口頭能力を引き出すことができる点が長所と言えます。また、訓練を受けたインタビュアーであれば、受験者のレベルに合わせた質問をしたり、その受験者の能力の限界を判断するため難易度を少しずつ上げながら話していくといったことができるのもテストとして良い側面であると言えるでしょ

う。しかし、逆に考えれば、受験者が受け身であること、つまり話者同士が対等な関係でないことが実際の言語生活を反映していないということもできます。また、良質なインタビューとなるかどうかはインタビュアーの力にかかっており、このようなインタビュアーを多数確保することや一度に大量のインタビューが行えない点などが実施上のネックとなっています。このような短所を克服した形式として、CBT(Computer Based Testing)があります。会話相手の代わりに録音されたコンピューターからの音声での指示や質問にしたがって、応答を録音するという方法です。この方法では設備の問題さえ解決できれば、聴解試験や読解試験と同様に一度に多人数が受験できる点が最大のメリットです。また、インタビュアーの技術に頼る部分の多い直接インタビュー方式と比べ、同じ質問、あるいは同質の質問に受験者が答えていくため、抽出する発話をある程度均質に保つことができ、採点がしやすくなるという利点もあります。欠点は４口頭能力の重要な特性である相互作用性が反映されないという点でしょう。また、音声で質問を聞くことから、聴解能力も全く反映されないわけではありませんが、聞き取れなかったことばについて確認する、聞き返すといった能力を測ることができません。そしてもう一つの形式は、学習者同士によるグループ形式の口頭テストです。これは、主に同じ教室で学ぶクラスメート同士で行われることが多い形式で、2人以上のペアやグループで1つの問題を協力しながら解決したり（タスク達成型）あるテーマについて受験者同士が会話を管理しながら意見交換を行ったり（ディスカッション型）します。どちらの型においても、話者同士の相互作用を前提として設定してあるため、実際の口頭能力に近い発話を抽出できる点が最大の特徴です。堀川（2007）では、グループ・オーラル・テストにおいて相互作用性を持った発話機能が多数産出されていることが報告されています。ただし、課題の設定以外は受験者が主導して行うため、意図した発話が得られない恐れもあります。また、グループのメンバー構成にも注意を払わなければ、不利になる受験者が出る可能性もあります。

　このほかに、ある仮想の状況や役割を与えてテスターと共にその場面を演じてみるロールプレイや、写真や図形などを受験者に渡して説明してもらう描写テストなども、よく使用される方法です。これらは、それだけでは口頭能力の一面しか測れないため、試験の一部として用いられることが多いようです。

　以上の方法をまとめたものが表2-6です。これを使えば完璧という方式はありません。受験者の属性や人数、試験の目的によって最適な方法を選ぶことが重要です。

表2-6　口頭能力テストのタイプ別特徴

	直接インタビュー	CBT	グループ形式テスト	ロールプレイ	描写テスト
形式	1:1	1:多数	2〜4	1:1	1:1
インターアクション	あり	なし	あり	あり	なし
採点方式	主観式	半主観式	主観式	主観式	半主観式
採点時期	現場／事後	事後	現場／事後	現場／事後	事後
備考	話者の関係が対等ではない	確認、聞き返しできない	対等な話者による会話	演技に抵抗がある場合あり	

5.2.6　採点

　テストが終了したら、5.2.4で準備した採点基準を用いて採点していきます。抽出された発話を採点する方法には、テストでのパフォーマンスを総合的に評価する全体的採点と、各測定項目でレベル付けをしていく分析的採点の二種類があります。通常はどちらか一方ではなく、この2つの視点を取り入れて総合的に評価をします。また、試験を実施しながらその場で発話を評価するのを現場採点方式、録音または録画されたものを、試験終了後に評価するのを事後採点方式と言います。事後採点方式では、録音の場合は音声情報だけが評価対象となり、非言語情報を含めた判断ができなくなります。録画の場合は、受験者に緊張感を与えてしまい本来の力を引き出せないという点がデメリットです。こうした短所にもかかわらず、事後採点方式は、何回も繰り返し再生しながら採点を確認したり、複数の採点者によって議論することで採点者間の差を埋めることができるため、現場採点方式より現実的な方法であると言えます。

5.3　分析

5.3.1　他の試験との相関関係

筆者が開発に関わった試験は、既に聴解試験と読解試験が施行されているところに口

頭試験を追加するというものでした。この場合、従来の試験の結果と口頭試験の結果の間に相関関係があることを確かめる必要があります。相関関係があることが確認されれば、口頭試験の信頼性がよりいっそう確保されることになりますし、時間や設備などの問題から全ての試験を実施できない場合も、一方の試験からもう一方の試験の結果が予測できることで、受験者の実力をある程度予測することが可能になります。表2-7は、聴解、読解、口頭の各テストを受験した39名によるパイロット試験の成績を表しています。口頭レベルは数字が上がるほど上級であることを示しており、今回の試験ではレベル10およびレベル4以下の判定を受けた受験者は見られませんでした。

口頭試験と聴解・読解試験の結果の間にどのような関係が見られるかを調べるには、相関分

表2-7　口頭試験レベル別聴解・読解平均点

口頭試験レベル	人数	聴解・読解平均点 （標準偏差）
レベル9	3	92.00（3.74）
レベル8	7	82.43（4.66）
レベル7	13	73.15（4.37）
レベル6	14	63.07（8.68）
レベル5	2	60.00（3.50）
計	39	

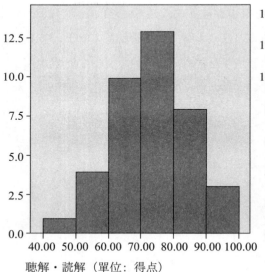

聴解・読解（單位：得点）
平均：71.79
標準偏差：11.58

図2-20　聴解・読解試験の得点分布

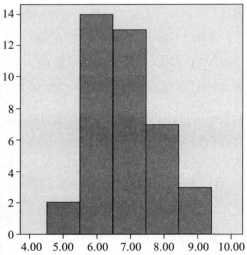

口頭試験結果（單位：レベル）
平均：6.87
標準偏差：1.03

図2-21　口頭試験のレベル分布

94

析を用います。聴解・読解試験の点数は間隔尺度であるのに対して、口頭試験の判定レベルは順序尺度であるため、この間の相関を見るのには順位相関係数を用います。今回の検定にはスピアマンの順位相関係数（ρ）を用いました。統計ソフトSPSSでの分析の結果、口頭試験の結果と聴解・読解試験の結果との間に強い相関関係が見られました（$r=.844$、$p<.001$）。

　これらのテスト結果をヒストグラムで表したものが図2-20、図2-21です。どちらのヒストグラムも山形を表していることがわかります。聴解・読解より口頭試験の方が山のピークが左にずれていますが、聴解・読解が受容能力を測る試験であるのに対し口頭試験は産出能力を測るため、点数に換算すると5点から10点低くなるのが通常といえます。この結果もそれを表しています。

5.3.2　口頭能力レベルの比較

　抽出された発話に対して採点者が基準に従ってレベル付けを行うという流れは5.2で説明しました。異なるレベルの発話間には、具体的にどのような違いがあるのでしょうか。これを探ることは、主観的評価でなされた判定を客観的に数値で裏付けることになり、採点者への有益な情報ともなります。鈴木（2006）では、OPI[1]でテスターにより判定を受けた超級と上級の発話のうち、意見を述べている部分を対象としてその構造に差があるかを分析しています。発話構造を特定するには、まず発話をユニットと呼ばれる単位に区分します。研究によってこの単位の基準は異なりますが、鈴木（2006）では「独立した節」を区分の基準としています。そして、各ユニットが意見述べにおいてどのような機能を持っているかを特定します。①ユニット数が2以下から成る短い意見、②ユニット数が3以上から成り、理由付けの機能を含む長い意見、③ユニット数が3以上から成り、理由付けの機能を含まない長い意見の数がレベルによって異なるかをみるため、学習者の級（超級、上級の2条件）を独立変数とし、3種類の構造（①②③の3条件）を従属変数として、χ（カイ）2乗検定を行った結果、各構造の使用頻度と学習者の級には有意な関係があることがわかりました。残渣分析[2]の結果、超級に比べて上級では、

1　全米外国語教育協会の主催する口頭運用能力インタビュー試験（Oral Proficiency Interview Test）。

2　χ^2乗検定は全体としての比率の違いを検出するもので、個別の項目のどこに差があるかを示すものではありません。そのため、具体的にどの項目に差異が見られるのかを知るために残渣分析を行います。

ユニット数が2以下から成る短い意見が有意に多く用いられていることがわかりました（図2-22）。このことから、上級では超級に比べ結束性の弱い意見を述べる傾向があることが窺えます。この他に、発話機能の使用頻度の比較や意見における理由付けの方法別出現頻度の比較などを明らかにすることで、2群の差異はよりはっきりとわかります。これらの分析方法は第1章第2節「*t*検定」に詳述してありますので、参考にしてください。

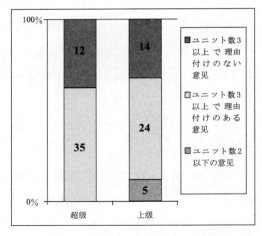

図2-22　口頭レベル別の意見述べ構造数
（鈴木2006の結果による）

【研究思考題】

1. 日本語の新聞の文章と小説の文章を読む際に、語彙能力と文法能力のどちらが強く影響しているのだろうか。新聞文章8問、小説文章8問の計16問の読解テストに、文法テストと語彙テストを与えて、新聞文と小説文に対する文法力と語彙力の因果関係を検討し比較してみよう。
2. 日本語学習者10名が書いた「謝罪」のメールを複数の評価者5名が分析的評価する場合、①どのような評価項目を設定すればいいでしょうか。なぜその評価項目が必要かも考えてください。②よりよい評価を行うために、結果をどのように分析することが可能でしょうか。
3. 日本語学習者に聴解テストを実施し、聴解能力によって、外来語の聞き取り理解に違いがあるかどうかを検討したい。日本語の聴解能力によって、外来語の聞き取り理解テスト得点に違いがあるかどうかを見るためには、どのような分析の手続きを踏めばよいか。
4. 口頭能力試験を行う際、次のような条件では、どのような試験方法を採用するのがよいでしょうか。その理由も答えてください。
   A. 日本語初級クラスの学期末テスト
   B. 会社で社員を選抜するために行う等級付けテスト
5. 口頭試験結果と読解・聴解など他の技能を測る試験結果の相関関係を見ることにより、どんなことがわかりますか。

【参考文献】

菊池康人（1987）「作文の評価方法についての一試案」、『日本語教育』63、87-104

斉藤信浩・菊池富美子・山田明子 (2012)「漢字圏学習者の文法テストと読解テスト得点の非対称性の検証－読解問題の検証を通して－」、『日本文化学報』54、51-63、韓国日本文化学会

斉藤信浩・玉岡賀津雄 (2012)「中国人日本語学習者の文章および文レベルの理解における語彙と文法能力の影響」、『ことばの科学』25、5-20、名古屋大学言語文化研究会

鈴木志のぶ (2006)「日本語学習者によるアーギュメントの特徴－上級者・超級者間の差異－」、『Speech Communication Education』19、95-112、日本コミュニケーション学会

田中真理・初鹿野阿れ・坪根由香里 (1998)「第二言語としての日本語における作文評価－『いい』作文の決定要因－」、『日本語教育』99、60-71

田中真理・長阪朱美 (2006)「第2言語としての日本語ライティング評価基準とその作成過程」、国立国語研究所編『世界の言語テスト』、253-276、くろしお出版

田中真理・長阪朱美・成田高宏・菅井英明 (2009)「第二言語としての日本語ライティング評価ワークショップ－評価基準の検討－」、『世界の日本語教育』19、157-170

玉岡賀津雄・邱學瑾・宮岡弥生・木山幸子 (2010)「中国語を母語とする日本語学習者によるかき混ぜ語順の文理解－聴解能力で分けた上位・中位・下位群の比較－」、『日本語文法』10 (1)、54-69

ネウストプニー，J. V. (1995)『新しい日本語教育のために』、大修館書店

初相娟・玉岡賀津雄 (2013)「中国人日本語学習者による語彙・文法知識から述部構造の理解を仲介とした読解への因果関係モデルの検証」、『ことばの科学』26、5-24、名古屋大学言語文化研究会

廣瀬香恵 (2008)「日本留学試験『記述問題』におけるトピックの影響」、『日本語教育』136、、59-66

堀川有美 (2007)「グループ・オーラル・テストにおける相互作用的発話機能」、『言語文化と日本語教育』33、21-30、日本言語文化学研究会

村上京子 (2001)「作文の評価の信頼性と評価者の特性－日本人母語話者と非母語話者の評価の比較－」、『日本語・日本文化論集』9、47-69、名古屋大学留学生センター

村上京子 (2005)「作文評価における文の種類の影響－意見文と説明文の比較－」、『日本留学試験における記述問題の実施方法と分析観点に関する実証的研究』平成15年度～16年度文部科学省科学研究費補助金萌芽研究15652032 研究成果報告書、17-25

宮岡弥生・玉岡賀津雄・酒井弘 (2011)「日本語語彙テストの開発と信頼性－中国語を母語とする日本語学習者のデータによるテスト評価－」、『広島経済大学研究論集』34(1)、1-18

宮岡弥生・玉岡賀津雄・酒井弘 (2014)「日本語の文法能力テストの開発と信頼性－日本語学習者のデータによるテスト評価－」、『広島経済大学研究論集』36(4)、33-46

이완기 (2007)『영어평가방법론』문진미디어. (イワンギ (2007)『英語評価方法論』ムンジンメディア)

Canale, M. (1983). From communicative competence to communicative language pedagogy. In J. C. Richards and R. W. Schmidt (Eds.), *Language and communication* 2-27. London: Longman.

Eggington,W. (1987). Written academic discourse in Korean: Implications for effective communication. In U. Connor & R. Kaplan (Eds.), *Writing across languages*: *Analysis of L2 text*,153-168. Reading, MA: Addison-Wesley.

Hinds, J. (1983). Contrastive rhetoric: Japanese and English. *Text*, 3(2), 183-195.

Kaplan, R. B. (1966). Cultural thought patterns in intercultural communication. *Language Learning*, *16*, 1-20.

Kondo-Brown, K. (2002). A FACETS analysis of rater bias in measuring Japanese second language writingperformance. *Language Testing*, *19*, 3-31.

Ochs, E. (1979). Transcription as theory. In E. Ochs and B. B. Schiefflin (Eds.), *Developmental pragmatics*, 43-72. New York: Academic Press.

リーディングチュウ太　http://language.tiu.ac.jp/

jreadability 日本語文章難易度判別システム　http://jreadability.net/

【推荐书目】

アーサー・ヒューズ (2003) 靜哲人（訳）『英語のテストはこう作る』（原題：*Testing for Language Teachers*, Arthur, Hughes)、研究社

ティム・マクナマラ（2004）伊東祐郎・三枝令子・島田めぐみ・野口裕之（監訳）『言語テスティング概論』（原題：*Language Testing*, Tim, MacNamara)、スリーエーネットワーク

近藤ブラウン妃美（2012）『日本語教師のための評価入門』、くろしお出版

第二部 质的研究

第三章
什么是质的研究方法？

李晓博

要旨

　　本章将列举具体的研究，并从和量的研究相比较的角度论述什么是质的研究。具体来说，就是分别论述研究焦点、数据的收集方法，以及研究者和被研究者的关系这三方面的不同之处。通过与量的研究的比较来论述质的研究中的"事实"，也就是质的研究的研究信念，以此来说明为什么会产生以上的不同。关于质的研究报告的写作方法，将通过具体例子来介绍"深描"这一概念。最后，说明质的研究的评价基准，以及怎样选择适合研究目的的研究方法。

　本章において、具体的な研究例をあげ、量的研究と比較しながら、質的研究とは何かについて論じます。具体的には、研究の焦点の違い、データ収集方法の違い、そして、研究者と研究参加者との関係性の違いについて論じます。なぜこのような違いがあるのかを説明するために、質的研究にとっての「事実」、つまり、質的研究のビリーフは何かについて量的研究と比較しながら論じます。質的研究のレポートの書き方については、具体的な記述例を示して、「分厚い記述」の概念を紹介します。最後に、質的研究の評価基準及び研究目的に合う研究方法の選択について論じます。

1. "质的研究"与"量的研究"[1]的区别

什么是质的研究，不是能用一两句话概括出来的。尤其对于初学质的研究的人而言，写得太深会被各种专业术语"淹没"，写得太浅又会觉得接触不到其内涵，无法了解。既然大家在前面学习了量的研究方法，因此笔者决定用与量的研究对比的写作方法来介绍什么是质的研究方法。这样也许容易理解些。首先来看两者有什么区别。

如果分别用"量的研究"和"质的研究"来做一项关于"汽车的调查研究"，采用"量的研究"方法的研究可能是这样的：

> 调查在某一国家，大众牌汽车和丰田牌汽车各自的市场占有率。要解决这一研究问题，首先要做的事情当然是分别调查两种品牌的汽车在某一国家的数量。如果把全国所有的汽车数量调查清楚比较困难的话，可以考虑采用"抽样法"。然后通过统计分析，计算出两种车合计共多少台，各自所占的比例是多少。因为采用了"抽样"，所以，最后可能需要论证所选样本所具有的代表性。

同样是关于汽车的调查研究，如果用"质的研究"方法来做，会是这样的。

> 探究汽车广告如何影响打算购买汽车人的态度。可以考虑把打算购买的客人分别聚集到几个不同的房间里。放汽车广告的视频，记录他们看了广告后的反应。基于他们的反应，就某一相关话题对他们进行小组访谈。一年后再在相同地点对相同的人进行访谈。问他们买了哪个牌子的车，做那个决定对他们来说意味着什么。即通过对过程和意义的诠释来探究汽车广告是怎样影响了顾客的购车态度。(Holliday，2002：2-5)

1　关于"质的研究"和"量的研究"用语的翻译，目前国内并没有统一的标准。比如"质性研究"的用语分别有"质化研究""质的研究""定性研究"等，而"量的研究"的用语有比如"量性研究""量化研究""定量研究"等。本书中我们的用语统一为"质的研究"和"量的研究"。

由此可以看出，"量的研究"与"质的研究"有以下几方面的不同。

第一，研究焦点不同。

"量的研究"的焦点在于"解决问题"。而"质的研究"则对社会生活中"质"的部分感兴趣，比如人的背景、兴趣、广泛的社会认知等。"质的研究"的焦点主要在于探究现象的过程及意义(meaning)。同时，与"量的研究"不同，"质的研究"不但不会对不可控制的社会变数等进行限定，反而直接对那一部分进行探究。

第二，研究数据的收集方法不同。

"量的研究"大多是通过实验或者问卷调查等形式收集研究数据，注重数据的准确性和代表性，形式比较单一。而"质的研究"多是在自然的环境下（比如记录顾客看广告后的反应等）收集研究数据，注重研究数据的丰富性和多样性。需要注意的是，数据丰富，并不是单单指数据的量越多越好，还指数据的系统性、细致性等。收集数据的途径多样。比如，访谈、现场调查（field work，也称"田野调查"）、案例、人生史、各种文献资料等。比如，拙作《有心流动的课堂：对一位外语教师实践知识的叙事探究》中的研究数据，就是笔者通过一年时间收集来的，包括有现场笔记、访谈、来往邮件、研究日记及各种文献资料等。

第三，研究者与被研究者的关系不同。

"量的研究"中研究者尽量保持中立立场，以保证"价值无涉"。但是，"质的研究"却认为"研究不是在一个'客观的'真空环境中进行的。研究者在从事一项研究的时候必然与研究对象之间存在着一定的关系，而这些关系对研究的进程和结果都有着十分重要的意义"（陈向明，2000：133）。这是因为"质的研究"要对现象的过程及意义进行探究，研究者的介入与阐释无可避免。比如质的研究主要通过"访谈""现场观察"等方法收集数据，"访谈"得出的结果并不是"客观存在"的事实，而是在特定场合下，研究者和被研究者共同作用的结果。比如要研究"四年的大学生活对大学生来说意味着什么"这一题目，即使对同一名学生进行访谈，访谈者是老师和访谈者是受访者的同学，所得到的"事实"可能会大不相同。另外，即使是相同的访谈者，在一开始没有充分得到受访者信赖的情况下和得到受访者充分信赖的情况下所得到的"事实"也会不同。这些都说明了"质的研究"中研究者与被研究者的关系建构非常重要。在"质的研究"中，研究者既要与被研究者建立良好的信赖关系，又要对这种关系保持"清醒"的意识。有时候还需要对这种关系本身进行研究。

那么，造成上述"质的研究"特点的原因在哪里？或者说"质的研究"的信念是什么？

2. 质的研究的研究信念

首先，"质的研究"的研究信念基于对实证主义——"以客观主义为根基的朴素的现实主义"的怀疑。实证主义认为社会现象是一种客观的存在，不受主观价值因素的影响，不被知识、理论所过滤。"量的研究"就是建立在实证主义的理论基础之上的。"量的研究"认为，"事实（reality）"是客观存在的。只要使用恰当的研究工具，比如通过标准的统计和实验等就可以找到"事实（reality）"。因此，"量的研究"信念是"标准性"的。然而，"质的研究"却对量的研究从没有怀疑过的"真实"的客观性持怀疑态度，认为"事实"(reality)是神秘的，我们所能接触到的充其量是"事实"的一部分而已。因此，质的研究主张，我们做的只是试图去描绘那接近"事实（reality）"的近似图画，也即只是努力去描绘那些复杂"现实（reality）"图画中的一些现象（fact）而已。因此，质的研究的信念是"阐释性(interpretive)"的（Holliday, 2002）。

质的研究的这种对"事实"的看法基于建构主义哲学。作为后现代思想的建构主义哲学认为，所谓的"事实"是多元的，因历史、地域、情景、个人经验等因素的不同而不同。因此，用这种方式建构起来的"事实"不存在"真实"与否，只存在"合适"与否的问题。建构主义认为，不带"倾见"的理解实际上是一种对理解的不合适的理解。人们看待事物的方式决定了他们所看到的事物的性质（陈向明，2000：10）。

对这一点，Goodall（2000）中举出了一个比较有意思的例子。作者把一张用铅笔勾勒的图画展示给学生们看，然后让学生们用5到10分钟的时间写下自己从这幅图画上看到的东西。这幅图中画的是想象中的某一个城市"繁忙"的交叉路口的画面。画面中有高楼大厦，大厦里有倚在窗边的人。在一个角落里有一个小男孩在卖着报纸，别的人手里拿着什么东西拐进了一个胡同。两个女的正站在道路交叉口中央跟一个警察（其性别不明）说着什么，旁边有两辆车的冲撞，地面上有泄漏的气体和一些模模糊糊的东西。在这些东西的后面有另外一辆有些凹进去的车停在那里。等作者回到教室，让学生告诉自己他们"所看到的"东西时，发现学生们所叙述的"他们所看到的"东西，多是已经有了行为、前因后果的"故事"。故事中包括那些手里拿着什么东西拐进了胡同里的人的故事，还有这天这些警察已经做过的事情等。因此，学生们赋予了这一静止的文化画面以自己的想象和推论。这一例子展示的正是建构主义所说的"事实"与"阐释"的不可分离性、"事实"是由人们看待事物的方式而决定的这一观点。

从以上对比可以看出，"质的研究"和"量的研究"基于不同的研究信念，因而会有跟"量的研究"完全不同的地方。

3. 质的研究报告的书写

不同于"量的研究"，许多"质的研究"以故事的形式书写研究报告。那是因为质的研究报告特别注重对研究现象进行整体性的、情景化的、动态化的"深描"（陈向明，2000）。而"深描"意味着作者在论证自己的研究结论时，必须要有足够的原始资料证据，并从中提取合适的素材，然后对这些素材进行"详细的""原汁原味"的呈现。

邓金（2004：106）是这样定义"深描"的："深描绝不仅仅只是记录人的所作所为，而是去详细描述情景、情感以及人际交往的社会关系网络，它必须能将其所描述的东西活生生地呈现出来，从而唤醒人们的情感与内心感受。它将历史插入经历，以求能将交往情景中个体的经历意义及其发展顺序揭示出来。"

我们引用邓金举的例子来说明"浅描"和"深描"的区别。

下面是一段描述群体内部交往（谈判）关系的例子（邓金，2004：112）。

无论哪个群体，当其内部讨价还价的谈判过程出现冲突时，代表们均会尝试做出令人满意的报价……有时，冲突迟迟不能消除……有些群体的代表彼此之间会产生分裂……另一些群体则可能以敌对的态度来对待其反对者。

按照邓金的叙述，文中所涉及的本来是一种非常复杂的交往（谈判）关系，到处都是冲突、分裂与敌对，但是作者并没有描述其中的任何一种冲突、分裂与敌对，而只是点出它们的存在。是一种典型的"浅描"。

同样是描写关系的，邓金（2004：117）又举出了一段"深描"的例子。

所有人都放学回来了……门铃响了，孩子们问谁在敲门，我正在切牛肉，听到孩子们喊："妈，快来开门，有人找。"我说："我没办法走开，你们去开吧。""是找你的"，他们说："不，妈妈，他们非要见你。"我打开门，法官递给我一张离婚诉讼传票。孩子们问我："妈，那是什么？"他们站在我的身旁。"爸爸想和我离婚。"我哭了起来，我觉得一切都完了，而我们只能眼睁睁地看着悲剧发生。

跟上面的"浅描"不同，这段叙述尽管也是关于交往关系的，但是，显然作者做了更详尽细腻的描述。描写中既包括有交往活动，又有对话活动，能将读者带入情景中，让人们设身处地地了解那位妇女是如何收到她丈夫的离婚诉讼请求。

再比如笔者在拙作《有心流动的课堂：教师专业知识的叙事探究》（李晓博，2011：70）中，有两段描述课前教室里的情景。其中包括了对教室、对教师"凉子"以及学生们行为的描写。

同平常一样，2点40分左右，我和凉子来到了教室。今天，除小马还没来外，其他学生都已经在教室里了。进教室后，我像往常一样在小张后边的座位上坐了下来。凉子把自

己的东西放在前面的桌子上后，一个人走到教室外的阳台上，大声地说道："啊！这里很好啊，很凉快！"六月中旬的大阪，天气已经相当热了。因为教室在四楼，教室外的阳台通风好，凉子站在那里自然会感觉那里比这个小教室里面要凉爽很多。一会儿，凉子从阳台回到了教室。这时，经常靠窗而坐的小梁和小常，手里捧着一本相册之类的东西，满脸的高兴，边看照片边用中文大声地讲着话，小梁和小常经常形影不离，在教室里也总是坐在一起。

教室里面很吵闹，乱哄哄的。凉子开口说："今天呢……"，说到这里凉子停顿了下来，可能是因为小梁和小常讲话声音太大的缘故。但是，小梁和小常却好像完全没有注意到这些，两人仍然大声地说笑着。教室中其他人好像都明白了凉子在等她们两个安静下来，大家都看着她们。但是，这两个人却对教室里"发生的事情""充耳不闻"，沉浸在自己的谈话中。看着她们俩，有人开始笑起来。这时候，经常扮演大姐姐角色的小唐用中文大声地对着她们俩说："老师在等着你们呢，还在说。"这样，两个人才停了下来。

这段"课前"的叙述，不仅交代了上课时间、当时的气候、教室环境，还比较详细地描写了课前教师和学生们的表现。通过这样的"深描"，读者会有身临其境的感觉，并且会获得故事的情景化知识，比如学生"小梁"和"小常"的关系，以及班级的整体氛围等。

"质的研究"的研究报告，之所以如此注重"深描"，是因为"质的研究"焦点在于对过程以及意义的探究，只有通过这样的"深描"才能向读者呈现研究的整体性、研究的情景化以及动态化。

但是，不是说"质的研究"只要"深描"就足够了。作为研究报告，在"深描"的基础上，同样需要论述该研究发现了什么，其意义以及含义是什么，其在学术以及现实方面的贡献是什么。只不过与"量的研究"方法不同，"质的研究"中的结论或理论不能抽象地、孤立地列出几条，而是要通过"原汁原味"的原始资料的呈现归纳出来。有时候，资料本身的呈现已经说明了作者希望表达的观点，那么，作者可以不再对该观点进行阐述。这也就是为什么有一些"质的研究"的最终的研究报告形式是故事，而不是传统的学术研究报告形式。

4. 质的研究的评价基准

量的研究的评价基准，主要体现在研究结果的"客观性""信度"以及"效度(validity)"上。

然而，如前所述，"质性研究感兴趣的并不是量的研究所谓的'客观现实'的'真实性'本身，而是被研究者所看到的'真实'、他们看事物的角度和方式以及研究关系对理解这一'真实'所发挥的作用"（陈向明，2000：389）。因此，不能用量的研究所看重的"客观性"以及"效度"来评价质的研究。比起"客观性"，质的研究更注重比如"可信性""可靠性""一致性"等。这包括数据收集方法以及数据收集过程的"可信性"及"可靠性"。

　　而对于"效度"这一评价基准，质的研究也有不同看法。所谓"效度"是指检验研究结果是否反映了研究对象的真实情况。在量的研究中，"效度"指的是正确性程度，即一项测试在何种程度上测试了它想测试的东西，它是建立在寻找"客观现实"的信念之上。

　　比起"效度"，质的研究认为，应该更重视研究的"规范有效化（validation）"的过程。"规范有效化（validation）"是什么意思？ Mishler 指出，"规范有效化（validation）"意味着"知识由社会而建构"（Mishler，1990：420）。也就是说，量的研究中所说的"有效性"和"规范性"，在质的研究中，表现出的不是一种静止状态，而是读者在阅读研究时不断建构（读者头脑中所形成或理解）的认可该研究的有效性和规范性的动态过程。其意味着读者在阅读的过程中，能对研究者在特定条件下进行的诠释和叙述，觉得"合情合理"，能够"频频点头"，觉得"的确如此""就是这样"。

　　而相似的观点其他学者也提出过。Aoki（2004）对读者如何阅读质的研究的文章提出了"映射性的（reflective）阅读"方式。她说："为了理解质性研究的文章，读者需要寻找故事中与自己记忆中似曾相识但又不同的东西，读者在阅读故事时可以问的问题是：'这里的故事能使我想起我个人的什么经历？''故事中的什么地方对我来说是新鲜的？''故事对我的教学实践或者个人生活有什么启发？'"（Aoki，2004：27-28）。

　　也就是说，与量的研究注重通过展示"客观""中立"的研究数据和研究手段来证明研究结果的"客观性""有效性"和"普适性"不同，质的研究更注重读者参与式的、对研究过程以及研究结果"认同"的评价。

5. 研究方法的选择

　　从以上对比中可以看出，不管是量的研究还是质的研究，都是研究者对"未知世界"进行探索的手段。量的研究聚焦于"问题的解决"，而质的研究却关心社会生活中"质"的部分，聚焦于过程和意义的理解，其强调由研究者和被研究者之间的亲密关系而给研究定型的"状况性制约"。质的研究不仅不限定对量的研究来说不能控制的社会变数部分，反而对那一部分进行直接探究（Holliday，2002；Denzin& Lincoln，1998）。

到底要选择量的研究方法还是质的研究方法，这个要根据研究者的研究兴趣来定。如果研究者对解决问题、或者对解明一般的理论规则感兴趣，则可以采用从既定的理论和假说出发，按照一定的步骤解决问题的量的研究方法。只是，采用了量的研究方法，不一定就真正澄明了"事实"真相。因为只要量的研究采取了限制"社会变数"的手法，就一定有被量的研究忽视了的部分。而且，随着人类生活世界多元化的推进，单纯的量的研究不能解决的研究现象也越来越多。

相反，如果研究者对社会或者人等"质"的部分感兴趣，则可以采用对"过程或者意义"部分进行探求的质的研究方法。质的研究方法的缺点在于它的研究结果存在情境性和特殊性，因而不具有普遍性。但是，从另一角度来看，质的研究正是因为其注重情境性和过程性而能使研究者深入到现象的深层，去重新挖掘、发现在日常生活中被人忽视掉的、具有丰富内涵的东西而具有价值。

通过以上的学习，我们知道量的研究和质的研究是两种具有不同理论范式的研究方法，有各自的"游戏"规则和操作手段。研究者如果选择了量的研究方法就应该遵循量的研究的规则来进行，如果选择了质的研究就应该遵循质的研究方法规则来进行。就好比棒球与橄榄球之不同一样。如果选择了"棒球"，就要遵循"棒球"的"游戏规则"，而不是用打橄榄球的方法去打棒球。

研究方法没有好坏之说，只有合适与否的问题。因为研究方法就是用来实现研究目的的方法和手段，只要能有效解决自己研究问题的方法就是好的研究方法。当然，能做到正确选择的前提是研究者要学习和了解不同的研究方法。要通过系统的学习来理解研究方法的哲学根基以及具体的操作手段等。只有这样，做出来的研究才会比较"正宗""有模有样"，而不至于做得"不三不四"。

【研究思考题】

1. 用自己的话归纳出质的研究方法的特点。
2. 什么是"深描"？你认为怎样才能做到有价值的"深描"？

【参考文献】

邓金.解释性交往行动主义：个人经历的叙事、倾听与理解（周勇译）.重庆：重庆大学出版社，2004
陈向明.质的研究方法与社会科学研究.北京：教育科学出版社，2000

朱光明，陈向明.教育叙述探究与现象学研究之比较：以康纳利的叙述探究与范梅南的现象学研究为例.北京大学教育评论，2008-6（1）

李晓博.有心流动的课堂：教师专业知识的叙事探究.北京：外语教学与研究出版社，2011

Aoki, N. (2004). Life after presentation: How we might best discuss and evaluate narrative-based research with/ by teachers[J]. 阪大日本語研究, 16.

Dezin, N. K. & Lincoln, Y. S. (1998). *Strategies of Qualitative Inquiry*[M].Thousand Oaks:Sage.

Holliday, A. (2002). *Doing and Writing Qualitative Research* [M].Thousand Oaks:Sage.

Goodall, L.H. (2000). *Writing the New Ethnography*[M].Oxford:AltaMira Press.

Mishler, E. G. (1990). Validation in inquiry-guided research: The role ofexemplars in narrative studies[J].Harvard Educational Review, 60.

【推荐书目】

诺曼·K·邓津伊冯娜·S·林肯.定性研究：策略与艺术第1卷·第2卷（风笑天等译）.重庆：重庆大学出版社，2007

钟启泉等.多维视角下的教育理论与思潮.北京：教育科学出版社.28-35，2004

無藤隆・やまだようこ　など（2004）質的心理学．創造的に活用するコツ．東京：新躍社

Creswell, J. W. (1998). *Qualitative Inquiry and Research Design: Choosing among Five Traditions*. Thousand Oaks: Sage.

要旨

　　本章将介绍两种质的研究的数据收集方法，分别是访谈以及田野调查。

　　第1节主要面向初学访谈这一质的研究的数据收集方法的读者。在这一节中，首先明确访谈的定义。接着阐述把访谈作为数据收集方法的理由，其后介绍访谈的类别。之后，将访谈的实施过程分为实施前、实施中和实施后三个阶段。通过具体的研究的例子，逐一说明在各个阶段需要做什么。

　　第2节将介绍田野调查。田野调查是质的研究的一项重要的调查手段。在田野调查中，大部分的数据都是通过观察以及访谈收集到的。本节将在介绍人类学领域中的田野调查的历史及发展之后，分三个部分概说田野调查，即如何进行田野调查、调查的记录及调查结果的总结。田野调查的进行方法或是研究结果的成文根据研究目的的不同会有所差异，但不论什么样的田野调查，都必须详细叙述"研究者的存在"。

　　本章において、質的研究のデータの収集の方法として、インタビューとフィールドワークを紹介します。

　　第1節は、質的研究のデータ収集手法の一つとしてのインタビュー法を学びたい初心者に向けたものです。本節では、まず、インタビューの定義を明らかにし、インタビューをデータ収集方法として選ぶ理由を述べ、そしてインタビューの種類を紹介します。それから、インタビューを行うプロセスを実施前、実施中、実施後に分けて、実践例をあげつつ、各段階においてすべきことを詳細に説明します。

　　第2節では、フィールドワークの方法について説明します。フィールドワークは質的研究を行うために重要な調査手段の一つです。フィールドワークではほとんどのデータは参与観察及びインタビューによって収集されます。本節では人類学におけるフィールドワークの歴史及び発展を記述したうえ、フィールドワークが如何に行われるのか、調査の記述及び結果のまとめという三つの部分から、フィールドワークを概観します。フィールドワークのやり方や結果の仕上げ方は研究目的によって違うところがありますが、いずれにしても研究者の存在を検討に取り上げないといけません。

1. 访谈

欧丽贤·李晓博

1.1 质的研究中的"访谈"

在质的研究中,"访谈"是研究者通过口头谈话的方式从受访者那里获取研究数据的一种方式。访谈中,访谈者通过访谈的方式进入受访者的世界,了解受访者的经验、感情、态度和他们的所生活的世界等(陈向明,2000)。

质的研究中的访谈,访谈者与受访者"在互动中共同构建知识"(Kvale and Brinkmann,2008:2)。也就是说,利用访谈收集到的数据是访谈者与受访者共同构建的结果。这种"共同构建"体现在两个方面。一是,访谈者或者受访者变化了,访谈的内容也会发生变化。二是,即使访谈者和受访者不变,不同的互动方式也会使得访谈内容不同。

然而,由于访谈是一种"有目的的交谈"(Dexter,1970:136),访谈者与受访者在访谈中扮演着不同的角色。下面我们将回归到访谈的"范式[1]"上,探讨访谈者与受访者在访谈中扮演的角色。

以实证主义为基础的访谈中,访谈者扮演着提问、倾听、追问细节的角色,受访者则扮演着回答问题的角色。访谈者不会就访谈问题阐述自己的见解,受访者也不会对访谈者提问相关问题。因为实证主义理论认为,受访者是提供"经验(Experience)"和"事实(Reality)"的"回答容器",而访谈者是拥有理性的,能够通过严密的科学手法调查出

---

1 "范式"是英语paradigm的中文翻译,它是美国哲学家、科学史家托马斯·库恩在《科学革命的结构》中提出的一个词汇。简单概括来说,"范式"是从事某一科学的研究者群体所共同遵从的世界观和行为方式。

"事实"的存在。量的研究中的问卷调查式的访谈就是基于这一认识论的典型访谈类型之一。

与实证主义为基础的访谈相反，J. Holstein和J. Gubrium提出了一种新的访谈理论——"主动式访谈（active interview）"(Holstein and Gubrium，1995)。他们认为受访者不只是提供"经验"和"事实"的存在，而访谈者作为有着过去的经历、对事物的价值判断等主观意识的人，他/她并不是完全理性的存在。而且，访谈不只是访谈者通过某种手法引导受访者讲出他/她所拥有的经历的过程，实际上，它是访谈者和受访者对各自拥有的经验进行"意义再构建"的过程。因此，在访谈中，访谈者"有意识地""有技巧地"利用访谈这一方法了解受访者的经历，理解他们对其经历赋予的意义。并且，访谈者对于自己与受访者共同从事的构建方式和过程更必须具有"反省意识"。换言之，访谈者必须有意识地反思自己作为研究者的身份以及自身的经历对访谈带来的影响。

综上所述，质的研究的访谈是以建构主义理论为基础的。要成功地完成这一范式指导下的访谈，访谈者需要具有更高层次的素质。这一章中，我们将谈谈如何做好质性研究中的访谈。

1.2 适合选择访谈的方式来收集数据的研究

在研究设计阶段，研究者必须决定需要收集什么信息来回答研究问题，以及怎样能更好地收集到这些数据。是否通过访谈的方式来收集数据，取决于研究问题所需的信息类型。

以下先来谈谈适合利用访谈来收集数据的几种研究内容的类型。

首先，访谈尤其适合用于研究的重点在于了解受访者主观世界的研究。塞德曼（2009：9）指出："访谈的核心是，了解其他人的'鲜活'经历，理解他们对其经历生成的意义。"换句话说，对于探索受访者的经历或者受访者做出某一行为背后所隐藏的"心理活动""价值观念"等的研究，访谈是尤为有效的数据收集手法。例如，笔者在硕士阶段的研究（欧麗賢，2013）中提出了以下两个研究问题：中国某一沿海城市的日语专业大学生们（1）为什么开始利用网络进行课外的日语学习；（2）怎样利用网络进行课外日语学习。这样的研究问题主旨在于了解受访者利用网络进行课外日语学习的经历，以及探索影响他们利用网络进行课外日语学习的因素。因此，笔者使用访谈这一方法进行数据的收集。

其次，访谈也适用于调查现在以及未来无法进行复制的"过去式"现象。通过访谈，访谈者可了解受访者过去的生活经历以及他们的所见所闻，并且了解他们对所经历事件赋

予的意义和解释（Merriam，1988）。笔者在设计硕士论文的调查时便利用了访谈的这一长处。虽然研究涉及受访者大学四年期间的日语课外学习的内容，但是笔者并没有花四年时间做跟踪调查。笔者从受访者大学三年级上学期开始第一次访谈，之后每隔一个学期进行一次跟踪访谈，直至受访者大学毕业为止。因此，实际上跟踪访谈的时间跨度在一年到一年半之间。

选择访谈作为收集数据的方式时，值得注意的一点是：假如所调查的现象发生在时间间隔较久的过去，受访者可能无法对事件的细节进行详细的描述。鉴于此，做研究设计时，需仔细思考以下几个问题：什么时候开始第一次访谈？隔多久做一次追踪访谈？数据收集阶段大概需要持续多久？各个阶段的访谈目标是什么？等等。这样的话，访谈者就可以更为恰当地选择可提供所需数据的受访者，也能够掌握重要的访谈时机，以此保证访谈数据的质量。

另外，所调查的现象发生在研究者无法进入或不方便进入的空间，导致其无法被观察了解，可以使用访谈进行调查。例如，在硕士阶段的研究中，笔者进行了两方面的思考后决定采用访谈收集数据。思考之一是，大多数的课外学习活动都发生在受访者的个人生活中，因此研究者不方便直接进入并进行观察。思考之二是，所谓的"学习"行为并不是通过观察就能简单得知的。例如，在日语课上，看起来很认真听讲的学生并不一定就是在学习。基于上述考虑，笔者认为选择访谈进行数据收集是妥当的。

以上列举了三种适合使用访谈来收集数据的研究类型。假如研究者能够事先做好周密的研究设计，充分发挥访谈的最大效用，访谈将会是质的研究中收集数据的重要方法之一。

1.3 访谈的类型

1.3.1 封闭性访谈、半开放性访谈、开放性访谈

根据访谈结构化程度可将它分为"封闭性访谈""半开放性访谈""开放性访谈"三种类型。这三种访谈的方式可看成是一个延续体。在这个连续体的一端，是封闭性访谈，而在另外一端，是开放性的访谈。半开放性访谈则处于两者之间，其开放程度根据研究的实际需要变化。

在封闭性访谈中，访谈者要问的问题以及提问的顺序，都是事先确定好的。封闭性访谈的问题主要由"是—否问题（yes-no questions）"组成，这实际上是量的研究中抽样调查的口头形式。在质的研究中，封闭性访谈的最重要功能是从受访者那里得到一些不因访

谈者不同而变化的信息（陈向明，2000）。例如，受访者的年龄、受教育的程度等。

在大多数情况下，质的研究中的访谈，更多采用的是半开放性的提问方式。半开放性访谈开始之前，访谈者通常会根据自己的研究问题事先准备一份访谈提纲。在访谈中，访谈者对访谈的结构具有一定的控制作用，但同时允许受访者积极参与其中。面对受访者的回答，访谈者临机应变，对受访者进行深入挖掘。

最后是开放性访谈。陈向明（2000）指出：开放性访谈适用于研究者对研究现象并不熟悉，不知道该就哪些相关的问题开始提问的情况。开放性访谈的目的之一就是从场景中得到足够的信息，以发现下一次访谈的方向。这类访谈并没有事先确定的访谈问题，访谈的过程是"探索性"的。访谈者鼓励受访者用自己的语言发表对某一问题的看法。

但值得注意的是，要把握一个灵活性很强的开放性访谈，访谈者需要有熟练的访谈技巧。否则，访谈者很容易迷失于过多的信息之中，导致访谈数据空洞，无法很好地服务于研究问题。鉴于此，对于访谈的初学者，采用较好把握的"半开放性"访谈进行数据收集。

1.3.2　个别访谈和集体访谈

根据受访者的人数，访谈还可以分为"个别访谈"和"集体访谈"。个别访谈通常只有一名访谈者和一名受访者，而集体访谈可以由一名访谈者和多名受访者组成。

陈向明（2000）提出，选择个别访谈或团体访谈之前，必须考虑以下几个问题：（1）为何个别访谈/团体访谈是合适的？（2）通过个别访谈/团体访谈能得到什么类型的信息？（3）个别访谈/团体访谈可能出现的特定问题是什么？（4）访谈者该如何应对个别访谈/团体访谈中可能出现的问题？

在质的研究中，较多的研究者选择个别访谈。通过个别访谈，访谈者可以更深入地与受访者交谈，深入探索受访者的所思所想。并且，个别访谈更容易给受访者营造一个安心的环境。

与个别访谈不同，团体访谈可以为受访者们提供一个相互交流的机会，以此调动他/她对有关问题进行讨论（陈向明，2000；格雷，2009）。另外，在研究的早期阶段，研究者可以找一些与所要研究的问题相关的人士进行团体性访谈。这样的方式一定程度上可为访谈者提供所研究现象的初步信息。

但是，集体访谈在团体互动的过程中可能会存在"力量（power）"[1]关系的问题。例

1　"power"这一词在此处翻译为"力量"，但是它并不只停留在物理力学中的"力量"的意义上。在这里，"力量"指的是社会学中人与人之间存在的支配关系的差别造成的一种较量关系。

如，某些团体的成员主宰了对话的进行，他们依照自己的方式引导讨论的方向。在语言教育研究中，利用团体访谈进行数据收集的例子并不多见，在此仅举一个研究案例，供读者思考如何解决团体访谈中存在的"力量"关系的问题。日本大阪大学的青木直子教授曾经采用团体访谈探索她的学生们参加日语教育实习的所学、影响学生们的实践体验的因素（Aoki and Osaka University students' 2010）。这一研究的收集数据阶段，青木直子教授考虑到自己作为老师的身份会影响学生们的自由讨论，于是她决定不参与到团体访谈中。为了解决上述团体访谈有可能出现的问题，她指导她的学生们在访谈中扮演"促进者（facilitator）"的角色。所谓的集体访谈的"促进者"，指的是在了解访谈目的的基础上，整体把握访谈进展，促进别的受访者对某个访谈问题进行讨论，使得集体访谈能够顺利进行的人（Dixon，2005）。由上述案例可知，团体访谈开始之前，对受访者进行适当的指导是必需的。

1.3.3　网络访谈

2000年以后，网络以及各种网络相关技术的发展和普及改变了人们的信息收集方式。除了传统的对面式问卷调查、电话问卷调查，网络上也出现了"问卷星"[1]等问卷调查网站。与此类似，科技的发展和普及也给传统的对面式访谈带来了一定的影响。

然而，选择网络访谈前要考虑几个问题。一是受访者的网络使用习惯。例如，受访者是否习惯利用网络与人交流？假如是，他们比较喜欢使用的软件是什么？二是访谈时间的问题。虽然网络以及应用软件的发展普及使访谈摆脱了时间的、空间的限制，但是，现实中，时差问题仍然可能给受访者带来困扰。

利用网络进行访谈的过程中也可能遇到一些特有的问题。

首先，网络访谈不利于访谈者与受访者之间的信赖关系的建立（Fontana and Frey，1994）。由访谈的定义可知，访谈是建立在访谈者与受访者的信赖关系之上的。假如访谈者只是通过网络接触受访者，信赖关系则会难以建立。因此，访谈者还是要尽量制造更多与受访者见面的机会。或者将网络访谈作为对面式访谈的辅助手段使用。

其次，网络访谈的节奏难以把握。在对面式访谈中，访谈者接触真实的受访者，可切身感受到受访者的个性等个人特征以及他们的语气、情感等非语言变化，并根据这些变化灵活应变，以达到更好的访谈效果。然而，网络访谈往往缺少对面式访谈所具有的切身感

1　"问卷星"（www.sojump.com）是一个专业的在线问卷调查、测评、投票平台。

受，因此导致访谈节奏难以把握。

第一次利用网络进行访谈仍然遇到"不知道如何发话"的问题。

1.3.4 一次性访谈和多次访谈

根据访谈的次数，访谈可以分为"一次性访谈"和"多次访谈"。一次性访谈通常内容比较简单，主要以收集事实性信息为主。塞德曼（2009）等指出多次访谈的优势。首先，多次访谈多用于深度探究某些问题。同时，多次访谈可以用于追踪调查。合理设计多次访谈可深入探讨某一事件或现象的发展变化。其次，多次访谈可增强访谈内容的丰富度和可信度。此外，多次访谈也有助于访谈者与受访者建立信赖关系。因此，在质的研究中，如果不是特殊情况，最好进行多次访谈。

那么，进行几次访谈为宜呢？笔者认为可基于以下因素决定访谈次数。

第一，为达到收集数据的目的所需要的访谈次数。第二，受访者可接受的访谈次数。受访者是否能够协助访谈调查直接关系到事先设计好的访谈计划是否可行，对访谈实施的可行性具有决定作用。

总而言之，质的研究中，应尽量采用多次性访谈来收集数据。为了取得受访者的研究协助，访谈者要站在受访者的角度安排适当的访谈次数，同时也要细心呵护与受访者建立的关系。

1.3.5 如何选择访谈类型

虽然根据结构化程度、受访者人数、访谈次数、访谈的媒介等4个角度，访谈可被分类为多种类型，但这并不意味着一个研究只能采取一种访谈方式。

"采用什么样的访谈方式能收集到研究问题所需要的数据？"是选择访谈方式的根本依据。另外，"访谈数据能否实际收集到？"这一访谈可行性问题也是不可忽略的。受访者是否协助访谈以及访谈者是否有足够能力收集数据是影响访谈可行性的两大因素。归根结底，访谈类型的选择是研究问题所需访谈数据类型与实际可收集到数据类型抗衡的结果。但是，无论选择哪种访谈方式，研究者都应该清楚地意识到它们的优点与缺点，并在研究报告中清楚阐述采用此种方法收集数据的妥当性。

1.4　进行访谈

1.4.1　访谈前的准备工作

假如研究者已经对研究问题和数据收集方式的可行性做了深入的探讨，并已经决定用访谈来进行数据收集的话，那接下来要做的就是访谈前的准备工作。访谈的准备工作可从"寻找受访者和筛选受访者""制定访谈提纲和审视访谈问题""接触受访者和访谈相关事项的简要说明""确定访谈的具体时间、地点、访谈时间长短""准备访谈器材"五个方面着手进行。

1.4.1.1　寻找受访者和筛选受访者

采用访谈收集数据，首先要确定访谈对象。在质的研究中，选择访谈对象是有目的性的。访谈对象的选择取决于研究者想要知道什么，以及寻找什么样的人最能够获得所需信息。

那么，如何寻找受访者呢？途径主要有以下三种。

第一，到潜在的研究参与者经常聚集的场所，对研究现象发生的场景进行现场观察，寻找可以协助调查的受访者（关于"如何进入接触并不认识的潜在受访者"方面的详细信息，请参考塞德曼（2009）的第四章）。第二，通过口头或者贴海报、网络发帖等方式进行宣传，等待愿意接受访谈的人的联系。第三，从对潜在研究参与者较了解的"关键人物"开始，让他/她推荐受访者，研究者通过最初的受访者再接触其他的受访者。这种寻找访谈对象的方式被称为"滚雪球法"。这种方法有一个好处，那就是：你与受访者有共同朋友使你看上去更加可靠一些。因此，在某种程度上更加容易进入受访者的世界，取得他们的信任（鲁宾、鲁宾，2010）。但是，通过这种方式寻找受访者存在一个不足之处，那就是所接触到的受访者类型不具备多样性。为了保持受访者类型的多样性，研究者可以有目的地筛选受访者。例如，选择对所研究现象十分熟悉的人，或者相反的，对研究现象完全不熟悉的人进行访谈。又或者，选择对所研究现象不熟悉，但已略有了解的人进行访谈。总之，选择受访者时，需要对他们的类型进行明确，从而有目的地进行选择。但是，受访者的筛选不宜操之过急，最好是在深刻理解受访者之后再下结论。

另外，影响访谈者选择受访者的另一关键因素是，访谈者能够驾驭什么语言的访谈。假如受访者的母语是访谈者不熟悉的，或者受访者的外语能力达不到可以自由表达思想的程度，那访谈将很难进行。即使访谈者或者受访者在语言上没有大的问题，使用第二语言进行访谈仍然存在很大的挑战。例如，中山亚紀子（2014）反思了她与日本某大学的

中国人留学生O的访谈中遇到的对O的故事"没有办法理解"的问题。她在详细地描述了她对受访者O进行的两次访谈之后，总结了导致不明白受访者O的几点原因。原因之一就是访谈者没能够理解受访者O所处的背景，包括受访者O的家庭状况、她所处的时代以及当时的中国社会的状况等。因此，在访谈中，访谈者不单单要理解受访者所说内容的字面意义，而且要了解受访者所处的时代以及其社会背景，这样才能更深层理解受访者的经历（石川良子，2010；宫内洋，2010）。

为了解决访谈中的语言问题，访谈者可雇用翻译随同。但是，翻译随同会使得访谈环境复杂化，从而导致受访者无法自在地表达自己，需要谨慎使用。另外一种解决语言问题的方法是：遇到受访者无法使用第二语言很恰当地表达自己的想法时，鼓励受访者用母语表达。访谈过后，访谈者再请懂得受访者母语的人协助将访谈的部分内容整理成文字以及帮助访谈者理解受访者所要表达的内容。

1.4.1.2　制定访谈提纲和审视访谈问题

半开放性访谈可以给受访者提供较大的表达自由，但在开始访谈之前，访谈者一般还是会准备一个访谈提纲。访谈提纲主要列出访谈者认为应该了解的主要问题。通常情况下，第一个受访者的访谈提纲是以访谈者自身的经历为基础设置的。不稍加注意，访谈者就可能将自己的经历强加给受访者。因此，访谈提纲中列出的问题应尽量开放，使受访者有足够的空间选择谈话的方向和内容。

在访谈之前，访谈者应当冷静地审视一遍所有的访谈问题。审视访谈问题的方法有：（1）问自己一些问题。关注自己在听到问题或回答问题时感到不舒服的地方；（2）进行一两次"预备访谈（pilot research）"[1]。寻找一两个和你想要研究的问题相关的人作为预备访谈的受访者，根据你所设计的访谈提纲进行提问并且对访谈进行录音。访谈过程中，关注受访者的回答方式以及自己的应对方式。访谈之后，让受访者给你反馈。除此之外，听预备访谈的录音也是审视访谈的问题设置的一个方式。最后，假如有足够的时间，最好对访谈录音进行转录。因为访谈文字更能凸显访谈过程存在的问题。

1.4.1.3　接触受访者和访谈相关事项的简要说明

接触访谈者之前，可先了解潜在受访者的相关信息，确定接触受访者的先后顺序。鲁宾和鲁宾（2010：69）从消除受访者接受访谈时的紧张情绪方面的考虑提出，"可能的话就从那些你认识且容易相处的人开始进行访谈，而不是在你确认自己想要问什么以及怎么

1　"预备调查（pilot research）"指的是开始正式调查之前的试探性调查。

问之前，就为致力于建立棘手的新关系而努力"。笔者赞同鲁宾他们对访谈者情感方面的考量，然而，有意识地培养可以坦然面对受访者，并在短时间内与他们建立可进行访谈的信任关系的能力，也是非常重要的。

接触受访者的方式多种多样。访谈者可通过邮件联系、电话联系、会面的方式接触受访者。接触受访者的程序依据访谈者和受访者之间的关系而定。对于访谈之前已和访谈者建立起一定信任关系的受访者，他们有时候并不在意访谈进行之前的程序。但是，对于第一次接触的受访者来说，访谈者对相关事项的简要说明却显得意义重大。对访谈相关事项的说明有助于将研究置于适当的立足点，从而更容易取得受访者的协助。这也体现了访谈者对受访者知情权的尊重，对与受访者的关系的建立起着关键作用。访谈相关事项的说明包括简单介绍自己，简要说明研究课题、研究目的等。同时，访谈者应告诉对方他们是如何被选择作为受访对象的。

另外，对访谈进行录音是非常重要而且必需的。但是，并不是所有受访者都接受录音。所以，希望对访谈内容进行录音就必须事先向受访者清楚说明录音的理由，取得录音的许可。

总而言之，初次联系或者当面接触受访者前，访谈者需要事先计划，争取在短时间内简明扼要地说明研究的相关事项，取得受访者的初步信任。

1.4.1.4　确定访谈的具体时间、地点、访谈时间长短

首先，访谈的时间、地点一般以受访者的意愿为基础来决定。因为访谈时间或地点直接影响受访者的访谈状态。在受访者选择的地点和时间段里进行访谈，他/她们会感到轻松、安全，从而更好地表达自己。而且，即使访谈涉及一些比较私人的内容，又或者受访者出现由于访谈内容而产生情绪上的波动，受访者也可安心地抒发。

其次，对访谈内容进行录音是记录访谈数据的一般手法，因此，访谈者要选择一个避免过多人员来往以及噪音干扰的地方，以保证录音质量。

再次，访谈时间的长短由以下几个因素决定。第一，受访者可接受的访谈时间的长短。受访者可协助调查的时间是决定访谈长短的决定性因素，必须优先考虑。第二，访谈者和受访者的精力问题。即使受访者有充裕的时间协助调查，但是由于接受访谈是一个耗费精力的事情，访谈者应尽量避免给受访者造成太大的负担。

对于适当的访谈时间，现有的研究中并没有一个严格的规定。但是，塞德曼（2009）提出"90分钟访谈法"。根据自身的访谈经验，笔者也认为设置90分钟左右的访谈时间的确是较为合适的。假如到了访谈结束的时间，受访者还有表达的欲望，那还是尊重受访者的意愿，让访谈继续下去。但在延长访谈时间之前，访谈者可以通过语言表示访谈已超过

预定的时间，询问是否可以继续访谈。如果对方愿意的话，访谈可以继续。需要注意的是，即使延长访谈时间，也须控制在一定的时间范围内。

1.4.1.5 准备访谈器材等

对访谈进行录音是非常重要而且必需的。录音具有以下几方面的优点。（1）访谈者可以把注意力放在和受访者的互动上；（2）更好地记录访谈内容，方便保存；（3）访谈者通过保留受访者的录音可以获得原始证据，验证研究数据的正确性。

在访谈前必须检查录音机是否能正常运行，并且要确认录音机（录音笔）的电池是否足够持续整个访谈。以防万一，最好带上备份的录音机（录音笔）和电池。笔者曾经有过在访谈途中电池没电导致录音失败的经历。虽然在意识到没有录音成功之后，立刻就录音失败的部分重新做了一次访谈，但是访谈内容仍无法复原。这是因为访谈是无法复制的，一旦访谈者和受访者之间的构建过程发生变化，访谈结果也随之变化。这次录音的失败经历让笔者深刻体会到准备好访谈器材的重要性。

1.4.2 进行访谈当天

1.4.2.1 时间以及服装

访谈当天必须准时出席。而且，最好在先前约定的访谈时间内完成访谈（无论你是否还有更感兴趣的问题想要继续问下去）。

另外，访谈者可就受访者的身份、访谈的地点以及场合来决定访谈当天的服装。假如不知道穿哪种服装，可询问熟悉受访者的人群。

1.4.2.2 访谈相关事项的说明

对于初次见面的受访者，访谈者应在一开始就正式地介绍自己以及自己的研究。向受访者介绍自己时，可以讲述自己对该研究产生兴趣的经历，也可分享与受访者有着共同关联的个别经历。鲁宾和鲁宾（2010）指出以上的"访谈者适度暴露自我"的方式有助于与受访者建立信任关系。

在访谈开始之前，访谈者还应就访谈中的语言使用、交谈规则、访谈录音、自愿原则、保密原则等访谈的相关事宜进行协商（陈向明，2000）。

首先，访谈中的语言使用取决于参加访谈双方的语言能力。访谈的语言必须是访谈者和受访者可以正常交流的语言。其次，访谈者还应就交谈规则对受访者进行说明。由于访

谈与日常的谈话形式不同，对于从未接受过访谈的受访者而言，访谈的过程被录音让他们感到不自在。所以，访谈者应该鼓励受访者主动发表自己的意见，并且明确地告诉对方可以随时打断自己的谈话。再次，在访谈开始之前，访谈者应该与受访者再次探讨录音的相关事项。寻求受访者的录音的同意时，应详细说明访谈数据的使用规则。最后，访谈者应该向受访者许诺"自愿原则"，说明在研究过程中受访者有权随时退出，而且不必对研究负任何责任。访谈者还应该向受访者做出"明确的保密承诺"，保证对受访者提供的信息进行保密。

关于上述提到的访谈相关事项的说明可以是口头说明，但是在得到受访者协助访谈的同意之后，最好递上一式两份的"研究承诺书"。研究承诺书中就受访者的个人信息的保密以及访谈数据的使用等做出相关的承诺。具体来说，研究承诺书主要包括三大方面的内容。一方面是关于研究的说明。包括研究内容、研究目的、研究方法、研究时间等。另一方面是关于受访者的权利和访谈者的义务的说明。包含参加研究受访者需承担的风险、受访者的权利、访谈数据的使用原则等。最后是研究者的个人信息以及联系方式。

1.4.2.3　录音器材的测试

取得受访者的录音许可之后，必须检查录音机（录音笔）是否能够正常运作。确认已经将麦克风放在靠近受访者的位置。假如无法确定录音机摆放的位置是否合适，那么在访谈开始之前，应该跟受访者说明情况并进行麦克风测试。

1.4.3　访问技巧

1.4.3.1　怎么开始访谈？

访谈的开始应遵循一个重要的原则，即：结合具体情况，尽可能自然地开始谈话（陈向明，2000）。面对初次见面的受访者，访谈者应尽力营造一种可进行初步相互了解的轻松氛围。访谈者可以讲一些个人的经历让对方对自己有一些基本的了解，也可以询问一些关于受访者的情况。大概交流到一定时间，感觉一定的人际关系建立起来以后，访谈就可以开始了。假如受访者是已见过数次并有一定友好关系基础的，访谈者可根据见面当时的气氛灵活提起或加入交谈的话题。

1.4.3.2　倾听的艺术

陈向明（2000）提到访谈者必须是一个很好的"倾听者"。在质的研究中，访谈的主

要目的是了解受访者对研究问题的看法。因此，访谈者应该注意聆听他们的心声。另外，访谈者认真倾听的态度起到支持和鼓励受访者对自己以前从未想到过的一些问题进行思考的作用，有利于受访者更加深入地探索自己的内心世界。

1）三个层面上的聆听

塞德曼（2009：85-88）提出访谈者至少要进行三个层面上的聆听。首先，全神贯注地聆听受访者讲述的内容，真正理解他/她所说的内容，并根据所聆听到的内容思考接下来的访谈问题。第二层面上，访谈者必须留心受访者的"内部声音"。所谓的"内部声音"，是指能体现受访者个人意识的声音。第三层面上，受访者必须在聆听访谈内容的同时，保持掌控访谈的理智。访谈者必须清晰地掌控访谈的进度，把握受访者的精力水平等影响访谈的因素，对其进行评估并根据需调整访谈的进行。

2）"积极关注的听"和"接受的听"

陈向明（2000）认为适合访谈的倾听有"积极关注的听""接受的听"两种。"积极关注的听"指的是访谈者将自己的全部注意力都放到受访者的身上，给予对方最大的、无条件的、真诚的关注。访谈者通过自己的目光、神情和倾听的姿态向对方传递一种鼓励对方倾述的信息。"接受的听"指的是访谈者暂且将自己的判断放在一边，主动接受和捕捉访谈者发出的信息。

3）不轻易打断受访者的谈话

不要随便打断受访者的谈话是访谈的另一重要原则（陈向明，2000）。一般来说，受访者在说话的时候通常有自己的动机和逻辑。即使访谈者认为受访者已经"跑题"了，受访者很可能只是在为之后要表达的观点做铺垫而已。访谈者在听到了自己希望继续追问的重要词语，也应该忍住不立刻打断受访者进行提问。访谈者应该等待对方的谈话告一段落时再进行追问。

4）容忍沉默

在访谈过程中，无论是如何健谈的访谈者和受访者的组合，沉默仍然会出现。

陈向明（2000）指出访谈中可能出现沉默的几种情况。第一种可能是，受访者并不是一个健谈的人。因为并不是所有人都能够把自己的故事娓娓道来，尤其是在被录音的情况下。第二种可能是，受访者与访谈者的访谈关系还没有建立起来。假如访谈者和受访者是初次见面，那受访者可能无法与访谈者如朋友般地交谈。访谈者和受访者属于某种"等级"的上下关系（例如，老师与学生、上司与下属）的情况也会影响受访者的参与程度。这种情况下，访谈者可采取先闲聊一下等措施使对方放松下来再进行访谈。第三种可能是，受访者因语言能力的限制而无法流畅地表达自己。这种情况下，访谈者应该耐心等待。第四种情况是，受访者有意拒绝回答访谈者的问题而沉默。访谈者在访谈关系尚未建

立起来时就询问对方一些敏感性话题，就可能会出现这种情况。

面对访谈中的沉默现象，访谈者有时候会变得不耐烦、感到不舒服。但是，访谈中的适当沉默并不意味着真正的"空隙"，有时它只是访谈中的"暂停"，即：问题与回答之间的适当等待时间。假如一遇到沉默就马上发话来打破，以此缓解内心的焦虑，这往往也会打断受访者的思路。而且，访谈者的这种快节奏的提问也可能让受访者因为要跟随你的步骤而筋疲力尽。因此，访谈者要冷静地面对沉默，进行判断后再进行下个问题的提问。

1.4.3.3 提问的技巧

在访谈中，倾听的技术固然重要，然而，这并不意味着只任由受访者倾述。除了倾听之外的另一重要访谈技巧是根据研究问题对访谈进行"适度的控制"（本田弘之、岩田一成、義永美央子、渡辺倫子，2014）。也就是说，访谈者通过对访谈方向的适度控制来引导受访者回答研究问题所需要的信息。"问好问题"是得到对研究问题有用信息的关键。

访谈者提问问题的类型由研究问题、访谈者的提问习惯、受访者的个性以及当时的具体情境决定。访谈者可灵活应变选择提问方式。下面笔者将介绍几种访谈中的基本提问技巧。

1）多提问开放性问题

在访谈中，访谈问题可大致分为"封闭性问题"和"开放性问题"两大类。

封闭性问题指的是那些受访者的回答方式和问题均受到严格限制，其回答往往只有"是"或者"不是"两种选择的问题。开放性问题是指在内容上没有固定的答案、允许受访者做出多种回答的问题。

由于封闭性问题在内容上加入了访谈者的个人"偏见"，会有意无意地将自己对事物的理解强加于受访者。并且，如果访谈者不继续追问的话，受访者往往会只回答"是"或者"不是"，而不会进而对细节进行具体的描述。封闭性问题的提问得到的访谈数据会显得"单薄"。

与封闭性问题的提问相比，给受访者一定的发挥空间的开放性问题的提问是比较合适的。适当使用什么、谁、在哪里、如何、为什么、怎么样等疑问词（简称：5W1H）的提问，访谈者可以引导受访者对某一事件或现象进行详细完整的描述，这样的描述被称为"有情节的事件（episode）"。例如，通过"××的时候做了什么呢？"的提问了解受访者在某一时间的行为；提问"关于××，你有什么样的想法？"，可以知道受访者的意见和价值观念；假如想要知道受访者的感情，那就问"××的时候是什么样的心情？""遇到××的时候是什么感受？"等。开放性问题得到的访谈数据显得更加"有血有肉"。

但是，也不是说封闭性问题就无可取之处。封闭性问题的提问可适当用于不习惯过于

开放的访谈的受访者。可引导他/她们找到思考的基本方向。另外，访谈者也可以适当地使用一些封闭性问题来确认自己的理解是否正确。

2）提问细节

决定访谈质量的一个标准是访谈者是否能够通过访谈获取回答所研究问题的信息。这些信息不是只停留在笼统的概念上，它必须是对相关事件有具体、深入的描述的，而且也要是能够反映受访者对所研究问题的相关问题的感受、认知和评价的。要想得到具有"深入的记叙"的访谈数据，访谈中需要深入挖掘事件的细节。下面就来谈谈提问细节的相关技巧。

（1）提问具体性问题

陈向明（2000）指出，几乎所有的研究问题都具有一定抽象性。而在访谈过程中，研究者要将抽象的问题具体化。

具体性问题可以是使用5W1H提问以引导受访者以"讲故事"的方式，一步一步地、有情节地描述事情发生的过程。同时，访谈者也可以在访谈中适当的加入"具体是什么样子的呢？""关于××问题，你可以再详细地描述一下吗？"等的提问，追踪事件发生的背景以及受访者对一些关键时刻的描述。

（2）追问细节

除了提问一些具体性问题之外，访谈者还可以采用别的方式来促进受访者进行细节描写。这个时候采用的访谈策略称为"追问细节"（陈向明，2000）。"追问细节"是指访谈者"发现自己对受访者前面说的某一个观点、词语、事件、行为等的具体细节不清楚"（陈向明，2000），或者"听到了概括空泛的回答、意料之外的新观点、与所研究问题似乎有关联的故事，或者被提起过但未深究的某些遗漏信息"（鲁宾、鲁宾，2010）之后，将其挑出来继续向受访者发问的行为。

但是，访谈中追问细节不仅仅要看时机，还要注意追问细节的方式。首先，访谈中的追问要根据当下访谈的进程灵活应变。不管受访者在说什么在想什么，访谈者只是按照自己的步骤将问题抛出去，这样是最忌讳的。因为这会打断受访者的思维，妨碍访谈的进行。因此，访谈者在倾听的同时，应该对受访者使用的语言保持高度的敏感，发现重要的词语或者事件以后需要用脑记下来，并在适当的时候进行追问。

其次，访谈中追问问题一定要直接反映受访者说过的内容。受访者要首先总结或者直接引用对方说过的部分内容，引导受访者回忆起你引起追问的内容，然后再提出特定的问题进行追问。

3）适当的回应

陈向明（2000）还提到在访谈中，访谈者不仅要认真地倾听、主动地提问，而且还

要适当地做出"回应"。"回应"指的是在访谈过程中访谈者对受访者的言行做出的反应，其中包括语言和非语言反应。

从内容上看，访谈者并没有提出新的问题，但是回应在访谈中具有十分重要的作用。访谈者适时的回应具有三种作用：（1）从访谈者的角度为受访者理清所谈的内容；（2）帮助访谈者确认自己的理解是否正确；（3）鼓励受访者继续谈下去。

常用的访谈者对受访者的回应技巧有（1）认可、（2）重复、（3）重组、（4）总结四类（陈向明，2000）。

"认可"指的是访谈者对受访者所说的话表示已经听见了，希望对方继续说下去。用表示认可的方式来鼓励对方多说话的行为通常有（1）"嗯""对""是啊""是吗"等语言行为；（2）点头、微笑、鼓励的目光等非语言行为两类。如果访谈者在倾听过程中采用以上的认可方式，受访者会感到自己是被接受的、被理解的、被欣赏的，因此愿意继续交谈下去。访谈者在对受访者表示认可时要注意语言的适当性。如果访谈者言语反应过多，不时打断对方，也会产生不良效果。

"重复"是指访谈者将受访者所说的话重复一遍的行为。重复的地方可以是受访者所说的事情的重点词语，也可以是原话的照搬。这样做的目的是引导对方继续就该事情的具体细节进行陈述，同时检验自己的理解是否正确。

"重组"是指访谈者将受访者所说的话换一个方式说出来的行为。通过这样的方式，访谈者检验自己的理解是否正确，同时邀请对方及时作出纠正。

"总结"是访谈者将受访者所说的一番话用一两句话概括地说出来。目的是帮助对方理清思路，鼓励对方继续谈话，同时检验自己的理解是否正确。

4）访谈问题的过渡

一个进行得比较顺畅的访谈，访谈者所提问的问题在内容上会有一定的相互联系。问题与问题之间的衔接应该自然、流畅。要做到访谈问题之间过渡自然、流畅，访谈者应该注意倾听受访者的谈话，将对方前面所谈的内容中的某一点作为构建下一个问题的契机。

有时候，受访者正谈论某一话题，但是访谈者出于某种原因希望转换话题。例如，访谈者认为受访者已经跑题了，或者由于时间上的限制等等。转换话题的时候要做两个方面的考虑：（1）不因为话题的转换而显得突兀；（2）不使得受访者因为自己的跑题而感到不安。这个时候可以使用上述的"过渡性问题"为转换问题做一些铺垫性准备。访谈者可以使用受访者前面使用过的词汇或者语句进行造句提问，例如"你刚才提到关于××，那我们现在换种视角来看这个问题吧/那我们接着来谈谈关于××的吧？"之类的"过渡性问题"。

5）访谈的辅助道具

访谈中，除了倾听、提问等访谈技巧之外，还可以利用一些非语言道具辅助访谈的进行。

图4-1是胁坂真彩子（2013）进行访谈时使用的动机变化图。胁坂真彩子（2013）调查的是参加通过skype进行汤德姆学习（简称：E-tandem）项目的德国籍日语学习者David在项目进行的三个月期间的动机变化。因此，她制作了两个以周为单位的动机变化图。一个是针对汤德姆学习项目的动机的图（如图4-1），另一个是关于日语学习整体的动机的图（如图4-2）。

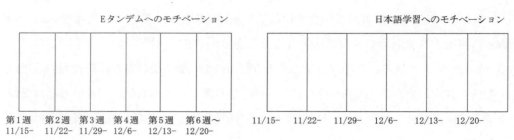

图4-1　E-tandem参加期间对　　　　　　图4-2　E-tandem参加期间的日语
汤德姆学习的动机变化图　　　　　　　　　学习动机变化图

胁坂真彩子（2013）让受访者David根据自身的动机变化描述出图4-3和图4-4。她根据图4-3、图4-4的动机上升下降的点提问受访者David关于导致其动机变化的因素。

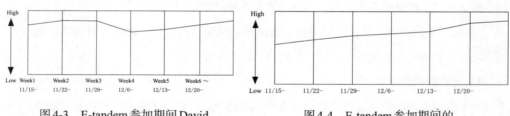

图4-3　E-tandem参加期间David　　　　　图4-4　E-tandem参加期间的
的汤德姆学习动机变化图　　　　　　　　　日语学习动机变化图

1.4.3.4　访谈中的非语言行为

非语言行为是指运用眼神、举止、神态等的"无声语言"。非语言行为是一种把众多信息输送给对方的行为，它赋予语言新的意义解释。因此，在访谈时，不能只理解受访者语言表达的字面意义，还要了解受访者所在的文化群体对语言行为是如何定义和分类的，并且将受访者的语言表达放到一个具体的情境中进行阐释。情境中的因素包括：语气、语调、表情、动作、交谈双方的关系、谈话时间、地点、其他在场的人等。情境因素决定了我们对受访者语言行为的理解（陈向明，2000：169）。

那么，访谈者该如何提高对访谈中的非语言行为的捕捉能力呢？

首先，提高对非语言行为的重要性的认识，在访谈中做到"察言观色"是提高对非语言行为的敏感度是一个方法。具体来说就是，访谈时认真地倾听和提问受访者的同时，时刻观察他们的面部表情等非语言行为，将这两者结合起来进行意义的诠释。

其次，在访谈中捕捉到了某些在意的非语言信息，假如方便的话，可以立刻简单地做笔记。但是，当场做笔记的话，受访者也许会在意你做笔记的内容，访谈上的注意反而被分散。另一个记录访谈中的非语言信息的方式是访谈结束后写访谈记录。

1.5　结束访谈

1.5.1　结束访谈的时机

什么时候该结束访谈？这是一个访谈时经常会遇到的难题。

陈向明（2000）认为，假如遇到访谈已经超过了事先预定的时间、受访者已经面露倦容、访谈的节奏有点拖沓、访谈的环境受到影响等类似的情况出现，就到了访谈结束的时机了。

假如到了可以结束访谈的时机，访谈者可以做出一些语言上和行为上的暗示来结束访谈。比如，访谈者可以问受访者："你还有什么要补充的吗？""你对今天的访谈有什么看法？"等。

但是，值得注意的是，关掉录音机时，对话开始变得比较轻松，受访者有时候会说出一些关键的信息。因此，记下在这些比较不正式的或者"关掉录音机"的时刻所进行的对话非常关键。访谈者可将"关掉录音机"之后的重要信息写进当天的访谈记录中。

决定结束访谈之后，可以谈一些轻松的话题来更自然地结束访谈。如果研究需要进行多次访谈，也可利用这个时间与受访者预定下次见面的时间和地点。最后，在访谈结束的时候，访谈者都应当对受访者表示自己真诚的感谢。

1.5.2　访谈当天结束之后

陈向明（2000）指出，质的研究的资料整理分析与资料收集是一个相互交叉、重叠发生、反复进行的过程。及时地对资料进行整理和分析不仅可以比较系统地把握已经收集到的资料，而且可以为下一步资料收集提供方向和依据。

整理和分析资料的时机应该越早越好。结束一次访谈后，要做的第一件工作就是写访谈记录。第二件事就是在接下来的一段时间内做好下一次访谈的准备。这些准备包括：访谈资料的保存整理、访谈录音的转录、制作跟踪访谈的问题列表。

1.5.2.1 写访谈记录

和受访者道别后，访谈者针对访谈本身写下的实地笔记被称为"访谈记录"。访谈记录可以让研究者（可以是访谈者本人，也可以是其他人）掌控数据的收集过程，同时，这也是对数据进行分析的一种方式。访谈笔记还可以作为研究数据引用在论文中。

访谈记录要在访谈结束后记忆鲜明、时间充足的时候撰写。进行访谈当天，最好不要在访谈之后安排任何活动，抓紧时间写访谈记录。即使无法在访谈当天撰写访谈记录，也应尽量在接下来的短时间内抽出时间进行写作。但是在某些特殊情况下，访谈者也可以口述打算写进访谈记录的内容并进行录音。之后将录音转录为文字。在转录时，回忆起一些关于访谈当天的新的内容再做补充。

访谈记录一般有三个方面的内容。首先，在访谈记录进入正题之前，写下受访者的姓名、访谈时间以及访谈地点等基本信息。假如访谈的地点对访谈者来说是一个陌生的场景，那么记下对场景的描述。其次，访谈当天的具体记录。例如，受访者的描述（服装、状态等）、访谈的情绪基调，访谈中遭遇到的任何特定的问题，包括访谈方法的层面或个人层面。另外，访谈者要记录访谈期间的感受和对此访谈的感觉与反思。这些反思包括访谈中浮现出来的一些想法，包括对受访者的语言和非语言行为的描写，对受访者说的某些话语、表情的变化等非语言行为的感想，以及研究者的一些附加想法等等。

1.5.2.2 访谈资料保存以及整理

访谈结束当天，先把访谈的录音进行编号并保存到放访谈录音的文件夹里。为了方便查找，访谈录音的文件编号制作的原则是"简洁明了""一目了然"。访谈资料一般包括受访者名字、访谈次数、访谈时间等基本信息。假如需要整理多人的资料，那么可以制作多个同样编号的文件夹。编号制作原则最好一开始就统一，便于管理。

进行访谈录音转录之前，可以在每个文档的开头写下此文档的基本信息，包括（1）资料的类型；（2）资料提供者的姓名等基本资料；（3）资料收集的时间、地点和情境；（4）资料的排列序号等。

1.5.2.3 访谈录音的转录

访谈中的录音记录必须逐字地转录成文字。不仅包括受访者的语言行为，非语言行为

也要尽可能地标示出来。访谈者自己转录访谈录音，有利于访谈者更好地理解访谈所涉及的内容。由于转录访谈录音是一项耗时长的工作，有些访谈者采用雇佣转录员的方式帮助整理访谈数据。虽然这样做的经济成本会很高，但是对于忙碌的访谈者来说，这无疑是一个好方法。即使如此，好的转录员却是可遇而不可求的。因此，在遇到有经验的转录员之前，访谈者必须孜孜不倦地嘱咐你的转录员关于转录的注意事项[1]。除此之外，访谈者最好抽出时间重新确认转录员所转录的文本是否准确无误。

访谈录音的转录要尽早的开始。原因之一是，在对访谈当天记忆仍然清晰的时间内进行转录，访谈者对访谈录音的理解会更深，更有利于之后的数据分析和后续访谈的访谈提纲的准备；原因之二是，访谈录音的转录是一个非常耗费时间和精力的事情，应尽早实施，以保证接下来的访谈和数据分析可顺利进行。

为了方便今后的数据分析、引用，对访谈录音转录的数据进行编号是一项必不可少的工作。只要确保能达到"方便查找数据"的目的，编号系统的制作可以是多种多样的。下面介绍的是笔者使用的访谈数据编号系统。

访谈次数	数据编号	数据内容	备忘栏
1	1	A:	
1	2	B:	
1	3	A:	
1	4	B:	

访谈数据编号系统分别由访谈次数、数据编号、数据内容、备忘栏组成。访谈次数就如字面意义所示，标明是第几次访谈即可。数据编号和数据内容相联系。数据内容中的A和B分别为访谈者和受访者。访谈者A所说的内容为数据编号第1行的数据内容。接着，受访者B所说内容为数据编号第2行的数据内容。最后，备忘录一栏用于记录转录过程中的感想、疑问等内容。

1.5.2.4　后续访谈

"后续访谈"之前，要制作访谈提纲。后续访谈的访谈提纲跟第一次访谈的访谈提纲有所不同。后续访谈提纲中的访谈问题是在上一次访谈的数据的基础上制作的，访谈问题更加有针对性、也更加具体化，主要是围绕特定的受访者进行提问的，提问的问题也多数

1　关于转录的注意事项，可参考東京外国語大学宇佐美まゆみ研究室（2011）「基本的な文字化の原則」（http://nihongo.hum.tmu.ac.jp/~nishigori/nihongohyougen/BTSJ-mini-manual.pdf）

是为了得到特定受访者对某个问题的更详细的阐述。

1.5.2.5　重新研究设计

在质的研究，研究问题的设置有可能会因为调查实施得到的数据而发生变化。在访谈进行之前，研究者会根据自身的经历等制定初步的研究问题（Maxwell，2005；文军、蒋逸民，2010）。以初步设置的研究问题为基础，研究者进行第一次访谈调查。但是，访谈内容会因为访谈者、受访者，以及访谈时他们的相互构建而发生变化。也就是说，并不是只要访谈者进行访谈就能百分之百保证得到回答研究问题的数据。假如访谈数据和研究问题不相协调，那么研究者必须重新审视研究设计。在开始重新制定研究设计之前，我们先来了解可能导致研究设计不协调的因素。

质的研究中，有三种可能会导致研究设计不协调的问题。

第一种可能是，受访者是能够提供研究问题答案的人，但访谈者没有成功地引导出回到研究问题所需要的访谈数据。遇到这种情况，研究者要重新制定能够引导出研究问题数据的访谈问题和访谈策略，确保在接下来的访谈中得到有价值的访谈数据。

第二种可能是，研究者认为初步设置的研究问题具有研究价值，但受访者不是具备提供此研究需要的数据的人。那么，研究者可重新寻找符合的受访者。

第三种可能是，初步设置的研究问题不恰当。那么，研究者通过思考访谈数据与研究问题的关系后，可更改研究问题。中山亜紀子（2008）在研究韩国籍留学生的生活史中讲述了她在过程中对研究问题设置的思考。她说，一开始她的研究兴趣在于韩国籍留学生的日语能力提高方面。因此，在第一次访谈中，她主要提问受访者关于如何提高日语能力方面的内容。但是，实际访谈中，她发现受访者多次提到大学生活是如何"有趣"的，于是她将访谈的重心放到了受访者的大学生活方面的内容，并把研究问题从原来的韩国籍留学生的"日语能力的提高的过程"改成了"过上'有趣的'大学生活的过程"。

因此，访谈过后，研究者必须考虑研究问题、受访者选择、访谈问题三者的适当性，并对这三者的不平衡问题做出相应的调整，以确保研究设计的妥当性。

1.5.2.6　最后一次访谈之后

结束全部访谈时，访谈者应该向受访者表示感谢。感谢他们的时间和经历的分享，再次表示他们的分享是多么重要，你会充满感激地使用数据。

但是，访谈的结束并不意味着访谈调查完全结束。访谈者要努力争取将来再次与受访者取得联系的机会。林肯和古巴指出，研究参与者（也就是访谈中的受访者）共同检查的方式有利于保证研究报告的可信度和可靠性（塞德曼，2009）。因此，访谈结束之前，访

谈者可询问受访者例如"访谈数据利用之前，可以请你进行确认吗？看看我的理解有没有错误或者有没有什么需要补充的？"或者"一旦访谈数据写成报告，可以与你分享吗？"等问题，保持访谈结束后关系的延续。其次，在结束访谈之前，访谈者有责任让受访者觉得自己的个人信息是被很好地保护的，是处于安全的状态的。访谈者可以简单重申访谈数据的利用方式以及对访谈数据使用时的保密原则、自愿原则等。另外，访谈结束后，与受访者保持一贯的融洽关系也十分重要。访谈者可以通过这样做来维持研究关系：把你的作品（研究成果的发表论文）寄给受访者们，同时维持一种慢节奏的邮件或者电话联系的关系。

2. 田野调查

范玉梅

田野调查通常情况下是指一种工作方法或研究的一个阶段。来自文化人类学、考古学的基本研究调查方法论，是近几十年来新兴且热门的研究调查方法，其实践与应用的范畴亦相当广泛。是人文社会科学领域里围绕研究对象而进行的田间野外实地调查活动，在文化人类学等学科方法论中又被称为"直接观察法"。

2.1 田野调查是什么

"田野调查"英文为"fieldwork"，又被译为现场调查、田野工作、田野作业、田野考察、野外考察、实地考察等。美国传统辞典中的定义是："the collecting of sociological or anthropological data in the field"。其涉猎的范畴和领域相当广，举凡语言学、考古学、民族学、行为学、人类学、文学、哲学、艺术、民俗……等，都可透过田野资料的搜集和记录，架构出新的研究体系和理论基础。它既不是按照预先拟定的理论框架去收集资料，也不是根据调查材料归纳出一般的结论。它的重点是直观社会本身，力图通过记录一个个鲜活的人、事、物，来反映调查对象的本质。田野调查的过程，其实是"理论"与"经验"两个层面往返交流、相互修正的过程（Wolcott，1992）。因此，我们认为它是科学研究收集实际资料最普遍而有效的方法，也是人文社会科学观察、记录研究对象的最有效的手段之一，在质的研究领域中起着举足轻重的作用（Sarantakos，1993；袁方，1997等）。

近年，伴随教育学外语教育以及第二语言习得等研究的深入，质的研究范式的发展，

越来越多的研究者开始援用田野调查的方法来探索教育现象和阐释教育文化。在日语教育学研究领域中，我们也可以看到越来越多的田野调查报告，不仅来自正规的日语教学现场，更多的是来自地方的日语学习教室、日语学习者的打工场所社团活动场所，来自国际婚姻的家庭等（中山，2009；八木，2008；濑井，2012；范玉梅，2012等）。这些田野调查报告不仅从研究的方向和方法上突破和丰富了日语教育学研究，也为日语教育学研究同社会学心理学等相关学科的结合搭建起了有益的桥梁。质的研究中的日语教育学研究，注重和尊重日语学习者和教育者作为"人"的社会存在，其视野不再局限于教学方式的改进和教材开发，更多的将关注点放在了"人的成长和变化"上。

2.2　人类学田野调查的历史与发展

现代西方人类学田野调查的基本方法，始于美国的摩尔根而成型于英国的马林诺夫斯基。摩尔根是19世纪与所研究的对象直接接触过的少数人类学家之一，他曾多次访问北美印第安人居住地，并与他们建立了深厚的感情。19世纪的人类学家和民族学家，大多都不从事田野调查。他们不是从土著民族中直接收集资料，而是依靠传教士、探险家、政府官员和旅行家撰写的关于各地土著民族的资料，致力于重建人类文化的历史，解释各地文化差异的原因。

19世纪末是现代人类学田野调查方法的萌芽时期。第一位到原始民族中从事田野调查并以此为基础撰写民族志的学者是英国人类学家B.斯潘塞，他曾与F.吉林合作调查研究澳大利亚中部的土著民族。1898—1899年，由英国人类学家A.C.哈登率领的考察队，到托雷斯海峡一带的土著民族中进行实地调查研究，其成员有里弗斯、塞利格曼、威尔金等人类学研究者。他们在当地的土著民族中调查了五个多月，通过翻译较为系统地收集了土著民族的社会和文化资料。

与此同时，在美国人类学界，也产生了相似的方法，被誉为美国现代人类学之父的博厄斯是这一方法的创始人和推行者。博厄斯原籍德国，他于1883—1884年曾作为德国的地理学家参加了加拿大巴芬岛考察团，并在爱斯基摩人中生活了几个月，从而认识到人类学研究的重要性，并转向人类学研究。1886年，他又到美国西北沿海地区考察印第安人，并于1887年定居美国。在他的指导下，一大批美国人类学家开始从事关于印第安人的调查研究。

20世纪初，更多的人类学家开始直接到土著民族地区进行调查活动。这种情况在英国尤为突出。而在田野调查方面，马林诺夫斯基是英国学者中最典型的一个。他曾三次到

新几内亚土著民族中做实地调查。他学习当地土著民族的语言，直接观察土著民族每天的生活，获得了很多第一手资料。这样长时间的田野调查，是西方人类学界从未有过的。由此他创立了人类学田野调查和撰写民族志的科学方法，并从理论上和技术上归纳出一套科学的田野调查原则（王海龙、何勇，1992）。

马林诺夫斯基的调查方法，后来成为西方人类学家社区田野作业的范式。根据这种方法，人类通常需要长期居住在被调查民族的一个小社区中，通过"参与观察"与"深度访谈"这两种方法了解当地居民的生活和行为方式，熟悉当地居民的伦理、道德、价值观念和心理特征等，研究其文化全貌。这种方法就是人类学最基本也是最古老的研究方法"民族志"研究方法。"民族志"就是建立在田野工作中第一手观察和参与之上的关于习俗的撰写。或者通常说是关于文化的描述，以此来理解和解释社会并提出理论的见解。民族志既是一种研究方法，也是一种文化展现的过程和结果（Wolcott，1992）。在长期田野工作的基础上撰写一部民族志，完成某种理论证明，不仅已经成为现代科学的人类学研究的范式，也是近年社会学心理学教育学研究的主要范式之一。而日语教育学研究中田野调查，正如"2.1田野调查是什么"中提到的一样，是将日语教育相关的"异文化领域"回归到社会大背景中去，为探索"人的存在"提供多种层面的理解（范玉梅，2012）。

2.3　如何进行田野调查

无论从事哪个方向的研究，田野调查研究从工作程序上来讲大致都可分为以下三个阶段：

（一）准备工作阶段	（二）实地调查阶段	（三）整理分析阶段
① 明确目的，拟定提纲 ② 选择田野调查地点 ③ 了解情况，搜集资料	① 取得进入权 ② 个别访问 ③ 参与观察 ④ 及时搜集实物	① 分类整理 ② 分析问题 ③ 综合意见

确定了大的研究方向，选择好了调查地点，对我们来说是进入调查的基础准备阶段。而进入调查现场之前，一般来说，我们还需要对所要研究的田野进行一个初步了解，这些了解大多是通过相关资料的收集来完成，头脑中相关知识的建立会有助于我们更好地进入调查现场并与文化群体成员建立起良好的相互关系。

2.3.1 如何进入现场

进入调查现场的形式多种多样，可以通过朋友老师团体的介绍，有些可以报名直接参加，总体来说不论是开放性团体还是封闭性团体，很多时候都需要取得该团体许可，才能够进行自己的调查研究。也就是说，在有些情况下，我们需要被研究者以书面的形式同意参加调查研究。这就是所谓的"同意书"，一般来说需要我们事先准备，内容必须包括以下几个方面：研究项目介绍、研究者概要、研究意义所在、期望研究对象完成的任务、研究结果如何处理等。同时必须强调说明参加者有拒绝参加的权利，有拒绝发表的权利，有随时终止被调查的权利，而研究者必须保证对被研究者的个人信息个人隐私以及被研究者不希望被公开的所有信息予以绝对保密。基于自愿原则和保密原则而签署的同意书，一般作为附加资料要放入研究报告之中，个人署名等要进行匿名处理。同意书的使用必须根据具体文化状况具体决定，有的时候，不使用书面资料，口头交流表述或许会更有利于研究者开展调查研究。总而言之，不论何种形式，征得群体中权威人士的许可，取得被研究者的同意是进入现场必须考虑和履行的事项（陈向明，1997；Fielding，1993等）。当然为了进行研究我们也可以采取募集志愿者的方式，如脇坂（2013）和末吉（2012）都是根据自己的研究需要召集的研究参加者，在参加的开始她们都对自己的研究等做了比较详细的说明。

2.3.2 如何收集资料

田野调查是要到现场实地记录与工作，一般来说，在现实世界中任何可以为研究目的服务的"东西"无论其"规范"与否、"科学"与否，都可以作为研究的资料。质的研究收集资料的方法比较丰富，有访谈、观察、实物分析、口述史、叙事分析、历史法等，其中最为常用的是前三种（Spradley，1979）。

（1）采访记录：质的研究一般采用开放式访谈形式与被研究者进行对话，被研究者的口述或者录制的被研究者的表演示范，是研究者收集到的最直接的影、音记录，通过文字化处理等方式，再经过内、外考证之后，就会成为研究者最忠实的田野采访纪实。

（2）观察记录：针对现场实地的发生的事情事件、人们的言行举止进行深度观察，将听到看到的事物用文字符号加以记录，或是重要人物事件的拍摄记录，录音记录都是搜集到的田野纪实专文中不可缺少的佐证来源。

（3）实物资料：不仅是指书信、日记、邮件、书籍等日常文字资料，还包括类似图

腾、纪念品等实物和传世祖谱、古籍、图稿、剧本、谱例、秘籍或老照片等珍贵资料，大凡和研究相关的资料只要允许就要加以收集，它们能够帮助我们分析理解文化群体各种现象。

2.3.3　如何退出现场

讨论如何退出现场，首先我们要明确研究者什么时候可以退出现场。关于文化群体的田野调查伴随研究者长期地居住停留，相互关系会呈现日渐复杂的现象，"资料什么时候才算收集完毕？"往往会成为年轻学者关心所在，陈向明（1999）指出此类问题在研究设计之初可以提出一些原则性衡量标准，例如，1）资料到达了饱和，即收集的资料开始与前面的资料出现重复，不再有新的资料继续出现；2）研究者已"成为本地人"，即研究者对当地的情况失去了敏感度，注意力和热情显著降低；3）资料分析比较密集，理论框架逐渐清晰具体；4）逻辑故事线基本形成，研究者热切期望投入成果表达阶段。

现实的调查中，由于经费、身体等状况不得不离开现场的情况也有很多。一般来说，对于一个陌生文化群体的调查，从对其文化的学习到对于文化模式的掌握了解大致需要2到3年的时间（范玉梅，2012），小型的田野调查根据其研究目的的不同所需时间从3个月到1年（菅田，2011；八木，2007；中山，2008等）等会各有不同。需要注意的是，质的研究在分析总结研究报告和最终提交研究结果都需要"本地人"对相关内容予以确认，所以需要研究者即使是在离开现场之后，和"本地人"保持良好的关系也尤为重要。事实上，很多研究者在研究之后，和研究参加者都保持着比较亲密的联系（李晓博，2008；李晓博，2011；八木，2007；末吉，2012；范玉梅，2012等）。

2.4　田野调查如何记录

在质的研究中田野调查的主要方式是访谈、观察和实物分析，田野调查的记录主要是指访谈记录即采访记录和观察记录即田野笔记，在此就这两种记录工作略加说明。

2.4.1　访谈记录

田野调查的一个重点记录，是对人的口述访谈，有时会有图像拍摄相配，录音资料转

化成文字记述，再经内外验证，才成为调查的第一手资料，它是质性研究中最基本最重要的调查方法，叙事研究、事例研究、扎根理论研究、民族志、生活历史研究等都可以看到访谈的存在（箕浦，1999）。

（1）准备工作

访谈前的准备工作，有器材、电池和录音耗材上的准备，更重要的是要对受访者的个人情况等进行一个先前的了解调查，同时要做好将要采访主题的人时地物的背景资料准备。质的研究虽说大多都采用开放式访谈形式进行对话，如果事先根据对受访者情况的了解能够适当准备一下交谈内容，自然会发挥最大的采访成效。

（2）验证工作

访谈完毕后即获得宝贵的口述记录，经过文字化处理成为文字记录。但是这些文字记录内容是否能够完全相信，这还需要研究者进行进一步的内外验证。

内部验证：是指对受访者的考证，主要是从其过往的人品、德行和诚信来看，以及受访时的态度等，来判断对应时的内容的可信度。

外部确认：是针对采访内容上的事实确认，访谈中任何人都难免会有口误，或是一时间人时地物的事实混淆，确认可以帮助双方梳理事实还原真相。

一般来说，研究者首要工作是忠实记录各项资料，包括受访者的原音资料及口述文稿。相关的验证工作可以根据实际情况放缓或抓紧，原则是必须履行验证这个步骤，在验证没有完成之前对数据不做结果性处理。

2.4.2　田野笔记

在田野调查工作的过程之中，相关的现场笔记非常重要，为了便于使用，这里我们将其分为"田野日记"与"田野杂记"两种类型（佐藤，2006）：

（1）田野日记

是指田野工作期间的一般记录，研究者以较为客观和理性的态度，记下每日所有的见闻，透过实地临场的经验和纪实，来补充学术研究探讨上的佐证。

（2）田野杂记

指的是田野调查记录工作期间现场的感受和心得，以记录者当时的角度、看法、立场或心情来阐述，内容上一般较为主观和感性，是日后文学性的撰文不可或缺的部分。

不论是客观理性的记录，或是主观感性的心得，只要是忠实于当时的见闻与感受，都是可能还原调查现场的重大线索，只要两者发挥互补和互动的效应，就会呈现出调查现场

的完整性。

一般来说，研究者进入田野以前就开始写作，进入实地以后不能放过每一个能使自己内心有感触的材料，在进行笔录过程中如果有什么感想就写下来，并加以及时整理。

2.5　调查结果如何总结

田野调查的最后一个阶段是对数据的整理分析和总结，这个阶段资料如何整理，怎么保存，分析如何进行成为研究者最为关心的话题。

2.5.1　资料数字化储存

进行田野调查与记录工作时，为了便于检索和避免资料丢失，数据数字化储存显得尤为重要。即将各种田野搜集的成果资料，经由外围设备格式化之后转存进入计算机中。

目前关于图像照片部分最广为应用的方式，即是转存成为"图照光盘"（Photo CD），录像带则可压制成为"影像光盘"(Video CD)的模式，录音笔录制的声音可以直接通过计算机进行备份保存。这些数字化储存在光盘片的音、像等资料，不受制于自然气候条件的影响，同时根据需要可随时通过计算机制作资料备份。而功能好的数字相机、数字摄影机，可以直接读取拍摄的资料，再存入计算机硬盘中，省去不少扫描、格式化等的麻烦。一般来说，资料数据电子化后，可以通过4种方式进行备份储存，计算机硬盘、U盘、电子邮箱、云储存等末端储存，这样可以最大程度地顾及安全性、恒久性和经济因素。

2.5.2　资料归类整理

归类是资料整理主要方式，适用于各种质的研究方法。要进行归类，首先建立类属（category）。类属的建立要经过以下三个程序：首先阅读原始资料，寻找反复出现的现象（pattern），从中提炼出码号（code）；其次将有意义的词、短语、句子或段落用一定的码号标示，进行登录（coding）；接下来，阅读登录的码号，对码号进行分类处理，建立类属（category），完成归类。简而言之，其中第一个第二个阶段，可以说文字整理使用的概念来自原始资料，使用的是"本地人的语言"，第三个阶段建立类属是抽象概括的概念，

使用的是"研究者的语言"。质的研究要求研究者对所有的资料（访谈资料、田野记录、收集到的实物等）都要逐字逐句地标示和归类，建立资料档案。

2.5.3　调查资料分析

质的研究中一般强调数据资料的整理和分析同时进行，相辅相成。资料的归类整理过程也是梳理和获得分析的过程。一般来说，研究目的不同收集资料的方式不同，收集资料的方式不同，收集到的原始数据的性质自然也就有所不同，而分析的方式正是由这原始资料特征决定的。田野调查的资料，其分析主要有类属型（categorization）和情境型（contextualization）两种形式，也有将两种形式联合使用的事例（陈向明，1999；范玉梅，2012）。究其区别所在，类属型分析是按照主题对资料进行分类分析；情境型分析是按照一定的时间序列或意义关联进行叙述。故事性资料可以说是适用于进行情境化资料整理和分析的典型，比如像中山（2009）的研究，对于研究参加者的韩国留学生数据的处理，范玉梅（2012）中对于主要参加者的中国留学生的数据处理一样都是采用了典型的时间序列对留学生的故事进行了记叙。

上述我们对质的研究中的主要调查方法田野工作，就其定义、历史起源和发展以及各个阶段的主要工作进行了概观和说明。当然，严格意义上的田野工作，应该包括从准备到实施到研究结果提交的整个过程。其中从数据分析诠释到研究结果的成文根据研究目的和研究者意图的不同会有较大差异，具体异同会在质的研究方法中予以详细阐述。最后需要特别强调说明的是田野工作中"研究者的存在"，作为田野调查报告必不可少的一部分，已经在质的研究中扎下了根。在这里研究者详细叙述自己进入田野前的相关经历，以及进入之后的所有处境和退出调查田野所履行的各种手续（范玉梅，2012；中山，2009）。质的研究中，研究者对于自我存在的陈述，能够有效保障研究过程"透明度"，是读者客观理解研究结果最为有利的依据。

【研究思考题】

1. 阅读2～3篇采用访谈进行数据收集的研究论文，讨论论文中作者阐释的采用访谈为数据收集方法的理由是否合理，以及论文中作者如何使用访谈数据的内容。
2. 寻找指出访谈的不足的论文或书籍，批判性地评价访谈。思考采用访谈进行数据收集存在什么样的不足？为什么存在这样的不足？该采取什么样的策略弥补访谈这一数据收集方法的缺点？

3. 将这一章所阐述的两种质的研究的数据收集方法与自己的研究课题联系起来，思考所要研究的课题是否适合使用质的研究的方法来收集数据。假如要有效利用质的研究的数据收集方法来做这一研究课题，该如何调整研究设计？
4. 调查总结中国的田野调查的典范事例。
5. 试写一篇课堂教学场景的田野笔记，并与田野调查中的深度观察与田野记录与同学们交流体会。
6. 进行一次5分钟采访，将录音文字化，并与同学们交流采访和文字化等体会。

【参考文献】

埃文·塞德曼.质性研究中的访谈：教育与社会科学研究者指南（第3版）.重庆：重庆大学出版社，2009
安·格雷.文化研究：民族志方法与生活文化.重庆：重庆大学出版社，2009
陈向明.质的研究方法与社会科学研究.北京：教育科学出版社，2000
赫伯特·J.鲁宾、艾琳·S.鲁宾.质性访谈方法：聆听与提问的艺术.重庆：重庆出版社，2010
李晓博.有心流动的课堂：教师专业知识的叙事探究.北京：外语教学与研究出版社，2011
文军、蒋逸民.质性研究概论.北京：北京大学出版社，2010
布迪厄（P.Bourdieu）.文化资本与社会炼金术——布尔迪厄访谈录.上海：上海人民出版社，1997
陈向明.质性研究中研究者如何进入研究现场.高等教育研究，1997（4）
陈向明.旅居者和"外国人"——中国留美学生跨文化人际交往研究.长沙：湖南教育出版社，1998
登正来.研究与反思——中国社会科学自主性的思考.沈阳：辽宁大学出版社，1987
费孝通.学术自述与反思.北京：三联书店，1996
关世杰.跨文化交流学.北京：北京大学出版社，1995
利奥塔（J.Lyotard）.车槿山译.后现代状态：关于知识的报告.北京：三联书店，1997
李晓博.教室里的权威：对日语教师个人实践知识的叙事研究.外语研究，2008(3)
马儿库斯（G.Marcus）、费彻尔（M.Fischer）.王铭铭、蓝达居译.作为文化批判的人类学.北京：三联书店，1998
王海龙、何勇.文化人类学历史导引.北京：学林出版社，1992
维尔斯曼（W. Wiersm）.袁振国译.教育研究方法导论.北京：教育科学出版社，1997
袁方.社会研究方法教程.北京：北京大学出版社，1997
欧麗賢（2013）「インターネット・リソースを利用した教室外の日本語学習：中国の大学日本語学科学生を対象としたケース・スタディ」、大阪大学文学研究科修士論文（未出版）
石川良子（2010）「『分からないことが分かる』ということ−調査協力者への共感をめぐって」、『質的心理学フォーラム』1、23-31
東京外国語大学宇佐美まゆみ研究室（2011）「基本的な文字化の原則」http://nihongo.hum.tmu.ac.jp/~nishigori/nihongohyougen/BTSJ-mini-manual.pdf（2014年11月9日アクセス）
中山亜紀子（2008）「韓国人留学生のライフストーリーにみる留学の満足：大学生活に対する期待との関わりから」、『阪大日本語研究』20、197-223
中山亜紀子（2014）「わからない原因を考える：ライフストーリーのより深い理解に向けて」、『リテラシーズ』14、45-54
本田弘之・岩田一成・義永美央子・渡辺倫子（2014）『日本語教育学の歩き方』、大阪大学出版会
宮内洋（2010）「インタビューにおける語りの扱いの相違：ある女性の＜非科学的＞な語りをもとに」、『質的心理学フォーラム』1、58-65
浅井亜紀子(2004)『異文化体験と文化的アイデンティティの揺らぎ：日本の学校における「外国語指導助手」の事例より』、お茶の水女子大学言語文化研究科博士論文（未刊）
アンディ・アラシェフスカ（川浦康至・田中敦　訳）(2011)『日記とはなにか─質的研究への応用』、誠信書房

大河内瞳 (2009)「語りからみた初任日本語教師の変化」、大阪大学文学研究科修士論文（未刊）

大澤真幸 (1994)『意味と他者性』、勁草書房

北澤毅・古賀正義（編）(2008)『質的調査法を学ぶ人のために』、世界思想社

クレイン.J.G.，アグロシーノ.M.V.（江口信清　訳）(1994)『人類学フィールドワーク入門』、昭和堂

古市由美子 (2006))『対話力を育む・多言語・多文化共生・日本語教育―教育実習生における実習生の「語り」分析』、お茶の水女子大学言語文化研究科博士論文（未刊）

工藤保則・宮垣元・寺岡伸悟（編）(2010)『質的調査の方法―都市・文化・メディアの感じ方』、法律文化社

佐藤郁哉 (2006)『フィールドワーク―書を持って街へ出よう（増訂版）』、新曜社

佐藤郁哉 (2002)『フィールドワークの技法―問いを育てる、仮説を鍛える』、新曜社

ジーン・レイヴ、エティエンヌ・ウェンガー（佐伯胖訳）(1993)『状況に埋め込まれた学習―正統的周辺参加』、産業図書

朱桂栄 (2006)「言語少数派の子供の母語保障の方法と意義:『教科・母語・日本語相互育成学習モデル』に基づく実践から」、お茶の水女子大学言語文化研究科博士論文（未刊）

周 萍 (2009)「日本に定住する中国人はなぜ地域の日本語教室をやめるのか」、大阪大学文学研究科博士論文（未刊）

菅田陽平 (2011)「外国にルーツを持つ子どもの支援者のオートエスノグラフィー」、大阪大学文学研究科修士論文（未刊）

末吉朋美 (2012)「日本語学校で働く教師たちとのナラティヴ的探究―教師の悩みからわかること―」、大阪大学文学研究科博士論文（未刊）

ストラウス.A.，コービン.J.（南裕子　監訳）(1999)『質的研究の基礎―グラウンデッド・セオリーの技法と手順』、医学書院

瀬井陽子 (2012)「国際結婚を機に来日した女性とアイデンティティと言語選択の関わり―3人のケーススタディ―」、大阪大学文学研究科修士論文（未刊）

孫 怡 (2013)「在日中国人留学生の異文化適応に関する研究: パーソナリティ特性視点から」、お茶の水女子大学言語文化研究科博士論文（未刊）

中井好男 (2009)「中国人就学生の学習動機の変遷に関する理論と日本語学習の実態」、大阪大学文学研究科博士論文（未刊）

中山 亜紀子 (2009)「『日本語を話す私』と自分らしさ―韓国人留学生のライフストーリー」、大阪大学文学研究科博士論文（未刊）

范玉梅（2012）『中国新新人类的日本留学-彼らはなぜ神様の子になったのか』、中国戏剧出版社

箕浦康子（編著）(1999)『フィールドワークの技法と実際―マイクロ・エスノグラフィー入門』、ミネルヴァ書房

李暁博 (2004)「日本語教師の専門知についてのナラティブ的理解」、阪大日本語研究16、83-113

レヴィナス.E.（熊野純彦　訳）(2005, 06)『全体性と無限』（上，下）、岩波書店（岩波文庫）

八木真奈美 (2007)「多言語使用と感情という視点からみる、ある『誤用』―定住外国人のエスノグラフィーから―」リテラシーズ、くろしお出版（第3号）、33-46

八木真奈美 (2011)「地域日本語教育をどのように記述するか―他者を理解する質的方法―」web版日本語教育実践研究フォーラム報告、http://www.nkg.or.jp/kenkyu/Forumhoukoku/2011forum　日本語教育学会

好井裕明、山田富秋（編）(2002)『実践のフィールドワーク』、せりか書房

脇坂真彩子 (2013)「Eタンデムにおける動機づけのメカニズム―日本語学習者とドイツ語学習者のケース・スタディ―」、大阪大学文学研究科博士論文（未刊）

Aoki, N. & Osaka University students (2010). A community of practice as a space for collaborative student teacher autonomy. In B. O' Rourke and L. Carson (eds.), *Language learner autonomy: Policy, curriculum, classroom* (pp. 63-78). Bern: Peter Lang.

Dexter，L.A. (1970). *Elite and specialized interviewing*. Evanston: Northwestern University Press.

Dixon, J. (2005). Focus group facilitation guidelines. Retrieval from https://www.uwsuper.edu/cipt/exsite/upload/

Focus_Group_Guidelines.pdf

Kvale, S., Brinkmann, S. (2008). *Interviews: Learning the craft of qualitative research interviewing*, 2nd Edition. Thousand Oaks: Sage Publications.

Fontana, A. and Frey, J. (1994). Interviewing: The art of science. N. K. Denzin and Y. S. Lincoln (eds.), *The handbook of qualitative research* (pp. 361-376). Thousand Oaks: Sage Publications.Retrieval from http://jan.ucc. nau.edu/~pms/cj355/readings/fontana%26frey.pdf

Holstein, J. A. and Gubrium, J. F. (1995). *The active interview*. Thousand Oaks: Sage Publications.

Marriam, S. (1988). *Case study research in education: A qualitative approach*. San Francisco: Jossey-Bass.

Maxwell, J.A. (2005). *Qualitative research design: An interactive approach*. Thousand Oaks: Sage Publications.

Agar M.(1980) *The Professional Stranger: An Informal Introduction to Ethnography*. Sage, Newbury Park, California

Atkinson P.(1992) *Understanding Ethnographic Texts*. Sage, Newbury Park, California.

Clifford J.& Marcus, G.E. (eds)(1986) *Wring Culture*. Berkeley: University of California Press.

FettermanD.M(1989) *Ethnography: Step by Step*. Newbury Park, California

Fielding N.(1993) Ethnography. *In Researching Social Life* (ed. N. Gibert), pp.154-171,Sage, Newbury Park, California.

Geertz C.(1973) *The Interpretation of Cultures*. Basic Books, New York.

Harris M.(1976) *History and significance of the emic/etic distinction*. Annual Review of Anthropology,5,329-350

Hammersley M.& Atkinson P.(1995) *Ethnography: Principles in Practice* 2^ndedn. Tavistock, London.

Lewis O.(1953) *Control and Experiments in Field Work*. In A.K.Kroeber(Ed.) Anthropology Today. Chicago: University of Chicago Press.

Mead.M(1935) *Sex and Temperament in Three Primitive Societies*. Morrow,New York.

Paul B.D.(1953) *Interview Techniques and Field Relationships*. In A.L. Kroeber(Ed.) Anthropology Today. Chicago: University of Chicago Press.

Sarantakos S.(1993) *Social Research*. Macmillan Press, Basingstoke.

Shaw T.(1993) *Handouts for the course "Ethnography for Youth Cultures"*.Cambridge,US: Harvard Graduate School of Education.

Spradley J.P. （1979） *The Ethnography Interview*. Harcourt Brace Janovich, Fort Worth.

Spradley J.P. （1980） *Participant Observation*. Harcourt Brace Janovich, Fort Worth.

Van Maanen J.(1983) *The Moral Mix: On the Ethics of Fieldwork*. In R. Emerson(ed.) Contermporary Field Research. Boston: Little, Brown.

Whyte W.F.(1943) *Street Corner Society: The Social Structure of an Italian Slum*. University of Chicago Press, Chicago.

Wolcott H. （1982）Differing styles of on-side research：or 'if it isn't ethnography, what is it?' *Peview journal of Philosophy and Social Science*,7(1,2),154-169

Wolcott H.(1992) Posturing in qualitative enquiry. *In Handbook of Qualitative Research in Education(*edsM. LeCompte，W.L.Millroy&J.Preissle)，pp.121-152, Academic Press, San Diego, California.

【推荐书目】

阿巴斯·塔沙克里.混合方法论：定性方法和定量方法的结合.重庆：重庆大学出版社，2010

沈奕斐.深度访谈的混合模式：个案金字塔阵.江苏社会科学，2014 (2)：98-1105

王晴峰.反思社会研究中作为方法的深度访谈.云南社会科学，2014 (1)：108-111

杨善华、孙飞宇.作为意义探究的深度访谈.社会学研究，2005 (9)：53-68

约翰·W·克雷斯威尔.研究设计与写作指导：定性定量与混合研究的路径.重庆：重庆大学出版社，2007

斯丹纳・苛费尔、斯文・布林克曼. 质性研究访谈. 北京：世界图书出版公司，2013

ジーン・レイヴ，エティエンヌ・ウェンガー（佐伯　胖訳）（1993）『状況に埋め込まれた学習―正統的周辺参加』、産業図書

箕浦康子（編著）（1999）『フィールドワークの技法と実際―マイクロ・エスノグラフィー入門』、ミネルヴァ書房

八木真奈美（2007）「多言語使用と感情という視点からみる、ある『誤用』−定住外国人のエスノグラフィーから−」リテラシーズ。くろしお出版（第3号）、33-46

八木真奈美（2011）「地域日本語教育をどのように記述するか −他者を理解する質的方法 −」web版日本語教育実践研究フォーラム報告 http://www.nkg.or.jp/kenkyu/Forumhoukoku/2011forum　日本語教育学会

斎藤清二・本山方子・山田富秋（2014）『インタビューという実践』、新曜社

安梅勅江（2001）『ヒューマン・サービスにおけるグループ・インタビュー法：科学的根拠に基づく質的研究法の展開』、医歯薬出版

S．ヴォーン、J．シナグブ、J.S．シューム（1999）『グループ・インタビューの技法』、慶應義塾大学出版会

Barkhuizen, G., Benson, P. and Chik, A. (2014). *Narrative inquiry in language teaching and learning research*. New York: Routledge.

Benson, P. and Nunan, D. (Eds.). (2005). *Learners' stories: Difference and diversity in language learning*. Cambridge: Cambridge University Press.

第五章
质的研究的数据分析方法——以 KJ 法为例

田一苇　李晓博

要旨

　　本章将以 KJ 法为例，介绍质的研究的数据的分析方法。

　　KJ 法是诞生于 20 世纪 60 年代的质的研究法。经过半个世纪的发展，KJ 法在文化人类学、教育学、心理学、护理学等领域得到了广泛运用。在本章中，将围绕以下四个主题来介绍 KJ 法，1）KJ 法的定义，2）KJ 法的具体实施步骤，3）运用 KJ 法的日语学习研究实例，4）实施 KJ 法时的注意事项。此外，还将简单介绍 KJ 法作为发想法产生的背景，以及作为质的研究的方法使用时的评价方法。

　　本章では、KJ 法を例に、質的研究のデータ分析の方法について紹介します。

　　KJ 法は 1960 年代に誕生した質的研究法です。半世紀にわたる発展につれ、KJ 法の応用現場が非常に広くなり、文化人類学だけではなく、教育学、心理学、看護学などの領域でも用いられています。本節では、1) KJ 法の定義、2) KJ 法の具体的な実施手順、3) KJ 法を用いた日本語学習研究の実例、4) KJ 法実施の留意事項、という 4 つのテーマを中心に、KJ 法を紹介します。また、KJ 法は発想法として誕生した経緯を含め、質的研究の方法として使用された場合の評価方法を簡単に紹介します。

1. KJ 法的产生背景

KJ法又名发想法（abduction），是目前比较常用的一种对质的数据（如访谈文稿、观察笔记等）进行加工分析的方法。通过制作标签、分组、图解、文字化几个步骤，利用KJ法可以让研究者从看似混沌无序的大量文字信息中抽取出内在的结构和关联，在此基础上生成新的想法和假说。

KJ法的命名取自此方法的创始人，日本文化人类学者川喜田二郎（Kawakita Jiro，1920–2009）姓和名的首字母。川喜田二郎毕业于京都帝国大学文学部地理学科，毕业后开始对文化人类学产生兴趣，KJ法诞生的实践背景可以说和他自身的文化人类学研究息息相关。早年的学习研究经历，也对KJ法的思想根源有着非常深刻的影响。

KJ法产生的时代背景处于日本战后高度经济成长期，最初是针对日本企业中解决实际问题而开发的方法。其原本的定位，是一种解决人们面临的各种未知问题的方法。上世纪60年代后期，随着川喜田二郎的著作『発想法』（1967）的出版，KJ法正式进入了研究者的视野。在处理数据、生成新的想法和假说这一作用上，KJ法通过自身近50年的发展，也得到了多数研究者的认可，如今在心理学、社会学、外语教育的研究中被广泛使用（尤其在日本）。

在长达半个世纪的发展过程中，KJ法当中的一些概念和步骤的实施顺序也不断被改进、重新命名，本章主要参考川喜田二郎的著作『KJ法—混沌をして語らしめる』中的版本，为大家介绍KJ法的具体实施步骤和实用例子。

2. KJ法的实施步骤

2.1 事前准备

KJ法需要准备的材料比较常见：便签（可准备多种颜色，不宜过大，6厘米×3厘米左右大小即可）、海报大小的纸（A1或A0）、笔（可准备多种颜色）。便签用于研究者记录下数据片段的信息来制作标签，并且方便移动。海报大小的纸张作为这些标签活动的"土地"。不同颜色的笔和便签方便将小组编成、图解之后的多个阶层区分开来。

KJ法的具体步骤可以简要总结为图5-1。在取得数据之后，首先从收集到的一个个数据的片段中提炼出这个片段的中心并且记录在便签上。然后将上百枚甚至更多的便签展开在海报纸上。接着把中心相近的标签集合在一起，并且给这组标签制作一个名牌。制作名牌之后，开始整理各个名牌的关联结构，按照此关联进行空间上的配置，并且加上表示相互关系的符号。最后将结构图整体写成文章。下面则详细说明每个步骤的实施和一些需要注意的细节。

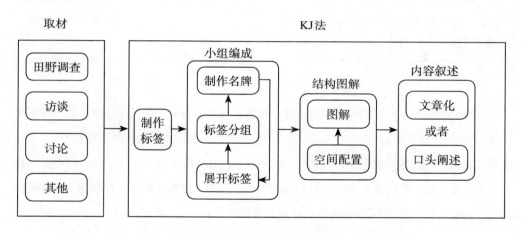

图5-1　KJ法的实施步骤简图，根据川喜田（1996）制成

2.2 标签的制作

标签制作的目的是将一段数据的内容用较为简洁，同时尽可能接近原数据（如访谈对象的原话）的一句话表达出来。简洁并不意味着要抽象出一段话的"中心"，比如"关于敬语使用的问题"这种看似"中心"却不见内容的表述。下面举例对一段数据进行标签

化，表5-1中是好的例子和不好例子：

例1：敬语平时用的机会很少，老师是中国人，多数时候也是讲中文。即便跟外教能偶尔交流，但敬语掌握
　　　得也不扎实，有时候想半天也想不起来怎么说。

表5-1　从例1中制作的标签

不好的例子	问题点	好的例子	标签的中心
敬语使用的问题	过于空泛，没有具体性	和老师一般讲中文，敬语平时使用机会很少	对使用机会少的一个解释，贴近原文
敬语水平不足所以说得不好	歪曲了原来数据中的表达	敬语掌握得不扎实	目前敬语掌握不扎实的实际现状
敬语能用的机会很少，跟中国人老师不用，跟外教说也老想不起来	把太多内容集合在一个标签内，中心会分散	和外教交流时想不起敬语的表达	偶尔有使用机会时出现想不起来这样实际遇到的的问题

　　如表中所示，一段数据可以提取出数个标签，标签内容必须避免上面列出的三种常见问题：1）过于空泛；2）歪曲原文表达；3）内容过多。因此，标签的特征应该有：1）贴近原数据（所谓的散发着泥土的清香）；2）中心集中且唯一；3）表达简洁。但也必须指出，表达简洁和不宜内容过多是针对标签的中心而言的，很多时候标签都会是一个完整的句子，甚至存在简单逻辑关系的较长的复句（如表5-1中好的例子中的第一个标签）。此外，对一段数据的中心意义的理解有可能受到别的数据的影响，需要做出一定的调整，这点在后文实例运用中还会举例说明。

　　关于这个中心意义，川喜田二郎常用"志"这个字来表达。古人云，心之所至谓之志。他举了日本的俳句和短歌作为例子，类似的，拿中国的诗词来说，我们会探寻这段诗词想要诉说的"言外之意"，这个意义就是KJ法中所说的"志"。当然，从一段数据中提炼出一句有"志"的表述并不容易，这就要求研究者去反复研读数据，倾听每一段数据在倾诉的东西。对数据诉说的"志"的把握也是小组编成的基础，这两个步骤都需要进行有指导的练习。

2.3　小组的编成

标签制作完成之后，则进入小组的编成。如图5-1所示，小组编成又分为展开标签、标签分组、制作名牌3个小步骤。展开标签时需要将做好的标签平铺在海报纸上（如图5-2），标签之间注意不要距离太近，留下半个标签左右的空间，方便分组时移动。平铺时注意不要掺入某种标准有意进行"分类"，比如时间的先后、原始数据中出现的地方等等。

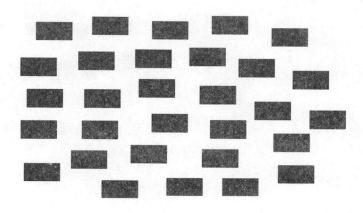

图5-2　将标签平铺在海报纸（或桌面）上

平铺之后开始仔细研读每一个标签中的每一句话。从上到下从左到右，从不同的方向重复几次阅读这些标签，思考每一个标签想要表达些什么，进而考虑是否存在一些表达相近含义的标签。需要注意的是，表达相近的含义不是字面上的相近，比如仅仅看到"日语教师—"开头的标签就集合在一起，更要看这句话背后要表达的"志"。

这个过程中的难点，尤其对于习惯于理性逻辑思维的研究者，在于如何去感受标签的话语中蕴含的亲近性。感受这种亲近性，意味着必须依靠研究者的"情感"进行思考，让标签能够如志同道合的朋友般"自然地走到一起"。对于初学者，笔者建议通过感受数据背后诉说的某种共同目的，或者存在的某种逻辑联系来判断是否存在亲近性。与情感思考方式相反的，则是过于理性的思考方式：从一开始就将标签分成几个大块，然后在每个大块中加以细分，这种自上而下的做法是和KJ法的理念相悖的。

每一个小组中可能有2～3个标签，也可能有4～5个甚至更多。但是需要注意的是，如果出现了5个以上的标签集合在一起的情况，就有可能是自己无意间受到了前见的影响，有必要再重新审视一遍这个分组是否合理。有时候在分组过程中会发觉，某个标签B的内容和标签A、C都有关联，既可以与A一组，也可以与C一组，为了解决这个矛盾则将A、B、C分为同一组。这种解决方法不可取，可以暂时将B和A、C其中一个归为一组，或者

单独出来，自成一组。实际上在分组结束后经常会出现跟哪个小组都不亲近的标签，这种时候切不可强行将它归为某个小组，自成一组即可（如图5-3）。

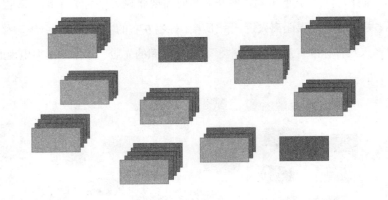

图5-3　小组编成：最上面的便签代表小组名牌，没有被其覆盖的单个
标签代表第一步提取的"离群"标签

在分组完成之后，需要给每一个小组再加上一个名牌。此时研究者需要对自己提出两个问题：第一，这个小组中集合了这几个标签是否真的妥当（或者说，是否感到它们"志同道合"）；第二，如果觉得妥当，那么自己的理由是什么（或者说，它们在一起是为了表达什么）。然后将自己的理由用一句话写在新的便签上，这就是这个小组的名牌。这是一个新的概念生成的过程，也是为什么不允许自上而下进行分组的原因。

最为便捷的做法是提炼出组内两三个标签的内容，根据某种逻辑关系（如因果、并列、转折等）串联成一句新的话来表达共同的"志"。在进一步的图解过程中仅使用这个名牌进行分析。因此就要求，即便看不到标签的内容，通过名牌也能大致知晓组内的标签。与标签不同的是，名牌往往需要涵盖更多的内容，句子也会较标签长一些。名牌制成之后，像上图中放在标签的最上面，在之后的步骤中尽量不再阅读标签的内容。

在完成了一轮的标签分组、名牌命名之后，则进入第二轮更高一阶的分组工作。要领和第一轮完全一样，只是使用的标签变成了一个个刚才分好的小组的名牌。考虑到标签自成一组的可能性，对第二轮的名牌命名，可以使用不同颜色的笔，或者不同颜色的标签，以此来表明这是比刚才第一轮的名牌更高一阶的名牌（例如最初用粉红色，第一轮分组的名牌用黄色，第二轮的用蓝色等等）。自成一组的"离群"标签有可能在某一轮的分组中和其他低阶的小组合并，也有可能自始至终存在（如图5-4）。

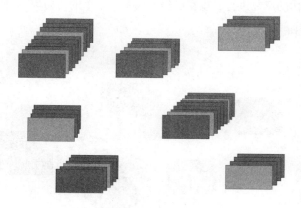

图5-4　不同颜色标签代表第二轮分组的小组名牌，"离群"小组也会出现

根据研究采集的数据多少，标签的数量往往会超过二百枚，有时达到四百、五百甚至一千枚以上。在进行一轮的分组之后，数量则会减少到几十到百余个。进行第二轮之后则会进一步减少为几十个甚至十几个。具体进行几轮分组并没有绝对标准，多数情况下至少进行三到五轮才能达到去除"混沌感"的目的。一般经过多轮的分组、命名之后，总共组数减少到十组以内时（包括自成一组的标签或名牌在内），这一步骤就基本结束。

2.4　结构的图解

小组编成完成之后，我们得到了几组标签，接下来需要对这几组标签进行空间上的重新排列，从而整理出数据整体构造的关系，这就是结构的图解。在这一步骤中，又分为两个小步骤。第一个小步骤是空间的配置，目的是探究这些名牌（分组最后得到的最高阶的名牌）之间有什么样的关系，谁和谁应该靠近，谁和谁应该远离，然后整理出一个自己比较满意、容易解释的构图。当然，这个构图可能不止一个，此时也需要综合考虑研究的目的和收集到的数据内容，然后选择一个最合适自己最喜欢的构图（图5-5）。

接下来需要对每一组的标签进行空间配置。首先选择最高阶的一组（也就是进行了最多轮分组后得到的小组），将其中的二到三组（也有可能四组甚至五组）低一阶的标签展开，然后和方才一样，仔细探究这几组之间的关系，除了注意组内的空间配置，同时也需要考虑和邻近的别的低阶小组之间的关系，进而做出相应调整。

完成之后，按照分组的高阶到低阶的顺序，将剩下的小组也依次展开，进行同样的位置排列工作。最终的结果是，原来从左到右从上到下一张一张排列的标签，经过分组、空

间配置、展开工作的反复进行，现在已经形成了一个个的"岛屿"，俨如一幅蕴含着大量信息的地图（图5-6）。

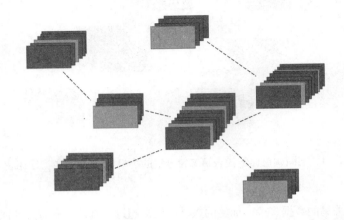

图5-5　多轮分组后进行空间配置得到一个大致构图。虚线表示各组之间有某种联系，不是必须的步骤，在之后的步骤中则用更具体的关系符号代替

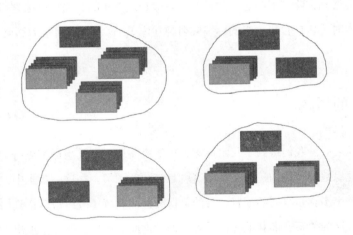

图5-6　一次展开后的图解图，注意相邻岛屿内部标签之间的关联，对空间配置做出适当调整

　　当然，如果出现标签过多，A0大小的纸张难以容纳的情况，可以试着将超出容纳范围的小组在另外的纸张上进行空间的配置，在原来的"地图"上则使用誊抄的该小组的名牌即可。原来的地图此时则作为一个索引，每一个小岛都对应着更低阶的空间配置图，最终得到一张"索引地图"，和几张"岛内详细地图"。

　　接下来需要做的是第二个小步骤，给标签的岛屿之间加上解释关系的符号，即图解（图5-7）。开始之前可以选定一张"详细地图"，然后从最低阶的小组开始，将小组周围

用笔圈起来，画上"边界线"。从最低阶的小组开始依次往高阶完成这个画边界的步骤。更高阶的名牌因为可能用在了索引地图上，并且为了便于区分，此时可以不必重新制作，直接将内容写在小岛上面。这里可以用不同粗细或者颜色的笔来表示这个名牌是第几轮生成出来的。

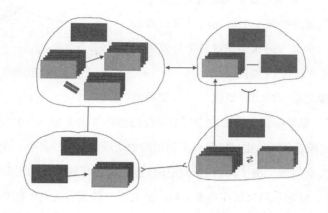

图 5-7　展开后对各个岛屿、岛内标签的关系添加解释符号

边界线划分完成之后，让刚才的空间配置更加明显了，但是混沌感依旧存在。此时需要做的是，用各种不同的符号连接在各个小岛之间，用以解释小岛之间的关联。这里为大家介绍主要常用的关系表示符号（表5-2）。

表5-2　KJ法常用图解符号列表，根据川喜田（1996）制作

符号	表达的关系	符号	表达的关系
A→B	因果关系，A为B的原因	A＝B	两者基本相同
A↔B	相互关联、相互影响	A▨B	存在很深的关联
A　B	存在明显的相互影响	A）—B	B作为A的支柱、基础
A>-<B	相反或者对立的性质	A　B	两者间关系模糊、不明朗
A×B	曾经存在的关系现在切断了		

除了表中的符号之外，还需要注意的是，有时候可以在符号上加入简洁的文字说明，让关系表现得更加明朗。另外，加入图解符号的时候不需要严格按照分组的阶层——对应。即是说，只要关系存在或者能够成立，即便是小组全体和另外小组中的某个标签之间，都可以用符号直接连接。

类似的KJ法的灵活性还体现在岛屿轮廓划分的方面。前面提到过，空间配置的时候要注意标签的上下左右的位置，因为和其他小组的标签有可能存在某种关系。比如C标签的内容在分组初期就觉得既可以属于小组A，又可以属于小组B，当时权且放入了小组A，在空间配置时便把C放在了小组A和小组B的中间。图解的时候可以打破这种小组间"绝对独立"的状态，将某个标签为两个甚至多个小组所"共有"（如图5-8）。

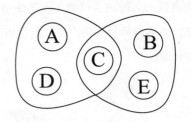

图5-8　图解时可以打破独立状态，将某标签为相关小组共有

图解符号添加之后，则需要给图中的主要岛屿写上"象征标记"。象征标记是浓缩地表现对应岛屿整体所围绕的一个中心。这个标记一般是动词、形容词或者名词，也可以是一个简短的短语或者短句，甚至一个符号，总之原则是精简，字形大而显眼（由于高阶名牌往往包涵的信息量较大，句子较长，不具有简练的优势）。另外，标记一般只加在主要岛屿，比如第三阶或者更高阶的岛屿上。这个标记可以让图解变得更加简单易懂，同时通过标记的提炼可以加深研究者自身对图解图的理解，在做口头发表时也可以让远处的听众看清楚。

图解的最后一步，就是加上整个图解图的标题和注记。标题的内容往往是这个图解图制作的目的，一般写在最上方。注记则选择在图中的角落，标明时间、场所、图解图原材料来源、制作者这几个项目。如果图解图制作完成后发现没有位置加上标题和注记，那么不妨写在另外的纸条或纸片上，然后从反面用透明胶连接起来即可。至此，第三步结构的图解也就完成了。

2.5　内容的叙述

KJ法不是在图解图制作完成后就结束了。实际上，即便做出了图解图，还有个很大的问题没有解决，那就是如何组织语言来表达图中的内容。对于图解图的文字化，就是KJ法的第四步，内容的叙述。

内容的叙述一般有两种方法，一种是口头发表，另外一种是文章化。口头发表比较节省时间，而论文执笔时一般需要将图解图文章化。在进行文章化之前，需要反复咀嚼图解图的内容，决定从哪个部分开始说明，把大概的说明思路或者说策略整理出来。这个顺序可以是从最高阶的小组开始自上而下，说明到组内最低一阶的标签。也可以是从某一个标签开始自下而上说明。也可以先说明大岛屿间的关联，阐述了整体大局之后再从某个标签

开始自下而上叙述。

无论采取哪种策略，只要在逻辑上说得通即是可行的。但需要注意的是，从一个岛屿到另外一个岛屿的时候，中间需要加上适当的连接词或者句子。有时候仅仅靠图解图中的符号难以表达清楚两者之间的关联，需要更加详细的理由来论述两者之间的关联。一个岛屿的内容叙述完了之后，一般会选择与之关系最为紧密的相邻岛屿进行叙述。

在解决了叙述策略问题之后，还需要考虑一个叙述内容的问题。叙述是单纯的、完全忠于图解图，还是在说明过程中加入新的想法。并不是说纯粹的叙述不好一定要取后者，但是如果能够加入新的想法，编织到叙述的内容中去，不仅仅更加契合了发想法这一方法的精神，也可以为之后更多轮的累积KJ法做铺垫。如果在叙述过程中加入新的想法或者观点，一般可以写明产生这个想法的根据。无论如何，对自己产生的新的想法和忠于原图的叙述这两部分内容，作者自己必须清晰地区别开，可以利用句子的前后关系，也可以在叙述的句子后加上括弧，然后在括弧内加入新的想法。

前面提到过，除了文章化来阐述图解图的内容之外，也可以进行口头发表。进行口头发表时候需要注意几点问题。首先发表前必须进行练习，决定图解图的说明线路和策略，根据时间的允许决定说明到什么层次（倘若练习中发现有衔接不自然的地方，那么也可以考虑调整原来的标签、名牌的空间配置）。最理想的是能够让听众阅读到每一个标签。当然，口头发表时如果时间不允许，那么至少需要说明每个岛屿的大意、岛屿之间的关联，以及根据这幅图能够得出的结论。此外，对于重要的标签或者名牌（参考4.1的KJ法的评价法），在发表时要复述强调一遍。图解图可以复印后发给听众，也可以用图解图的海报纸或者PPT的形式发表。

最后，内容的叙述这一步骤，最理想的发表形式是文章和口头的结合。解释图解图时以事前写好的叙述文为基本稿，说到哪个岛屿的内容时就读出文章的叙述内容。在比较正式的发表场合这种方式更为稳妥，此时解释的线路和策略，是否加入新的想法，都必须言文一致。

3. 实例运用

这里为大家举一些实际例子来说明一轮KJ法的具体实施方法。假设以日语敬语使用中的问题为题目，进行了访谈调查，得到了一些文字数据，现在需要从受访者的回答中提取出标签。下面是一段数据：

例2：

Q：你对自己用敬语交谈有信心吗？

A：感觉没什么信心。

Q：为什么呢？

A：我觉得，自己会用的敬语很少，而且也不知道用得对不对，所以在那种要说的场合还是不好意思说。

　　这段简单的对话中可以提取出三个标签：1）用敬语交谈没有信心；2）会用的敬语很少；3）因为不知道用得是否正确所以不好意思说。看似直白，但与此同时需要注意的是，体会背后的志。第二个标签涉及的是学生自身对敬语用法储备的不足，而第三个则涉及对正确使用敬语缺少信心的解释。

　　那么下一步，如果将这几个标签分为一组，他们表达的共同的志应该是什么？这几个标签紧密相连，共同表达的是对使用敬语缺乏信心这个点。那么名牌就可以是："由于掌握的敬语较少，实际使用时不知道对错，所以没有信心开口。"

　　访谈得到的数据，由于受访者自己帮助了研究者进行按照某种逻辑的组织，在一定程度上也帮助了研究者制作标签、编成小组。虽然上面的例子看上去十分单纯，但实际上当数据更加繁杂的情况下，分组的情况和之后名片的命名就有可能发生变化。比如再加上这么一段数据的话：

例3：

Q：你觉得自己掌握了多少敬语呢？

A：感觉很少吧，可能日本小学生会得都比我多。而且我觉得，虽然课本上学了但是平时也没什么机会说，不用的话渐渐也就忘了。等到真的对话的时候就要花时间去想，结果就是花了很久想怎么表达，反倒是错过了说的时机，最后也就不好意思再说了。

　　这时分组就可能不太一样了。这段数据可以提取出这么几个标签：4）掌握的敬语不如小学生多；5）平时使用机会少以至渐渐遗忘；6）用的时候想太久，错过了说话时机。标签4）和刚才的标签2）表达的都是敬语的储备不足，可以分为一组，名牌可以命名为"会用的敬语可能比小学生还少"。而3）和6）共同表达的是实际使用时无法开口的原因，名牌可以命名为"因为怕用得不对，考虑太久，结果没能开口"。5）尽管和3）、6）都有紧密联系，但和描述实际使用场合的标签还有一定距离，暂且独立分为一组。1）可以说是以上几个标签所在解释的一个结果，也可暂且独立分为一组。

用这6个标签可以分成几个小组。小组编成结束后进入图解，可以得到这样一个图来表达标签间的含义（图5-9）。

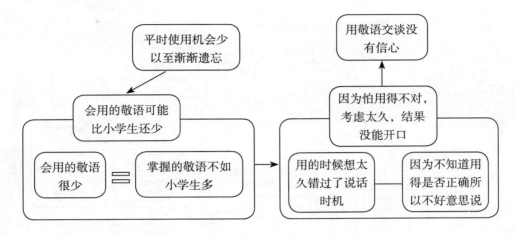

图5-9　6个标签可以得到一个简单的图解图

以上是最为单纯的例子，目的是让大家体会如何取标签和编成小组。随着数据的增加，分组和名牌制作会变得略有不同，也会更加复杂，必须进行多轮的分组和名牌命名。这要求研究者能够选取出契合自己研究课题的数据来提取标签，把收集到所有数据都制作成标签只会增加工作负担。

下图是关于敬语使用的不安和不自信这个课题的图解图，基于更繁多的数据整理出的结果（图5-10）：

当进行文字化或者口头发表时，则可以制定这么一个策略：首先自己的敬语水平不足，没有办法充分表达自己的意思（图中<1>）。那么通过学习本来希望能够改善这种情况，但是学习过程中也感受到了敬语的复杂和理解上的困难（图中<2>）。与此同时，本来平时使用敬语的机会就很少（图中<3>），也促成了说的时候十分紧张，担心说错的心情（图中<4>）。并且实际上也有过说错而被指正的经历，更让自己不敢开口说敬语（图中<5>），让自己失去了用敬语谈话的信心（图中<6>）。最后由于目前这种现状，对今后是否能够提高敬语使用水平感到了疑虑（图中<7>）。

另外需要指出的是，这个例子当中，原作者是将收集到的数据全部制作成标签后，不区分个体混合在一起进行的分析。实际运用过程中，根据各自的研究目的，则可以采用不同的策略。比如希望深刻了解个人的经历，那么就可以以研究对象个人为单位进行分析。

图中"笔者"为原作者德间晴美(2010)，原文为日文，图为笔者翻译制成。上图为针对自由回答式问卷调查中的某一个问题（如：你对说敬语会感到不安吗？为什么？），整

合了所有回答者答案所得出的图解图。

< >括号内为岛屿的象征标记。

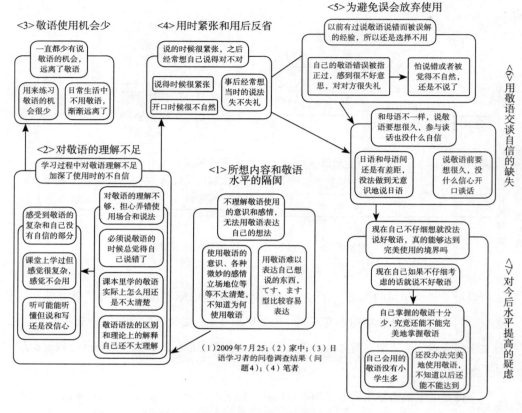

图 5-10　实用例子：关于敬语使用不安的研究的 KJ 法图解图

4. KJ 法的注意事项

4.1　KJ 法的评价法

KJ法整个实施过程中依据的几乎都是研究者自身的主观判断，从传统科学研究的角度看客观性难以得到保证。实际上，为了保证KJ法的客观性，川喜田二郎也开发了一套评价系统，即众目评价法，在这里做简单介绍[1]。

1　更加详细内容可参照：http://www.tanokura.net/hassouhou/zigyouhyouka/syuumokuhyouka.html，最终阅览日：2014年11月16日。

众目评价法用一句话总结就是让多名研究者对图解图的各个岛屿的重要性进行评分，通过评分找出最应当重视的岛屿。在进行评价前需要组成评审小组，人数在10名左右为佳（不少于6名）。每个人都需要阅读图解图，消化图解图的内容。接着需要决定评价的单位，比如以索引地图作为对象，还是以包括详细地图在内的所有标签作为对象。无论以哪个阶层的岛屿为对象，为了方便之后计分分级，选定后都需要给每个岛屿加上代表符号（如小写字母的abcde，片假名的イロハ等）。一般而言，选定阶层的岛屿数量在20到30之间最好，10多个或者40个左右也可以接受（超过26个时则考虑更换符号系统或者追加新的符号）。

之后决定评分的分值系统，比如从1到4或者1到5分。决定评分分值之后每个人对每个岛屿的重要性评分。结束后将每个人的评分结果统计出来，每个岛屿的得分以总计的形式列表即可。最后按照最高得分进行ABCDE这样的分级，比如最高分是27分，一共分为5个等级，那么每个等级的间隔为6分（为了方便和岛屿的符号区分，也可以用汉字的一二三四五分级）。评级完成之后则可以在图解图的岛屿中加上表示重要等级的大写字母（也可是涂在岛屿中的背景纹样，视觉上更加直观），最后在图解图的角落以注记的形式注明分值等级和评价者人数即可（如表5-3）。

表5-3　采用5等级、5分评价的结果最高分27分，共5等级，间隔6分，评价人数6人，总共20个岛屿

等级	分值区间	背景纹样	岛屿符号和分值
A	25~30		e27
B	19~24		d20, f21, o19, s24
C	13~18		h15, a13, b16, i14, q17, t18
D	7~12		c8, g11, k12, n9, p10, r3
E	1~6		j2, l5, m3

由于评审小组的人数和质量的问题，实际上运用KJ法的研究中，众目评价法的使用并不常见，能够运用评价法的研究多为多人共同进行的小组KJ法。这个评价法有助于研究者在图解图制作完成后，从更加客观的视角探讨问题的中心。对文章化或者口头叙述的策略的优化，以及自身对研究的理解都很有帮助。在有充足的时间和资源的情况下，应当尝试实施众目评价法。

4.2 分类和 KJ 法

KJ法不是分类的方法。或者说，KJ法的目的不是分类。初学者容易把对KJ法的认识停留在第二步的小组编成。虽然这一步非常重要，但重要的不在于怎么分组，而在于分组后的名牌生成。也就是说，分组只是整个过程中的一个手段，目的是为了产生新的想法或者假说。这也是为什么KJ法名为发想法，而不是分类法或者分组法的原因。

分类一般而言是一个自上而下的过程。事先准备好了几个供选择的类别，然后将数据一一对应到相符的类别内即可。很大程度上，这种先入为主的分类的想法是受到了先行研究的影响。当然，这并不是说用KJ法就不需要看先行研究，而是要求我们能够在小组编成时摒弃先行研究中已经出现过的一些小组或者类别，亦或者理论及假说。川喜田二郎感慨到，如果过分依赖于理论或假说，结果会让难得的数据变得非常无聊——为了迎合理论，除了和理论或者假说之外的东西，无论数据如何努力地倾诉，研究者却已经被理论和假说所蒙蔽（1986）。

除了前见的影响之外，因为需要进行多轮的分组，实际上在这个多轮分组过程中还是容易出现一些的偏差。从具体的数据到逐渐"抽象化"的小组名牌，自始至终都要求保持一贯性。一贯性的保持实际上和前文提到的小组名牌和制作要求——即能够通过名牌大概了解组内的标签，有着紧密的联系。能够保证每轮分组时检验名牌和标签之间是否能够"可逆"对于保证一贯性是必不可少的。经过这样的多轮分组之后，小组的名牌应该渐渐能够反映出原本庞大繁杂的数据所要体现的核心问题。从这个意义上说，KJ法的"类别"是在多轮的小组编成、名牌命名的过程中逐渐确立、凸显出来的。

4.3 KJ 法和 GTA 的异同点

在《发想法》这本书出版的同一年（1967），Glaser和Strauss的著作《*The Discovery of Grounded Theory*》也出版了。GTA（扎根理论）现今也是比较常用的社会科学研究方法，和KJ法在不少方面都有着惊人的相似。这里简单介绍下两种方法的异同点。

两者相似的地方，可以大概归结为问题意识、创造性和结果的展示形式几个方面。川喜田二郎把科学分为书斋科学、实验科学和田野科学三类。KJ法的产生可以说是基于他自身的人类文化学研究，这点和GTA的产生基础——看护学研究有着共同的田野科学的性质，重视观察和个人经历，通过实际数据来解释现实世界。

在创造性这个方面，两者都是从数据中提取并产生新的理论或者假说的方法。川喜

田二郎给KJ法最初命名为发想法，为abduction一词的翻译，与归纳（induction）和演绎（deduction）不同，abduction意指"从大量资料中提炼出新的想法，或者说从模糊不清的信息群中攫取到更加明确的概念"（1967）；与此相比，GTA中的创造这一概念体现在出现（discovery）和浮现（emergent）上，这一点比起传统的书斋科学（已有数据分析或论理）或者实验科学（假说验证）有着很大的区别。此外，两者的结果展示的方式也可以说非常相似：图解——让结果呈现更加直观易懂。

当然，这一点也是两者不同的地方，与KJ法数据为主要构成要素的图解不同，GTA则是以理论作为构图的要素。另外，从构图要素的密度和数量上来说两者也是相去甚远。两者最重要的区别在于，GTA可以说是把数据的收集与分析同时进行，而KJ法在步骤上来说数据的收集和KJ法的实施是分离的。并且，GTA的分析重视比较，而KJ法则侧重于对数据间逻辑关系的整理。这样的一些区别也间接导致了，通过KJ法的结论往往不如GTA那么清晰。研究者需要综合考虑研究的目的和性质，以及希望呈现结果的内容和方式，然后选择合适的研究方法。

5. 结语

近年来KJ法的使用开始不仅仅局限于"创造新的想法和假说"，而作为一个整理数据的手段得到了更为广泛和灵活的使用。但有一点不能忽视的是，KJ法的精神——川喜田二郎常说的，让数据自身来说话。这一精神贯彻KJ法始终：提取标签时要求能够贴近原始数据，制作名牌时要求有一贯性和"可逆性"；图解和叙述的过程就可以理解为研究者帮助内容繁杂的数据来将话说得更清楚，更具逻辑性。也正因此，使用KJ法产生的想法或者假说绝对不会是脱离数据的空泛理论，而是基于实际数据、对现实情况的一个剖析和总结。

KJ法的这一精神保证了它的实用性和可靠性，同时步骤之间的相对独立，也提供了使用上的灵活性。KJ法学习起来相对简单，没有复杂的理论基础，每个步骤的层次、细节也十分清晰，相信在今后日语教育的研究中也将更多地看到KJ法的身影。

【研究思考题】

1. 请结合你对质的研究的理解，谈谈如何理解KJ法中所强调的"创造"和"发想"？

2. 每一种研究方法都有它所能适用的范围，请思考，在面对什么样的研究课题或者实际问题时我们可以运用KJ法？
3. KJ法的图解图呈现出了本土概念之间的相互关联、层级和构造，但这一优点同时也限制了它的运用范围，请思考，对于什么样的研究不适合使用KJ法一类的重视结构的图解方法？

【参考文献】

川喜田二郎（1967）『発想法』、中公新書
川喜田二郎（1970）『続・発想法』、中公新書
川喜田二郎（1996）『 KJ法—混沌をして語らしめる. 川喜田二郎著作集5』、中央公論社
川喜田二郎（1986）『 KJ法—混沌をして語らしめる』、中央公論社
木下康仁（1999）『グランデッド・セオリー・アプローチ—質的実証研究の再生』、弘文堂
田中博晃（2010）「KJ法入門：質的データ分析法としてKJ法を行う前に」、『外国語教育メディア学会（LET）関西支部 . メソドロジー研究部会2010 年度報告論集』、17-29
徳間晴美（2010）「中上級日本語学習者が抱く敬語使用不安の様相：学習者のことばに基づく質的分析による事例」、『言語文化と日本語教育』、40、41-50

【推荐书目】

川喜田二郎（1967）『発想法』、中公新書
川喜田二郎（1970）『続・発想法』、中公新書
川喜田二郎（1996）『 KJ法—混沌をして語らしめる. 川喜田二郎著作集5』、中央公論社

要旨

本章将以案例研究、叙事探究以及民族志这三个方法为例，介绍质的研究的个别方法。

第1节是关于案例研究的介绍。在本节中，首先概述案例研究的历史，然后就案例研究的定义、特征、作为研究方法的长处及局限进行说明。其次，介绍案例研究的类型，通过具体的研究的例子来说明什么类型的研究适合案例研究。然后说明案例的选择以及数据的收集。之后总结案例研究的案例内分析和跨案例分析这两种方法。最后，说明案例研究报告的写作方法。

第2节将围绕叙事探究，介绍它的哲学基础、研究过程以及与其他研究方法的区别。叙事探究不仅仅是"讲故事"，"叙事"与"探究"互为表里。要做到"探究"，"叙事性地思考"是关键。对于将探究经验的意义作为研究焦点的叙事探究来说，"场所、时间、个人与社会的关系"这一"三维（Three-dimension）"空间的概念具有非常重要的意义，这一点与其他的质的研究不同。此外，对研究过程的探究、研究者与研究参与者的亲密合作等也是叙事探究的特征。最后总结本书中提到的三种质的研究方法，即民族志、案例研究与叙事探究的研究焦点的不同，以此建议读者们结合自身的研究目的选择合适的研究方法。

第3节将介绍民族志。民族志可以说是质的研究中最为重要的研究方法之一。民族志学者需要深入所研究的文化或下位文化，以文化体内部人员的视点看世界。数据收集主要通过参与观察和对主要情报提供者的访谈来进行。在数据收集分析之后，研究者会将其详细逼真地描述成故事，故事中也反映了研究调查的过程。本节将首先介绍民族志的历史以及起源。然后具体说明民族志的种类、主要特征以及研究的进行方法。最后将总结民族志的结果表达的方式以及评价基准。

本章では、ケース・スタディ、ナラティブ・インクワイアリー、

エスノグラフィーという三つの方法を取り上げ、質的研究の個別的な方法を紹介します。

　第1節では、まず、ケース・スタディの歴史を概説し、ケース・スタディの定義、特徴、ケース・スタディという方法の長所・不足点について説明します。次に、ケース・スタディの種類を紹介し、具体的な研究例を挙げながら、それぞれのケース・スタディに適している研究のタイプを示します。そして、ケースのサンプリングやデータ収集について述べます。それから、ケース・スタディのケース内分析とケース間分析の方法をまとめます。最後に、ケース・スタディの報告の書き方を説明します。

　第2節では、ナラティブ・インクワイアリーをめぐって、哲学的意味、研究方法としての研究プロセス、そして、他の質的研究方法としての区別を述べます。ナラティブ・インクワイアリーとは、ただストーリーを語るということだけではありません。ナラティブとインクワイアリーは表裏一体の関係です。インクワイアリーをするために、「ナラティブ的に考える」ことが大事です。他の質的研究方法との区別として、経験の意味の探求が焦点であるナラィテブ・インクワイアリーには、「場・時間・個人と社会との関係」という「三次元」(Three-dimension) が大事な概念です。また、研究プロセスそのものへの探求、研究参加者とのコラボレーションなどもナラティブ・インクワイアリーの特徴です。最後に、本書で取り上げられている三つの質的研究方法のエスノグラフィー、ケーススタディとナラティブ・インクワイアリーの焦点の違いをまとめ、読者自身の研究目的に合わせて適切な研究方法を選ぶことを提言します。

　第3節では、エスノグラフィーを紹介します。エスノグラフィーは質的研究において最も重要な研究方法の一つだと言え、民族誌学者は研究する文化及び下位文化に入り込み、文化内部の人の視点で世界を見る必要があります。データは主に参与観察及びインタビューによって集められ、結果は文化を記述したストーリーであり、研究調査のプロセスもその中に反映します。本節では、まず、エスノグラフィーの歴史及び起源を述べます。次にエスノグラフィーの種類、主な特徴及び研究のやり方を具体的に説明します。最後はエスノグラフィー結果のスタイル及び評価基準をまとめてみます。

1. 案例研究

欧丽贤·李晓博

1.1　案例研究的历史

案例研究具体是什么时期产生的？学界并不清楚。然而，1871 年美国哈佛大学 C. C. Langdell 教授将此方法运用于法学教育研究，这被称为案例研究运用的最早尝试（高桥百合子，1992：1）。Matthew（2005）和 Duff（2007）都做了案例研究的发展历史的概述。根据他们的描述，对案例研究的发展有重要贡献的是美国的芝加哥学派[1]（Chicago School）。20 世纪初期，案例研究在芝加哥学派的研究中被多次使用。20 世纪 20 年代，质的研究与量的研究之间的辩论日益激烈。与科学的统计法相比，案例研究因为没有如量的研究那样用看似客观的数据支持而给人以不科学的感觉。1945 年以后，案例研究在社会科学领域的使用大多数基于量化数据的基础。到了 1970 年代，研究者开始关注量的研究的局限性。于是，案例研究方法又重新得到重视。

案例研究可运用于质的研究，也被用于量的研究或者实验研究（Nunan，1992；麦瑞尔姆，2007）。麦瑞尔姆（Merriam，1988，1998）和 Matthew（2005）也指出案例研究被运用于医学、法学、社会工作、经济、经营、历史等多种领域。由此可知，案例研究是一种适用于各个研究领域，同时可包容多种数据类型的研究方法。

麦瑞尔姆（2007）指出教育研究中的案例研究更多的还是以质的研究为基础来进行的，并将质的研究中的案例研究方法称为"质的案例研究"。在关于语言教育的研究方法

1　"芝加哥学派（Chicago School）"一般是指 1893 年至 1952 年间芝加哥大学社会学系的一批卓越的教师与学生，其成员主要包括库利、帕克、杜威、米德等。

论著作中，Nunan（1992）和 Duff（2007）也都对质的案例研究做了阐述。他们指出案例研究对语言学习者个体的研究有突出的贡献，同时也强调案例研究深入到具体情境中研究现象这一长处有利于对语言学习背后的社会、政治、教育等因素的理解。

虽然案例研究被划入质的研究的范畴内，并被运用于多个研究领域，但是与其他的质化研究方式（例如，扎根理论[1]、民族志[2]等）相比，其发展仍然缓慢。Merriam（1988）、Smith（1978）等人指出造成案例研究发展缓慢的原因。总结下来，其问题在于：对于案例研究的定义、个案研究的构成，以及案例研究区别于其他的质的研究方法的特点、案例研究最合适的研究类型、案例研究的开展方式等重要问题，仍然存在不少混淆之处。而且，对于这些问题，研究者间也并未达成共识。

1.2　什么是案例研究

1.2.1　个案的界定

案例研究的主要特征之一是其研究对象首先必须是可被称为"个案（case/cases）"的。

关于"个案"的定义，所有案例研究的著作几乎都做了相关的阐述。Smith（1978）指出"个案是有边界的系统"。Stake（1995）认为"个案是一个综合系统"。在此基础上，麦瑞尔姆（2007：20）把个案理解为"一个有边界的事件，是一个单一实体或单位"。由此可认为，在案例研究中，个案的重要特点是"有边界"。具体举例来说，案例可以是一个人，也可以是一个项目、一个群体，还可以是一个特定的政策等。

在进行案例研究设计时，最重要的问题是对个案进行清楚的划界。也就是说，要明确"我要研究的个案是什么"。那么，如何界定个案呢？

麦瑞尔姆（2007）主张根据所确定的研究问题的数据收集范围来判定个案的界限。具体来说，就是根据（1）需要访谈的人数是否有界限；（2）需要收集数据的时间长短是否

1　"扎根理论（Crounded Theory Approach, GTA）"最初由美国学者 Glaser（格拉塞）和 Strauss（斯特劳斯）在1967年《The discovery of grounded theory: Strategies for qualitative research》中提出来。它是质的研究方法的一种，其主要宗旨是从经验资料的基础上建立理论。研究者在研究开始之前一般没有理论假设，进行实地调查收集数据，并从原始资料中归纳出经验概括，分析结果上升系统的理论。

2　"民族志（Ethnography）"是一种运用田野工作来提供对人类社会的描述的研究方法。它通常以描绘文化来理解和解释社会。

可以界定这两方面的因素来判断。但是，殷（2010：199）对此种个案的界限判定方式评价道："只考虑人为划分的时间段或者空间界限有可能产生一项不成功的案例研究。"他主张通过逻辑论证或陈述证据进行判断，他说："达到分析范围边缘的时候，信息和案例研究的相关性不断降低。"简单概括来说，这种个案界定方式是以研究问题和数据的论证关系为基础的。研究者根据研究问题与研究数据的关系来断定哪些数据是与案例中要呈现的现象紧密相关的，哪些是毫无关系的。Miles and Huberman（1994）曾用一个中心为一心脏的圆圈来表征案例研究。他们认为心脏是研究的焦点，而圆圈则界定了个案的边界。他们所强调的围绕着研究的焦点（即研究问题）来界定个案的方法与殷（2010）所提出的主张是相似的。

1.2.2　案例研究的特征

除了上述"以个案为研究对象"这一特征之外，案例研究还具有以下三种特征。

首先，案例研究具有"独特性"的特征（麦瑞尔姆，2007）。独特性指的是案例研究关注特定的情境、事件、项目或现象。Stake（1995）也认为，案例研究是指对于某一个单一案例的特殊性与复杂性的研究，在综合环境下，了解该案例的活动情况。由此可知，"案例研究是探索难于从所处情境中分离出来的现象时采用的研究方法"。（殷，2009：11）

其次，案例研究具有"描述性"的特征。麦瑞尔姆（2007）认为描述性是指个案研究的最终产品是对所研究现象的一个丰富、深度的描述。具体来说，通常案例研究对与研究现象有关的变量进行尽可能多的考量，尝试着对与研究现象相关的重要变量以及变量之间的关系做出整体性的描述。

再次，案例研究除了"描述性"的特征之外，还具有"解释性"的特征（麦瑞尔姆，2007）。解释性是指案例研究所展示的是读者对所研究的现象的理解，它们可以带来新的意义发现、拓展读者的经验或者印证他们已知的东西。

1.3　案例研究适用的研究类型

无论哪种研究方法，都有其优势和局限，案例研究也是如此。什么时候选择案例研究应根据研究者想探索的研究问题而定。麦瑞尔姆（2007: 29）说："如果案例研究对于回答研究问题来说是最好的选择，它的优势大于局限，那么就应该选择它。"也就是说，案

例研究虽然并不完美，但是假如它能最好地呈现你所研究的现象的话，就该选择它。接下来，我们就来了解选择案例研究的长处和其局限。

1.3.1　案例研究的长处

选择案例研究作为研究方法之前，必须了解案例研究的长处，结合具体的研究问题思考案例研究是否适用于自己的研究。

从研究现象的类型来看，案例研究适用于探索"与具体的情境紧密相连的现象"。麦瑞尔姆（2007：29）指出，"个案研究对复杂社会单元的探索提供了有效的途径"，因为"这些社会单元往往包含对理解某些现象具有潜在重要性的多种变量"。Adelman等（1976）也表示，与其他研究方式相比，案例研究的优势之一是，"与现实世界紧密相连"。也就是说，一个现象的变量深藏于其产生的复杂的社会单元之中，以至于不能事先确定影响现象的因素以及各因素之间的关系的时候，案例研究是最好的选择。概括来说，"案例研究是探索难于从所处情境中分离出来的现象时采用的研究方法"，（殷，2009：11）这种方法特别适用于研究发生于"现实生活背景中的即时现象"。（Yin，2003）

从研究任务的重点来看，案例研究适合于对研究现象的"过程"感兴趣的研究，其研究重点不在其结果。（麦瑞尔姆，2007）Sanders（1981）也认为在选择案例研究的时候，过程比结果更具有说服力。案例研究中把过程当成研究重点有两个意义。（麦瑞尔姆，2007）第一个意义是追踪。即，通过案例研究可呈现长时间追踪调查的某一现象随着时间的变化过程。第二个意义在于原因解释。这时，案例研究的任务在于揭示研究对象的形成与变化的特点和规律，以及影响其变化的因素，并且提出解决其问题的相应对策。

其次，由于案例研究的研究对象比较集中，因此有利于对少数量的案例进行深入的探索。这里的"对个案进行深入的探索"包括两方面的含义。其中之一是指，纵向的（长期的）探索。也就是说，在相对长的一个时间内跟踪个案发展轨迹，探究个案的过去、现在、未来。另外一个方面是，横向的（广度的）探索。这里指的是对影响研究对象相关的多种变量的全面探索。Yin（2003）特别指出，案例研究的这一特征对探究和呈现"重要的、特殊的个案（significant or special case）"尤其有效。

另外，案例研究具有可涵括多种数据类型的优势。这一特点是由其"对个案进行深入的探究"的特点决定的。虽然案例研究这样的长处可为读者提供详尽的资料理解研究对象和现象，（Duff，2007；Yin，2003；Merriam，1988）但采用哪种数据收集方式最终是由研究问题以及研究目的决定的。

最后，Adelman等人（Adelman et al. 1976）和Duff（2007）都指出，以数据为基础的案例研究可为今后更大型的研究发展提供一定的理论建设基础。格雷（2009：84）也提到案例研究可"作为初探性的探索研究，为更进一步的研究找出关键性议题"。概括来说，案例研究不单单只停留于对个案的关注，它的目的在于更深层的理论化建设。只是案例研究中的"理论化建设"的目的不在于建立适用于所有相同现象的传统的理论基础，而在于奠定以数据为基础的，只适用于一定的情境范围的理论基础。

1.3.2　案例研究的局限

研究成果的普遍性（也称"一般性"）问题是案例研究被质疑的原因之一。（Duff，2007；麦瑞尔姆，2007）研究成果的普遍性是指一项研究成果能够应用到其他情境的程度。在实证主义研究中，普遍性程度是评价研究成果的一项重要指标。由于案例研究的对象数量较少，难以从个案中得出普遍性的规律和结论，因而推广应用的可能性受到限制，故依据案例研究得出的研究结果的适用性也经常受到质疑。

麦瑞尔姆（2007）指出假如以实证主义的判断标准来看质化个案研究的普遍性问题，关键在于解决"个案研究是否可能从一个或少数个案中归纳出什么来"，以及"如果可以，以何种方式"的问题。

面对案例研究的普遍性问题，研究者采取了两种态度。

一种态度是，注重案例研究对个案的深度探索的特点，采取案例研究的结果不以其普遍性为目标的策略。麦瑞尔姆（2007：143）更指出"把量化研究的随机取样得出的数量巨大的数据推广到个体上，数据几乎没有用处"。麦瑞尔姆（2007）和Stake（1988）认为案例研究的着眼点在于"个案"本身。也就是说，案例研究所得出的研究成果是为了对个案细节进行更深层次的理解，而不是要找到对大多数人都适用的真理。

另一种态度是，试图增强案例研究的普遍性程度。增强普遍性的策略之一是增加案例数量，进行共通性与差异性的比较，最终得出适用于别的情境的内容。Erikson（1986）认为案例研究的普遍存在于特殊之中，通过对某一特殊个案的研究，将其与研究中的其他个案进行比较，从而得出明确而具体的普遍原则。也就是说，案例的数量增加了，个案间的比较项就越多，那么案例研究的成果的覆盖面就越广泛。策略之二是丰富个案的多样性。麦瑞尔姆（2007）指出使用所研究现象具有最大差异的多个个案，可以使应用研究结果的范围更宽广。策略之三是丰富对个案的描述。研究者要提供关于研究场景、个案、情境的细节描述，便于读者考虑相对于他们所在场景的适用度。Firestone（1993）称之为"从个案到个案的转移"。

1.4　案例研究的类型

关于案例研究的类型，大致有两种分类方法。首先，根据案例的数量分为单案例研究或者多案例研究；其次，根据案例的性质分为探索性、描述性或解释性案例研究和个性探究、工具性、集合性案例研究。

1.4.1　根据案例研究的个案数量的分类

根据案例的数量，案例研究主要分为单案例研究和多案例研究两类。按照数量分类案例研究的观点在麦瑞尔姆（2007）、Stake（1995）、殷（2009）等案例研究著作中被反复提到。下面就来谈谈该如何选择单案例研究或者多案例研究。

1.4.1.1　单案例研究

殷（2010）指出以下五种情况比较适合使用单案例研究。

第一，对一个广为接受的理论进行批驳或检验（殷，2010：52）。例如，为了反驳先行研究中的"对于年轻的语言学习者来说，很难持续使用与目标语言者互通邮件的课外方法来学习语言"的定论，欧麗贤（2014）通过单案例研究呈现一个在日语课外与学习中文的日本人持续互通邮件取得日语能力提高的个案。

第二，对某一极端案例或独一无二的案例进行分析（殷，2010；Duff，2007）。范玉梅（2007）记述了一个80后中国籍留学生K的留学生活。在日本留学期间，K参加日本大阪的某基督教会的活动，以及在教会的经历。这篇论文中呈现的是一个80后中国留学生的个案，属于极端案例。这种情况下，采用单案例研究方法是恰当的。

第三种用途与第二种用途恰恰相反，即用于研究有代表性的、典型的案例（殷，2010：55）。在此，研究的目的是了解某一典型性案例出现的环境和条件，从这一案例中得到的结论用于帮助加深对同类事件、事物的理解。脇坂真彩子（2012）利用单案例研究呈现"对面式汤德姆学习（face-to-face tandem learning）"[1]的参加者对汤德姆学习的原则之

1　"对面式汤德姆学习（face-to-face tandem learning）"是参加者面对面进行汤德姆学习的一种形式。"汤德姆学习"是指与自己想学的语言的母语话者或者比语言能力更高的人配对，相互学习对方的语言、文化的一种语言学习方法。

一的"互惠性（reciprocity）[1]"的具体实践。她指出，虽然"互惠性"原则是汤德姆学习的基本原则之一，早在她组织汤德姆学习项目之前就已经存在，但汤德姆学习的先行研究中对"互惠性"原则的描述并不具体。因此，她利用单案例研究来具体呈现参与她组织的汤德姆学习的两个参加者是如何实践"互惠性"这一原则的，并且是什么因素影响这两个参加者形成这种语言学习上的"互惠性"关系的。脇坂真彩子（2012）在此论文中选取的就是典型性案例。

单案例研究的第四种用途，是研究启示性案例。当研究者有机会去观察和分析先前无法进行的科学现象时，适宜采用单案例设计研究。也就是说，对于新的现象或事物的初步探究，单案例研究是尤为合适的。

最后，单案例研究还适用于研究纵向案例（殷，2010：55）。纵向案例研究是指对于两个或多个不同时间点上的同一案例的研究，能揭示所要研究的个案是如何随着时间的变化而发生变化的。实践这一案例研究时，数据收集的时间以及频率的设置尤为关键。

1.4.1.2　多案例研究

与单案例研究相比，研究者有时对超过一个的个案进行研究，采用跨个案分析方法得出结论，这种方法被称为"多案例研究"。多案例研究中推导出的结论往往被认为更具说服力，更经得起推敲。Miles and Huberman（1994：29）指出："通过对一系列相似或者相反的个案的审视，我们可以理解一个单案例如何行动、在哪里行动以及为什么它会如此行动，我们可以加强研究发现的精确性、效度以及稳定性。"

但是，多案例研究并不十全十美。例如，多案例研究通常并不适用于不常见案例、批判性案例、启示性案例等类型的研究。除此之外，多案例研究占用的研究时间和研究资源较多。假如没有相对充裕的研究时间，完成多数量的案例研究的可能性不大。鉴于此，做多案例研究设计时，最好是考虑现实条件决定案例数据，做成可实行的案例设计。

那么，选择几个案例是既能提高案例研究结果的普遍性，又能具有可行性的呢？首先是案例数量上的考量。毋庸置疑，在条件允许的情况下，案例数量越多，研究结论越有说服力。然而，现实中，研究者往往面对着研究时间、资源不足等困境，因此可以选择三至四个案例。但是，多案例研究中的个案选择不仅仅是数量上的选择，还是个案"模式"的选择。选择多种"模式"的个案，也可增强案例研究的普遍性。根据殷（2010：62）指出的多案例研究所遵从的"逐项复制""差别复制"两个方向的复制法则，我们可以推测个

1　"互惠性（reciprocity）"是汤德姆学习的基本原则之一。它指在汤德姆学习中，参与者的双方都在对方的辅助下学习到了自己想要学习的内容，他们在汤德姆学习中是得到相同利益的。

案"模式"的选择具有两个方面：挑选出来的案例（1）要么能产生相同的结果（逐项复制）；（2）要么能预知与前一研究产生不同的结果的原因（差别复制）。

其次，使用多案例研究提高案例研究成果的普遍性，关键在于能否构建合适的先行研究理论框架支撑整个研究过程。殷（2010）就认为在复制过程的所有步骤中，最重要的一个步骤是构建合适的理论框架，并反复强调了案例研究设计中理论构建的重要性。他认为，构建理论的目的是给研究提供一个更详细完整的蓝图。即：为研究设计提供一个更有说服力的基础，帮助研究者决定应该收集哪些资料，采用何种方法分析资料。其次，理论框架的构建还有利于对个案进行归纳、概括。殷（2010：43）将先行研究的理论对于个案的归纳作用称为"分析性归纳"。在分析性归纳中，先行研究中提出的理论被当做"模板"，实证的结果要与这一模板相对照。

综上所述，采用多案例研究方法需要从案例的数量、案例的"模式"上做选择，还要从理论框架的构建上下功夫。

1.4.2   根据案例研究性质分类

根据案例的性质分类，案例研究可分为殷（2009）提出的"探索性""描述性""解释性"案例研究和Stake（1995）主张的"个性探究""工具性""集合性"案例研究等6种类型。这6种类型主要是由案例研究实施的整体目的决定的。

探索性案例研究被看做是进一步的社会研究的前奏，其目的是通过直接观察原始的社会现象来发现"理论"[1]（Glaster& Strauss, 1967），但最终的研究方法不一定要采用案例研究。例如，为了探索中国某大学的日语系学生利用网络进行课外日语学习是否有可能进行"理论"化的可能，笔者采用了多案例研究方法，对案例进行多角度的比较。以此研究结果为基础，笔者采用修正版扎根理论（Modified-Grounded theory approach: M-GTA）[2]，试图对处于中国某大学的日语系这一情景中的日语系学生利用网络进行课外日语学习进行理论

---

1   这里所指的"理论"是最初由美国学者Glaser（格拉塞）和Strauss（斯特劳斯）在1967年《*The discovery of grounded theory: Strategies for qualitative research*》中提出来。这种理论与适用于所有相同现象的传统的理论的基础不同，它是扎根于数据建立起来的，并且只适用于一定的情境范围内。

2   "修正版扎根理论（Modified-Grounded theory approach: M-GTA）"是由日本的社会学家木下康仁提出的，它以扎根理论（Glaster& Strauss, 1967）为基础，试图在数据分析等方面对扎根理论的不足进行修正。关于M-GTA的具体内容，可参见木下康仁（1999，2003，2005，2007）。

化。鉴于此，从性质上来讲，笔者的前期论文正是一种"探索性案例研究"。

解释性案例研究适合于设计和实施因果性案例研究。也就是说，解释性案例研究主要用于寻找某一现象发生的原因的研究。

相比之下，描述性案例研究不是因果关系的一种表达，它涉及案例被描述的广度与深度。描述应从哪里开始，到哪里结束；描述应包括什么，应排除什么。用来回答这些问题的标准将构成关于你需要描述什么的"理论"。

另外，Stake（1995）主张的个性探究案例研究，用于研究者想要对某个特定的案例进行深入探究的场合。被选定的个案不一定是具有代表性的，也不一定是有特殊性的。研究者对某个案例进行深入探究是因为对那个案例本身的特性感兴趣。

工具性案例研究主要用于探索研究者感兴趣的某个问题。这个情况下的个案本身并不是研究者最感兴趣的，研究者的目的在于探索这个个案促进对某些另外的问题的新的理解。也就是说，工具性案例研究中的个案只是一个为达到研究者想要探究的问题的目的所使用的工具。例如，脇坂真彩子（2012）使用了工具性案例研究方法来呈现在日本某大学的汤德姆学习项目参加者对"互惠性"原则的实践，最终达到增强对汤德姆学习的原则之一的"互惠性"的理解的目的。

集合性案例研究用于研究者的兴趣在于所研究现象的一般状况，而并非单个个案的个性。为了得到对其一般性的把握，研究者一般采用多个案例研究的方法。多案例研究中的个案可能是具有相似性的，也可以是完全不同类型的。研究者对各个个案的理解，有利于对多个个案所组成的集合体的理解提供基础。有时候，单案例也被视为集合性案例研究结果理论化的基础。这一类型的案例研究和多案例研究的目的相似。

以上所介绍的6种案例研究类型并不完全是独立的，研究者可根据自身研究的研究问题的侧重点，选取最适合呈现研究数据的案例研究类型。

1.5　案例的选择

在案例研究中，一般都需要进行两个层次的案例选择和筛选。

首先，在研究开始之前，必须选择一个待研究的样本。选择研究案例不能只采用"方便抽样"。所谓的"方便抽样"是一种基于时间、资金、地点，以及研究参与者等的可获得性来进行的抽样。虽然现实因素不可避免对样本的选择造成一定的影响，但是仅仅基于方便所做的选择并不令人信服。因此，案例研究中的抽样还应考虑需要收集某一案例的理由。

其次，如果不打算访谈所有的人、观察所有的活动，或者分析所有的资料，那就必须在个案中间进行目的性抽样。选择个案的标准可根据以下几个因素进行考虑。（1）基于现有理论的需要，收集具备什么内容的个案？（2）研究的目的是什么？想要呈现某个个案的现象？还是想要补充某一现象的理论的不足？需要多少个案例才可以补充现有理论的不足？（3）为了达到研究目的，需要选择什么样的案例？（4）在特定的研究时间、研究经费的范围内可把哪些人纳为研究对象？

确定了筛选案例的标准后，就需要思考如何筛选能满足这个标准的个案了。

假如研究者的兴趣在于一个个案，那就要思考选择什么样的个案最符合研究问题以及研究目的。典型性抽样和独特性抽样都适用于单案例研究的个案筛选。典型性抽样是指选择能够反映研究者感兴趣的现象的最一般的人、情形或者实例的方法。而独特性抽样则是基于研究者所感兴趣现象的独特性为基准的一种案例的选择方式。

对于多案例研究，则要基于相关的标准选择个案。多个案的选择标准有以下几种。

标准之一是，选择具有尽可能多的覆盖面的个案（麦瑞尔姆，2007）。这种情况下，应该使用"差异最大化"的抽样策略。差异最大化样本一般从少量的有着极大多样性的样本中发现。也就是说，选择其现象差别最大或者导致现象形成因素最不同的若干个案，使个案类型多样性发挥到最大效果。

标准之二是，尽量提高个案之间的相似度（麦瑞尔姆，2007）。这一抽样策略被称为"理论抽样"。Glaser and Strauss（1967）指出："理论抽样是一个为了产生理论而进行资料收集的过程。在这个过程中，研究者收集数据、对数据进行编码、分析已收集的资料，并且决定下一步收集什么资料以及在什么地方收集这些资料，以便发展他们的'理论'。"（麦瑞尔姆，2007：45）在理论抽样过程中，资料分析与样本的筛选几乎是同时进行的。资料收集期间，研究者同时着手进行理论的构建。在这个过程中，研究者也根据资料分析结果出现的新情况，开始寻找与现有资料不同的案例。经过多角度地收集数据，研究者逐渐选定某个研究方向。研究方向决定后，假如数据不充分，那研究者还必须有针对性地收集此研究方向所需要的数据。

1.6　案例研究的数据收集

案例研究的"对个案进行深入的探究"的特点决定其资料收集方式相当多元。

殷（2010）列举了文件、档案记录、访谈、直接观察、参与性观察、实物证据等六种案例研究中较为常见的数据收集方法。而麦瑞尔姆（2007）则指出在质的案例研究中，访

谈数据、观察记录以及文献收集这三种数据收集的方法经常被使用。笔者则认为每种数据对案例研究的作用各有长短，但又相互补充，只要适合于某个具体的研究课题，采用什么样的数据收集方法都是可以的。

另外，殷（2010）还提出案例研究中数据收集方法以及过程的三大原则。首先，使用多种证据来源。使用多种数据来源有利于研究者全方位地考察问题，使研究结果更加准确，具有说服力和解释性。这种采用多种不同来源的数据相互引证其真实性的方法被称为"证据三角形（triangulation）"。其次，建立案例研究资料库。研究资料、证据库和研究者的报告是案例研究资料库的两大类。但是，这两大类资料必须进行区分和有序的整理。这是为了保证研究报告可随时直接引用具体数据，以及找到初始数据进行验证。再次，形成一系列证据链。这指的是对案例研究的论文中，对资料库的数据进行充分的引用，而收集的数据又同时明显支持研究问题，由此形成方法论与支持结论的论据之间有明确的相互参照关系。

下面我们就来看看使用质的案例研究方法的日语教育类论文中使用了什么样的数据收集方法。

サマンティカ（2007）中，作者一开始以故事的方式讲述了她的研究出发点。她出身于斯里兰卡，在进入日本大阪大学继续学习之前，曾在斯里兰卡国内做日语老师。回忆起在斯里兰卡教日语的经历，她提到周围的斯里兰卡日语老师与日本籍老师相处的不平等，以及当时自己作为日语非母语的日语老师的烦恼。在这篇论文中，她讲述了一位日语为第二语言的斯里兰卡日语老师的故事，通过这个个案探索日语非母语的日语老师做到发挥自己最大优势所需要的条件。她在这项案例研究中，使用了短期的参与、观察和访谈三种方式收集数据。在论文中，她也讲述了使用短期参与、观察和访谈作为数据收集的现实原因。例如，与研究参与者的距离问题导致可进行参与、观察的时间有限：不是所有的学校和老师都同意接受她进入现场进行参与、观察的。她在经历了几次拒绝后，才终于得到了接受协助调查的学校和老师。

範玉梅（2007）则通过案例研究记述了一个中国籍留学生K如何走上日本留学道路，经历了什么样的留学生活。她在此案例研究中采用了多种数据收集方法，包括（1）观察笔记；（2）对话录音；（3）研究参与者K的日记；（4）与研究参与者K的电话、邮件。以上四种数据都是经过研究参与者K的同意而使用的。其中，K的日记是她到日本之后记录自己生活点滴的非常私密的东西，但是她信任研究者并将日记作为研究数据提供给了研究者。研究者尊重K本人的意愿，将她的故事写出来，经本人确认之后公开。

另外，脇坂真彩子（2013）通过案例研究探索影响利用skype进行的汤德姆学习（简称：E-tandem）参加者的动机变化及影响其变化的因素。由于脇坂真彩子是此汤德姆学习

项目的主要策划者和实践者，她收集了相关的数据，包括：（1）研究参与者David的所有学习活动的记录，具体有：和汤德姆学习伙伴的邮件内容、skpye的通话录音；（2）对研究参与者David进行访谈的录音；（3）对研究参与者进行汤德姆学习说明会时的观察日记；（4）记录在研究期间所思所想的研究日记；（5）研究参与者与研究者之间的邮件和聊天记录。上述收集到的五种数据中，研究者参与者David的学习记录有利于研究者了解汤德姆学习中的研究伙伴对他的动机的影响情况。而通过研究参与者David进行对面式访谈的录音则可以探索David的内心活动，他参加汤德姆学习过程的所思所想等。另外，研究者在研究期间的记录以及与研究参与者之间的邮件、聊天记录则扮演一种辅助理解、验证其他数据来源的角色。这样的话，以上五种数据来源就为此研究提供了一条可相互验证的数据链。

根据上述三个研究例子可知，所有可以收集到的、对个案的理解有帮助的数据都可使用到案例研究中。但是，并非所有的数据收集方式都被平均地使用，数据类型中的一种或两种会起着重要作用，其他方法则起支持作用。

1.7 案例研究中的数据分析

案例研究的数据分析是对具有界限的个案进行密集的、全景式的描述和分析，最终达到对各个个案的理解。在案例研究中，数据分析重点在于把所有收集到的数据与研究问题相联系，最终以合适的方式呈现分析结果。

相对于单案例研究，多案研究中存在着个案内分析和跨个案分析两个分析阶段。案例研究中的每一个个案都以其自身成为一个综合的案例，都需要进行细致的分析。一旦对每个个案的分析完成，跨个案分析就开始了（麦瑞尔姆，2007）。一个质的多案例研究，寻求的是个案之间的深度理解以及抽象提升，并且尽管这些个案在细节上有很多不同，研究者还是力图建立一个概括性的理论以适合每一个单独的个案。

1.7.1 案例内分析

案例内分析通常包括针对每个案例的详细描述（艾森哈特，2012；殷，2010；麦瑞尔姆，2007）。对于案例内分析的方法还没有形成标准形式，因此有多少个研究者就有可能有多少种方法（艾森哈特，2012：10）。但总体来说，案例内分析就是将每个个案看成独立的个体，对每个案例进行纯粹的描述。

例如，胁坂真彩子（2013）为了探究影响利用skype进行的汤德姆学习（简称：E-tandem）参加者的动机变化以及影响其变化的因素，她把收集到的（1）研究参与者David的所有学习活动的记录（和汤德姆学习伙伴的邮件内容、skpye的通话录音）；（2）对研究参与者David进行对面式访谈的录音作为数据分析的主要对象，按照时间顺序将它们进行排列。用这种方式整理了影响研究参与者David参加汤德姆学习过程的动机变化的事件。同时，她还参考其他的类型的数据，更深层地分析了影响David动机变化的因素。

案例内分析虽然只是进行纯粹的描述，但这一过程对帮助研究者充分了解每个案例，从而加快了随后的跨案例分析。因为它能帮助研究者在数据分析阶段及早开始处理海量信息，同时帮助研究者细致入微地熟悉每个案例。这个过程使得研究者在寻找跨案例的模式之前，能使每个案例以独有的模式涌现出来。

例如，周萍（2009）采访了中途放弃去免费日语教室学习日语的中国人，寻找他们放弃继续去日语教室学习日语的原因。她一共访谈了十位受访者，访谈数据依据扎根理论的分析方法进行逐行编码、概念化，并进行属性分类。分析十位受访者的访谈数据，结果显示出了三种放弃继续去日语教室学习日语的模式。周萍（2009）在这三种模式中各选取一个代表性的案例，在案例内分析阶段，她分别具体描述各个案例。之后，她通过跨案例分析总结出三个模式间的相似点与差异点，最后总结出访谈对象放弃去日语教室继续学习日语的原因的共性。

总结来说，案例内分析的重点在于每个个案的具体信息的描述和呈现。但假如是多案例研究，研究者还需考虑跨案例研究阶段方向，调整案例内分析的内容。

1.7.2 跨案例分析

多案例研究需要从数个案例中收集和分析数据。艾森哈特（2012）指出跨案例分析的关键在于从多种不同的途径来分析数据，以克服信息处理过程中的偏差。Yin（1994）也表示，"研究者力图建立一个概括性的理论适合每一个单独的个案，尽管这些个案在细节上有很多不同"。

艾森哈特（2012：11-12）提出了以下三种跨案例分析方法。

方法之一是，先选定一些分析的维度，然后寻找同一案例中的相似点和其他案例中的不同点。这些分析的维度可以根据研究问题来定。研究者也可先从数据分析的结果中选取一些暂定的分析角度，并随着数据分析的深入不断调整。

第二种方法是将案例配对，然后列出每对案例之间的相似点和不同点。这一方法促使

研究者寻找案例之间细微的相似和不同之处。如果在似乎相似的案例之间寻找差异之处，并将它们并列比较，可使研究者打破过于简化的思维框架。与此相同，在看似不同的案例间寻找共同点，可更深入地理解案例所揭示的现象。

第三种方式是按照数据来源将数据分开分析。这种方法有助于研究者从不同的数据收集途径分别获得独特的见解。当从一个数据源得到的模式被来自其他数据源的证据证实了，那么该结果就有更加坚实的事实基础。如果证据是冲突的，那么研究者可通过更进一步探查冲突背后的含义来化解证据间的矛盾。有时这种冲突揭示的是虚假或随机的模式，或者是分析过程中的想法偏差。

总的来说，跨案例分析方法隐含的思想是，迫使研究者突破最初的印象，尤其要使用结构化和多样化的视角来分析数据。这些方法能提高案例分析结果的准确性。此外，跨案例分析方法增加了研究者捕捉到那些可能存在于数据中的新发现的机会。

1.8 示范性案例研究的特征

殷（2010）中举出示范性案例研究的五大特征。

首先，在案例研究报告中明示所研究的案例的价值。殷（2010：198）所说的"有价值的案例研究"是指不常见的、能够引起公众兴趣的案例；或者从理论角度、政策或从实践角度看，案例的根本议题具有广泛意义的；或者这两种条件都满足的案例。

第二是保持案例研究的完整性。首先，设计一项能够在有限的时间或资源下能顺利完成的案例研究。其次，应当明确而详尽地说明案例的边界。再次，对数据收集过程进行叙述。好的案例研究报告，应令人信服地表明研究者收集证据的相关证据。数据收集的过程可单独立一个章节进行说明，或者在案例研究报告的必要部分以脚注、附录等形式做说明。

第三是考虑对同一现象的不同观点。好的案例研究应该从不同角度去考察同一研究现象，并从不同角度收集证据、分析数据。要做到充分体现不同角度的观点，研究者必须在研究过程中有意识地找出那些最能挑战当下案例研究设计的对立观点。

第四，好的案例研究必须有充实的依据。但是，表示充实的证据的方式并不是把收集到的现场笔记、访谈数据等大量数据堆积在报告中。毫无计划地引用支持性数据只会造成描述过于冗长、难懂。相比之下，优秀的案例研究会明智而有效地陈述与分析问题相关的证据，这样才能让读者自己判断出该案例分析的优势和特点。

第五，以吸引读者的方式编写案例研究报告。无论以何种形式进行写作，一份好的报告应该既有清晰的写作思路，又有吸引读者不断读下去的魅力。

1.9 案例研究报告写作的过程

1.9.1 确定研究报告写作的目的

在写案例报告之前，考虑一下会有哪些读者群，先想象即将撰写的研究报告的读者群需求。例如，读者想从这个案例研究报告获取什么信息、他们喜欢什么样的交流方式等。同时，案例研究的写作者也需要考虑通过研究报告要传递一种什么样的信息给读者。接着，根据设定的读者群以及写作目的，案例研究报告的写作者可突出或者淡化案例研究的一些重点、细节，甚至改变写作风格、修改文章长度等。

1.9.2 确定案例研究的写作框架类型

殷（2010）提出案例研究报告的四种写作框架类型。具体来说，写作框架类型是指对研究论文的整体呈现做出的写作安排。

第一种是经典的单案例研究报告。这种情况下，只要结合研究目的将单个案例的内容呈现出来即可。第二种是包含经典单独案例的多案例研究报告。这种多案例报告通常分独立的章节来描述每一个案例。除了对每个案例的单独描述，报告还用一个章节作综合分析，得出结论。也就是，多案例研究报告经常既有独立的案例研究部分，也有一些综合分析的章节。第三种是遵循一系列的案例研究的问题来陈述的形式表达。这种研究报告是以问答形式构成的。报告的读者提出一系列问题，并给出一定长度的篇幅供研究者阐述案例研究的结果。第四种报告只适用于多案例研究。这种情况下，报告中的每个章节讨论的是某一个跨案例分析问题。虽然可能没有独立的章节叙述单案例，但每个案例的信息分散在各个章节里。它们在研究报告中作为跨案例分析问题的支持性证据出现。

学位论文的写作中，多采用第二种案例研究的写作类型。具体来说，其写作方式是：首先，对每个案例的案例内分析结果进行分章独立的描述；接着，跨案例分析中，对案例内分析的结果进行比较分析，归纳出共通性和差异性。在此基础上，结合先行研究进行跨案例分析结果的考察。最后，得出最终结论。

1.9.3 案例研究报告的写作结构类型

这一节侧重阐释在研究报告写作过程中，研究者通过什么样的写作方式才能更清晰地呈现研究成果。接下来，笔者将介绍殷（2010）所提出的"时间顺序结构"和"理论构建式结构"来说明案例研究报告的写作结构类型。

1.9.3.1 时间顺序结构

由于案例研究通常包含一定时间跨度上的某些事件，因此依据时间顺序陈述案例研究是其中一种结构。这时，章节可按照事件发生的前后顺序一件一件开展。

例如，脇坂（2013）的单案例研究中描述了通过 skype 进行的汤德姆学习（简称：E-tandem）的德国籍日语学习者 David 的动机变化及影响其动机变化的因素。案例研究中，她利用案例内分析整理出了 David 在参加汤德姆学习期间的时间与事件以及他的动机变化的联系，寻找影响他动机变化的因素。基于这样的分析，她在论文中也利用时间顺序的结构来呈现分析结果。脇坂（2013）首先说明了 David 参加汤德姆学习之前的日语学习经历以及开始参加汤德姆学习的动机，接着她按照以周为单位的时间顺序描述了 David 的汤德姆学习活动及其动机的变化。

又例如，欧（2014）的单案例研究也采用了时间顺序结构，讲述了一个在课外长期与在日本的日本人写电子邮件相互交流、学习日语的日语系大学生 N 的故事。故事从 N 选择日语作为专业的时间开始，描述了她进入大学一年级之后的日语学习情况和她开始通过电子邮件进行课外日语学习的原因。接着，故事侧重讲述了 N 利用电子邮件进行课外日语学习的经过。例如，利用方式的变化过程以及影响其变化的因素等。最终，故事结束于 N 大学毕业时还继续写电子邮件学习日语的情节。这样的情节有可能一直持续下去，也有可能变化。但是，案例研究并没有继续追踪下去。这是由于欧（2014）的研究焦点在于 N 大学阶段这一时间范围内的日语课外学习情况。

1.9.3.2 理论构建式结构

在理论构建式结构中，章节的顺序依照一些理论构建的逻辑来安排。所谓逻辑，取决于特定的题目或理论，但每一个章节都应逐步地、渐进地揭示理论构建的过程。

为了增强理论构建的过程的流畅性，案例研究结果报告写作框架必须事先进行构思，从案例内分析结果的写作开始逐步铺垫，为跨案例分析结果的写作打好基础。首先，案例内分析结果与跨案例分析结果必须保持内容上的一致性。没有出现在案例内分析结果的内容决不能突兀地出现于跨案例分析结果中。其次，案例内分析结果写作风格的统一也会有

利于跨案例分析结果的模式化。

中井好男（2010）以日本的某一日语培训学校为研究现场，以考试不过关重修的三名中国留学生为研究对象，探索他们在日语培训学校的日语学习实况。在此基础上，探讨担任重修课程的日语老师们能够为重修的留学生提供什么样的辅导工作。在案例内分析部分，中井（2010）分别详细描述了研究参与者在日本的生活与日语学习的状况。为了方便在跨案例分析中进行比较，他统一这一案例内分析结果的写作结构。在跨案例分析中，他通过对案例内分析内容的相同点、不同点的比较，力求寻找出研究参与者日语学习中的"模式"。

同样的，周（2009）也采用了多案例研究的方法。案例内分析中，她分别描述了三名在日中国人放弃去免费日语教室学习日语的经过。三个案例的描述方式相似。跨案例分析中，她分别对三个案例的相同点、不同点进行比较，分析他们放弃继续去免费日语教室学习日语的原因。

从中井（2010）、周（2009）的两个研究报告实例来看，多案例研究报告中的跨案例分析的写作是与案例内分析结果紧密联系的。

1.9.4 案例研究报告中的描述、解释和分析

虽然案例研究报告可根据报告规定的页数长短以及读者群的需求调整其写作框架，但是，其具体写作中诸多细节上的调整也尤为重要。

案例研究中的个案内分析结果写作，必须是有具体细节描述的，能够让读者对研究的场景获得感同身受的体验的（麦瑞尔姆，2007）。然而，对研究场景的具体描述必须结合分析和解释，通过这种方式把一个描述和另一个描述结合起来，以使叙述更加有趣味，更言简意赅。

Erickson（1986）就案例研究的数据分析中的"具体描述""概括性描述"和"解释性评论"三个部分做了区分。他认为原始数据可以作为具体描述，而在数据中发现的类型作为概括性描述，更高层次的抽象性数据则作为解释性评论。"具体描述"包括从访谈以及现场笔记中引用的资料，包括描述研究对象的当下的行为举止、言语、行为发生的情境本来状态下的小插曲。"概括性描述"则告诉读者，引用的小插曲在总体的研究现象中的意义。概括性描述一般出现在具体描述之前或之后，引导读者关注研究者注重的细节以及对这些细节的意义解读。概括性描述是十分必要的，不然读者会被淹没在无法理解的一系列细节中。"解释性评论"的目的在于为具体描述和概括性描述提供理解的框架。这一部分

可理解为麦瑞尔姆（2007）所提出的案例研究报告中的分析。

总结麦瑞尔姆（2007）和 Erickson（1986）关于案例研究写作中的叙述可知，保持具体描述和解释、分析的平衡是撰写案例研究报告的关键。

2. 叙事探究

李晓博

叙事探究（Narrative Inquiry）是最近几年在国内逐渐受到关注的一种研究方法。在我国最常见的是用叙事探究来研究教师的专业发展。本节主要讲述叙事探究的定义、内涵以及叙事探究作为研究方法的研究过程，以及叙事探究与其他质的研究方法不同的地方。首先来看叙事探究的定义。

2.1 什么是"叙事探究"

"叙事"一词，用通俗话讲就是"故事"，而且，叙事探究的研究结果往往以故事形式呈现。因此，有些研究者把叙事探究简单地认为就是"讲故事"。殊不知叙事探究作为在西方新兴的教育研究方法，有其自己的发展背景、哲学根基和方法论特点，绝不是单纯"讲故事"那么简单。也有的学者没有对质的研究方法和叙事探究进行过系统的学习，误把叙事探究与质的研究混为一谈，认为叙事探究就是质的研究，质的研究就是叙事探究。而叙事探究只是质的研究的一种研究方法，不能混为一谈。

至于叙事探究的定义，叙事探究研究方法的倡导者——加拿大学者康纳利和克兰蒂宁是这样定义的："所谓叙事探究，是指对研究者和研究参与者的'经验'，研究者进行设问、书写调查文本、解释、在'三维空间'中（场所、个人和社会、事件的过去、现在和未来间）不断切换，书写研究文本的过程和结果。"（Clandinin & Connelly，2000，笔者译）从这难以理解的定义中就可以看出，对于初学叙事探究的人来说，单从定义是不可能理解叙事探究的。本文从解叙事探究的来历、发展背景、哲学根基以及内涵方面来解释什么是叙事探究。

2.1.1　叙事探究的来历

谈叙事探究的来历，不能不追溯自20世纪80年代开始兴起的教师研究。

2.1.1.1　教师研究的兴起

20世纪中期之前，行为科学在教育研究领域中占据着"支配"地位。在课程研究领域，著名的"过程—结果"研究模式可以视为是行为科学的典型应用。"过程—结果"研究模式将教学过程分为"先在变项（presage variables）""情境变项（context variables）""过程变项（process variables）"和"结果变项（product variables）"四个变项。通过数字来分析变项之间的关系，说明其因果关系。在"过程—结果"研究范式的课程研究和课堂研究中，教师不被视为教育的主体，而被视为研究的客体。比起教师，研究者更具有主导地位。他们将自己置身于教室之外，从研究者的角度，开发出适用于每个教室、每位教师的具有普及性的理论和知识。再把理论和知识"传授"给教师后，让教师照搬到教室中去。也就是说教师变成了传输课程理论和课程知识的"导管"。这一现象，用爱尔巴茨的话来说就是"教师变成了教育这个大机器中的一个小齿轮"（Elbaz，1983：9）。这种忽略了教师主体作用的课程理论体系不但不能真正促进教师的专业发展，反而使得教师越发机械化和程序化地去执行教学，失去作为开启人类智慧的"教师"之内涵，使得教师越来越没有创造性，越来越"无能"。

因而，自1980年代开始，在教育研究领域开始了对这种以行为科学为基础的课程研究模式的批判。产生了有人称之为后现代课程的哲学观和教育观。也就是被称为课程研究的范式转换。这一理论吸收了哲学、语言学、社会学和新人文科学的思想，吴宗杰指出："该理论提出转换课程范式的思路，要把教师和学生的心灵成长而非客体知识和话语灌输作为教育的核心。"（吴宗杰，2008：55）也就是说，新的范式关注的不是客体知识的开发和灌输，而是对教育主体的教师和学生作为"个人"的关注。这样一来，教育领域中原来被排除在"学术研究"之外的关于教师的研究问题被提了出来，比如教师知识、教师的人生故事等等。

2.1.1.2　教师知识与叙事探究

加拿大的康纳利和克兰蒂宁的一系列研究为人们开启了教师研究的新视野。康纳利和克兰蒂宁的研究主要围绕教师知识展开。康纳利和克兰蒂宁指出："随着研究的发展，我们开始把教师的知识看作是教师生活历史的故事，是被故事化了的生活的一部分。"（Connelly & Clandinin，1999：2 笔者译）也就是说，他们认为教师知识与教师的人生、

生活故事紧密相连，研究教师知识就要对包括教师的人生历史、生活场所、人物、情感等生活故事进行研究。这一概念打破了迄今为止束缚研究者思维的"理论框架"，要求研究者回到"生活世界"中去。"生活世界"一词来自于胡塞尔的现象学，是指与理性化了的"科学世界"相对立的经验世界，也是指与概念世界相对立的每个人的具体的、特殊的、和"原本"的世界，它是一切科学和抽象知识的土壤和回归的地方。因为对教师知识"故事化"的定义，康纳利和克兰蒂宁把"叙事"引入了教育研究。对于"叙事"，他们是这样定义的："叙事是指人类面向未来的目标，通过叙述和再叙述过去经验的行为来探究如何解释和赋予经验意义的学问。"（Connelly & Clandinin，1988：24）这一概念也就是后来他们提出的"叙事探究"的概念。

从这里可以看出，康纳利和克兰蒂宁首先把叙事视为教师知识的存在形式和表述方式，即教师知识本身是故事化的、可以通过叙事来表述。同时他们所说的"叙事"不仅仅指的是"故事"或"讲故事"，还包含"探究"这一研究方法。后来，他们把这一包含了研究内容、研究方法和表述方式在内的"叙事"称为"叙事探究"（Clandinin& Connelly，2000）。这样，叙事探究便作为研究教师的新兴方法而开始受到关注。

2.1.1.3 哲学基础

康纳利和克兰蒂宁的叙事探究基于杜威的实用主义哲学。实用主义哲学是美国的一种历史悠久、影响广泛的哲学思想。实用主义认为哲学应该立足于现实生活，把采取行动看作是生活的主要手段，强调经验对于认识的意义。杜威将经验与教育和生活联系在一起，认为人现在所拥有的经验产生于过去的经验，而现在的经验又后续未来的经验。人就是通过对经验的不断改造而生活着。而这种经验的改造即为"生活的本质"、也即为"教育"。同时，杜威的"经验"概念有连续性和互动性特征。连续性是指经验的时间特性，即经验总是处在过去、现在和未来的连续体上。互动性是指任何经验都处在个人与社会、个人与他人的关系之中。杜威经验论的"时间特性"和"互动性"是叙事探究中重要的哲学概念。"时间特性"意味着叙事探究总是处在变化中。变化包括一方面经验总是处在变化中，另一方面人对经验的理解和诠释也总处在变化中。因此，叙事探究中的"真相"只可能是某个时间点上的"真相"，它会随着"再讲述"的进展而变化。也就说叙事探究结果具有不确定性。而"互动性"则意味着叙事探究总处在一定的关系之中。关系包括研究者与研究参与者的关系，还包括研究者与社会、他人的关系；研究参与者与社会、他人的关系等。正因为此，叙事探究的经验不仅仅具有个人意义，同时还具有社会和文化意义。

2.1.2　叙事探究的内涵

叙事探究中的"叙事"既包括"讲故事""故事"，又包括"探究"，因此，它既有动词性质又有名词性质。动词性质的"叙事"为"讲故事"，但是，如前所述，"叙事"本身包含着探究，因此，叙事探究中的"讲故事"包含对经验意义的"探究"。名词性质的"叙事"指作为探究的结果而呈现的故事。因此，对叙事探究来说，探究是灵魂。比如教师发展，不是说只要"讲故事"就可以促进教师发展，更重要的是要有一种探究在里面。而探究，说白了，就是要去阐释故事的意义。但是这种阐释不是作者头脑中已有的理论框架或者先见等，而是扎根于故事的，或者是通过反复讲述故事而衍生出来的。

作为康纳利的学生，He Mingfang（1998）采用叙事探究的手法，对包括她自己在内的三名由中国移民到加拿大的女性教师的学习、生活经历进行了跨文化研究。He（1998）的数据收集方式主要是访谈以及平时三个人在一起聚会时的录音等。研究叙述三个人在中国和在加拿大的生活、教育及从教经历。在He（1998）中读者能通过三个人的故事，感受到中、加文化的冲撞以及这三位女性教师在不同阶段所经历不同的"文化打击"和"文化适应"。作为叙事探究的"探究"过程，He呈现了她与导师康纳利的对话文本。在对话中，康纳利告诉He"你讲故事目的不是展示它，而是去探究它"。康纳利对He说："讲故事前你要问你自己对什么感兴趣，你想弄明白什么；你把握不准的地方是哪里，而你又是怎样搞清楚的，要把这一过程写出来；你讲述中国人外出留学及返回国家，你要问这对于你的国家来说意味着什么，对于你们个人的生活又意味着什么。"康纳利的话就是在引导He对故事进行探究，启发He要去思考和探究故事所蕴含的意义，并用自己的语言进行表述。He（1998）呈现与导师的这段对话既是在呈现自己探究的过程，也是在告诉读者，叙事探究不是仅仅"讲故事"而已，更重要的是要明白你跟故事的关系，你通过它能解读到什么，能探究什么样的意义。

同样是康纳利的学生，Phillion（2002）采用叙事探究的手法，对加拿大一所名为贝街学校（Bay Street School）的"多文化教育和学习"进行研究。研究结果以叙述形式呈现。作者讲述教师Pam的教学实践故事、学校的故事，以及发生在作者自己身上的变化和学习的故事等。读者读这些故事不会像读小说一样停留于故事本身，而会被作者带到一个"多文化教育、多文化学习"的语境中同作者一起思考这些故事所蕴含的意义和启示。这是因为作者并不仅仅停留于"讲故事"，而是不断地在追问这些故事以及经验所蕴含的意义和启示，并"邀请"读者跟作者一起去经历这个意义探究和诠释的过程。

由此可以看出，叙事探究中的"故事"本身是探究的结果。叙事探究要做的不仅仅是叙述故事，还要把探究故事的过程也呈现出来，而这些都是为了对意义的探究。

要做到探究，对叙事探究来说，"叙事性地思考"是关键。可以说，学习做"叙事探究"就是要学会"叙事性地思考"。"叙事性地思考"，是对经验和研究的思考模式，不同于传统研究的思考模式。那么，什么是"叙事性地思考"？

朱光明、陈向明（2008）认为，"叙事性地思考"指的是用一种有着内在意义联系的方式来思考人类的生活经验和叙事探究活动本身。这其实还是有点难以理解。我们还是要回到根本上来理解。

心理学家 Bruner 认为人通过两种途径来思考、认知世界，一种是叙事性思考模式（narrative mode），另一种是典范性思考模式（paradigmatic mode）。典范性思考模式将因果关系陈述成为"如果 X 那么（then）Y"的命题形式，然后按一定的步骤进行推理或证明，从而立论。也就是说典范式思考模式采用论理命题的方式来陈述因果关系，并通过适当的步骤和手段来证明其推理的实证性。与此相反，叙事性思考模式将因果关系陈述成为"王死了，那之后（then）王妃死了"的故事形式，探寻前后两件事之间有可能发生的特定关联：比如由于国王的不可避免的死亡而带给王妃的深深的痛苦，或自杀，或背叛等等（Bruner, 1986）。也就是说，叙事性思考模式通过故事的形式来陈述前后两事件之间可能存在的特定关系。用英语表示，同样是"then"，在叙事性思考模式中"then"代表的是前后的特定关系；但在典范性思考模式中"then"代表的却是因果关系。因而，相对于典范性思考模式的主要任务是通过推理从而探寻因果关系，叙事性思考模式则是通过表述故事来探寻事件之间的前后特定关系。

尽管叙事探究中，探究的重点是对故事意义的阐释，但是其思考模式不是"典范性思考模式"，而是"叙事性思考模式"。也即是说"叙事、探究"互为表里，叙事的目的在探究，而探究又是通过叙事进行。

许多初学叙事探究的人并没有领悟到叙事探究的这层含义。表面上，他们采用故事的形式来呈现经验，但是，这些故事的选择和取舍并不是基于"叙事地思考"之上，也就是说这些故事并不是基于经验本身的内在联系，而是基于作者头脑中已有的某种因果概念，在某种框架下呈现的经验。因此，探究的结果并不是经验本身的意义，而带有较强的"人为理论"倾向。要做到真正的"叙事地思考"需要研究者抛弃用"目标性的语言、可观察的行为概念、因果概念以及上帝之眼的视角来思考此时此地"（朱光明，陈向明，2008：73）。这才是叙事思考的根本所在，也是做好探究的基础。

叙事探究的另外一个重要概念就是"三维（Three-dimension）"空间概念。"三维"空间指的是"时间、空间、互动性"所构成的空间。

前面已经提到，叙事探究基于杜威的"经验论"，而杜威的"经验论"具有时间、空间和互动特性。人现在所拥有的经验产生于过去的经验，而现在的经验又后续未来的经

验。这便是时间概念。同时，经验总是处在一定的关系中。个人与社会、个人与他人的互动便是经验的互动性或社会性。

叙事探究"三维"概念的第一个是空间（space）的概念。因为，无论经验还是叙事，都发生在某一特定的场所内。比如说对教师知识的研究，可能要涉及对教师所在学校的历史、文化等的研究。第二个概念是"时间的连续体"（past, present, and future）的概念。因为，经验总处在由过去、现在、将来所组成的时间的连续体上。因此，研究者在进行叙事时，在过去、现在和将来的反复切换中来理解和研究"经验"是很重要的。第三个是相互作用（interaction）的概念。相互作用指的是个人和他人及社会的关系。因为，每一个人都避免不了受周围环境和社会的影响。因此，对叙事研究来说，需要通过个人和环境及社会的互动关系来理解和研究个人。

"三维"概念的构成要素贯穿叙事研究的全过程。无论是在调查还是在生成调查资料还是在总结调查结果时，"三维"概念都不可忽略。因此，做叙事探究可以说是在"三维"中叙述故事，生成故事。

比如李晓博（2008）是一篇关于探究凉子这位教师的个人实践性知识的叙事探究论文。笔者对凉子的个人实践性知识的探究就是放置在"三维"空间中。笔者先对凉子的课堂进行观察、描写，由于从中感受到与笔者不同的教学理念和教学方法，因而笔者开始对形成凉子独特教育理念和方法的"根源"进行探究，这让笔者追溯到凉子的"个人历史"——她自己学外语的经历和在韩国教日语时的经历，以及她周围人对她的影响等。这些经历的沉淀才建构了"现在"教室里的凉子的教育理念。这样的探究就是在"过去、现在与未来"的时间和"个人与社会关系"以及具体的场所内的"三维"空间中进行的。

理解了叙事探究的哲学根基以及内涵后，我们来讨论叙事探究的研究过程。

2.2 叙事探究的研究过程

叙事探究的研究过程跟其他质的研究方法一样：提出研究问题——制定研究方案——收集研究数据——分析研究数据——生成研究文本。

质的研究问题一般不是"为什么"，而多问"是什么"或"怎么样"。一般来说"为什么"注重的是寻找原因，强调因果关系；而"是什么"或"怎么样"则注重过程，强调多样性和复杂性。质的研究不是用来解决线性问题的研究方法，它注重现象本身的复杂性和多样性，试图回到生活世界中去寻找"事实"所具有的意义。当然，比如陈向明教授就有一篇以"王小刚为什么不上学了"为名的质的研究论文，这篇论文尽管以"为什么"提

出问题，但是，陈向明探寻的却不是比如"因为……所以不上学了"这样的因果关系，陈向明是通过这一命题勾勒出一幅农村辍学儿童王小刚生活的环境以及影响他辍学的显性和隐性复杂因素。

叙事探究同样不适合提"为什么"类的研究问题。而且，在研究开始前提研究问题时，最好是一个大概、比较模糊的题目，不宜提非常具体的题目。因为做叙事探究是一个不断聚焦、不断确定主题的过程。最终的题目很有可能在研究中途才逐渐清晰起来。比如笔者在《有心流动的课堂：教师专业知识的叙事探究》（李晓博，2011）的研究中，一开始提出的研究问题并不是"教师的专业知识"，而是"在中国留学生和日本教师共同所在的教室中到底发生着什么；老师和学生分别都有着怎样的学习和成长经历"。因为笔者在研究开始前只是对留学生学习日语的教室中发生的事情感兴趣，想知道日本老师怎样教而中国留学生又是怎样学的。因而笔者选择了现场调查的调查方法，进行了为期一年的现场调查。但是，随着调查的进展，笔者发现，如果既要研究老师怎样教又要研究学生怎样学就意味着要进行两方面的研究，而且既要涉及"教师论"方面的理论，又要涉及"学习论"方面的理论，无论是研究数据还是理论研究任务都非常重，而且会导致研究流于表层。最后笔者决定只聚焦于教师怎样教。但是，随着研究的进展，笔者又发现"怎样教"其实不能很好地概括笔者的研究内容。因为笔者在研究中途发现，教师的教学绝不仅仅意味着"怎么教"这么简单的层面。教师的教学跟教师的人生史、教师的生活、教师的经验等密不可分，同时，教师还会受到比如所在学校文化、群体等各种因素的影响。因而，笔者最后才采用了一个能够涵盖这些内容的"教师专业知识"这一上层概念来作为研究的题目。

由此可以看出，尽管作为呈现出来的论文，大家最先看到的都是研究题目，然而，在实际研究中，尤其是在质的研究、在叙事探究中，题目往往是随着调查和研究的进展，通过不断聚焦而生成的。初学叙事探究的研究者要学会在研究的前期阶段不断地与自己的数据"对话"，不断地追问自己，从而不断地聚焦自己的研究题目。

在有了一个大概的题目后，进入制定研究方案阶段。研究者要在这一阶段思考为了解决研究问题，应该采用什么样的调查方法，比如是现场调查法还是访谈法。如果是现场调查法，要考虑选择什么样的现场，调查的期限和范围；如果是采用访谈法，是对一个人进行访谈还是对多个人进行集体访谈法等。值得一提的是，即使采用了现场调查法，根据需要也同样有对研究参与者或相关人员进行访谈的时候。只不过，现场调查法中的访谈一般是一些不明信息的确认或补充等，而在访谈法中访谈则是信息的重要来源。而且，由于叙事探究重视对经验意义以及过程的探究，因此，比起单纯的访谈调查法，多数研究者会采用以现场调查法为主的调查方法。当然也有仅以访谈法为主的叙事探究，比如 He（1998）就是以访谈法为主的叙事探究。

在这一阶段，有一个重要任务就是确定调查对象，也就是叙事探究中说的"研究参与者"或者调查现场（field）。寻找"研究参与者"或者调查现场，可以通过自己来找，比如自己认识的合适的人或者调查现场。也可以通过别人的引荐或介绍来找，这种情况下要把自己的研究目的、调查期限、需要对方怎样合作等告诉引荐人，通过引荐人与"研究参与者"或"调查现场"的"媒介人"接触，再开始调查。还可以通过贴"广告"的形式来找：将自己的研究目的、需要找的"研究参与者"或调查现场的条件、需要对方的合作方式、大概的期限、参与研究能给对方带来的利益以及需要对方所做的协助等写出来，贴到合适的地方。比如自己想研究大学生，就贴到大学校园里；想研究大学女生宿舍生活，就贴到女生宿舍的公告栏等地方。有一点要注意的是，研究参与者，最好不要找自己过于熟悉的，比如家人、多年的朋友等。因为在收集研究数据时，往往会因为过于熟悉而忽略掉许多重要的研究信息。

确定好研究方案后，进入收集研究数据阶段。叙事探究的数据收集方法多采用质的研究的现场调查（filed work）法和深度访谈两种调查方法。关于现场调查法和访谈法已经在前面章节中谈及，这里不再重复。这里重点谈谈叙事探究的数据收集与一般质的研究数据收集不同的地方。叙事探究的核心在于：研究者要经历一种故事化的过程。而这种过程具体来说就是：亲历现场故事、叙述这一经历、再经历现场故事、再叙述这一经历。也就是说所谓的叙事探究是指用故事化的形式来理解故事本身的过程。而在这一过程中，研究者在研究现场的任务不是要做人们所误解的"寻找和听别人的故事"，而是要去"体验和经历生活"（Clandinin & Connelly，2000：78）。"体验和经历生活"意味着研究者不是回避而是积极地"通过自己"去观察现场、记录现场、感受现场。

这就意味着在叙事探究的调查过程中，研究者的任务并不是去现场或者通过访谈去收集或记录别人的数据，而是要通过自己去经历"数据"。注意，这里讲的"通过自己"，意味着研究者除了要收集到尽可能多的"活"数据外，研究者还需要对自己的心路历程进行记录。包括研究者在调查过程中的所思、所感、所惑，以及对自己的反思甚至对研究的怀疑以及苦闷等都可以记录下来，这些是常说的研究者的研究日记。与其他质的研究方法比起来，叙事探究中研究者的研究日记的重要性要大很多。真实、及时地记录研究日记会为后来分析数据提供"故事线索"，有时候研究日记会成为研究者对自己进行探索的研究数据。

比如笔者在《有心流动的课堂》中，就比较多地使用了调查日记资料。通过对这些资料的分析，笔者能够比较"客观"地知道当时自己的所思、所感、所感等，并在此基础上得知自己与研究参与者的关系的变化、自己与调查现场的关系的变化，而这些都会成为意义探究的重要组成部分。

另外，叙事探究跟其他质的研究方法一样，研究数据要足够丰富，而且尽可能多样。

只要是跟研究有关的数据都可以收集起来。因此，除观察笔记、访谈内容、研究日记外，在获得研究参与者许可的情况下，收集与研究参与者的包括电子邮件等的通信内容，研究参与者公开发表的博客等。

收集完研究数据后，研究者通过反复回归（relive the experience）、反复叙述（retell the narrative）的方式来分析研究文本。反复回归和反复叙述是指研究者在现场文本资料和自己的阐释之间进行的不断"往返"，通过不断叙述来对经验背后的意义进行探究和阐释的过程。

在分析和书写研究文本阶段，"三维（Three-dimension）"空间的概念尤为重要。研究者要做的就是在"三维"空间中反复叙述故事，探究故事的意义并生成故事。

2.3　叙事探究的特征

综合以上所述，叙事探究与别的质的研究不同的地方主要集中在以下几点。

1）叙事探究要求研究者与研究参与者（如教师等）的亲密合作。这有两层含义。第一，叙事探究因为要从深层来理解和探究研究参与者的经验，一般需要研究参与者较长时间参与研究合作。因此，研究者需要特别用心去呵护与研究参与者的关系构建。第二，如李晓博（2006）所述，做叙事探究的意义与价值在于在研究的过程中，研究者以及研究参与者的生活故事里是否发生了成长和变化，因此，叙事要做的不仅仅是研究者对研究参与者进行单方向性的研究，在研究的全过程中研究者通过对自身经验的省察（reflection）以及研究行为的反思，自己也成为被研究的对象之一。可以说，叙事探究的过程是研究者和参与者相互参与、相互合作的过程。

2）叙事探究的"三维（Three-dimension）"概念。叙事研究要求把人的经验放在由"时间、空间、人物"所组成的"三维"空间中，按照故事本身所具有的复杂性来理解和再现故事。

3）叙事探究注重过程性和交互性。研究的过程、合作的过程、探究的过程都可以作为叙事探究的一部分来进行探究。交互性可以理解为"三维空间"中的"相互作用"，包括个人与社会的关系、个人与文化的关系、个人与他人的关系，也包含研究者与研究参与者的关系。叙事探究是要把经验放置在社会、文化，以及各种关系中进行探究，所讲述的故事也应该具有这样的特质。

4）叙事探究具有变化的特质。前面提到叙事探究的研究焦点在于经验，而经验又处在"时间、空间、关系"的三维空间中，时间和关系都具有变化特质。这意味着在叙事探究中，不仅研究现象处于变化中，研究者、研究参与者，以及他们的关系也处在变化中，

因而，叙事探究承认、呈现、并探究变化的意义，使作为结果的叙事探究也处在变化中。

　　以上几点都是叙事探究不同于其他质的研究方法的独特之处。本书除叙事探究外，还介绍了民族志研究和个案研究方法，那么，研究者在选择研究方法时到底应该选择哪一种方法？如果简单总结三种研究方法的核心特点，也许可以这样说：民族志研究的焦点在于对"文化"的解读。民族志研究中的"文化"可以是国家、民族或者异文化等这样的概念，也可以是某一个集体、某一阶层等这样的概念。欧阳护华（2004）就是一部描写中国教育文化的民族志研究，尽管其中也有具体的教师故事的叙事，但是，其目的不像叙事探究那样在于探究教师经验的意义，而是通过教师故事的叙事来叙述一个更大的中国教育文化，或者说是中国单位文化的故事。个案研究方法的焦点在于对案例的叙述和深层挖掘并试图找出类似案例的共性或者解决办法。案例研究需要注意的是对案例的界定，一般案例研究都有明确的案例界定。即哪些可以归为案例的内容，哪些又不属于案例范围。叙事探究的研究焦点在于经验的意义探究。需要一提的是，叙事探究研究法虽然起源于教师发展研究，但是，其并不仅限于用来研究教师的经验，当然也可以用来研究学生或其他人的经验。

　　综上所述，根据研究目的的不同，研究者可以选择合适的质的研究方法。

　　强调"文化的解读"——民族志研究。

　　强调"案例的解析"——案例研究。

　　强调"经验的意义"——叙事探究。

3. 民族志

范玉梅

　　"ethnography"民族志是质的研究的一个最主要的研究方法。"ethnography"词根"ethno"来自希腊文中的"ethnos"，指"一个民族"、"一群人"或"一个文化群体"。"graphic"（画，记述）与前缀"ethno"的合成，是人类学中一个主要的分支——"描述人类学，记述人类学"。和其他质的研究有所不同，"民族志"聚焦于人们文化性的看法。也就是说"民族志"是对人以及人的文化进行详细地、动态地、情境化描述的一种方法，探究的是特定文化中人们的生活方式、价值观念和行为模式（Peacock，1986）。这种方法要求研究者长期与当地人生活在一起，通过自己的切身体验获得对当地人以及文化的理解。"民族志"研究的数据收集主要通过观察和访谈、记录物的验证来进行。教育学中的民族志研究其目的不仅是为了知识的产生，更重要的是摸索教育实践的改善。

3.1 民族志的起源与发展

现代的民族志学起源于文化人类学，确立于 20 世纪 20 年代和 30 年代。当时，Malinowski（1922），Boas（1928），Mead（1935）等著名的人类学家对非西洋文化的文化模式、习惯等进行了调查，对当地人们的生活形态进行了一系列的探索。当时正值第一次世界大战之后，所谓的部落种族正在逐渐消失，研究者和他们一起生活，希望通过对他们的记叙保存正在消失的文化的样态。

初期，这些文化人类学家的调查只限于"未开化民族"的文化（未开化民族这个用语表现了初期文化人类学家对他们的保护态度）。不久，文化和文化的连接逐渐强大，而要想对没有任何他文化掺杂的孤立的异国文化进行研究也变得不再可能，这个时候，西方文化人类学家开始了对自己自身的调查。也就是说，研究的方向开始转变，文化人类学家作为"文化异邦人"开始了在自己的文化体中的调查研究活动。这些研究是一种意图通过外部审视自文化的新的尝试，也就是要通过外部人的眼来看自身的所有。而社会学家也开始采用民族志学的研究方法将自己投入到了自己感兴趣的文化或者下位文化当中。当积累了经验的民族志学家和社会学家开始研究自身社会的时候，就已经对自己熟识的所在抱有了新的展望。对熟知的文化采用民族志方法进行研究，民族志学者自身对于社会或文化团体的既有的认识作为一个前提自然不容忽视逃避。

在对本土社会的研究上，特别是对城市贫民的研究上，人类学和社会学开始了学科上的合流。他们长期地与被研究的城市居民群体生活在一起，了解他们所关心的事情以及日常的困扰（Erickson，1986）。其中，社会学中的芝加哥学派对于城市贫民、种族、区域特征进行了长期实地调查，创立了一个新的"城市生态学"研究领域，将人类学的社区研究方法运用到了对现代城市的研究。美国社会学家怀特（Whyte）的研究《街角社会》是社会学研究的典范。怀特直接与多克等知情人士互相交往，亲自参与对方的各种活动，通过在街上与这些意大利移民的后裔们一起"闲逛"，他了解了对方各种行为的意义及其社团组织的结构特征。怀特的研究不仅将参与型观察正式引入社会学研究的范畴，同时说明此时的文化人类学和社会学研究者越来越多地开始探讨自己的角色及其对研究过程和研究结果的影响（Lewis，1953；Mead，1949；Paul，1953；Redfield，1953）。文化人类学家和社会学家在对本土文化进行研究的初期，主要的研究对象是外国移民、城市移民和城市贫民，或者是具有特殊性的群体，后来他们把民族志的方法运用到了企业文化、实验室文化、摇滚音乐等西方社会生活的不同侧面。

进入1960年后的美国，民族志记叙的对象从本土美国人、拉丁系美国人、亚裔美国人等逐渐越来越接近研究者自身。1970后半到1980年，对于"实证主义"的质疑，使对

于质的研究的关心再次受到了人们的瞩目。到了八十年代，越来越多的研究者开始对"古典的写实的民族志"进行反思，"告白体民族志（忏悔的民族志）"逐渐成为主流，其主要特征是，民族志中记叙了研究者和研究田野之间的关联。研究者认为"所谓客观的现实是以世界中人们的主观体验为基础的"（Munhall&Oiler Boyd,1993:XIX），研究者和所研究的对象不可分离。因此，要达到研究的绝对客观性和中立性是不可能的。以现代解释学为立场的研究者，应该承认这种不可能，思考自己在研究中的位置，通过在研究中阐明自己的主观看法，向读者提示出相对客观的状态。而"告白体故事"取代"写实的故事"成为民族志的主流可以说正是这种研究者认识转变的具体体现。而作为田野调查的补充的"研究者的存在"应该放入民族志研究报告，在文化人类学和社会学相关领域类正在逐渐被制度化。在田野调查的论文的附录中加入"研究者的存在"或者是在方法论中将其作为独立的一章已经成为越来越普遍的民族志表达形式（ヴァン・マーネン，1999）。

20世纪末，芝加哥学派中生命史研究团体强调 life history 和 slice-of-life，强调以生活历史为中心的解释学研究方法来表达研究结果，并且开始了对"普通人"的记叙。这样一来，民族志的文化研究对象从"未开化的"开始，在经历了"周边的""不同的"，直到现在开始关注当下"人们每天都在重复的日常生活"，发生了巨大的变化。与此同时，研究者在依然保留对文化共同体关心的同时，开始聚焦更加微观的次元的研究对象，即对于个人的民族志研究也开始进入了民族志研究者的视野（箕浦，1999）。

总结民族志的发展与变化，我们可以说它经历了一个"异族文化——本土文化；周边化——日常化"的转变。到了后现代主义时代的今天，民族志研究方法可以说早已经突破文化人类学和社会学运用范围，广泛运用于教育学、医学、美学等诸多领域；而民族志的记叙方式也突破了以往传统的模式（古典时代 Traditional Moment 1900～1950），从"写实性"主流脱离出来，呈现出告白体、印象派等多彩的表达形式。在后现代主义的质的研究时代（Postmodern Moment 1990～），"理论"就是多声的"故事"，目的就是要引起社会性批判和评论。这个阶段，人们开始将理论读作"叙事"（フリック，2003）。

3.2　民族志的分类

文化人类学家关心所在是文化。而所谓文化是指某个集团群体生活方式的全部，是具有社会性构造，被传承和学习的行动。一个文化群体成员的生活经验是由成员共有的交流系统构成。这个交流系统不只是由（交流用的）文化的产物构成，还有身体行为，像语言一样的记号——所有能够被该文化群体成员认识和理解的信息。

位于一个文化或下位文化中的个人，通常是通过从群体成员的学习获得和维持共通的价值观和思想。而研究下位文化或文化的研究者则有责任对所研究文化独特具有特征性的过程进行记述（Goetz，LeCompte：1984）。文化人类学家的目的就是观察和研究一个文化的生活样式。他们使用民族志研究方法，分析比较验证群体集团以及他们的习惯性行为，调查群体和个人之间的关系以及个人和个人之间的关系。其中对于变化的研究能够帮助民族志学者理解文化及下位文化。两种文化交汇的场所，群体与群体间的摩擦会成为研究的焦点。

3.2.1　根据研究方法分类

Sarantakos（1993）和Thomas（1993）指出民族志就研究方法而言可以分为以下2种。第1种是描写民族志或传统民族志。第2种是批判民族志。

描写民族志或传统民族志以文化或者组织集团的记叙为焦点，通过分析寻找规律性、类型和概念。批判民族志研究具有像支配权一样的宏观的社会因子，调查常识性前提或暗藏的议程。因此，更加具有政治性。这两种民族志的区别在于"传统民族志是为了记叙文化而进行的研究，批判性民族志是为了使文化产生变化而进行的研究"（Thomas，1993：4）。

3.2.2　根据研究者的意图分类

丹曾和林肯（1994）提出民族志根据研究者的研究意图可以分为以下4类。

（1）批判民族志：研究者认为研究是一种社会批判，希望通过和社会弱势群体平等的对话，获取批判社会不公平的力量，到达改变社会权力结构的目的。

（2）后现代主义民族志：致力于对现代主义观点的批判，强调对权力和理性进行解构。

（3）女性主义民族志：研究不是对"客观现实"的了解，而是对生活世界的重新解释。崇尚感情，反对科学对自然的征服和人的过分理性化。

（4）历史民族志：认为认可理论和实践的形成都有其历史渊源和发展历程，主张将历史与理论和社会实践结合起来思考。

这四类民族志虽然各自持有不同的立场和观点，但是都是在自然情境下进行的长期的体验性研究，使用无结构方式收集资料，探索研究对象的意义建构，都具有民族志的主要特征（陈向明，1999）。

3.2.3　根据研究规模分类

根据研究规模和对象的不同，民族志还可以分为微观民族志（又称交流民族志，形成型民族志）和宏观民族志（又称整体民族志）。微观民族志研究对象主要集中在特定文化场景，如课堂、家庭中母子互动、公司办公室等。注重研究一个文化群体内成员之间以及不同文化群体成员至今的社会互动模式。八木（2003）可以说是一部典型的微观民族志研究，研究分析记叙了一名随日本人丈夫去日本生活的中国女性，在生活和学习上遇到的种种不适应与适应。宏观民族志通常将具有制度、地域社会和价值观的文化群体作为研究对象。范玉梅（2012）中记叙解析了在日中国留学生所在基督教教会K教会作为文化共同体的存在，就日本留学生共同体的建立从教育支援的角度进行了详细的阐述。两种民族志都认为文化是理解人类的主要途径。两种民族志在研究方略、数据收集和分析上都有相似之处，对于研究中的地域社会都需要进行详细描述。

3.3　民族志的主要特点

民族志作为主要的质的研究方法，它的特点主要表现在以下4个方面。（1）数据收集来自观察和访谈；（2）浓密的记叙和自然主义的姿态；（3）和主要研究参与者的活动；（4）内部视点的特征和外部视点的特征。

3.3.1　数据收集来自观察和访谈

民族志研究主要通过观察和访谈收集数据、信件、日记，有关特定群体的人以及相关人事的录音口述记录等记录物也是不容忽视的研究数据。这些研究方略Wolcott（1994）将其称之为"经验（参与观察）；提问（访谈）；验证（记录研究）"。

同其他质的研究方法一样，研究中研究者是主要的研究工具。由于参与观察是从研究的文化中获取数据的主要方法，所以观察者需要努力加入所研究文化团体。不仅如此，研究者还需要将自己看到的听到的全部进行记录，并且为了能够获得诠释需要对文化团体的成员进行进一步的访谈。

研究教育相关课题的研究者一般都要观察教育现场的研究对象的行动。对原本复杂的文化客体进行社会性现实记述是一个复杂的工程，新手容易被细枝末节所困扰。而选择什

么数据放入研究或者是去除哪一部分是根据研究的主题，取得的数据以及研究者的经验来决定的。观察参加者，观察他们的行动，不是为了注意那些特别的事件或是出现的危机而是就他们相互作用的方法和场所本身以及他们的空间和时间的使用方法进行考量。一般来说，观察者需要对文化和下位文化的习惯及伴随时间的推移现场发生的变化进行调查。但是调查的结果不在访谈和记录中。换句话说，研究报告必须是故事或者说是要写成数据分析所得的文章。

要进行全面彻底的访谈，观察非常重要。不论研究者自己看到的事情意味着什么都有可能需要文化内部成员进行说明。参加者要将发生的事情、习惯、作用等自己的解释传递给研究者。研究调查有采用封闭式访谈的，很多时候，研究者都是即兴提问和研究参与者进行不拘形式的谈话。需要注意的是，语言和行动之间有时是不一致的。而这种语言行为的一致和不一致都需要加以说明，这样的调查同样都会成为民族志分析的一部分。

民族志研究者参加人们的生活，听取研究参与者的话语，倾听他们关于行为的解释。究其本质而言，这些都是要建立在调查者和研究参与者建立的良好的伙伴关系之上的。

3.3.2　浓密的记叙和自然主义的姿态

民族志的主要特征之一是浓密的记述。这是 Geertz（1973）使用的用语，借用了哲学家 Ryle 的语言。所谓浓密的记述就是详细地描述有关文化性关系和社会性关系的模式。民族志的诠释与时间、场所、事件、人们的活动是分不开的。而诠释的依据关键在于那些活动和所发生的事件对于文化群体的成员来说有着怎样的含义。所有的记述和分析都必须扎根于现实。因此，研究者必须要认真地思考那些社会性的事件和举止行动。

当研究者对一个文化中抽象而又具有一般性的模式或是社会生活特征感兴趣的时候，浓密的记述必须要进行理论性分析。进行浓密记述的目的是为了让读者能够切身体会到研究参与者的感情、想法和认识。进行浓密记述一般我们使用文化内部人们所持有的意思和诠释。

浓密的记述和稀薄的记述形成鲜明的对照，稀薄的记述是表面的，没有对文化内部成员潜在的所拥有的意义进行探索，不能说是真正的民族志。

3.3.3　主要研究参与者和场所的选取

和其他质的研究方法相同，民族志教育学研究者，一般都是基于某个基准有意图地选

择研究对象。所谓的基准，比如说以一所学校或者一个教室、一个课堂，或者是某个特定专业的教师群体、学生群体作为研究的对象。也有从语言学习者中，不同学习机构、不同的国籍等多种多样的文化团体中选择研究对象的。重要的是，选择研究对象的基准必须明确系统。

研究者在选择主要的研究参与者的时候，要能够确信其适合成为研究群体具有代表性的案例。Leininger（1985）中强调选择少数主要研究参与者远比选择对研究课题没有多少专业知识的参加者对研究者更为有益。大多数的主要行为者会就群体中文化性举止行动和习惯等不计巨细地进行叙述。他们与其说是被动地接受访谈，不如说会成为研究积极的协助者。

研究对象要从特定的文化或下位文化团体中选择。民族志学者必须要选择具有所研究的特定文化同时又能够详细提供该文化的个人为研究对象。主要的研究参与者拥有关于群体集团历史、下位文化，或者群体集团中相互作用的过程、文化性习惯、仪式及语言等的专业知识。主要行为者是帮助研究者适应研究文化及下位文化的帮手。研究者在研究的最后，需要再次与主要的研究参与者会面，请他们确认研究者的记述和解释。需要参加者确认研究者的想法和认识是否适当。

研究者和主要的研究参与者在一起生活，他们之间的联系就会加强。主要研究参与者作为文化成员渗透于研究者在时间地点上都可能无法施行调查的文化之中，研究者可以通过和他们进行一些不经意的闲聊就能够学习到研究对象团体的相关习惯和行为举止。其次研究者要注意引导研究参与者就自己拥有的关于文化群体的"隐形的知识"进行陈述表达。这些文化成员自身所具有的"隐性的知识"往往是他们之间共有的文化概念，由于司空见惯而容易被忽视。而在与主要研究参与者进行交流与访谈的时候，有两点需要注意。一是知识丰富的调查对象会有将自己的想法强加给研究者的可能，二是主要的行为者有只叙述他们认为研究者想知道的内容的危险性。因此，研究者必须用心观察现实并与参加者的话语进行比较。

3.3.4　内部视点和外部视点的特征

一般来说，民族志学者既会使用研究参与者使用的概念，也会运用自己搭建的系统概念框架。这就是所谓内部视点和外部视点的看法。在研究之初，研究者需要理解来自内部人的视点也就是说本土人的看法。而对于"现实"内部的人的说明，能够帮助我们很好地理解他们采取行动的理由所在。采用内部视点的研究者就是要站在文化成员的立场上对事物进行解释说明。研究初期，为了避免其他文化价值和信念对研究的干扰，以内部视点为

基本视点是非常重要的。

研究者从所调查的文化或下位文化的成语那里获得有关现存习惯和现象的知识。教育工作者在探索教育者自身的文化或者学习者的文化的时候，由于自身已经和所调查文化密切相关联，很容易获得内部人的思考和看法。但是相反，对于一个熟知的文化进行调查也会伴随有一定的危险性。比如作为教育工作的研究者，很容易忘记自己作为研究者的作用，亦或是在开始研究之前就对一些未必就有事实依据的假设深信不疑。因此，认真思考研究开始之前的假设显得尤为重要。

当然，外部视点也非常重要。外部视点指的是民族志学者自身的想法，就是强调离开文化现场的需要理解的抽象的理论的视点。Harris（1976）说道，外部视点是由研究者进行的科学的客观的记述，其证据所在就是能够直接地可观察到的事情。也就是说，研究者在构造的框架中给每个个人的想法以定位，运用社会科学性看法对此框架进行解释说明。这和 Denzin（1989b）所提倡的第1概念和第2概念是一致的。第1概念是我们日常生活中常识性看法和语言，或者说是文化内部成员使用的语言。第2概念是在此基础上更加抽象的研究者使用的语言，即概念化语言。

需要注意的是，内部视点并不能简单地转换为外部视点。对于参加者来说有意义的内容和科学的解释是有区别的。研究者往来于研究参与者的现实和科学的解释之间，不论是进入所研究文化还是科学地思考文化中看到的信念和实践知识，都必须把握好他们之间的平衡。范玉梅（2012）是一部记录了中国留学生共同体 K 教会的民族志研究，研究从外部视点在对 K 教会的组织构成进行分析阐述的同时，对留学生故事的记录采用了典型的内部视点记叙法，有效地保证了纵横两个维度的平衡，真实再现了 K 教会的文化构建。

3.4 田野调查（工作）

田野工作是以民族志学者为首的质的研究者在研究室以外的场所进行数据收集时使用的术语。民族志学者主要通过观察和访谈这样的田野调查获取所有的数据。他们一般会融入需要调查的地域社会或是组织集团。

3.4.1 参与观察和调查阶段

一般来说民族志研究中的田野调查，是在研究参与者自然生活状态下对其进行的观

察，研究跨越时间长，需要和研究参与者一边对话一边进行，所以为了让研究参与者习惯研究者，研究者不受拘束地自然表达自己，亲近他们是非常必要的。而且，对于研究者来说在从多样的情境中进行观察显得尤为重要，Spradley（1980:78）就研究者进行观察时需要注意的事项给与了以下建议。

（1）场所：物理场所或是环境

（2）行为者：研究对象包含的所有人

（3）活动：人们进行的一连串的行为

（4）物体：存在的物理性事与物

（5）行为：人们进行的一个一个的动作

（6）事件：人们实际行动的一系列的活动

（7）时间：跨域时间发生的连续性

（8）目标：人们要努力促成的事情

（9）感情：感觉，表现出的情动

进入田野最初的阶段是探求的时间。教育学研究者需要努力亲近和学习所研究地域的相关知识。虽然说教育学研究者对于教育环境的文化比较了解，比较容易加入调查群体，但是要进入异文化相关研究群体，也必须了解掌握学习该群体相关知识，取得加入许可。

田野调查的目的是要如同在所研究地域社会中生活的人们所能认知的一样，解明其文化模型和规则性。Germain（1993）就田野调查的三个阶段进行了详细说明。第1阶段，研究者要大致掌握研究中的文化，写下观察记录。第2阶段，研究者开始聚焦特定的论点。研究者参照最初的观察，对研究参与者进行进一步的访谈。第3阶段，研究者对于饱和状态的事与物一旦理解，就开始进入离脱过程。

民族志研究中最好的数据收集方法是参与观察，最期望做到的事情是完全沉浸入所研究文化体中。例如，如果要探索日语教师的工作，需要研究者进入教室成为学习者或者通过合作授课来观察课堂以及相关每个人的实践和反应。

3.4.2　民族志田野记录

研究者虽然主要是通过观察和访谈收集数据，但是也使用所研究文化体内人们的书信日记口述记录等文书资料。从研究开始的时点起，民族志性的教育学研究者就要记录田野——即研究所在场所和状况下什么在不断地进行和发生。这不只是正确详细地记录文脉中所发生的事情和行动等，也包括记录下那些可能会很快就忘记的印象。在笔记中记录具

体状况下在发生着什么的时候，民族志学者既会有反省也会有分析。

Spradley（1979）把民族志田野记录分成4种不同的类型。

（1）概括的记叙

（2）详细的记叙

（3）田野日志

（4）分析解释笔记

概括的记叙就是数据收集期间在田野中写下的简短的记录，详述的记叙就是将概括记叙内容进行进一步详细记录描述。如果数据收集中民族志学者不能够及时进行记录，在观察后或访谈后也要尽可能快地将概括的记叙进行详细描述。田野工作日志是记录田野工作中研究自身的思考反应以及问题的。此外，也使用录音带、影像胶卷、照片、微信及图表等方法来记录发生的事情和相关行动。

田野工作的进行是有阶段性的。最初，研究者大致描绘出研究团体组织以及场所的轮廓。研究者观察人们的行动，倾听所研究地域社会使用的语言。这对于教学现场的教育学研究者来说并非难事。因为学习者教育者以及相关的教育工作者们都相信研究者能够正确并忠实地进行记录。经过最初的观察之后的研究者开始围绕重要的特定的论点展开调查分析。最后进入叙述的阶段，对所研究文化进行详细的分析和解释。

3.5　如何进行民族志研究

民族志学者的工作是在体验、寻访、思索中开始的。这些最初的步骤我们都已做了陈述。研究者在起草研究报告的时候，必须将这些所有步骤都纳入考虑之中，从而建立起民族志的研究。民族志是由记叙、分析和解释结合而成（Wolcott，1994）。民族志学者需要记叙他们在研究文化群体的过程中，看见了什么，听到了什么。也就是说，民族志是要解明文化的主要特征，同时需要通过分析，来阐述它们之间的关系。即研究需要拷问所得数据的意义所在，使用数据进行推导和论述，同时对调查结果予以诠释和说明。

3.5.1　如何记叙

虽说Wolcott（1994：55）曾经说过"记叙——日常的感觉上的——是质的研究的本质"。但是这并不像看起来这样单纯。一般来说研究者很容易无视那些不能给研究带来利

益的事务与相互作用，相反的他们会选取他们观察到的特别的状况，而且以他们认为适当的重要的特定的论点为焦点。所以，研究者并不是将观察到的和听到的都予以记叙。而这些内容即便是很少，也是进行了某种程度的分析和解释的，是不容忽视的。

研究者的记述是将文化群体中的人们的行为、相互作用以及所发生的事情写成故事。让读者能够抓住故事描述文化现场的气氛，了解那里人们的"感情"，理解"这里发生着什么"。而记叙本身的重要性也会通过对重大事件、习惯和作用的描写得到提高。

研究者分析数据并对其构造化时，可以先记叙搭建一个大框架。比如说，第二语言学习者进行的研究，其章节的标题可以直接使用研究中已经清晰化的主题来表示。

3.5.2 如何分析

分析就是处理所收集的数据的工作。是在通过归类将数据处理之后，在模式和主题明了的同时，寻找出想法和想法之间的关联，转换原始数据。一般来说随同解释不断进行的分析是科学地、系统地运行着的，这样就可以使数据有了秩序。而研究者必须向人们揭示他们是如何构建这些数据，又是如何建立起它们之间的关系的。分析阶段，研究者对和已解明的主题相关的他人研究同自己的研究进行比较和统合将会成为研究过程的一部分。分析的关键在于它是否正确地反映了数据，这一点非常重要。确认分析者分析所得是否与分析概念与主题全部吻合，我们必须要回归到数据中去阐明它们之间的关系。

和其他质的研究一样，数据分析是在观察和访谈进行之初就开始了。伴随观察和分析焦点就会渐趋清晰。在进行数据分析的时候，需要研究者再次返回研究目的和最初的研究课题设置上来。一般来说分析要比数据收集花费更长的时间。Fielding（1993）曾经说道，进行分析只是对人们的行动和所发生事情进行记叙是不够的，民族志学的目标是要写出记录群体集团或者文化之上的东西。分析的过程一般有以下几个步骤。

（1）整理组织收集的资料，让资料秩序化

（2）重读数据

（3）将资料分为容易处理的片段

（4）将数据进行分类和对比

（5）探索类属关系和归纳相同类属

（6）模式，主题，找出类同型，记叙

（7）探索诠释和意义

Spradley（1979：92）认为分析就是"确认其中的部分和部分，验证和建立部分之间

的关系以及部分和全体之间的关系"。Agar（1980）强调分析的过程并不是直线前行的。也就是说，研究者通过学习文化来收集数据，试着去了解听见和看见的事物的意义，并且以分析和解释为基础，收集新的数据。

研究者从研究的最初开始就必须专注于数据的调查和编成。如果数据有间断性或是不足，就需要进一步收集数据或者通过再次反思研究最初的目的来充实数据。在研究者进行这些工作的同时，会以特定的侧面为焦点更加周密地进行研究调查。

即使在重读数据的时候，研究者也会有关于思考和观察的记录，也能够开始探寻文化现象的规则性。一般来说研究者需要用心考察最初记录，并将最初的访谈（的叙述录）或者观察最初的详细记叙分成小节进行登录。与此同时，也需要将第2次和第3次的访谈叙述录进行登录和归类，并与最初的访谈进行对比比较。将共通的类似的号码进行分类分组化整理。在每一个访谈（或者观察）的记录都要进行同样的工作之后，可以将主题类似的内容先归纳成一个内容。研究者尝试记述能够连接起各个概念关系的一些思考。经过这个阶段之后，为了将概念间的关联性和文化现象视觉性地展示出来，图表也许会成为有益的帮助。

研究者从数据推导出具有规则性的主题，经过比较之后，需要将这些简写的主要概念进行分组归纳。这样一来，思考和行动的模式就会清晰地显现。这些文化模式和现象都必须以实际的观察和面谈为基础。这样一来，研究者的个人经验，文献中推导出的概念和主题就建立起了关联。

3.5.3　如何诠释

研究者进入最后的诠释阶段，就是要对研究现象进行推论，思考其意义所在，并给予解释和说明。这是分析中或者分析之后必须要进行的阶段。记叙分析的同时，对所发生的事情进行诠释，就是要洞察这些事情并赋予其含义。诠释与分析息息相关，却更加具有推理性，常常是通过理论构造和说明来完成。简而言之诠释就是在比较其他研究和自己研究的同时，使其与数据分析推导而出的理论相关联。

一般来说民族志研究和其他质的研究一样，理论的构建是自下而上，从原始资料出发，通过归纳分析逐步产生理论。通过这种方式建立的理论既可以是一个非常简单的、单一的陈述，如"留学生间需要建立关联"；也可以具有十分复杂的层次结构和语义关系（陈向明，1999）。哈佛大学的T.Shaw（1993）在其"民族志与青少年亚文化"中，对P.Willis（1977）的《学会劳动》中的理论作了如下的诠释。

抽象层次	
↑	
宏大理论 （grand theory）	社会阶层在每一代新人身上得到了复制。
一般理论 （general theory）	学校以及其他社会机构在复制社会阶层上起到了工具性作用。
中层理论 （nid-range theory）	那些抵制学习的孩子发展出了一种反学校的文化。
底层理论 （low-order propositions）	由于来自劳动人民家庭的孩子拒绝学校的权威，他们对学校提供给自己的东西并不珍惜。
观察方式 （modes of observation）	与学生和教师交谈，与学生家长交谈，观察学生在校的行为，记录学校官员对学生成败的解释等。
真实的世界 （real world）	事件和事情，如教室、教师、教学、同学群体、校外活动、父母的职业等。

【资料来源：Shaw，1993】

民族志是对文化进行的记述、分析和诠释，常常以故事的形式来表达。故事中既要体现研究的过程，也要叙述研究者的个人存在，通过内部人员和外部人员的视点对原始资料和逻辑故事线进行审视，通过不断地比较和对照，建立起数据内在联系，阐述和表现这些内在的联系就形成了民族志自己的诠释。

3.5.4　可能遭遇的问题

教育文化中进行民族志研究，亦会遭遇很多问题。首先，要调查自己的组织团体会比较困难，因为对一个习惯和规范就如同自己的东西一样熟知的文化进行研究，作为"文化异邦人"要对假定进行设问是非常困难的，此时自我反省和来自外部的建议就显得至关重要。其次，由于教育工作者往往容易受到自然科学研究方法的影响，认为教育的现场研究

必须运用具有系统性的研究方法，因此他们在体会民族志研究的暧昧性这一点上会感到些许不适应。但是，就所谓研究本身而言，我们认为与其提出缺乏支持的假设，不如承认研究自身原有的不确定性。这就如同教师对教学问题的诊断一样，虽然我们要对教育现象所暗含的问题进行调查，但绝不只是进行一次解释就应该结束。就其结果而言，即使在之后的阶段也需要我们进一步反省思考，或者参照新的证据进行解释说明。

民族志研究初学者在整理研究报告的时候，常常会使用该研究结果也适用于所有相类似的状况等诸如此类的表达。而民族志研究是不能单纯的一般化的，这也是质的研究的共通点。从一个下位文化或者场所看到的东西并不能自动地适用于其他的场所。但是，Wolcott（1994）曾经提到，尽管如此，质的研究不论何时都有被一般化的可能性，读者自身常常会使其飞跃到这个层面进行思考。事实上，研究者通过和既有案例相似的特定状况的比较，可以完成对于典型性事物的探索。

初学研究者常常会过度记叙事物，让人们看到分析和诠释的原始数据。其实，即使是研究中的引用文，也应该是经过了分析过程的内容，而不是原始数据。尽管如此，为了能够进行清楚地分析和谨慎地诠释，对于新手研究者来说，叙述性的详实的记叙仍然是有价值的。而随着经验的积累，记叙和分析的平衡也许会发生变化。值得注意的是，在研究进行的过程中，当研究者再度回到前面的作业时，大多数的研究者都会开始对数据进行再次诠释。

3.6　民族志结果表达

民族志作为质的研究中一个使用十分广泛的研究方法，不仅在研究的设计和实施上有自己特殊的要求，在结果表达上也有显著的特色。根据Van Maanen（1985，1988）的调查，民族志的结果表达主要有以下7种方式：（1）现实主义的故事；（2）忏悔的故事；（3）印象的故事；（4）批判的故事；（5）规范的故事；（6）文学的故事；（7）联合讲述的故事。

表6-1　民族志结果表达主要方式

表达风格	特征	时期	代表作
（1）现实主义的故事	写作风格是纪实性的，作者对典型事例，文化模式或社区成员的行为进行详细描述。	20世纪初到第二次世界大战以前的50年间（质的研究的传统期）	埃利克森《事事入轨》怀特《街角社会》利波《达利的一角》斯德克《我们所有的亲戚》

表达风格	特征	时期	代表作
（2）忏悔的故事	从现实向反省的基调转变。要求研究者交代自己在研究中使用方法，研究过程中的思考，再现研究的具体情境及自己与被研究者之间的关系。	20世纪50年代以后（质的研究的现代主义时期）	卡丹《新女性主义运动》
（3）印象的故事	作者只就发生的事情讲故事，不作意义上的解释，将研究的文化呈现出来交给读者去检验。	第二次世界大战之后至今	夏格农《亚努马莫》 都蒙特《头人和我》 贝农《为福特工作》 克里杰《镜子舞》
（4）批判的故事	主要通过社会中的弱势群体的眼睛呈现社会现实，作者希望通过自己的写作来揭示社会现实中存在的不公，对丑陋的现象进行攻击。	质的现代主义时期至今	荷齐斯齐尔德《被管束的心》 威利斯《共有的文化：年轻人日常文化中的象征游戏》
（5）规范的故事	故事关心的是建立规范的形式理论，对研究实地的政治经济和文化背景并不是非常关心。	领域模糊期（1970–1986）至今	
（6）文学的故事	借用文学的手法讲述自己研究调查的经历或结果，故事将戏剧性的和日常的事件按照时序重新进行建构，给读者一种情感上的冲击。	领域模糊期（1970– ）至今	格尔茨《深度游戏——有关巴厘人斗鸡的笔记》

表达风格	特征	时期	代表作
（7）联合讲述的故事	由研究者和被研究者一起讲述的故事，不同的声音和不同的观点在文本中同时得以展现，尤其是在传统文本中被迫沉默的声音在这里得以表现。	后现代主义时期（1990- ）	马伊耐波，布尔麦尔《我的卡兰乡村之鸟》 巴赫等《皮曼人的萨满信仰》

其他还有如诗歌、戏剧电影、对话等民族志文本表达，完全打破了传统民族志写作的规则及其构建现实的概念。总之，伴随质的研究的发展，民族志研究报告的风格也在发生着不断的变革。作为一个变化趋势，民族志从写历史"史实"到写当下人的生活故事，从写宏观理论到写地域性知识，从写学术观念到写实践行动，从研究语言到"描述文化"，从表达单一声音到表达多元声音（Clifford&Marcus，1986），向我们展现出无限的可能性。

3.7　如何评价民族志

Leininger（1994）主张要确立质的研究的评价基准，它自然在形式和用语上和量的研究是不同的。这些基准同样也适用于民族志研究，可以概括如下。

（1）信赖可能性：结果能否信赖。是否象征了参加者"现实"的世界。

（2）确认可能性：所有的证据是否都进行了详细地记录，"监察用后记"能否确认。有没有让参加者进行确认（访谈后和研究的最后，需要和研究参与者共同确认）。

（3）文脉中的意思：研究是否是将研究参与者放在文脉中进行的。有没有将环境和所有的状况都予以了考虑。

（4）模式类型的再现：已经解明的模式类型是否经过了一定的时间，会再次发生，重复出现。

（5）移转可能性：研究推导出的结果，是否也适用于类似的文脉和状况。

Leininger（1994）指出虽然这5个基准同样适用于所有质的研究的评价，但是究竟什么样的评价标准更为重要，根据所采用质的研究方法的不同会有所不同。就民族志而言，最为重要的是，要反映出内部的真实性，也就是说要如同研究参与者要如同亲身经历的一

样把握他们的世界。这就需要研究者自身对文化要有一定的了解和感受性。

【研究思考题】

1. 殷（2010）列举了文件、档案记录、访谈、直接观察、参与性观察、实物证据等六种案例研究中较为常见的数据收集方法。上述所列举的案例研究数据收集方法分别有什么样的优点和缺点。思考如何克服各个数据收集方法的缺点？
2. 阅读2～3篇使用案例研究这一研究方法的论文，从采用案例研究的研究目的、数据收集和分析方法、研究结论这几个方面评价论文。
3. 试着把案例研究方法与自己的研究课题联系起来，思考采用案例研究方法是否恰当？分别列举出理由来说明。
4. 什么是"叙事性地思考"？"叙事性地思考"对叙事探究的意义体现在什么地方？
5. 为什么在叙事探究中，"三维"空间的概念比较重要？
6. 叙事探究作为质的研究的一种研究方法，有哪些不同于其他研究方法的特点？
7. 调查并阐述民族志的7种写作风格中"研究者的存在"。
8. 调查并阐述民族志在中国的发展历史。
9. 调查并总结日语教育学研究中都有哪些民族志研究成果。

【参考文献】

莎兰.B.麦瑞尔姆.质化方法在教育研究中的应用：个案研究的扩展.重庆：重庆大学出版社，2007

安·格雷.文化研究：民族志方法与生活文化.重庆：重庆大学出版社，2009

凯瑟琳·艾森哈特.案例研究方法：理论与范例——凯瑟琳·艾森哈特论文集.北京：北京大学出版社，2012

罗伯特·K.殷.案例研究：设计与方法（第2版）.重庆：重庆大学出版社，2010

罗伯特·K.殷.案例研究方法的应用（第2版）.重庆：重庆大学出版社，2009

欧阳护华.单位与公民社会的碰撞：教改者的真实故事.北京：北京大学出版社，2004

吴宗杰.外语教师发展的研究范式.外语教学理论与实践，2008（3）：55-60

朱光明，陈向明.教育叙述探究与现象学研究之比较：以康纳利的叙述探究与范梅南的现象学研究为例.北京大学教育评论，2008-6（1）：70-78

李晓博.教室里的权威：对日语教师个人实践知识的叙事研究.外语研究，2008（3）：46-50

李晓博.有心流动的课堂：教师专业知识的叙事探究.北京：外语教学与研究出版社，2011

波普（K.Popper）著.傅季重登译.猜想与反驳.上海：上海译文出版社，1986

布迪厄（P.Bourdieu）.文化资本与社会炼金术——布尔迪厄访谈录.上海：上海人民出版社，1997

陈向明.质的研究方法与社会科学研究.北京：教育科学出版社，1999

登正来著.研究与反思——中国社会科学自主性的思考.沈阳：辽宁大学出版社，1987

费孝通.学术自述与反思.北京：三联书店，1996

关世杰.跨文化交流学.北京：北京大学出版社，1995

哈贝马斯（J.Habermas）著.李安东，段怀清译.现代性的地平线：哈贝马斯访谈录.上海：上海人民出版社，1997

哈贝马斯（J.Habermas）著.张博树译.交往与社会进化.重庆：重庆出版社，1989

哈里.F.沃尔克多著.杨海燕译.校长办公室的那个人：一项民族志研究.重庆：重庆出版社，2009

利奥塔（J.Lyotard）著.车槿山译.后现代状态：关于知识的报告.北京：三联书店，1997

利奥塔（J.Lyotard）著.谈瀛洲译.后现代性与公正游侠.上海：上海人民出版社，1997

马儿库斯（G.Marcus），费彻尔（M.Fischer）著.王铭铭，蓝达居译.作为文化批判的人类学.上海：三联书店，1998

梅（Rollo May）著.冯川，陈刚译.人寻找自己.贵阳：贵州人民出版社，1991

腾守尧.文化的边缘.北京：作家出版社，1997

王海龙，何勇.文化人类学历史导引.北京：学林出版社，1992

王铭铭.文化格局与人的表述.天津：天津人民出版社，1997

王铭铭.村落视野中的文化与权力.北京：三联书店，1997

维尔斯曼（W．Wiersm）著.袁振国主译.教育研究方法导论.北京：教育科学出版社，1997

杨寿堪.冲突与选择—现代哲学转向问题研究.北京：北京师范大学出版社,1996

袁方.社会研究方法教程.北京：北京大学出版社,1997

欧麗賢（2013）「インターネット・リソースを利用した教室外の日本語学習：中国の大学日本語学科学生を対象としたケース・スタディ」、大阪大学文学研究科修士論文

欧麗賢（2014）「目標言語話者とのメールのやりとりを通した教室外の日本語学習」、『阪大日本語研究』26、113-137

高橋百合子（1992）『看護学生のためのケース・スタディ』第3版、メチカルフレンド社

周萍（2009）「地域の日本語教室をやめた中国人学習者のケース・スタディ」、『阪大日本語研究』21、129-150

木下康仁（1999）『グラウンデッド・セオリー・アプローチ：質的実証研究の再生』、弘文堂

木下康仁（2003）『グラウンデッド・セオリー・アプローチの実践：質的研究への誘い』、弘文堂

木下康仁（2005）『分野別実践編グラウンデッド・セオリー・アプローチ』、弘文堂

木下康仁（2007）『ライブ講義M-GTA 実践的質的研究法：修正版グラウンデッド・セオリー・アプローチのすべて』、弘文堂

ロクガマゲ、サマンティカ（2007）「目標言語を第2言語とする教師とその実践：スリランカの日本語教師のケース・スタディ」、『阪大日本語研究』19、193-221

範玉梅（2007）「新世代留学生の精神的成長に関するケース・スタディ：日本語教育への示唆」、『阪大日本語研究』19、161-192

中井好男（2010）「中国人就学生の日本語学習の実態—再履修生のケース・スタディによる分析」、『阪大日本語研究』22、173-204

脇坂真彩子（2012）「対面式タンデム学習の互恵性が学習者オートノミーを高めるプロセス—日本語学習者と英語学習者のケース・スタディー」、『阪大日本語研究』24、75-102

脇坂真彩子（2013）「Eタンデムにおいてドイツ人日本語学習者の動機を変化させた要因」、『阪大日本語研究』25、105-135

ヴァン‐マーネン.J.（森川渉 訳）（1999）『フィールドワークの物語：エスノグラフィーの文章作法』、現代書館

ギアーツ.C.（森泉弘次 訳）（1996）『文化の読み方／書き方』、岩波書店

倉地暁美（2006）「カルチャー・ステレオタイプからの脱却：日本語を教える大学教師のマイクロ・エスノグラフィ、」広島大学高等教育センター 大学論集、37、149-165

コリン・M. ターンブル（藤川玄人訳）（1976）『森の民』、筑摩書房

佐藤郁哉（1984）『暴走族のエスノグラフィー：モードの叛乱と文化の呪縛』、新曜社

柴山真琴（2002）『行為と発話形成のエスノグラフィー—留学生家族の子どもは保育園でどう育つのか』、東京大学出版会

柴山真琴（2006）『子どもエスノグラフィー入門—技法の基礎から活用まで』、新曜社

菅田陽平（2011）「外国にルーツを持つ子どもの支援者のオートエスノグラフィー」、大阪大学文学研究科修士论文（未刊）

杉山春華（2012）『テキストを読んで語り合う授業のエスノグラフィー：社会文化的アプローチからみた

「読み」におけるテキストの役割とは何か』、早稲田大学大学院日本語教育研究科修士論文（未刊）

住原則也、箭内匡、芹澤知広(2001)『異文化の学びかた・描きかた—なぜ、どのように研究するのか』、世界思想社

高橋朋子(2009)『中国帰国者三世四世の学校エスノグラフィー——母語教育から継承語教育へ』、生活書院

范玉梅(2012)『中国新新人類的日本留学：彼らはなぜ神様の子になったのか』、中国戯劇出版社

バフチン.M.（伊藤一郎　訳）(1996)『小説の言葉』、平凡社（平凡社ライブラリー）

藤田結子(2008)『文化移民—越境する日本の若者とメディア』、新曜社

ブルーナー.J.（岡本夏木、仲渡一美、吉村啓子　訳）(1999)『意味の復権：フォークサイコロジーに向けて』、ミネルヴァ書房

ホロウェイ.I，ウィーラー.S.（野口美和子　監訳）(2000)『ナースのための質的研究入門：研究方法から論文作成まで』、医学書院

マリノフスキー.B.（寺田和夫、増田義郎　訳）(1972)『西太平洋の遠洋航海者』、中央公論社（原著1922年）

ミード.M.（畑中幸子、山本真鳥　訳）(1976)『サモアの思春期』、蒼樹書房（原著1928年）

箕浦康子（編著）(1999)『フィールドワークの技法と実際—マイクロ・エスノグラフィー入門』、ミネルヴァ書房

箕浦康子（編著）(2009)『フィールドワークの技法と実際II分析・解釈編』、ミネルヴァ書房

森田京子(2007)『子どもたちのアイデンティティー・ポリティックス—ブラジル人のいる小学校のエスノグラフィー』、新曜社

リーボウ.E.（吉川徹　監訳）(2001)『タリーズコーナー：黒人下層階級のエスノグラフィ』、東信堂

八木真奈美(2003)「日本語を第二言語とする定住者研究に関する一考察—エスノグラフィーの可能性」、『待兼山論叢』第37号、日本学篇

八木真奈美(2013)『人によりそい、社会と対峙する日本語教育—日本社会における移住者のエスノグラフィーから見えるもの』、早稲田大学出版部

好井裕明(1999)『批判的エスノメソドロジーの語り』、新曜社

Adelman, C., Jenkins, D., &Kemmis, S. (1976). Rethinking case study: Notes from the second Cambridge conference. *Cambridge Journal of Education*, 6(3), pp. 139-150.

Erikson, F. (1986). Qualitative methods in research on teaching. In M. C. Whittrock (ed.), *Handbook of research on teaching* (3rd ed.). Old Tappan: Macmilan.

Duff, P. (2007). *Case study research in applied linguistics. Routledge.*

Fireston, W. A. (1993). Alternative arguments for generalizing from data as applied to qualitative research. *Educational researcher*, 16(7), 16-21.

Glaser, B. G., & Strauss, A. (1967). *The discovery of grounded theory: Strategies for qualitative research*. Chicago: Aldine.

Nunan, D. (1992). *Research methods in language learning*. Cambridge: Cambridge language teaching library.

Matthew, D. (2005). *Case study research*. London: Sage publications.

Miles, M. B., and Huberman, A. M. (1994). *Qualitative data analysis: An expanded sourcebook* (2nd ed.). Thousand Oaks: Sage.

Merriam, S. B. (1988). *Case study research in education: A qualitative approach*. San Francisco: Jossey-Bass.

Merriam, S. B. (1998). *Qualitative research and case study applications in education* (2nd ed.). San Francisco: Jossey-Bass.(=莎兰.B.麦瑞尔姆.质化方法在教育研究中的应用：个案研究的扩展.重庆：重庆大学出版社，2007).

Sanders, J. R. (1981). Case study methodology: A critique. In W. W. Welsh (ed.), *Case study methodology in educational evaluation*. Proceedings of the 1981 Minesota Evaluation Conference. Minneapolis: Minesota Research and Evaluation Center.

Smith. A. G. (1978). An evolving logic of participant observation, educational ethnography and other case studies. In L. Schulman (ed.), *Review of research in education*. Itasca: Peacock.

Stake, R. (1995). *The art of case study research*. Thousand Oaks: Sage.

Yin, R. K. (2003). *Case study research: Design and methods* (3rd ed.). Thousand Oaks: Sage.

Bruner, J.S. (1986). *Actual Minds, Possible Worlds*. Cambridge, MA and London: HarvardUniversity Press.

Clandinin, D. J., & Connelly, F. M. (2000). *Narrative Inquiry: Experience and Story in Qualitative Research*. SansFrancisco: Jossey-Bass.

Connelly, F. M., &Clandinin, D. J. (1988). *Teachers as Curriculum Planners: Narrative as Experience*. New York: Teachers College Press.

Connelly, F. M., &Clandinin, D. J. (Eds.). (1999). *Shaping a Professional Identity: Stories of Educational Practice*. New York: Teachers College Press.

Elbaz, F. (1983). *Teacher Thinking: A Study of Practical Knowledge*. London: Croom Helm.

He, M. F. (1998). *Professional Knowledge Landscapes: Three Chinese Women Teachers' Enculturation and Acculturation Processes in China and Canada*. Unpublished doctoral dissertation

Phillion, J. (2002). *Narrative Inquiry in a Multicultural Landscape: Multicultural Teaching and Learning*. London: Ablex Publishing.

Agar M. (1980) *The Professional Stranger: An Informal Introduction to Ethnography*. Sage, Newbury Park, California

Agar M. (1990) Exploring the excluded middle. *Journal of Contemporary Ethnography*, 19 (1) (special issue: The Presentation of Ethnographic Research), 73-88

Atkinson P. (1992) *Understanding Ethnographic Texts*. Sage, Newbury Park, California.

Boas F. (1928) *Anthropolgy and Modern Life*. Norton, New York.

Clifford J.& Marcus, G.E. (eds) (1986) *Wring Culture*. Berkeley: University of California Press.

DenzinN.K.(1989a)*The Research Act: The Theoretic Introduction to Sociological Methods 3rdedn*. Prentice Hall, Englewood Cliffs, NJ.

Denzin N. K. (1989b) *Interpretive Interactionism*. Sage, Newbury Park, California.

Denzin N. K. & Lincoln Y.S.(Eds) (1994) *Handbook of Qualitative Research*. Sage.Thousand Oaks.

Erickson F. (1986) Qualitative Methods in Research on Teaching. In M.C. Wittrock (Ed.) *Handbook of Research on Teaching*. Macmillan. New York.

Fetterman D. M (1989) *Ethnography: Step by Step*. Newbury Park, California

Fielding N. (1993) Ethnography. *In Researching Social Life* (ed. N. Gibert), pp. 154-171. Sage,Newbury Park, California.

Geertz C. (1973) *The Interpretation of Cultures*. Basic Books, New York.

Germain C. P. (1993) Ethnography: the method. In Nursing Research: *A Qualitative Per-spective* 2ndedn(eds P. L. Munhall and C. Oiler Boyad), pp. 237-267, National League for Nursing Press, New York.

Goetz J. P. & LeCompre M. D. (1984) *Ethnography and Qualitative Desige in Educational Research*. Academic Press, Orlando.

Harris M. (1976) *History and significance of the emic/etic distinction*. Annual Review of Anthropology, 5, 329-350

Hammersley M. & Atkinson P. (1995) *Ethnography: Principles in Practice* 2ndedn. Tavistock, London.

Leininger M. (1985) *Qualitative Research Methods in Nursing*. W. B. Saunders, Philadelphia.

Leininger M.(1994) Evaluation criteria and critique of qualitative research studies. *In Criteria Issues in Qualitative Research Methods* (ed. J.M. Morse), pp. 95-115, Sage, Thousand Oaks, California.

Lewis O. (1953) *Control and Experiments in Field Work*. In A.K.Kroeber(Ed.) Anthropology Today. Chicago: University of Chicago Press.

Malinowski B.(1922) *Argonauts of the Western Pacific: An Account of Native Enterprise and Adventure in the Archipelagoes of Melanesian New Guinea*. Dutton, New York.

Mead. M. (1935) *Sex and Temperament in Three Primitive Societies*. Morrow, New York.

Mead M. (1949) *The Mountain Arapesh. V. The Record of Unabelin with Rorschach Analysis*. Anthropological Papers of the American Museum of Natural History 41 (Part 3), New York.

Paul B. D. (1953) *Interview Techiniques and Field Relationships*. In A.L.Kroeber (Ed.) Anthropology Today. Chicago: University of Chicago Press.

Peacock CJ.L. (1986) The Anthropological Lens: Harsh Lights, Soft Focus. Cambridge University Press, Cambridge.

Redfield R. (1953) *The Primitive World and Its Transformations*. Chicago: University of Chicago Press.

Sarantakos S. (1993) *Social Research*. Macmillan Press, Basingstoke.

Shaw T. (1993) *Handouts for the course 'Ethnography for Youth Cultures"*. Cambridge, US: Harvard Graduate School of Education.

Spradley J.P. (1979)*The Ethnography Interview*. Harcourt Brace Janovich, Fort Worth.

Spradley J.P. (1980)*Participant Observation*. Harcourt Brace Janovich, Fort Worth.

Thomas J. (1993)*Doing Critical Ethnography*. Sage, Newbury Park, California.

Van Maanen J. (1983) *The Moral Mix: On the Ethics of Fieldwork*. In R. Emerson (ed.) Contermporary Field Research. Boston: Little, Brown.

Van Maanen J. (1985) The Professional Apprentice. In S.B. Bacharach(Ed.) *Perspectives in Organizational Sociology*. JAL Press, Greenwich CT.

Van Maanen J. (1988) *Tales of the Field: On Writing Ethnography*. The University of Chicago Press, Chicago & London.

Whyte W. F. (1943) *Street Corner Society: The Social Structure of an Italian Slum*. University of Chicago Press, Chicago.

Willis P. (1977) Learning to Labor: *How Working Class Kids Get Working Class Jobs*. Saxon House, Famborough.

Wolcott H. (1982)Differing styles of on-side research: or 'if it isn't ethnography, what is it?' *Peview journal of Philosophy and Social Science*, 7(1,2), 154-169

Wolcott H.(1992) Posturing in qualitative enquiry. *In Handbook of Qualitative Research in Education* (edsM. LeCompte, W.L.Millroy & J.Preissle), pp. 121-152, Academic Press, San Diego,California.

Wolcott H. F. (1994) *Transforming Qualitative Date: Description, Analysis, and Interpretation*. Sage, Thousand Oaks, California.

【推荐书目】

余菁. 案例研究与案例研究方法. 经济管理，2004(20): 24-29

陈涛. 个案研究"代表性"的方法论考辨. 江南大学学报（人文社会科学版），2011 (10/3)：64-68

胡小勇. 案例研究的理论与实例. 南京：南京师范大学出版社，2008

张文华.小学英语教师职业生活与在职专业发展：以S小学为场域的田野研究.北京师范大学研究生院，2013

耿涓涓.教育信念：一位初中女教师的叙事探究.丁钢主编.中国教育：研究与评论 第2辑.北京：教育科学出版社，2002：181-232

ヴァン‐マーネン.J.（森川渉訳）(1999)『フィールドワークの物語：エスノグラフィーの文章作法』、現代書館

倉地暁美 (2006)「カルチャー・ステレオタイプからの脱却：日本語を教える大学教師のマイクロ・エスノグラフィ」、広島大学高等教育センター 大学論集、37、149-165

菅田陽平 (2011)「外国にルーツを持つ子どもの支援者のオートエスノグラフィー」、大阪大学文学研究科修士論文（未刊）

杉山春華 (2012)『テキストを読んで語り合う授業のエスノグラフィー：社会文化的アプローチからみた「読み」におけるテキストの役割とは何か』、早稲田大学大学院日本語教育研究科修士論文（未刊）

高橋朋子 (2009)『中国帰国者三世四世の学校エスノグラフィー——母語教育から継承語教育へ』、生活書院

バフチン.M.（伊藤一郎 訳）(1996)『小説の言葉』、平凡社（平凡社ライブラリー）

范玉梅 (2012)『中国新新人類的日本留学：彼らはなぜ神様の子になったのか』、中国戯劇出版社

森田京子 (2007)『子どもたちのアイデンティティー・ポリティックス—ブラジル人のいる小学校のエスノグラフィー』、新曜社

八木真奈美 (2003)「日本語を第二言語とする定住者研究に関する一考察―エスノグラフィーの可能性」『待兼山論叢』第37号、日本学篇

八木真奈美 (2013)『人によりそい、社会と対峙する日本語教育―日本社会における移住者のエスノグラフィーから見えるもの』、早稲田大学出版部

Flyvberg, B. (2006). Five misunderstanding about case study research. *Qualitative Inquiry*,12(2), 219-245.

Hamilton, L. (2013). *Using case study in education research*. London: Sage

Small, M. L. (2008). How many cases do I need? On science and the logic of case selection in field based research. *Ethnography*, 10(1), 5-38.

第七章　质的研究的伦理问题

李晓博

要旨

　　本章将介绍质的研究中的伦理问题。

　　围绕质的研究的伦理问题，首先将介绍一般意义上的研究伦理的定义、内容以及研究伦理问题受到关注的原因。在论述质的研究的伦理问题的独特性之后，将介绍在质的研究的不同阶段容易引起的伦理问题，以及注意事项。最后通过笔者的亲身经历来说明在质的研究的诠释阶段，也就是撰写研究结果阶段，研究者容易受到"将研究结果感人化或典型化"的诱惑，或是凭脑中的想象而造成"不合适阐释"这一问题。希望读者在做质的研究时能够注重伦理问题，慎重小心。

　　本章では、質的研究の倫理問題について述べます。

　　質的研究の倫理問題をめぐって、まず、一般的な意味での研究倫理の定義、内容及び研究倫理問題が注目される理由について述べます。それから、質的研究の倫理問題の特徴を述べた上で、質的研究の調査手順を踏まえて、それぞれの研究段階における起きやすい倫理問題の種類、そして注意点などを述べ、最後に、質的研究の解釈段階、つまり、研究結果を書く段階において、研究者が「研究結果の感動化や典型化の誘惑」や頭で勝手に想像などによって書いてしてしまいがちな「不適当な解釈」について、筆者の経験をもとに述べます。この章を通して、質的研究をする際に、倫理問題が大変大事で、常に慎重に考慮しなければならないということを頭に入れていただきたいと思います。

这一章我们谈谈容易被研究者忽略，然而却是非常重要的一个问题——质的研究的伦理问题。首先来看看什么是研究伦理。

1. 什么是研究伦理

伦理（Ethics）一词，来源于古希腊语，主要指什么是善、恶、应当、不应当、正当、不正当等规范问题。有学者把研究伦理（Research ethics）定义为"学术研究人员在开展研究时涉及的价值判断问题"，包括"人""知识""民主价值观""研究质量"和"学术自由"五个方面（文雯，2011）。但是，研究伦理问题的提出，根本上是为了保护包括研究对象在内的"人"的权益和尊严。因此，更确切地说，研究的价值，不能光从知识、真理的角度来判断，同时，研究是否给"人"带来利益，研究者有没有损伤到研究对象的尊严和权利，也应该作为判断研究价值的一个标准。比如某项研究，虽然解决了某一问题，但是，如果该研究不能促进人的发展，或是该研究建立在对研究对象尊严或生理、心理伤害的基础上，那么，该研究的价值就应值得怀疑。以研究教师生活史而出名的Goodson对研究伦理问题说得非常直接："研究伦理，就是研究者要不管在什么情况下都要充分尊重作为人、个人、自己，以及作为主体而独立存在的研究参与者的权利。"（Goodson、Sikes，2001）。因此，说到底，研究伦理问题，讨论的就是研究者如何保护研究对象，即研究参与者的尊严、权利等的问题。那么，研究伦理问题引起重视的背景是什么？国际社会对研究伦理问题都有哪些规定？

2. 研究伦理问题的兴起及内容

研究伦理问题之所以受到国际社会越来越高的关注，除了与民主主义、自由主义思想对个人作为自由及权利主体的保护意识外，还与20世纪是"以与自己拥有不同度量衡的'他者'共生作为人类研究课题的时代"（能智，2013）有关。比如以田野调查为基础的文化人类学科的诞生以及社会学中对弱势群体的研究，就是基于对把优势文化、社会的价值判断强加给研究对象的研究的反思。同时，对研究伦理问题的关注还与20世纪后期对"研究"看法发生变化有关。过去，人们对研究的理解是"神的视点"，不给予研究对象任何的影响，研究本身是客观、价值中立的行为。在国际上，自1970年代开始，人们已经开始普遍意识到所谓"价值中立"无非是一种"神话"而已，研究活动是对研究对象产生影响的"政治性"的行为（能智，2013）。伴随着这种意识的觉醒，人们开始要求应该从伦理的视点去判断对研究对象产生的影响是好还是不好的问题。除此外，理论世界中引入基于自由竞争的劳动市场与人们对研究伦理问题的关注也有一定的关系。即随着科研人员及教师等人员被迫背负越来越重的研究业绩的压力，许多一味追求研究成果而忽略或不顾忌伦理问题的研究增多的可能性也受到了关注。在这样的背景下，国际上开始对研究伦理问题日益重视。

1978年，美国生物医学及行为研究受试者保护国家委员会，提出"贝尔蒙特报告书"（The BejmontReport），作为以人为研究对象的伦理原则及指导方针。该报告书提出研究伦理的三大基本原则（BasicEthical Principles）：第一，尊重研究对象（Respect forPersons）：把研究参与者个人作为自律的主体看待，由于某种原因在自律性降低的情况下，研究者应努力保护研究参与者的人格。第二，善行（beneficence）：研究者应对研究参与者个人的利益负责，要在保障对他们来说研究利益最大化的同时，将风险降到最低。第三，公正（justice）：研究的风险应该由分享研究利益的人共同承担，不应该只让特定人群（比如处于社会弱势中的人们）承担。"贝尔蒙特报告书"标志着国际社会开始初步形成针对研究过程本身的伦理规范。

那之后，不同的研究者所提出的伦理规范尽管略有不同，但是，基本上都是基于"贝尔蒙特报告书"的基本精神之上。

Babbie（1992）在《社会科学研究方法实务》中指出以下几条研究伦理原则：① 尊重参与者的意愿：尽量避免强迫研究对象参与研究，尤其要注意学生因为害怕影响成绩而被迫参与等情形；② 不能伤害研究对象的身心；③ 匿名与保密：匿名指的是无法分辨资料个人身份，保密是指知道个人身份但不公开；④ 避免隐瞒和欺骗。

Creswell（2002）在《教育科学研究：质化和量化研究中的计划、实施与评估》中则

指出：① 尊重研究对象的权利：研究对象有权了解研究目的、预期结果与社会价值；有权拒绝参与或中途退出；个人消息必须保密；研究对象有权要求从研究中获得学术或其他回报。② 避免伤害研究对象的身心。

我国学者陈向明（2000）则提出需要注意的几项伦理原则：自愿和隐蔽原则、尊重个人隐私和保密原则、公正合理原则、公平回报原则。

不仅如此，国际社会为了保护研究参与者的权益，以防发生伦理问题，一般的研究机构和大学都通过设立伦理审查委员会等机构，从制度上审查伦理问题。比如英国牛津大学的所有学生和研究人员在申请课题或者撰写学位论文之前必须接受研究伦理审查。审查程序共分三个步骤：第一步是研究计划起草阶段，由导师、学生和课题组其他成员共同合作完成的伦理问题自我评审。充分探讨该研究中可能出现的伦理问题，尽可能在导师的指导下在研究计划中提出合理可行的解决方案。第二步是根据大学或者院系统一制定的研究伦理清单表，检查自己研究中的相关伦理问题。该清单涉及研究过程各个细节的伦理状况，比如研究假设、研究方法、研究使用的样本、尽可能减小研究参加者的风险和确保信度的方法、任何可能运用的调查、问卷和样本等等。研究者可以据此对研究过程中可能涉及的伦理问题进行一个初步的自检，如果研究计划所涉及的伦理问题在清单所提供的解决方案中，并在研究计划中提出了可行的解决方案，则由导师签字后送交"大学研究伦理委员会"，经批准后方可开展研究。如果该研究计划涉及的伦理问题不在上述解决办法列表中，则需要进行第三步，即填写伦理申请表。该申请表要求研究者对该研究可能存在的伦理问题及解决办法进行更为详细的说明和解释，经过伦理审查委员会批准后才能开展研究。

尽管没有牛津大学那么繁杂的伦理审查程序，日本的研究机构和大学近些年来也要求研究者在开始研究之前向伦理审查机构或者伦理审查委员会提交《伦理协议申请书》。申请书的主要内容大概包括：研究背景、目的、学科基础理论概述、调查方法、对研究参与者的选择标准及选择办法、预见研究对研究参与者可能带来的危害和好处、承诺保护隐私和保密、预见有可能与研究参与者发生的冲突等。通过审查后方可开始着手调查研究。

3. 质的研究伦理

比起量的研究，质的研究更容易发生伦理问题。原因在于质的研究中研究者需要深入日常生活，通过访谈或者观察的方法，与研究参与者的"私人世界"产生关联。研究者不管在时间还是在内容方面都需要与研究参与者进行高密度的接触。通过这种亲密接触所获得的研究数据中比较多地包含了研究参与者个人的信息。研究者如果对这种信息使用不当

或者错误使用的话，就容易发生侵害研究参与者权益的问题。

同时，质的研究者必须要承认，通过访谈或者观察所获得研究数据并不是"客观的"研究对象的"东西"，而是通过研究者的介入，在与研究者相互作用的关系中建构出来的结果。比如通过访谈，研究参与者向研究者讲述的故事其实是研究者与研究参与者"相互作用"下的产物。做过质的研究访谈的人会有体会，对同样一个人进行访谈，访谈者是A和B，访谈的结果会很不一样。就是因为故事的叙述是研究者与研究参与者相互作用下的"共同"产物。

其次，质的研究要做的是"通过聚焦、解释一些现象而达到对部分事实的理解"（Holliday，2002：5），其根本在于阐释。"阐释"一词的原义源于拉丁语interpres，意为两方面之间的中介体，因而，阐释行为就是传译和沟通的行为。而质的研究过程，也即是研究者在和研究参与者的相互作用下，对研究参与者的故事进行阐释的过程。

综合上述质的研究特点，笔者认为，比起量的研究，质的研究不仅更容易发生研究伦理问题，而且，质的研究伦理问题会比量的研究更加复杂、多样，不仅在研究开始前阶段、调查阶段，还会在阐释研究结果、书写研究报告、公开发表阶段都可能发生。因此，在讨论质的研究伦理问题时，不能仅仅停留在比如保密、保护隐私等宽泛概念基准上，研究者更应该在整个研究过程中都要对研究伦理问题保持清醒和警觉。

下面，分别从调查阶段和阐释阶段来阐述质的研究伦理问题。

3.1 调查阶段的伦理

在研究调查阶段，作为质的研究伦理基准，经常被提及的大概有以下几点：

首先，应该是研究参与者的自愿参与。研究者应该在开始调查前告诉研究参与者调查的目的、调查方法，如果有访谈，还要告诉大概的访谈内容，参与该研究可能给研究参与者带来的影响、好处，并明确守秘义务的范围和难处等。此外，还应告诉研究参与者，其有权在研究或者调查中途退出研究。最后，还要告诉研究参与者在发表研究结果时充分注意保护参与者的个人隐私，对要发表的文章，事先让研究参与者过目等事项。而且，最好在研究开始前，研究者能以"同意书"的形式向研究参与者做详细交代，一般"同意书"末尾大概都会加上这样一句话："我阅读并了解了以上关于调查研究的说明，我同意协助该研究。"在研究者和研究参与者各自签名后，"同意书"一式两份，由研究者和参与者各自保存。

第二，调查过程是研究者与研究参与者相互合作的过程。研究者应充分注意与研究参

与者的关系建构。关于这一点，迄今，社会学调查领域中提及较多的是，如何与研究参与者建立良好的关系，以保证能够收集到"正确"的资料，或者保证调查能够顺利进行，却很少从尊重研究参与者的自愿性和保护隐私方面来探究伦理问题。在这一阶段，研究者应该充分尊重研究参与者的自愿性和隐私。因为有些问题，在研究者看来也许有较大的研究价值和意义，然而，在研究参与者，却是不愿被人知道，或者不愿去触及的话题，那么，研究者也只好放弃这一方面的问题，主动避开，不刨根问底。

第三，调查结束后，研究者应该将转码的文字"数据"，返还给研究参与者过目。特别是访谈资料的转码文字。让研究参与者检查研究者理解是否有误，有没有需要追加的信息，或者哪一部分信息不愿公开等。另外，在这一阶段，还可以同研究参与者商量哪些人名、地名或其他专有名词需要使用化名等。

总之，如果在调查过程中，研究者有充分尊重研究参与者的意识，遵从一定的伦理规范，发生伦理问题的可能性会降低很多。但是，质的研究伦理问题多是在具体的情景下产生的，不是遵从了某些规范、规则就可以避免发生的（李玲，2009），因此，更大程度上需要研究者根据具体情况去灵活认真处理具体"个别性""情景化"的伦理问题。

3.2 研究结果的阐释伦理

研究者收集完研究数据后，进入对研究结果的阐释阶段，即分析研究数据、书写研究报告阶段。研究结果的阐释包括研究者在做研究报告时选择哪些故事，将故事放置在什么样的框架下，用什么样的语言来叙述，叙述的目的是什么等。一般来说，调查结束后，如何阐释、如何呈现研究参与者的故事，权利掌握在研究者手中。这一阶段的伦理问题最容易被忽视但又最容易发生，而且一旦发生问题，将会对研究者和研究参与者以及研究本身带来较深的创伤。本文将通过具体事例重点论述这一阶段的伦理问题。

Goodson，Sikes（2001）指出研究者在对研究结果阐释时容易犯的伦理问题往往有以下两点：

首先是"感动、魅力诱惑"，指研究者在呈现研究结果时，往往想把故事尽可能地叙述得更感人更有魅力。比如说研究者往往故意忽略他们认为"无聊""平凡无奇"的某一特定集体的研究视角。那是因为他们认为这些到处可见的平凡生活没有研究价值。

第二点是"典型化冲动"，就是想让自己的研究脱俗于日常生活，带一定的戏剧色彩。其结果，由于过于强调特质部分，而导致把个人"他者化""本质化""异国风味化"。

对此，Goodson指出，生活史研究澄清的问题是，任何人都"不是普通"的，也就是

说任何人都有自己不同于其他人的地方，有属于自己的故事。研究者在这一阶段容易犯的伦理错误是过分强调研究参与者的"不同"，或者试图把参与者作为"展示品"来呈现。这会导致人们对参与者投以特殊的目光，扭曲参与者的人生。

Goodson指出的这两种伦理问题现象，从事质的研究、尤其是采用研究参与者故事来呈现研究结果的新手质的研究者或多或少都经历过。笔者本人一开始面对自己从调查现场收集来的研究数据时，觉得收集来的数据都是平凡无奇的日常生活，一度怀疑是否有研究价值，心底里特别渴望能写出激动人心、具有典型意义、非凡的故事。这是受研究者内在研究价值观驱动的"诱惑"，认为好的研究和好的故事一定要标新立异、意义不凡。但是，质的研究要呈现的就是人们所熟悉的、人人都可能会经历的、研究参与者平凡的日常生活或故事，因为这些日常生活和故事有其独特的意义和价值。所以，研究者要始终如一地忠实于自己的研究数据和故事，不虚张声势，不装腔作势，充分尊重研究参与者的生活和故事。

对研究结果的阐释伦理问题，笔者认为除Goodson指出的以上两种外，还有另外一种情况——"不合适阐释"。

"不合适阐释"是指研究者对研究结果的阐释没有充分依据研究数据，阐释有悖于或超越研究参与者的实际情况。导致这种情况发生大概有两种原因。一是因为在开始研究前研究者头脑中已有某种"偏见"或某种理论概念，在对研究结果进行阐释时，并没有充分忠实于研究参与者的故事，而是将自己头脑中已有的"偏见"或外来的理论概念或理论框架强加于故事，对故事进行不合适或者勉强阐释。这不仅不符合质的研究的理念和研究出发点，同时也存在一定的伦理问题。质的研究中，研究者应该时刻有与研究参与者保持平等关系的意识。不仅在研究调查阶段，研究者要做到"不是刚愎自用的观察者，而是一个介入者"（王海龙，1998），同时在对研究结果的阐释阶段同样需要保持一种与研究参与者平等的意识，对研究参与者的故事应该"摒弃成见悉心体悟"（狄尔泰）。试想，研究参与者为了协助研究者的研究，无私地向你敞开心扉，花大量时间如实讲述自己的生活经历、人生故事以及思考等，而研究者却利用自己手中的权利，居高临下，忽视或淹没研究参与者的"声音"，将研究参与者的故事进行不合适或者勉强阐释，当研究参与者看到自己的人生或者生活被人乱加"肢解"，妄加评论，心中会不会有受伤害的感觉？当然，一般情况下，研究者不会做出如此出格的阐释。但是，有时候当研究者过于崇拜理论，过于沉迷于自己的阐释，或对自己的阐释过于自信，会无意中忽视与研究参与者的平等地位，忽视对参与者故事的充分尊重，而做出伤害研究参与者的不合适阐释。

还有一种原因，是随着研究的推进，研究者在研究过程中形成某种偏见，对研究结果进行不合适阐释，而导致对研究参与者的伤害。这一点，可以举笔者的亲身经历为例。

笔者在对日本教师——"凉子"的专业知识进行的叙事探究中（李晓博，2011），有

一章写凉子作为日语教师的专业性问题。首先，为何要写这一章？因为在整个研究过程中，凉子给笔者的感觉是她对自己日语教师的专业性不自信。比如，凉子曾经对笔者说过她跟一位有经验的老教师聊天，她用那位老教师对专业日语教师的基准来衡量自己，觉得自己称不上专业化的日语教师。除此之外，凉子还几次告诉笔者不敢把自己的课给同事看，因为自己允许学生课堂上谈话，这让同事看了会认为自己没有课堂管理能力等。不仅如此，笔者在研究过程中每次跟凉子提起"专业性"这一词语时，她总会否定地说："我称不上是专业化的老师。"

这些，都让笔者觉得凉子对自己的专业性缺乏自信。

随着研究的进展，笔者要为凉子抱打不平的愿望愈来愈强。作为研究者，无论是从研究关系还是私人关系角度，笔者都觉得自己有责任和义务写一章来论述和证明凉子称得上是专业化的日语教师。

这是笔者选择故事的动机和目的。

选择故事后，要决定用什么样的语言、以何种方式来呈现这些故事。

那之前的叙事，笔者基本做到忠实于自己所收集到的研究数据，尽量减少研究者的声音，小心翼翼地通过数据展开故事，将阐释的空间留给读者。也因此，总是第一读者的凉子读完研究报告后，几乎没有流露过不满或者不悦的表情。

但是，在写凉子的专业性的时候，为了替凉子抱打不平，笔者抛弃了一直以来秉承的研究准则，自己头脑中已有的解释先于研究数据，笔者认为凉子对自己专业性缺乏自信是来自处于"强势"地位的同事们言论的影响，而凉子在她所属的共同体内则是处于"弱势"地位。

有了这样的先在阐释，笔者采用了"强弱"对比的叙述方式，有意将同事们的"强势"和凉子的"弱势"对比起来。对同事，使用诸如"强势""趾高气昂""居高临下"等词语来解释和批判。而对凉子，则使用比如"弱势""不自信"等词语来解释。

笔者本以为凉子读了这一章会产生共鸣，会被笔者的"侠义"所感动。但是，没想到，当笔者把这篇充满了笔者自己的解释和先见的文章给凉子看时，凉子表现出从未有过的不悦。她没有像以往一样，投入感情地对我写的故事进行反馈，甚至有好几天都回避我，不愿跟我讲话。而且，据后来所知，阅读完故事后的第二天，凉子找到自己的知心朋友，倾诉了自己作为研究参与者的苦恼和极度不满。凉子表示读了我的研究报告后，对笔者甚至对叙事探究这一研究方法开始产生怀疑。她说如果叙事探究是这样一种研究方法的话，自己实在不能认同。

但是，另一方面，笔者其实并不十分清楚到底是哪一点阐释使凉子无法接受，到底什么地方"得罪"了她。笔者在这种时候感到作为研究者的无能为力，觉得作为中国人没办

法真正理解日本人的凉子，甚至有了研究难以为继的感觉。

后来，直觉告诉笔者凉子应该是不喜欢自己对她所做"弱势"的阐释。所以，笔者改写了文章。去掉那些带有明显偏见的词语，也取消了太过明显的对比，故事位置重新编排。当笔者把改写后的文章拿给凉子看时，她的反应比第一次好了很多，她同意这个故事可以拿出去给人看了。

当时由于赶写作进度，因此，获得凉子首肯后笔者没有再同凉子谈起此事。时隔几年当再想起这事时，总觉得当时的处理方法有欠妥的地方，凉子尽管最终认同了笔者的阐释，但是，她是不是有感觉委屈和妥协的地方？这些地方是哪里？当时为什么没有正面地、开诚布公地同凉子探讨此事？为什么要选择逃避？笔者当时无非就是希望能早日结束研究，希望跟凉子之间没有任何风波地、安全地尽快结束研究而已。然而，凉子作为研究参与者，当发现自己被"不合适"阐释的时候，内心一定也非常痛苦，作为研究者，自己没有站在凉子的立场，顾及她的感受，也没有停下赶进度的脚步，去反思问题和解决问题。即使几年后，每当想起这些，笔者都深感羞愧和不安。

时隔四年之后，笔者有机会同凉子谈起了此事。笔者告诉凉子，自己对这件事情其实一直很在意，后悔当时没有问清楚凉子到底对什么地方有异议，不应该在论文中回避了。当听到这里时，凉子以一种极少有的惊喜和爽快的声音说："是的，你不应该回避掉的！"当笔者确认是否是因为对她和她同事的阐释有误时，她说就是在那一章里，她觉得那里的凉子不是她的"凉子"，而变成了笔者的"凉子"。最后，笔者向凉子真诚道歉。没想到凉子所做出的反应远比笔者想象的要强烈。她说："没想到埋藏在我心里四年来的阴影，被你的这一句话给吹得无影无踪了！"

原来，伤痕一直留在凉子的内心里！笔者尽管想到了由于自己的"不合适阐释"可能给凉子带来了伤害，但是，凉子的反应告诉笔者，其实凉子更受伤的是笔者对这件事的处理方式和态度。假如当初笔者不抱逃避的态度，真诚地跟凉子道歉、协商，那么，也不至于使凉子为这件事"受伤"了四年！

笔者所经历的个案说明了研究者对研究参与者基于"整体视角"的理解和阐释是多么重要。但是，更为重要的是，当研究者对数据做了"不合适阐释"后，研究者能否反省自己的阐释，并以不逃避的真诚态度及时向研究参与者道歉，并与研究参与者进行沟通、协商。只有这样，才能保护研究参与者不受伤害。

从研究伦理的角度看，这保护了研究参与者的利益，但同时这样做也保护了研究的顺利进行。

笔者是幸运的。尽管由于笔者的"不合适阐释"以及那之后不适宜的处理方式对凉子造成了极深的伤害，但是，由于凉子本身对质的研究和叙事探究有一定的理解和信任，所

以才不至于与笔者的合作关系中途破裂，导致研究难以为继，而且在事后四年因笔者的真诚道歉而获得凉子对这件事的原谅，产生了裂痕的关系得以重新修复。可以想象如果凉子不是这样一位隐忍、善解人意的人，也许笔者的研究就会前功尽弃，以失败而告终。

因此，处理好研究过程中的任何一阶段的伦理问题，都是非常重要的。需要研究者谨慎对待。

4. 结语

研究伦理问题是从事研究的人都必须认真对待的。尤其是质的研究，因其固有的方法论特征和性质，伦理问题更为复杂。尽管国外大学以及研究机构设立伦理审查机构并对研究伦理问题有具体的规定，然而，从本文的案例中也可以看出，研究伦理问题其实复杂、情景化，不是说遵从了某一准则或者方法就可以高枕无忧、完全避免。需要研究者根据具体情况个别、具体地认真对待。但是，研究者在做质的研究时，从一开始就抱有研究伦理的意识，充分关注研究是否带给研究参与者伤害或损伤，是有效防止伦理问题发生的关键，也是质的研究者应该做的最重要的事情。

【研究思考题】

1. 与量的研究相比，质的研究伦理问题的特点和复杂性体现在什么地方？
2. 谈谈你对阐释伦理的看法？如何才能做到或者避免"不合适阐释"问题的发生？

【参考文献】

陈向明. 质的研究方法与社会科学研究. 北京：教育科学出版社，2000

文雯. 英国教育研究伦理的规范和实践及对我国教育研究的启示. 外国教育研究，2011（8）：87-91

王海龙. 对阐释人类学的阐释. 广西民族研究，1998（4）：45-54

李玲. 论质性研究伦理审查的文化适应性. 比较教育研究，2009（6）：7-11

李晓博. 有心流动的课堂：教师专业知识的叙事探究. 北京：外语教学与研究出版社，2011

能智正博（2013）質的研究の倫理（A）. やまだようこ　他（編）『質的心理学ハンドブック』、新曜社. 71-94

Babbie, E. (1992). *The Practice of Social Research (6th ed.)*. Belmont, CA: Wadsworth.

Creswell, j.w. (2002). *Education Research: Planning, Conducting, and Evaluating Quantitative and*

QualitativeResearch. Upper Saddle River, J: Pearson Education.

Goodson, I.F and Sikes, P (2001) *Life History Research in Educational Settings: Learning from Lives.*Buckingham: Open University Press.

Holliday, A. (2002). *Doing and Writing Qualitative Research.* Thousand Oaks: Sage.

【推荐书目】

梅拉尼·莫特纳马克辛·伯奇等（主编）. 质性研究的伦理. 重庆：重庆大学出版社，2008

無藤隆·やまだようこ他（編）（2004）『質的心理学：創造的に活用するコツ』、新躍社

第三部 语料库与日语教学及日语研究

第八章
语料库与日语教学研究

曹大峰

要旨

　　本章从外语教学和日语学习的角度，首先介绍语料库应用于外语教育教学的基础理论，论述面向教学需要的语料库的分类和特征，回顾国内日语教学研究中应用语料库的现状；然后具体介绍日语教材语料库的构建和应用事例，探讨日语学习和教学研究中教材语料库的应用方法及其可能发挥的作用，提出今后的发展前景及课题。

　　本章では外国語教育学の理論と教育支援の立場から、種々のコーパスの分類図を提案し、中国の日本語教育研究におけるコーパスの利用状況を考察した。また、教科書コーパスを中心にその構築と応用の中国事例をはさんで、日本語学習と日本語教育研究における教科書コーパスの利用可能性と今後の課題を論述した。

随着计算机技术的迅猛发展，各种各样的语料库相继投入建设，语料库作为一种数字化的学习资源和教育资源开始受到关注。语料库在外语教学中的应用、以外语教学为目的的语料库的开发与应用，已经成为新的重要课题。对于教育一线的日语教师和日语教育研究者来说，学习和掌握语料库的知识及其应用的方法，可以使我们获得更多的教学和研究资源，更好地提高教学效果和研究水平。

为此，本章从外语教学和学习的角度，首先介绍语料库应用于外语教育教学的基础理论，论述面向教学需要的语料库的分类和特征，回顾国内日语教学研究中应用语料库的现状；然后具体介绍日语教材语料库的构建和应用事例，探讨日语学习和教学研究中教材语料库的应用方法及其可能发挥的作用，提出今后的发展前景及课题。

1. 语料库与外语教学

语料库是一种由语言信息集成的、可供计算机处理的、具有广泛用途的数字化资料库。它以其容量大、语料真实、检索快捷准确等独特的优势在现代语言学研究和语言教育中发挥着越来越重要的作用。

随着20世纪60年代BROWN语料库在美国的建成，应用语料库从事语言学研究和外语教学的实践也随之开始。Barlow（1992）曾对语料库及其检索软件在教学中的应用做过总结，认为语料库可以用来进行语言应用的对比研究（比如，本族语者与语言学习者的比较、标准英语和学术英语的比较、书面英语与口头英语的比较等），可以用来对教材、阅读材料的语言特征进行分析，还可以设计习题和创设学习活动，以及进行词语辨析等。

我国的语料库研制和应用始于20世纪80年代，从杨惠中等建立第一个语料库JDEST（科技英语计算机语料库）至今，语料库的发展就始终与外语教育教学紧密相连。JDEST为制定新时期"大学英语教学大纲"以及后来的"大学英语考试（CET）大纲"提供了

决策依托和坚实的数据参考。由桂诗春、杨惠中主持建立的 CLEC（中国英语学习者语料库）、何安平主持建立的 CEEC（英语教育教学语料库）、文秋芳主持建立的 SWECCL（中国英语学习者口笔语语料库）、曹大峰主持建立的中国日语教材语料库、谭晶华主持建立的 CJLC 中国日语学习者语料库、于康主持建立的 TNR 汉语母语者日语习得偏误语料库和汉日日汉翻译语料库等等，都直接为英语教学或日语教学研究提供了有益的基础资料和促进作用。语料库研究在中国的出现为语言研究和语言教学提供了极为方便的工具，它不但极大地丰富了外语教学资源的择选范围，而且为编撰词典、语法书和各种教材提供了翔实准确的参考。

语料库已经成为现代外语教学中不可忽视的重要资源、方法和工具。从外语教学和学习的角度，廓清语料库应用于外语教育教学的基础理论，总结面向教学需要的语料库的分类和特征，回顾国内日语教学研究中应用语料库的现状，明确今后的发展方向和研究课题，是日语教育研究者和日语教师专业发展的必备前提之一。

1.1　语料库应用于外语教学的基础理论

语料库应用于外语教学需要进行实践的探索和理论的建构，其根本依据和理论基础则源自如下的外语教学理论。

（1）"真实性"原则

外语教学的根本目的是培养学习者的语言交际能力。外语教学中交际活动的最基本概念之一是"真实性（Authenticity）"原则，即要提供给学习者明确、真实的语言信息，使学习者在一种自然、真实或模拟真实的情境中体会语言，掌握语言的应用。而语料库所收集整理的语料均来自真实文本或话语，不是某些凭感觉或规则主观臆造出来的语句。因此，基于语料库的语言教学和教学研究更真实可靠。语料库可以为学习者构建真实、多样的学习情景，创设接触真实语言的机会，了解使用语言的规律，使他们在掌握语言知识的同时，也可以提高语言应用能力和解决实际问题的能力；语料库还可以为教师和研究者提供目标语、中介语和教学语言的真实文本，反映外语学习和教学的真实场景及内容，使研究具有真实的依据和可靠的基础，从而得出客观的结论和有效的教改建议。

（2）"输入假说"和"注意假说"

第二语言习得理论认为输入是语言学习的基石（Rosa and O'Neill，1999），输入的频率是影响语言发展的因素之一（R.Ellis，1994）。克拉申（Krashen）的"输入假说"提出，理想的语言输入是关联的、有趣的且适量的（即"可理解输入"），这种语言输入是

外语习得的根本因素。施密特（Schmidt）的"注意假说"认为，注意是把输入转化为吸收的充分必要的条件，在语言学习者发展其语用能力中起关键作用。而语料库存储语料的大容量性和可续性可以提高输入的频率，保证知识的多元化、有趣性、时代性和联接性，帮助减少课堂所学与实际使用语言之间的差距；语料库存储语料的可选性和可显性还可以保证在教师监控下有针对性、难度适中地筛选语料并加以突显，体现"可理解输入"和增进注意的原则，有效地提高输入内化的效果。由此可见，语料库的应用对提高语言输入的频率和质量至关重要；通过相关的教学研究，可以促进我们对第二语言习得理论的认识、实践和发展。

（3）建构主义教学观

建构主义（Constructivism）及社会建构主义的理论较好地诠释了人类学习过程的认知规律，深刻揭示了学习的发生过程、意义的构建过程、概念的形成过程以及理想状态下的学习环境构成要素，肯定了学习的自主性、情境性和社会性。语言知识的习得不是一个简单的从教师到学生的过程。真正意义上的学习是学习者主动参与学习，同学习环境和学习伙伴相互作用下，吸收新知识，不断构建知识系统的过程。语料库为知识建构和自主学习提供了丰富多样的素材和实用便捷的工具，为发现学习、探究学习和合作学习提供了基础资源和互动平台。学习者语料库的中介语记录了外语知识建构和能力发展的过程，为外语习得和知识建构研究提供了宝贵的基础数据。以建构主义为核心的教学理论指导下的语料库驱动的外语学习新模式必将改变学习者的学习方式和学习资源的获取渠道。

（4）"数据驱动学习"模式

数据驱动学习（data-driven learning，简称DDL）是一种基于语料库数据的新的外语学习方法，亦称"语料驱动学习法"。该方法于上世纪90年代初由TimJohns提出，其主要思想是指引学生基于大量的语料库数据观察、概括和归纳语言使用现象，自我发现语法规则、意义表达及语用特征。Willis（1990）认为DDL是试图再现"真实世界"的课堂交际活动，因为真正的交际包含对未知成分的探索，对问题的解决和对信息的收集。为了完成任务，学习者必须将注意力集中在目标语上，通过成对或小组形式合作互动，实现对意义的讨论和协商。DDL的提出推动了外语学习的变革，挑战了以教师和教材为中心的传统外语教学理念，引起众多研究者的关注。在计算机技术以及语料库技术迅速发展和应用不断普及的今天，DDL方法的应用范围已经超越了课堂学习活动，成为一种学生自主学习、发现学习和探究学习的新模式，并由此促进了语料库的多样化发展。

1.2　语料库的教学分类及其特征

语料库的多样化发展是当代信息社会的必然趋势，根据不同的学科，以及开发和使用的目的，语料库可以分为许多种类。了解和把握语料库的类型及其特征和应用前景，对于日语教育研究者和日语教师来说，是十分必要的。我们从外语教学和学习的角度，将相关的各种语料库分为以下两大类和十二小类：

学习资源语料库	教育资源语料库
本族语料库	课标语料库
平行语料库	参照语料库
网络语料库	测试语料库
表达语料库	教材语料库
用例语料库	课堂语料库
译例语料库	学习者语料库

（1）学习资源语料库

学习资源语料库是提供直接的学习资料的语料库，其中本族语料库、平行语料库、网络语料库的语料是实际使用的现实语料，而表达语料库、用例语料库、译例语料库的语料则是为了学习目的经过设计和选编的现实语料。前者可为学习者提供大量真实而自然的语言资源，十分可贵，但对初级学习者信息负担过重，内容偏难；后者是在前者基础上抽取特定的语料建立的微型语料库，可为初中级学习者提供难度适宜且便于学习的语言资源，但因语境信息和使用场景有所缺失，不易应用。

六种学习资源语料库的特征简述如下：

本族语料库：　语料来自日语本族语，反映本族语的一般语言特征、各种语言变异和使用场景，力求代表一种语言或一种文体的全貌。如现代日语书面语均衡语料库（日本国立国语研究所）、日本朝日新闻语料库、新潮文库语料库（新潮社）、青空文库语料库、日本影视作品多媒体语料库等。

平行语料库：　语料来自两种以上的语言，而且相互对应，即平行对译。如中日对译语料库（北京日本学研究中心）、日英新闻报道对译语料库（日本情报通信研究机构国际语言交际研究所）、TNR汉日日汉翻译语料库等。

网络语料库：　拥有海量的网络在线语料，且可高速检索和即时利用。如筑波大学

WEB日语语料库、谷歌Web日语语料库和网络信息引擎的在线语料库等。

表达语料库：　根据学习或研究所需，从大型语料库抽取特定的表达方式及用例构建而成。如比喻表达语料库、评价句语料库等。

用例语料库：　根据学习所需，从大型语料库抽取有代表性的特定的用例构建而成。如网络辞典和电子辞典等所挂接的综合和专门用例库、复合动词语料库等。

译例语料库：　根据学习所需，从平行语料库抽取有代表性的特定的译例构建而成。如网络和电子翻译软件所挂接的对译词库和例句库等。

（2）教育资源语料库

教育资源语料库是提供教学专用资源的语料库，有的资源也可供学习者参考使用。其中课标语料库、参照语料库、测试语料库的语料是关于教学指导、参照指标和测试内容的资料资源，而教材语料库、课堂语料库、学习者语料库的语料则是关于教材内容、教学过程和学习结果的资料资源。前者提示了教学、学习和评测的标准和参照指标，需要具有客观性、现实性和效度，但有时更新和建库较慢；后者提供了教学的内容和学习的真实记录，对把握和分析实情颇为需要，但有些项目存在重复性开发的问题，需要加强交流和分工合作，提高开发档次和特色。

六种学习资源语料库的特征简述如下：

课标语料库语料来自教学大纲和课程标准全文，用于各种课标和不同版本的相互对比和研究。

参照语料库语料来自教学大纲或课标及考试大纲的词汇表、语法句型表、意念功能项目、话题与交际行为项目等，如学习词汇数据库、教学语法数据库、功能话题库等。

测试语料库语料来自各种不同级别的试题，用于研究评判各类测试的信度和效度，也用于考前学习。如各类题库、著名的"雅思王真题语料库"等。

教材语料库语料来自各类教材全文，内容一般尽量保留教材的结构和原貌。如中国日语教材语料库（北京日本学研究中心）、BCCWJ中小学检定教材语料库（国立国语研究所）、日本日语教材语料库（国立国语研究所、筑波大学）。

课堂语料库亦称"课堂话语语料库"，语料来自课堂教学的录音录像，内容一般以课堂话语为主，尽量反映教学过程和原貌。如英语课堂教学语料库[1]。

学习者语料库语料来自学生的口语、作文、口笔试、口笔译等反映学习过程或结果的文本、声音和映像。如日本国立国语研究所多国日语学习者作文对译语料库、KY口试语料库（日本实践女子大学）、BTS多语口语语料库（东京外国语大学）、CJLC中国日语学

1　华南师范大学英语系构建，收入国内外大、中、小学英语课堂教学实况语料，共约80万词次。

习者语料库（上海外国语大学）、东京外国语大学日语学习者语料库、TNR汉语母语者日语习得偏误语料库（关西学院大学）、YNU任务专题作文语料库（横浜国立大学）等。

上述各种语料库之间存在着多种相关性，我们可以根据其特征和相关性，在外语学习和外语教学研究中直接应用一种语料库，也可以综合应用多种语料库，还可以在此基础上尝试二次开发应用。以上述语料库的类型作为基本的框架，研究者和外语教师可以从各自的需要出发，选择、组合使用语料库驱动或辅助自己的研究和教学；还可以进一步开发适合自己的教学研究和应用目的的微型语料库及数据库。应该说，面向外语教学的语料库开发和应用才刚刚开始，今后的前景广阔，课题很多。

1.3　语料库应用于日语教学的研究现状

如前所述，语料库应用于外语教学的起步较早，几乎与语料库的出现同步。但是，计算机技术和语料库技术的普及需要一个过程，语料库的教学应用及其研究必然要经过一个由少数专家学者向多数研究者和教师的发展过程。

据中国知网的检索结果，截至2014年12月底我国各类期刊上发表的篇名含有"语料库"的论文为4267篇，其中2000年以来发表的篇名含有"教学""教育""学习者""习得""教材"等主题词之一的论文为1160篇（占27%），再其中含有"日语"的论文有20篇（占1.7%）。

如表8-1所示，我国学术期刊上的外语教学中应用语料库的研究论文从2000年至2014年增长了30多倍，2011~2013年达到年均150篇以上的峰值，显示了高速发展的状况。相比之下，日语教学的语料库应用研究论文起步较晚，2009年才开始出现，2012~2013年达到年均5篇以上，2014年回落至2篇，总数及增长倍数明显低于整体状况。

表8-1　语料库应用于外语教学的研究论文发展状况（中国）

年度	00	01	02	03	04	05	06	07	08	09	10	11	12	13	14	总计
整体	4	4	6	15	21	38	46	73	80	114	146	164	156	153	140	1160
日语										1	2	3	7	5	2	20

据日本CiNii学术期刊论文数据库的检索结果，截至2014年12月底日本各类期刊上发表的篇名含有「コーパス（语料库）」的论文为2605篇，其中2000年以来发表的篇名含有「教授法」「教育」「学習者」「習得」「教材」「教科書」等主题词之一的论文为405篇（占16%），再其中含有「日本語」的论文有129篇（占32%）。

如表8-2所示，日本学术期刊上的外语教学中应用语料库的研究论文从2000年至2014年增长了6倍多，2003年就超过20篇，2005年后基本保持了年均30篇左右的数量，显示了发展早且持续长的状况。相比之下，日语教学的语料库应用研究论文2001年开始出现，在2005~2006年也达到10篇以上的峰值，之后出现了上下浮动趋势，但基本保持了一定的比例，增长倍数略低于整体状况。

表8-2　语料库应用于外语教学的研究论文发展状况（日本）

年度	00	01	02	03	04	05	06	07	08	09	10	11	12	13	14	总计
整体	4	11	8	22	18	73	37	33	33	26	23	25	39	26	27	405
日语		2	0	2	2	49	14	3	4	11	5	9	11	10	7	129

对比中日两国学术期刊在日语教学方面语料库应用研究论文的数量（见图8-1），可以看出中国的研究论文发展起步较晚，2009年才开始出现；而日本的研究论文发展起步较早，数量超过中国数倍，但与中国同样持续增长不足。

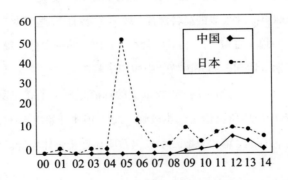

图8-1　语料库应用于日语教学的研究论文发展状况（中日对比）

从论文的主题看（表8-3），中国的期刊论文排序前三位的为：教学应用、中介语和开发（应用）；日本的期刊论文排序前三位的为：目标语调查、开发（应用）和中介语（对比）。相比而言，中国的期刊论文较多关注语料库的教学应用，较少关注目标语调查；日本的期刊论文较多关注目标语调查，较少关注教学应用。在中日两国都关注的语料库开发和中介语研究中，中国的期刊论文还较关注语料库的应用，日本的期刊论文还较关注中介语与目标语的对比。此外，日本的期刊论文的关注面较广，如知识产权、语法大纲建构等焦点课题和研究综述等宏观课题。

表8-3　论文主题及数量的中日对比

国别 论文主题	中国	日本
概述	1	6
语料库开发	2	18
开发应用	2	6
教学应用	8	1
教材分析	1	8
教材开发		3
大纲建构		1
中介语	5	22
中介语对比		8
目标语调查	1	56
知识产权		1
总计	20	129

以上调查数据仅反映了中国知网和日本CiNii学术期刊的信息，未包括专著、论文集等出版物的信息，难免存在一定局限性。不过，我们可以从中观察到一定的问题和倾向。

何安平（2010）指出，"目前在国外，语料库应用于教学的研究已经从宣传和介绍其可能性和潜在意义发展到深入探究如何与其他学科的理论和方法相结合以及如何解决在教学实施过程中遇到的理论困惑、工具改良、教材设计和教学方法等实际问题。在国内，业内人士虽然越来越认同语料库作为一种新资源和新技术对外语教育教学有巨大的潜在价值，但是语料库辅助的教学还未能切实进入外语教学的主流（即课堂教学）。"

分析中日两国期刊论文的情况，可以看出语料库应用于日语教学的研究现状基本符合上述判断，而且晚于整体发展进程。在我国，语料库的日语教学应用虽然受到一定的关注，但研究成果和研究队伍尚未形成规模，研究发展和应用实践成为迫切的课题。因此，将语料库的教学应用研究从少数专家学者推广到多数研究者和日语教师，是我们面临的重要任务和发展目标。值得注意的是，笔者在国家图书馆联机图书目录和中国知网硕博士论文库中以篇名方式检索到了2部研究专著[1]和7篇语料库应用于日语教学研究的硕士论文

1　《关于日语复合动词的习得研究：以学习者语料库的使用实态调查为中心》陈曦著.中国社会科学出版社，

2008.《中国日语学习者语料库的构建及应用》谭晶华主编.毛文伟著.上海外语教育出版社，2012.

（均为中介语研究）；尤其硕士论文的数量与期刊论文的比例较高，而且完成时间集中在
2010年后，显示了继续发展的势头，十分令人期待。

2. 日语教材语料库的建构与应用

教材在外语教育中具有特殊的重要作用，它既是教育目标和教学大纲的微缩和放大
版，又是课堂教学和课外学习的内容和方法依据。通过计算机语料库的方式将教材内容数
字化，可以大大提高教材内容的量性分析和对比分析的效率，有力促进教材的选用效果和
编写水平。本节以笔者主持开发的中国日语教材语料库做为事例，论述日语教材语料库的
建构和应用经验。

2.1　中国日语教材语料库的建设背景及特点

北京日本学研究中心于2001年立项了合作研究课题"高校日语专业主干课——综合
日语课（精读）的综合研究"，中国日语教材语料库是本研究项目的重要子课题。该语料
库根据计算机语料库的理论和外语教学研究的需要，在语料选取、内容结构、文字编码、
检索功能等方面进行了精心设计和建设，其主要特点和实现功能如下：

（1）为了保证上述研究课题的覆盖面和客观性，该语料库收入了国内使用地区最广且
使用人数最多的四套教育部推荐的大学日语专业基础综合教材[1]，共16册约400万字；同时
还收入了教育部制定的三种大学日语教学大纲[2]及其词表等，以便相互参照对比。

（2）考虑到外语教材的结构特征和研究需要，每种教材均按内容结构和教学进程分开
建库，即每册分为"前言、目录、课文、新词、语法说明、练习、阅读"等多个文档，相
互区分且相互关联，可以自由选取并组合获取教材的信息。

（3）从外语教育研究的国际性和多语性出发，该语料库的文本采用了国际组织制定的

1　《新编日语》1-4册（上海外语教育出版社1993年～1995年）、《新编基础日语》1-4册（上海译文出版社
　　1994年～1995年）、《基础日语教程》1-4册（外语教学与研究出版社1998年～2001年）、《新大学日本语》
　　1-4册（大连理工大学出版社2001年～2003年）。

2　《高等院校日语专业基础阶段教学大纲》（大连理工大学出版社2001年）、《高等院校日语专业高年级阶
　　段教学大纲》（大连理工大学出版社2000年）、《大学日语第二外语课程教学要求》（高等教育出版社
　　2005年）。

可以容纳世界上所有文字和符号的字符编码Unicode，实现了兼容多语种Windows平台且可处理中日英多语言教材文本的功能。

（4）自带多功能检索工具，可用关键词简单检索，也可用通配符表达式复杂检索。可以按照教材名、册、课和教材某一部分内容任意指定和组合进行检索，检索到的信息可用KWIC方式、语段方式、全文方式多层显示和保存（见图8-2）。

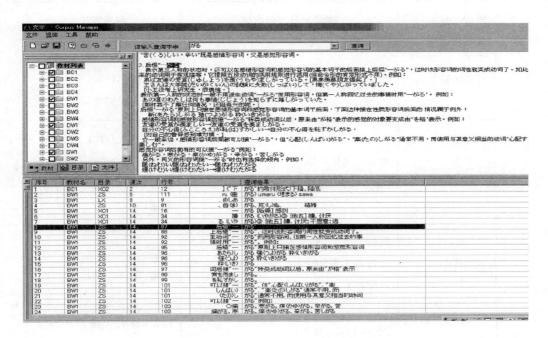

图8-2　中国日语教材语料库的检索画面

该语料库于2005年建成。作为我国第一个日语教材语料库，在中日英多文本混编建库、可选性多级目录、多层检索及保存等面向教学研究的语料库功能开发方面具有许多创新之处，可满足不同研究目的的教材检索需求，其应用前景和效果也受到国内外学界和有关人士的关注。[1]

2.2　中国日语教材语料库的应用研究

中国日语教材语料库提供了综合日语（精读）课教学的主要内容，如表8-4所示，我

1　现向研究者个人提供试用。具体手续请咨询北京日本学研究中心日语教育研究室。

们可以利用语料库的查询和统计功能，从知识（语言、社会文化）和能力（听说读写、综合运用、学习策略）等多方面对比分析各套教材的内容、体例和特点，从语言学、交际文化学和外语教学等角度研究综合日语（精读）教材的编写理论和方法。

表8-4　基于教材语料库的教材分析内容及方法（曹2006）

学習内容		調査と分析の内容	利用方法
知識	言語知識	文法・語彙・発音・文字などの知識 （量・順序・関連づけなど）	指定：単項・多項・多種 検索：該当キーワード 統計：出現頻度
	社会文化知識	社会と文化の知識 （幅・順序・関連づけなど）	指定：目次・本文・閲読 検索：関係キーワード 統計：頻度順位（→二次利用）
能力	言語技能	読む・書く・聞く・話す・訳すという五技能（質・順位・スタイル・プロセスなど）	指定：目次・練習 検索：関係ファイルとキーワード
	総合運用	場面・行動・異文化コミュニケーション （形態・連動・照合・定着など）	指定：目次・練習・本文（会話） 検索：関係ファイルとキーワード
	学習方略	認知・情意・環境・伝達に関する方略 （形態・根拠・必要性・有効性など）	指定：目次・本文・説明・練習 検索：関係キーワード

上述研究内容可大致分为量的研究和质的研究[1]，以下介绍几个具体事例。

○量的調査（計画性）　○質的調査（意味先行性）

学習語彙　　　　　　　　　　　　　　　　文法と語の出し方（照合）

（動詞・形容詞・副詞；複合動詞）　　　　（意味分類・配置順序）

1　引自曹（2011）。

文法項目	説明と場面設定の適切さ
（形態素・文型・表現）	（合致度と会話場面）
試験・使用実態（照合）	教室活動
（JLPT；文体別）	（練習の種類と分布）

2.2.1 教学内容的分析及研究

（1）语音教学内容探索

表8-5　语音教学内容检索结果对比

	BD	BW	DW	SW
送气	有			有
元音虚化	有	有		有
促音	明确	较明确	较模糊	模糊

如表8-5所示，根据日语语音教学的特点，我们选择了"送气音""元音虚化"和"促音"等教学难点和重点，通过中日文的关键词检索四种教材的相关内容，发现有的教材中竟找不到关于送气音和元音虚化的内容。如果使用该教材的教师没有足够的知识和经验，则难免遗留教学空白。

而关于日语特有的促音，虽然各教材均对其发音方法有所说明，但如下所示，对于最重要的发音部位和关键要领，不是所有教材都讲得明确易懂。

BD：促音即以发后续音的口形堵住气流，形成一拍时间的顿挫，然后放开堵塞使呼气急冲而出。

BW：促音音节的具体音值，即用发音器官的哪一部分形成阻塞，由促音后面音节的辅音决定。

DW：所谓「促音（そくおん）」就是利用发音器官某一部位堵住气流，形成一个约一拍节时间的短促的顿挫，然后放开堵塞，使气流急冲而出所发出的音。后接[p]时，发音方法是当发完「っ・ッ」促音前面的音后，立即按照后接的[p]的发音方法，紧闭双唇，停顿一拍的时间，然后再发出[p]音。

SW：日语中有一种顿挫的音节，即堵住气流，形成一个短促的顿挫停顿一拍，然后放开阻塞，使气流急冲而出，发后面的音，这种音节叫做「促音（そくおん）」，一般发生在「か」行，「さ」行、「た」行、「ぱ」行假名之前。根据各类促音的发音部位的不同，大致可将促音分成三种。

（2）词汇量的对比

词汇是语言的必须材料，能否提供一定质与量的词汇学习是衡量综合日语（精读）教材的重要标准，尤其是形容词、动词和副词等在句子中使用活跃的词类，更是综合日语（精读）课词汇教学的重点。我们利用语料库可选性多级目录指定功能对四种教材中的词汇表进行了统计对比，发现上述三类词汇的提供情况有着出人意料的差别。如表8-6所示，BD与BW两种教材的差别之大，更是令人吃惊。由此可以推测，BW教材编写者对于词汇学习的设计不是有着独特的主张就是缺乏具体的研究。不过，无论什么原因，BW教材的学习者显然比BD教材学习者获得的词汇输入量少很多。当然，如果教师发现这一问题而在教学中加以弥补，也许会缓解这个差别；但在教材语料库出现之前，愿花时间和人力做这种调查工作的人是很少的。

表8-6　四种教材三类词汇的量性对比

	BD	**BW**	**DW**	**SW**
形容詞	188	103	146	139
動詞	2214	1176	1345	1421
副詞	415	277	343	328

（3）多义词的教学

多义词是词汇教学的难点。一词多义，如何在教材中安排出现顺序，如何提高学习效果，是外语教学研究的课题之一。我们利用教材语料库对日语多义词"つける"在两种教材词汇表中的出现情况进行描述性调查，发现了不同的顺序。

如表8-7所示，BD教材在安排"つける"的基本意义出现前，对于课文中出现的用法均以词组形式列出，注意了多义词的语义扩展机制和词语搭配特征。相比之下，SW教材中虽然也列出了词组用法，但由于对词组中的"つける"的扩展义过早地立项解释，造成扩展义在先、基本义在后的出现顺序，这样势必影响多义词语义系统的知识建构和习得效果。

表8-7　多义词"つける"的出现顺序对比

BD1	XC2	10	日記をつける	[連語]	记日记
BD2	XC1	2	名前をつける	[連語]	起名，命名
BD2	XC2	6	印をつける	[連語]	打记号

BD2	XC2	13	習慣を付ける	[連語]	养成习惯
BD3	XC1	9	きりをつける	[連語]	告一段落
BD3	XC1	11	付ける	[他下一]	涂，抹，沾粘；安装；附加；记入
BD3	XC2	6	つける	[他下一]	点燃，开
BD3	XC2	15	着ける	[他下一]	穿，戴；靠，停；就位，进入
BD4	XC1	5	手をつける	[連語]	动，摸，碰；着手
BD4	XC2	12	明かりをつける	[連語]	点灯
SW1	XC1	20	気をつける	（組）	注意
SW2	XC1	2	つける	（他一）	定（价）、给（价）
SW2	XC1	20	つける	（他一）	附加
SW2	XC1	20	名前をつける	（組）	起名字
SW2	XC1	20	利子をつける	（組）	加上利息
SW3	XC1	1	つける	（他一）	涂、抹
SW3	XC1	5	節をつける	（組）	声调抑扬；谱曲

（4）语法知识教学

语法是外语学习的重要内容。综合日语（精读）教材应该如何提供语法知识的学习，什么顺序和坡度最有利于外语习得，一直是广为关注的教学研究课题。衡量综合日语（精读）教材语法解释水平的标准应该以是否有利于日语的理解、应用和习得为重点。简明合理的语法解释和出现顺序会促进语法系统的理解、学习和建构，而繁琐模糊的语法解释和出现顺序只会造成理解混乱和学习阻碍。

我们利用语料库的检索功能在四种教材中对最常用的日语格助词"に"的语法解释进行宏观调研，结果发现（参见表8-8）各教材对"に"的分类和用法归纳的精细程度不尽相同，而且出现顺序也不都是按照"基本义→扩展义"的认知模式安排的。这种差异对语法的习得有什么不同的影响，是个值得研究的课题。

表8-8 四种教材对格助词"に"的用法分类及其教学顺序对比

	1	2	3	4	5	6	7	8	9	10	11	12	13	14	15	16	17	18
用法分类	存在场所	归着到达点	成立的时点	间接受事对象（人）	接受者	选择决定的对象	变化结果	动作作用的结果	比较评价标准	比例基准频率基数	目的	名目	原因理由	被动句动作主体	使动的动作对象	特定的动作主体	补充说明的补语	并列、添加
SW	1-4	1-7	1-6	1-7	1-16	2-2	1-9	1-18	2-4	1-6	1-16	2-7	3-5	2-9	2-12	3-8		4-1
BD	1-5	1-2	1-9	1-10		1-10	1-5		2-3	3-9	2-3	3-6	4-9			3-1	4-13	
BW	1-11	1-6	1-7	1-7	2-15		1-8			1-7				2-11	2-12		4-11	
DW	1-14		1-16	1-17	1-18				1-23	1-22		2-1			2-13			

我们还对四种教材中关于授受动词"（て）もらう"的语法解释进行了微观调研（见表8-9），发现对于"（て）もらう"的两种基本用法（表示请求和领受）的解释，只有一种教材比较周全，而其余三种教材均存在问题：有的只给解释，不给用例（DB）；有的解释领受用法时却给了请求的例句（DW、SW）。这些问题显然不利于语法学习和应用。

表8-9 授受动词"（て）もらう"的语法解释对比

	DB		BW		DW		SW	
	说明	用例	说明	用例	说明	用例	说明	用例
使役的	○		○			○		○
受身的	○	○	○	○	○		○	

（5）社会文化知识教学

社会文化知识也是综合日语（精读）课教学的重要内容。综合日语（精读）教材应该在提供语言知识的同时，还能够提供较为丰富广泛的社会文化知识。为了宏观地比较四种教材，我们利用语料库的检索功能调查了一些带有社会文化色彩的词汇，试图从中窥视各教材的社会文化内容特点（见表8-10）。

240

表8-10　四种教材社会文化词汇对比

	SW	BD	BW	DW
和歌	1	5	1	1
建前	11		3	6
義理		13	1	3
日中友好	7			
中日友好	14		2	
新人類	2	2		
コンビニ	(2)			5
円高	1	1	2	2
終身雇用			5	2
バブル			4	3
高齢化	16		5	1
国際化	2		1	3
情報化			11	12
フリーター				2
粗大ゴミ	1			3

　　结果如表8-10所示，各教材对社会文化知识的覆盖面有所不同，相比之下有的教材显得有些薄弱。比如"新人類""コンビニ""終身雇用""フリーター"等反映日本社会文化的常识性词汇在两种以上的教材中没有出现。

　　（6）技能训练

　　听说读写译等语言技能的学习和训练是综合日语（精读）课的教学内容之一。在重视跨文化交际的教育理念的影响下，各教材都不同程度的导入了语言交际和技能学习的内容。我们利用语料库对四种教材的有关内容进行行了的宏观的调查和比较，所得结果如下：

　　听：内容少，而且形式单一，仍停留在词层面，即听写单词。

　　说：各教材均设置了会话部分，目标多为会话文的学习，而不是说的训练。如表8-11所示，在会话背景和场面、人物的各种属性等方面，各教材并非都能注意给出明确的交待，因此学习效果也不相同。

表8-11　四种教材会话部分的对比

	BD	BW	DW	SW
前文	○	△		○
場面説明			△	
場所	△	△		△
身分関係	△	○		△
性別	○	○		
解説				△
練習	○	△	△	

○较好　　　　　△较弱

读：内容较多，以主课文和阅读文为主，但缺乏具体的训练要求和应用活动。

写：多为写汉字或造句，缺乏有目的的作文训练。

译：句子层面的多，为语法练习的多，缺乏必要的语境交待。

赵（2005）利用教材语料库对四种教材练习部分的内容进行了调研，并将其分为7种两大类进行了分析（表8-12）。

表8-12　四种教材练习活动内容的类型及特点

分類			練習パターン	分布（冊）
基礎固め型	1		発音	1>2>3
	2		表記	1-2-3-4
	3		活用	1-2
	4		単語・助詞	1-2-3-4
	5	文法文型	言換え・置換え	1-2-3-4
応用型			文完成・応答・翻訳	
	6		読解	1<2-3<4
	7		タスク（ロールプレー・作文）	疎ら

如表8-12所示，四种教材的练习题从初级到中级呈现了由巩固基础型向应用型发展的内容。从整体看，仍以巩固基础为重，对应用练习重视不够，尤其缺乏任务型应用学习活动。教材的练习部分反映了课堂活动的主要内容，由此可以推知在交际能力和综合应用

能力的培养方面，我国大学日语专业的教材和教学的内容还较为薄弱。

2.2.2　教学方略的分析及研究

利用教材语料库可以观察教材有哪些教学措施和策略，对其进行分析和研究。我们以复合动词为对象，利用日语教材语料库对四种教材中的学习项目、发音指导、单词释义、语法解释、练习题中的相关策略进行了调研，其结果如下：

（1）学习项目和发音指导

调查发现，将复合动词列入学习项目的日语教材有BW（第二册第8课，第四册第5课及第10课）和SW（第三册第2课及第7课，第四册第11课）两种，而BD和DW两种教材没有将其列入学习项目。此外，BW在发音指导中列入了复合动词的语调发音要领，而其他三种教材都没有给以指导。反映了教材中对于复合动词的教学缺乏必要的关注和对策。

（2）单词释义

我们以「溶け込む」为对象，对四种教材的单词释义进行了调查，发现BD和SW两种教材没有把「溶け込む」列入单词表，而DW和BW两种教材虽然列入了单词表，但是DW的释义是"融洽，融化"，BW的释义是"融洽，融合"，即都将"融洽"这一误导性译词列入了教材，问题所在值得关注。

（3）语法解释

针对复合动词的"语法偏误"的教学策略是在教材中给出典型的区别性语法特征。对此，调查结果的如下发现反映了四种教材中的问题。

①BW的语法解释中对「直す、こむ、すぎる、かける、返す、うる、落とす、尽くす」等8个后项动词列为专项进行了解释，但是这8个动词中使用频率进入前15位的只有前面4个。

②SW的语法解释中对「直す、こむ、すぎる、だす、きる」等5个复合动词列为专项进行了解释，5个词全部为前15位的高频词。

③BD和DW的语法解释中找不到类似内容。

（4）练习策略

复合动词作为日语教学的难点之一，除了词典、教材中需要给予明确的提示以引起学生的"注意"之外，还需通过一定的应用练习加以强化和巩固。然而，我们在BW、SW、DW三种教材的练习题中均没有见到复合动词的习题。不过，在BD

（第三册第11课）中我们看到了如下习题，认为这是值得推广的和进一步向应用型发展的课题。

五、例にならってそれぞれのことばを組み合わせなさい。

（1）次のA、B二群の動詞を使って複合動詞を作りなさい。（複数回答可）

　　例：働き続ける（A⑥・B⑤）

A：① する　② 話す　③働く　④ 読む　⑤ 言う　⑥ 乗る　⑦書く　⑧ 投げる
　　⑨ 食べる　⑩作る　⑪ 笑う　⑫着る　⑬歩く　⑭走る　⑮ 泣く　⑯買う

B：① 込む　② 出す　③ 過ぎる　④ 切る　⑤ 始める　⑥ 続ける　⑦ 換える　⑧ 捨てる

（5）个案比较

　　为了更加具体地对比四种教材的情况，我们以复合动词「言い出す」为具体对象，对其教学方略分为"明示型"和"暗示型"进行了个案调查和对比。

① 明示型（列入单词表或语法点，明确给予提示。）

　　BW（第四册）（单词表出现1次、课文出现1次）

　　单词表：言い出す（いいだす）③（他五）开始说；说出口

　　课文：息子の英五郎が中学を出て働きたい，と言い出したら，それもいいと思っている。中学を出て
　　　　金儲けして立派に成功している友人をいっぱい見ているから心配などない。

② 暗示型（未列入单词表或语法点，但教材课文和练习中有出现。）

　　SW（第四册）（课文出现2次、练习出现1次）

　　课文1：これに反して、承知しない時には、言い出した人の「顔が立たない」、「顔がつぶれる」。

　　课文2:「猫に小判」「二階から目薬」などは、今でも広く知られていることわざですが、だれかが初め
　　　　てこれらを言い出したときは、たいへん気のきいたたとえに思われ、長く人々の印象にとまっ
　　　　て、今日まで伝えられてきたものでしょう。

　　练习：（　）に適当な言葉を入れなさい。

　　（7）あのおばあさんは自分の孫のことを言いだしたら、もう（　）。

　　DW（第三册、第四册）（课文出现1次、练习出现2次）

　　课文：すると大勢の人が集まってきて、何だ、何だということになり、皆でワーワーと言いだす。

　　练习1: 人から何かを貸して（もらう）時はちょっと言い出しにくい。

　　练习2: 入ったばかりの会社を辞めることになってしまったのだが、このことは両親には言い出し（か
　　　　ねて）いる。

BD（第三册、第四册）（语法解释例句出现1次、练习出现3次）

语法解释例句：今来たかと思ったら、もう帰ると言い出した。

练习1: 早く言えばいいのに、（もじもじ）してなかなか言い出さない。

练习2: すっかり忘れているのです。そこで、こっちから言いだしてみたのですが、太った腹をなで
　　　　ながら、だれもがこんな返事でしたよ。

练习3: あまり空襲がひどくなってきたので、母は疎開しようと言いだしました。

　　如上所示，四种教材中只有一种教材对复合动词「言い出す」采用了明示型教学方
略，由此可以推断教材中明示型方略肯定少于暗示型方略。但是，无论从复合动词难以
习得的现实考虑，还是从教师对复合动词的认识程度和教学经验来说，明示型的教学方
略都是必需的。调查显示的这一问题，其原因还是在于我们对复合动词缺乏系统的教学
方针和对策。

3. 日语教材语料库的应用扩展

　　教材语料库具有广泛的应用扩展性。除了对一种或多种教材进行研究比较之外，还可
以与其他类语料库加以对比，综合应用于教材和教学研究；也可以根据不同的研究目的抽
取其中一部分信息建立微型数据库，尝试二次开发应用。本节对日语教材语料库的应用扩
展事例进行具体论述。

3.1　　与其他类语料库的对比应用

　　为了检验日语教材的内容与真实的日语是否一致，许多研究采用将教材语料库与本族
语料库对比分析的方法，考察教材语料与本族语料的异同，为改善教材内容提供建议；还
有的研究将学习者语料库与本族语料库或教材语料库对比分析，探讨中介语与目标语的差
距、偏误与教材的关系等。

　　曹（2011）针对日语否定客气语体「ません系」和「ないです系」的教学定位问题，
将中国日语教材语料库的调查结果与日本日语教材语料库、BCCWJ中小学检定教材语料

库、BCCWJ日本报纸语料库、BCCWJ日本杂志语料库、日语会话语料库[1]的调查结果进行综合对比分析，指出了各种教材中均存在着「ません系」的绝对化问题。

在该研究中各类语料库的关系如图8-3所示，中国日语教材语料库、日本日语教材语料库、日本中小学教材语料库提供三个不同教学对象的教材语料用于研究对比，日本报纸语料库、日本杂志语料库、日语会话语料库提供三个不同文体的本族语料用来参照对比，由此可以多视角地观察三种教材中日语否定客气语体教学的实际情况及问题所在。

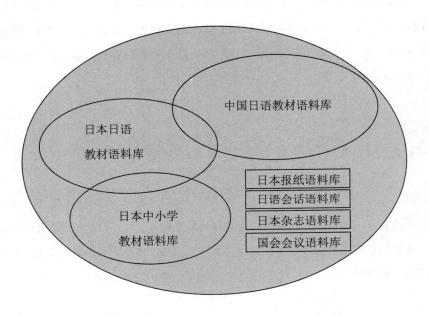

图8-3　七种语料库的教学研究定位关系

该研究的结果显示（表8-13），名词句、形容动词、形容词句和动词句的日语否定客气语体在三种教材中均显著出现「ません系」表现形式（99%，97%），极少出现「ないです系」表现形式（1%，3%），其比例之悬殊远远超过本族语，可见忽视「ないです系」表现形式是一个广见于外语教学、第二语言教学和母语教学中的普遍性问题，值得究其原因和加以改进。

1　小林（2005）使用的语料库："名大会话语料库"和"男性职场会话""女性职场会话"。

表8-13 教材语料与本族语料中的日语否定客气语体的对比（曹2011）

件数\文类	ません系／ないです系						
	教材（中）	教材（日）	検定教科書	新聞	雑誌	国会会議録	日常会話（小林05）
名だ	104/18	180/4	15/（5）	16/6	146/165	621/633	6/74
ナ形	29/5	39/0	5/0	2/1	12/11	15/3	1/7
イ形	134/10	105/57	13/0	3/0	25/18	19/8	4/38
動詞	2500/5	2573/28	276/0	240/16	1446/169	8713/277	178/278
計	2767/38	2897/89	309/（5）	261/23	1629/363	9368/921	189/397
%	99/1	97/3	98/2	92/8	82/18	91/9	32/68

　　研究结果还显示，在本族语料中不同文体的日语否定客气语体使用倾向有着较明显的差别，一般倾向为报纸新闻文体中「ません系」的语料最多（92%）[1]，而口语会话文体中「ないです系」的语料则大增（68%）并超过前者[2]。不过，调查发现国会会议语料虽然也是口语语料的一种，但是「ないです系」用例仅为9%，大大低于会话语料；而杂志语料却增为18%，反映了媒体和文体的关系及特征。由此可见，真实语料中日语否定客气语体的使用倾向是由媒体和文体所决定的；教材如何针对不同的教学对象客观反映这一语言事实是需要我们解决的课题。

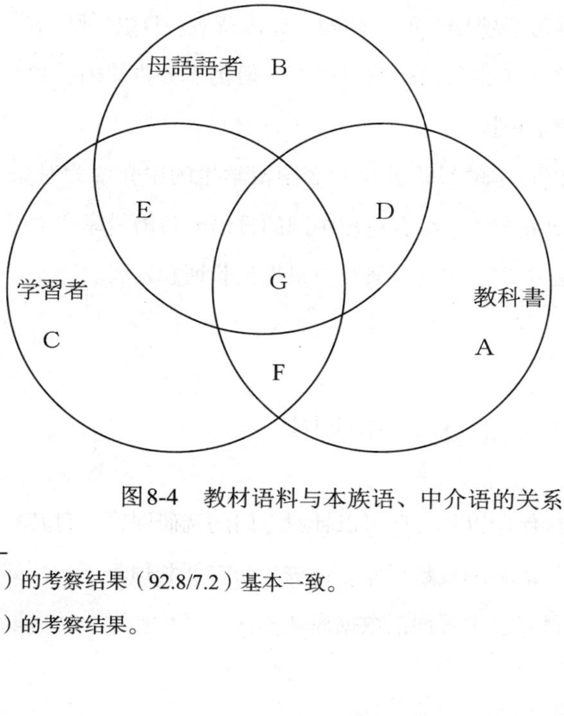

图8-4 教材语料与本族语、中介语的关系

1　与田野村（1994）的考察结果（92.8/7.2）基本一致。

2　引自小林（2005）的考察结果。

陈（2011）以日语教材中的复合动词为研究对象，应用本族语语料库（上村语料库）和学习者语料库（KY语料库）对比分析，探讨了中介语与目标语的差距、偏误与教材的关系等。该研究基于图8-4的关系图设定了7组类型（A—G），对调研结果进行了梳理分析。

A组：教材作为教学点，但本族语不常用且学习者习得较晚的复合动词，如「付け加える」「取り替える」「作り変える」「–取る」「きり–」「飲み–」「作り–」「書き–」等。

B组：教材未足够重视，但本族语大量出现且学习者较少习得的复合动词，如「働きすぎる」「申し上げる」「–入る」「申し–」「差し–」「うち–」等。

C组：教材作为教学点，学习者较多使用但本族语并不高频使用的复合动词，如「受け入れる」「似合う」「取り入れる」「–つける」「–組む」「–越す」「落ち–」「乗り–」等。

D组：教材高频出现，本族语也较常用但学习者习得较少的复合动词，如「見つける」「引っ越す」「–始める」「–きる」「–続ける」「–直す」「読み–」等。

E组：教材不够重视，但本族语较多出现且学习者较多习得的复合动词，如「落ち着く」「–越す」「–上がる」「–付ける」「立ち–」等。

F组：教材作为教学点，学习者较多使用但本族语并不多使用的复合动词，接近C组。

G组：教材高频出现，本族语也高频使用且学习者习得较好的复合动词，如「出かける」「付き合う」「–かける」「–合う」「–込む」「–かける」「–合う」「–込む」「出（で）–」「引き–」「取り–」等。

从日语教学的角度分析，G组可谓教材较为成功的一组；B组则是教材急待改进的一组；C组和F组反映了学习者使用过度的问题，原因待查；D组反映出学习者习得较难且需加强教学策略的重点词；E组虽习得状况较好，但仍需分析原因，视对象加强教学；A组则为可以适当淡化教学的词。

陈（2011）的研究以日本的日语教材和多国留学生的中介语为对象，具有一定局限性。如果参考和借鉴其研究方法，综合应用中国的日语教材语料库和学习者语料库考察我国日语教学的情况，想必会进一步使该研究成果得到验证和发展。

3.2 子语料库的二次开发和应用

教材语料库除了直接使用以外，还可以针对专门的调研课题，对其数据进行二次开发和综合加工，建立新的子语料库或数据库，以进一步扩展利用范围。例如可以抽取教材中的词汇和语法的学习项目建立学习词汇数据库和语法项目数据库，还可以建立社会文化学

习项目语料库、练习分类语料库等等。

曹（2012）论述了基于中国日语教材语料库开发和应用面向中国学习者的日语语法学习项目数据库的事例。该数据库收集了我国大学日语专业基础阶段使用的四套主要教材中的语法项目和国际日语能力考试（JLPT）出题标准的语法项目共1400个，这些语法项目较广地涵盖了至今我国日语教学语法和日本对外日语教学语法的内容，并请多位专家和一线日语教师对每个语法项目进行了信息标注，可以作为编写教材和语法教学的基础数据。图8-5是其内容的样本。

種類	JLPT	CJT	文法项目	表現形式	①册/課	②册/課	③册/課	④册/課	受/産 1/2	文体 1/2/3	重み 1/2/3/0	段階 1/2/3
1	4	4	格助詞	で（動作の場所/手段/方法/材料）	sw1-6	bd1-8	bw1-8	dw1-4	2	3	2	1
1	3	4	格助詞	で（範囲、状態、条件）	sw1-7	bd2-20/22	bw2-1	dw1-10	2	3	3	2
1	4	4	動詞	使役態	sw2-12	bd3-12	bw2-11	dw2-10	1		2	2
1	3	4	授受表現	「あげる」「もらう」「くれる」など	sw1-16	bd2-20	bw2-15	dw2-7	2	3	3	1
2	3	4	文型	～今～たところです	sw2-19	bd3-13		dw2-15	2	2	1	2
2	2		文型	～につれて	sw2-17	bd2-25		dw2-11	2	1	1	2
2	2	4	文型	～にしても	sw4-10	bd2-30	bw4-4	dw4-4	1	1	3	3
3	4	4	格助詞	まとめ	sw1-16				1		2	2
3	4	4	人称代名詞	分類	sw1-5	bd1-11	bw1-11	dw1-1	1		2	1
3		4	接続詞	分類		bd4-28	bw1-6		1		2	2
3		4	条件表現	まとめ			bw3-3		1		3	3

图8-5　面向中国学习者的日语语法学习项目数据库（样本）

图的上栏的语法项目标注信息的符号内容如下：

種類栏：

1=基礎類（构成话语成分的基础语法要素和句子）

2=表現類（表达话语意义和功能的基本句型和表达方式）

3=知識類（理解和产出所需要的最基本的语法知识）

JLPT栏：国际日语能力考试的项目级别

CJT栏：高校日语专业四八考试级别

①-④：四种主要教材的标记

受/产：理解=1 理解＋产出=2

文体：书面语体=1 口语体=2 两者通用=3

重みづけ：（重要度）从日语看重要=1 从对应汉语看=2 两者均重要=3 不重要=0

段階：学习阶段 初级=1 中级=2 上级=3

如上所示，该数据库中包含教材中的语法项目的排列次序、项目种类（基础类、表达类、知识类）、国际日语能力考试（JLPT）和高校日语专业四八级考试的出题标准级别、习得层次（理解和产出）、语体（书面语和口语）、学习重要度（从目标语、母语个体和对比看）、适合学习的阶段（初级、中级、高级）等多种基础信息，从多个角度为语法大纲和学习活动的设计提供了重要的参考依据。

表8-14展示了该数据库四种教材的语法学习项目与国际日语能力考试出题标准和两种近年推出的日语专业基础教材对比的结果。

表8-14 六种教材的语法学习项目对比表（曹2012）

	JLPT	SW	BD	BW	DW	BS	GS
1级	50	23	14	15	11	25	31
2级	218	106	73	73	50	124	157
3级	195	76	89	61	97	112	118
4级	268	123	129	73	89	120	101
级外		245	292	201	163	196	277
合计	731	573	597	423	410	767	764

如表中所示，与国际日语能力考试出题标准各级别的语法项目相比，六种教材的学习项目普遍见少，但在学习项目的总数上，近年推出的BS和GS教材均已接近并超过国际日语能力考试出题标准，较以前的四种教材学习项目的数量增加23%，显示了教学内容为顺应跨文化交际需求对基础教学内容的充实。同样，从六种教材的学习项目的考试级别看，可发现呈现1~3级项目逐步增多和4级项目逐步减少的趋势。尤其GS教材的1~2级项目增长幅度更为明显，说明了教学内容根据任务型教学的需要向着素材真实性的深化。

3.3　其他应用领域与可能性

除了上述的应用领域和方法以外，教材语料库还有着其他扩展应用的可能性。曹（2006）提出了如下设想和方案，有的已经实践并初见成果，有的期待今后继续实践和探索。

（1）新教材开发

我国的日语教材需要在现有基础上根据时代特点和学习需求不断改进和发展，通过语料库可以深入研究全面把握现有教材的长处和短处，为开发新教材提供细致详尽的信息，有利于新教材的开发和创新。笔者主持开发的国家规划教材《高等院校日语专业基础阶段系列教材：基础日语综合教程》（高等教育出版社，2010~2012年）就是基于教材语料库的调研和应用取得的具体实践成果之一。[1]

（2）教材选择及教学转型

种类繁多的日语教材的出版发行，既为使用者提供了多种选择余地，也提出了合理选择和综合应用的课题。利用教材语料库便于浏览和对比的特点，可了解教材的内容和语言特点，合理有效地选择教材；也可发现教材的缺陷，有针对性地制定弥补方案和教学措施；还可以尝试语料库驱动课堂教学，以一种教材为主，辅以其他教材的长处，综合利用多种教材的优势加强教学的效果。

（3）学习的巩固和系统化

教材是外语学习即外语信息输入与产出活动的基本素材和依托，在外语学习中引导学习者的"注意"和归纳演绎等认知活动具有重要意义。让学生运用教材语料库驱动日语学习，不仅可以强化注意力，提高复习和归纳等学习活动的深度、广度及效率，有利于实现温故知新的目的，还可以在自主学习和合作学习活动中，促进外语认知结构和跨文化交际能力的形成、发展和系统化。

1　详见曹（2008）。

（4）质量掌控和教学评测

教材是教学大纲的具体体现，也是教学质量的基础保证和教学评测的主要依据。但是，我国的日语教材种类繁多，使用范围不同，仅靠一种或某一地区的教材为背景制定的评测标准，难以保证教学质量和作为客观依据。教材语料库收录了国内具有一定的代表性和使用面的多种教材，就可以用来对比各类教材的内容深度和学习难度，探索质和量的均衡值，为全国日语教师和教学指导部门提供质量掌控的参考数据，促进教学评测客观性和信度的提高。

4. 今后的发展前景及课题

本章基于外语教育的理论和视角，论述了面向教学需要的语料库分类框架和国内日语教学研究中应用语料库的现状，并且聚焦日语教材语料库的构建和应用事例，探讨了日语学习和教学研究中教材语料库可能发挥的作用。

语料库作为新时代的学习资源和教育资源，其开发和应用前景十分广阔。除了本章所重点论述的日语教材语料库之外，本书其他章节所介绍的日语学习者语料库（偏误语料库、中介语语料库、作文语料库、翻译语料库）和中日对译语料库均具有较大的开发空间和教学应用前景。

语料库作为新型的学习资源和教育资源，同时也面临各种各样的课题。随着越来越多的研究者和日语教师加入应用语料库进行教学及研究的行列，语料库的应用工具的开发已经成为重要的课题，已经开发的《汉日通用语料库分析工具》[1]、《TNR通用语料库标注软件》[2]等应用工具的推介和培训也将成为备受关注的焦点。

近年来，语料库的开发向着多样化和专业化的方向迅速发展，其合理性、科学性和有效性已经成为受关注的课题。例如，中国日语学习者的作文语料库在我国似有重复建设的倾向，从经济原则考虑不够合理；有的学习者语料库只收录一个学校的语料，以其为依据论述中国日语学习者的习得状况显然不够全面；有的语料库建设与教学关系不明，缺乏教学定位，对教学改革作用不大；语音语料库、影像语料库及多模态语料库和课堂教学语料库建设不够，教学应用研究稀缺。

如前所述，与语料库的开发速度相比，语料库的教学应用研究在我国日语界还十分薄

---

1 2007年教育部人文社科项目成果（主持人：北京日本学研究中心施建军）。

2 2011年国家社科基金项目成果（开发主持人：日本关西学院大学于康）。

弱，已成为一个亟待发展的课题。例如，教材研究和教材开发对语料库应用的不够，实践事例和研究成果极少；教学研究和教学改革对语料驱动学习的模式缺乏探讨，语料库应用于课堂教学和课外学习的研究亟待发展；习得研究对偏误成因和环境因素关注不够，缺乏多种语料库的综合应用。教学大纲、课程标准和评测内容的制定依据不够客观，缺乏对语料库的合理应用；日语学习词典缺乏真实语料和客观数据的支撑，亟待基于本族语均衡语料库和学习者语料库进行创新开发。

日语教育在中国已经成为规模仅次于英语教育的外语教育事业，无论学习者还是教育者的数量均已达到世界首位。我们期待广大日语教育研究者和教师针对上述课题，积极学习了解语料库应用于日语教育的理论和方法，在日语教学及研究中勇于实践和探索，以推动本校乃至中国的日语教育水平不断发展，也同时实现个人和团队的教师专业发展目标。

【研究思考题】

1. 语料库和外语教学的关系是什么？从理论和实践、历史和现状加以说明。
2. 为什么要从日语教学出发对语料库进行分类？举例说明其意义和理据。
3. 教材语料库对于日语教学和教材研究有哪些作用？请设计你的运用方案和改进建议。
4. 如何认识我国日语教学应用语料库面临的问题和需解决的课题？

【参考文献】

曹大峰.日语精读课教材语料库的构建与应用研究.见：曹大峰编.日语教学与教材创新研究.北京：高等教育出版社.2006

曹大峰.日语教材中的复合动词及其教学方略研究.日语学习与研究.2011（3）:9-14

何安平.语料库辅助英语教学入门.北京：外语教学与研究出版社.2010.

小林ミナ（2005）「日常会話にあらわれた「ません」と「ないです」、『日本語教育』125、9-17

曹大峰（2008）「中国における日本語教科書作成 —歩み・現状・課題—」、『言語文化と日本語教育』35 号、お茶の水女子大学人間文化研究科

曹大峰（2012）「中国語母語話者のための日本語教育文法の構築」、《新时代的世界日语教育研究》、高等教育出版社

陳曦（2011）「日本語教科書における複合動詞の扱われ方に関する一考察―コーパスによる使用実態調査との比較を通して―」、『ことばの科学』、名古屋大学言語文化研究会

Barlow, Michael.Using Concordance Software in Language Teaching and Research [R]. Kasugai:Proceedings of the Second International Conference on Foreign Language Education and Technology, 1992.

Ellis R. The Study of Second language Acquisilion [M].Oxford:Oxford University Press.1994.

RosaE&O'NeillM.Explicitness, intake, andtheissueofawareness:Anotherpiecetothepuzzle [J].SSLA, 1999,（21）:511-556.

Willis, D.1990.The Lexical Syllabus.Collins:COBUILD.

【推荐书目】

曹大峰等.日语教学与教材创新研究.北京：高等教育出版社，2006

曹大峰.林洪总主编.日语教育学基础理论与实践研究丛书.北京：高等教育出版社，2014-2015

何安平.语料库辅助英语教学入门.北京：外语教学与研究出版社，2010.

潘潘.基于语料库的语言研究与教学应用.中国社会科学出版社，2012

于康.方法工具与日语教学研究丛书.浙江：浙江工商大学出版社，2011-2014

庵功雄・森篤嗣（2011）『日本語教育文法のための多様なアプローチ』、ひつじ書房

李在鎬・石川慎一郎・砂川有里子（2012）『日本語教育のためのコーパス調査入門』、くろしお出版

金澤裕之編（2014）『日本語教育のためのタスク別書き言葉コーパス』、ひつじ書房

仁科喜久子監（2012）『日本語学習支援の構築』、凡人社

第九章

语料库与日语研究

施建军

要旨

　　语料库语言学的出现使古老的语言学从以手工作业和专家内省为主的传统研究方式走向了利用计算机信息处理技术和语料库等现代工具开展研究的时代，可以说是语言学研究领域的一场革命。本章内容主要介绍了利用语料库进行日语研究所必须的自然语言处理技术及工具，以及这些工具和语料库在日语词汇学、日语语法学、日语文体学等日语语言学研究三大领域中的应用问题。每一个领域都列举了一些具体的研究事例，以每一个研究事例为线索详细讲述了语言数据的收集、利用日语分词标注技术进行数据整理、利用正则表达式进行日语表达方式的搜索，以及利用其他计算机软件工具进行日文数据处理等利用语料库进行日语研究的具体方法和技巧。

　　コーパス言語学の出現によって内省と手作業を主な手段としてきた言語学がコンピュータとコーパスなどの情報技術とデータをも利用できるような現代科学になった。言語学の歴史においてコーパス言語学は画期的なものだと言っても過言ではない。コーパス言語学の方法手段を日本語研究に導入するためにコンピュータによる日本語情報処理の技術と既存のソフトツールを利用して日本語データを処理する手法などは必要なものである。第9章ではコーパスを利用した日本語の語彙、日本語の文法、日本語の文章文体などの分野の研究事例を紹介しながら、コーパス利用の日本語研究に必要な日本語形態素解析技術、日本語表現検索における正規表現の利用、日本語のデータ整理におけるソフトツール利用の基礎を紹介する。

在人类世界观问题上历来存在着经验主义和理性主义的斗争。语言学领域的经验主义和理性主义的斗争也贯穿着整个语言学发展的历程。在这个长期历程中，时而经验主义占上风，时而理性主义占上风，特别是到了现代更是如此。20世纪初期，以索绪尔为代表的结构主义语言学理论秉持着经验主义的认识论，提出了语言和言语的区别，构建了20世纪初占统治地位的语言学理论。可以说20世纪的前50年经验主义的语言学理论统治了整个语言学界。但是到了20世纪60年代，随着乔姆斯基转换生成语言理论的提出，加上经验主义的语言学方法对语言规律进行精确描述和归纳时需要依靠大量的语言实例和数据作支撑，手工作业无法满足经验主义语言学分析的这种需求，同时由于乔姆斯基的转换生成语法理论在包括自然语言处理在内的计算机科学领域得到了广泛应用，因此20世纪60年代至80年代这一段时期，理性主义的语言学研究方法得到了很大的发展，其势头压倒了经验主义的研究方法。但是随着计算机技术的进步，信息的爆炸式增长，人们对语言信息的自动处理提出了更高的要求，基于理性主义语言规则所开发出来的、只能够在受限语言领域应用的、玩具式的语言处理系统远远不能够满足实际的需求，人们需要有更精细的语言学理论来指导技术的开发，因此计算机科学界又开始寻找从大规模海量语言数据中学习精细语言知识的新的语言学研究方法，而且这时计算机存储技术和处理速度已经完全能够满足大规模语言数据的存储和处理的需要，人们又开始将研究的目光投向了经验主义的语言学研究方法。于是以从大规模真实语料中统计、分析、归纳语言规律、学习语言知识的典型经验主义的语言学研究方法——语料库语言学在20世纪80年代末期迅速崛起。

即便是在经验主义最低潮的20世纪60年代和70年代，人们也在苦苦探索经验主义语言观的出路。实际上，现代经验主义语言研究的方法——语料库语言学就是这个时期开始走到语言学研究的前台，其标志就是Brown语料库和LOB语料库的相继建成，并且在语言学研究中得到了应用。到了20世纪80年代末、90年代人们利用大规模语料库在自然语言处理领域的一些课题上取得了突破性的进展。如英语的词性标注系统和汉语、日语分词和词性标注系统，摒弃了传统的基于规则的理性主义做法，采取了从大规模语料库中学习

语言知识的方法，使得这些系统的分词精度和词性标注精度大幅度提高。如英语的词性标注系统CLAWS对BROWN语料库的词性标注准确率达到了96%，清华大学开发的汉语分词与词性标注系统的精确率达到了96.8%（黄昌宁，1993：3），日语MECAB等系统的分词准确率甚至达到99%（工藤拓等，2004）。正因为语料库方法在计算机科学领域取得了理性主义方法无法比拟的成就，这又促使语言研究学界重新开始重视经验主义的研究方法。其重要标志就是，从20世纪90年代末开始，不管国内还是国外各种各样的语料库项目纷纷开始上马建设。

大规模语料库的一个重要作用就是能够为人们研究提供许多精细的语言知识，但是这种语言知识，需要利用许多技术手段进行挖掘。计算机科学界的学者专家的技术背景使他们在利用语料库解决技术问题时非常得心应手。但是，对于文科学者来说，如何利用已经建成的大规模语料库进行自己的研究，却是一个新的问题。在我国各种语料库层出不穷，语料库建设已经有相当的规模，但是，真正有效地利用语料库解决传统手法无法解决的日语课题的研究却很少。可以毫不夸张地说，如何利用语料库进行日语语言学研究这样一个最基本的问题仍然是困惑我国日语语言学界的主要问题。甚至我们不知道，语言学研究的哪些领域或者是哪些问题利用语料库是有效的。正如有学者指出的那样，语料库只是手段，研究才是终极的目的。那么利用语料库进行日语研究时，如何确定研究目标、如何利用语料库手段实现这些研究目标，是我们初次涉及这一领域研究的每一个人都感到困惑的问题。本章中我们将结合自己的研究，从日语语料库技术工具及其使用、语料库与日语词汇研究、语料库与语法研究、语料库与文体研究等几个方面介绍语料库在日语研究中的方法。

1. 基于语料库的日语研究的基本技术和工具

在自然科学领域，仪器是从事研究的必备工具，没有先进的仪器设备无法进行科学探索，取得创新性成果就更加无从谈起。同时，仪器也是自然科学研究验证理论是否正确的重要武器。科学研究的一个重要原则就是，实验的可重复性，即在相同条件和相同实验步骤下，实验的结果是相同的。仪器正是实验可重复性原则的重要前提和保证。这确保了自然科学研究的科学性。语言学研究历来被认为是人文社科领域的研究，主要利用内省的手段，许多语言学理论是仁者见仁智者见智，一般不谈实验的可重复性。但是，语料库语言学研究却重视对大量语言事实的科学分析，更多的是采用自然科学的手段，需要有大量的数据作为支持，和计算机等信息设备作为实验工具。关于计算机本身的应用技术已经超出本书的范围，我们这里着重介绍语料库语言研究常用的分词标注技术和统计分析工具。

1.1　日语的分词标注技术

日语是一种书面语中单词之间没有物理界限的语言。因此，分词是利用语料库和计算机展开日语语言学研究的基础工作，日语分词标注工具的使用也是利用语料库进行日语研究必须掌握的基本技术。

根据日本学校文法，日语中小于句子的有意义的语言单位有句节、词、词素等。句节一般是由一个实词、或者由一个实词及附着其上的附属词的结合体构成的，发音上通常是一个整体。如果将日语的句子划分成主题、谓语、补语、修饰语等句法成分，那么这些句法成分通常是由句节构成的。单词是构成日语句子的最小的语言单位，具有特定的意义和语法功能，可构成句节。形态素是具有意义的最小的语言单位。在日语中本身具有很强的构词能力的词素不是很多（主要是一些接头词、结尾词）。而词和词素在形态上一样的情况却很多。

由于日语中至少存在3种小于句子的语言单位，因此，日语分词工作开始前必须确定分词的单位。即分词是做到词，还是词素，还是句节。句节虽然是句法成分的直接构成单位，但是，由于句节定义本身存在缺陷和不足，导致用句节这个概念进行句法解释时容易引起混乱。如：

私は日本語の先生です

正确：（私は（日本語の先生）です）

错误：（私は／（日本語の／先生です／））

用句节分析句子引起的这种混乱在日语中不是个别现象。如果不作特殊处理，分词阶段将日语句子切分成句节将会给以后的句法分析造成一定的麻烦和困难。尽管如此，日本岐阜大学池田研究室还是开发了一个以句节为切分单位的分词系统（IBUKI），并且取得了较高的切分精度（98%）。

从词形上讲，出现在日语句子中的单词和词典里的单词在形态上存在一定的差别。这是由于日语的动词、形容词、助动词具有丰富的形态变化，出现在句子中的一般都是这些词的变化形式。日语中动词"表す"（表示）这个词在句子中可能有如下的变化形式：表す、表さ、表せ、表し、表そ等。另外，日语中还存在许多同形异义词，因此，如果笼统地将日文的分词工作看成将日语句子切分成单词是没有意义的。

切分成词素，也是有缺陷的。即把语言单位切分得过细，使得复合词往往被切碎。由于日语中词素和词在形态上一致的情况很多，因此，日本现有的日语分词软件绝大多数都

是以词素为单位进行日语句子的切分的，但是这些软件也同时注意到了尽可能不将复合词切碎。词素在日语中叫做形态素，因此日语的分词标注也叫形态素分析。

日语的形态素分析主要是完成四项工作：

分词：将日语句子切分成形态素。

活用形处理：将句子中用言的变化形态复原成词典里的词条形态。

标注词性：日语的单词一般都有确定的词性。多数日语分词系统能够在分词的同时就给出词性。

标注汉字读音：跟汉语一样，日语汉字具有多种读法，造成日语的多音词很多。同样的汉字在不同的语境中的读音是不一样的。因此，日语汉字注音也是日语形态素解析的一项重要任务。

20世纪90年代日本在日语的分词标注技术上取得了突破性的进展，涌现了很多日语分词标注的软件工具。目前常用的有CHASEN、MECAB等等。这里主要介绍MECAB的使用方法。

（1）MECAB的下载与安装

MECAB是日本京都大学情报研究科和日本电信电话公司通讯基础研究所联合开发的高性能日语分词标注软件工具。其分词精度可达到99.11%，词性标注精度可达到98.73%，综合精度达到97.66%。[1]这里的综合精度是指包括分词、词性标注、活用形等一系列处理的正确率。这个正确率在进行大规模语料分析时完全能够满足语言研究的需要。MECAB目前最新的版本是其在2013年2月公布的0.996版。根据其使用平台的不同，MECAB提供了多个版本，国内大多数用户计算机使用的是windows系列操作系统，因此可下载其windows版本，即MECAB-0.996.EXE，下面是其下载地址：

http://code.google.com/p/mecab/downloads/list

由于MECAB-0.996.EXE是一个可执行文件，安装MECAB时只要双击MECAB-0.996.EXE图标即可。

由于日语文字在计算机中的代码种类很多，我们常见的有SHIFTJIS、EUC、UTF-8等等。MECAB在对由这些代码保存的日语文件进行处理时，需要使用对应代码的词典。因此，MECAB安装时需要选择词典的代码。由于我们通常从网上下载的日语文本文件一般为SHIFTJIS代码，因此，词典代码选择SHIFTJIS即可。实际上，MECAB安装成功后，在使用过程中，词典代码根据需要，还可以修改。另一方面，如果不改MECAB的词典代码，也可根据词典代码对所要处理的文件的代码进行修改。对文本文件的代码进行修改时

1　来自MECAB的技术文档。

图9-1　MECAB初始安装

可以使用EMEDITOR工具。安装MECAB时选择词典代码如图9-2：

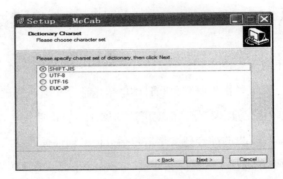

图9-2　安装MECAB时默认代码选择

在选择词典代码后进入下一步，选择同意授权（图9-3）：

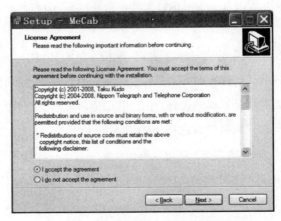

图9-3　MECAB安装时使用许可的确认

进入下一步，设定MECAB的安装目录（图9-4）。默认情况下，MECAB安装在C盘的Program Files的Mecab文件夹中。MECAB的安装目录一定要记住，因为目前MECAB本身不提供可视化接口，所有操作需要通过指令执行。日本国立国语研究所以MECAB为核心开发了一个可视化的接口，读者可参考相关资料学习。

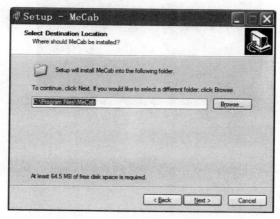

图9-4　MECAB安装目录的设置

在设定了MECAB的安装目录后，MECAB还要求回答是否生成启动MECAB的快捷图标。具体如图9-5：

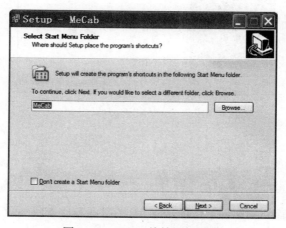

图9-5　MECAB快捷图标设置

MECAB的快捷方式可以使MECAB直接对键盘输入的日语句子进行分词处理。由于中文WINDIWS平台通常在命令行模式下不能够直接输入日语，加上当需要用MECAB大批量处理语料时一般不是直接从键盘输入的，因此，这一步也可以选择不需要快捷方式。

在完成上述几项设置后，MECAB开始自动安装。在这过程中有一些提示，可选择"是"或者"确定"即可。图9-6是安装过程中，词典生成的窗口。

图9-6　MECAB词典的生成

MECAB的整个安装过程只需要两三分钟，而且比较简单，安装好后在图9-7中点击finish结束安装。

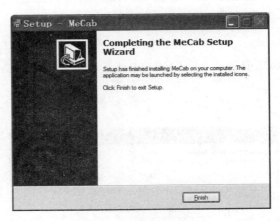

图9-7　结束MECAB安装

（2）MECAB的使用

我们使用MECAB的主要目的是将日文文章分成词，必要时给每个词标注上词性，汉字标注上日文读音。在明确了使用MECAB的目的和任务后，就可以开始尝试使用MECAB了。

我们首先必须准备一个需要处理的MECAB的日语文件。这里要注意，MECAB只能对文本文件进行处理，也就是我们常说的TXT文件。如果是其他格式的文件，如WORD生成的DOC文档或HTML文档，则需要使用相应的工具将其转换成TXT文件。由于我们在安装MECAB时词典使用的是SHIFTJIS代码，因此，还需要确保所要处理的TXT文件

的代码也是SHIFTJIS。假设我们按照上述要求，准备了一个名为：TEST.TXT文件，我们用MECAB对其进行处理。

1）我们将TEST.TXT文件放到一个专门的工作文件夹中，我们将其放到D盘根目录的WORK文件夹。注意，由于MECAB的操作是通过命令行下命令实现的，一般用户习惯使用鼠标，对他们来说下命令比较生疏，因此，我们设定工作文件夹时路径和文件名都要尽量简单一点，文件夹名称尽量用半角英文字符。

2）从"开始菜单"的"附件"中找到"命令行提示符"并点击，打开windows的命令窗口，在这里可以使用命令控制计算机。如果读者经常使用MECAB这样的命令工具，可以将命令行提示符图标拖到windows桌面上，以后可以直接从桌面点击。Windows的命令窗口如图9-8：

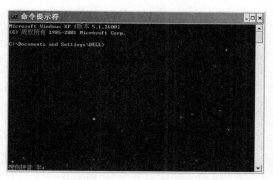

图9-8　windows的命令窗口

3）因为我们要用MECAB分析D盘WORK文件夹中的TEST.TXT文件，为操作方便我们需要将MECAB的执行文件所存在的文件夹和TEST.TXT文件保存的文件夹WORK设定为当前路径。在安装时，MECAB的执行文件MECAB.EXE被安装在了C:\Program Files\MECAB\BIN中。我们可以在上述命令行窗口中输入如下命令改变C盘的当前路径：

c:\>cd c:\program files\mecab\bin

C盘当前路径改变后的窗口如图9-9：

图9-9　设定mecab的执行路径

我们可以用下面的命令将WORK设为D盘的当前路径（图9-10）。

C:\program files\mecab\bin>d:

D:\>cd d:\work

图9-10　设定mecab工作目录

这样利用MECAB对文件TEST.TXT进行分词标注的环境设置就完成了。下面我们就可以对文件TEST.TXT进行分词了。我们可以在D:\WORK路径下输入下面的命令：

D:\WORK>c:mecab test.txt -okeitaiso.txt

其中：

C:mecab 为调用c盘当前目录下的可执行文件MECAB，也就是调用MECAB分词工具Test.txt 为输入文件，也就是我们要进行分词处理的输入文件，这个文件必须是SHIFTJIS的文本文件。

-o表示分词结果输出到一个文件，其后是MECAB的输出文件名。即分词处理后的结果输出到该文件中。这里我们指定其结果输出到keitaiso.txt这个文件中。如果没有后续文件名，则MECAB的处理结果将直接输出到屏幕上。

执行完上述命令后，计算机自动回到当前工作路径：D:\WORK。图9-11是mecab完成对test.txt文件分词标注任务后的窗口。

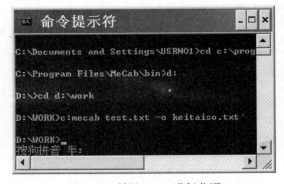

图9-11　利用mecab进行分词

在完成分词后，我们就可以用windows提供的编辑软件或者统计软件，对上述分词结果文件keitaiso.txt进行所需的操作。

下面两个图分别是TEST.TXT和keitaiso.txt中的部分内容。

文件TEST.TXT的内容（图9-12）。

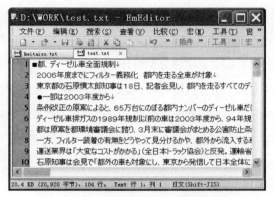

图9-12　MECAB的输入数据

TEST.TXT经过分词后的内容（图9-13）。

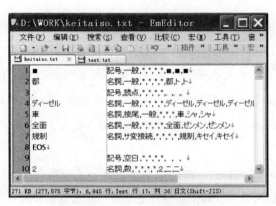

图9-13　MECAB的输出数据

（3）MECAB分词工具的输出结果格式和输出结果设置

MECAB使用其自带的词典进行分词标注时，文章中的每一个词其输出结果，包含如下十个信息：

表层词形　词性，词性小类1，词性小类2，词性小类3，活用形，活用型，词典形态，读音，发音

表层词形：为文章中词的形态，词在文章中是什么样，这里就输出什么样。

词　　性：如果使用MECAB自带词典进行分词，词性按词典中规定的词性进行标注。这里的词性基本上和我们常说的语言学意义上的词性是一致的。

词性小类：有些词虽然词性相同，但是可以分属不同的下位分类。如名词下面可以有普通名词（日语为一般名词）和专有名词（日语为固有名词），助词的下位分类中有格助词、接续助词等等。这些词性的下位分类分别在"词性小类"中体现出来。词性小类对于区别形态相同意义不同的多义词非常有帮助，特别是进行词频统计时，多义词应该分别统计，词性小类会发挥很好的作用。

活用形：文章中的词形属于用言活用的哪一类，如动词有一段活用，五段活用等。

活用型：文章中的词形属于该用言的哪种型，如动词有未然形、假定形等等。

词典形态：MECAB输出结果的第一列通常是词在文章中的实际形态，即活用形，而这一列则输出该词的原形，即在词典中的形态。词的词典形态对进行词汇调查也非常有用。

读　　音：用片假名标注该词的读音情况

发　　音：形式上虽然与读音有类似的地方，但是实际上标注了发音的方法。

　　不是每一个词都具备上述全部信息，如果该信息没有时就用"*"替代。如名词通常没有活用形信息，那么活用形和活用型处就是"*"

　　下面是用MECAB处理后的几个词的输出结果：

強く　　　　形容詞，自立，*,*，形容詞・アウオ段，連用テ接続，強い，ツヨク，ツヨク

多い　　　　形容詞，自立，*,*，形容詞・アウオ段，基本形，多い，オオイ，オーイ

盛り込ま　　動詞，自立，*,*，五段・マ行，未然形，盛り込む，モリコマ，モリコマ

　　我们在实际使用MECAB时，有时不一定需要输出上面的全部信息。比如我们只想利用MECAB标注汉字词的读音，其他信息都不需要，那么就需要对MECAB的输出结果进行指定和设置。

　　在前面的实验中我们直接输入了-o和输出文件名。如果要指定输出格式和输出信息，需要用到-O选项控制符。注意输出文件名前面的-o是小写的英文字母。而指定输出格式的-O是大写的英文字母。我们通过在-O后面指定预设的格式让MECAB输出我们需要的结果。这些预设的格式定义在一个文件名为dicrc的文件中。这个文件在下面的文件夹中：

　　C:\Program Files\MeCab\dic\ipadic

Dicrc是一个文本文件，MECAB事先预设定义了几个输出格式：

; yomi#格式名

node-format-yomi = %pS%f[7]

unk-format-yomi = %M

eos-format-yomi = \n

; simple#格式名

node-format-simple = %m\t%F-[0,1,2,3]\n

eos-format-simple = EOS\n

; ChaSen#格式名

node-format-chasen = %m\t%f[7]\t%f[6]\t%F-[0,1,2,3]\t%f[4]\t%f[5]\n

unk-format-chasen = %m\t%m\t%m\t%F-[0,1,2,3]\t\t\n

eos-format-chasen = EOS\n

; ChaSen (include spaces)#格式名

node-format-chasen2 = %M\t%f[7]\t%f[6]\t%F-[0,1,2,3]\t%f[4]\t%f[5]\n

unk-format-chasen2 = %M\t%m\t%m\t%F-[0,1,2,3]\t\t\n

eos-format-chasen2 = EOS\n

我们可以输入如下命令，让MECAB输出我们指定的输出格式：

        D:\work>c:mecab 输入文件名 –O格式名 –o输出文件名

如果我们在格式名处输入上述格式文件中的yomi：

        D:\work>c:mecab test.txt –O yomi –o keitaiso.txt

则MECAB的输出结果就会是所有单词的片假名读音。具体结果如图9-14：

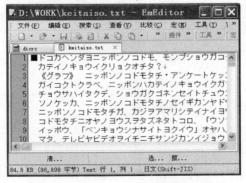

图9-14　MECAB读音标注结果

MECAB预设的这四个格式是开发者为了测试软件编写的，未必就能够满足我们进行日语研究的需要。如果我们有特殊的需求，我们还可以根据MECAB提供的格式定义控制符自己进行定义。MECAB的输出格式定义规则，读者可参考MECAB的使用说明。我们在这里定义了几个比较常用的输出格式，读者可以拷贝到dicrc文件中使用。

```
; pos
node-format-pos = %m\t%f[0,1]\n
eos-format-pos  = \n

; furikana
node-format-furikana = %m\t%f[7]\n
eos-format-furikana  = EOS\n

; jisyo
node-format-jisyo = %m\t%f[0,1,6,7]\n
eos-format-jisyo  = EOS\n
```

格式pos：只输出 表层词形 词性 词性小类1

格式furikana：只输出 表层词形 假名读音

格式jisyo: 只输出 表层词性 词性 词性小类1 词典形 假名读音

如果我们输入下面的命令：

    D:\work>c:mecab test.txt –O pos –o

              keitaiso.txt

则可得到图9-15的结果。

　　以上我们介绍了日语分词标注软件工具MECAB的下载、安装、使用的方法。MECAB的输出结果对于我们进行日语语言学研究非常重要，我们要熟练掌握利用上面介绍的格式让MECAB输出所需要的结果的方法。如果有可能，我们可以在dicrc中设定自己研究中所需要的特殊格式和信息。得到自己所需要

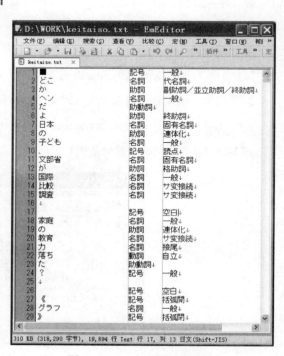

图9-15　mecab词性标注结果

的信息后，我们就可以利用现有的计算机软件工具对MECAB的输出结果进行分析统计。下面我们介绍通用的计算机统计分析软件EXCEL在语言分析中的使用方法。

1.2　日语研究中统计分析软件 EXCEL 的使用

EXCEL是微软公司开发的电子表格软件，可以运用到很多领域进行信息的统计分析。EXCEL功能十分强大，但是使用方法却非常便利和直观。EXCEL虽然不是专门针对语言统计分析而开发的，但是，在语言研究中也有广泛的用途。如果我们所要处理的数据量不是十分大，EXCEL完全可以满足我们的一般需要。这里我们只介绍语言研究中经常使用的一些功能和方法。

（1）例句的随机抽样

随着大规模语料库的出现，我们在用语料库收集例句时往往可能搜索出数量庞大的语言实例。而对数量庞大的例子进行逐一甄别考察显然是不现实的。根据统计学原理，从一个总体中用随机的办法抽取一部分样本，这一部分样本可以代表总体的情况。根据这个原理，我们只要对从大量例子中随机抽取一定量的例句进行考察，就可以掌握全局的情况。关键是如何进行随机抽样，统计学专家们发明了很多随机抽样的办法，如等距离抽样、随机数抽样等。我们这里介绍利用EXCEL根据随机数进行抽样。

A）随机数的生成

假设我们从语料库中抽取了1万条例句，而我们需要从中抽取100条进行观察。我们要求这100条例句能够反映1万条例句的情况。这就要求在抽取100句样本时1万条例句中的每一个例句被抽取到的可能性应该相等。我们首先给每一个例句连续编号，那么这1万条例句的每一个句子都有一个1～10000之间的数字作为唯一的号码。这样例句样本的抽取就变成了从1t10000之间随机抽取100个数字，抽取这些数字时必须确保1～10000之间的所有整数被抽取的机会相等。EXCEL给出了这种随机数的抽取工具，即随机数发生器。

首先打开EXCEL的"工具"菜单，进入"加载宏"，点击"分析工具库"前面的方框打上勾，然后按"确定"。"工具"菜单中会出现"数据分析"一项。如果"工具"菜单中本来就有"数据分析"项，则不必进行上面的操作。

打开"数据分析"窗口，选取其中的"随机数发生器"点击"确定"后出现如下窗口（图9-16）：

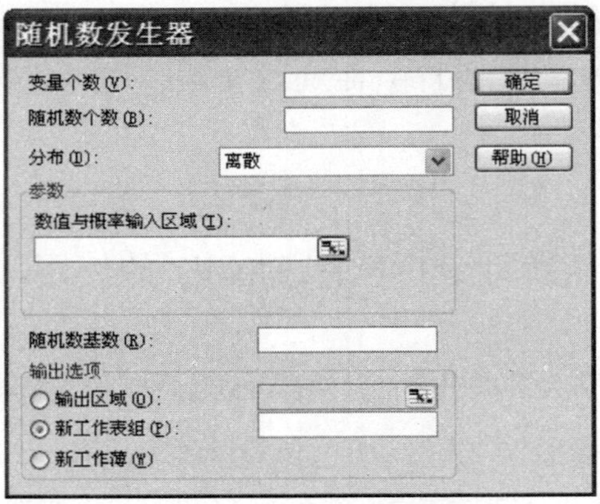

图9-16   随机数发生器初始窗口

由于我们抽取1组100个例句样本，所以其中的"变量个数"输入"1"，"随机数个数"输入"100"。我们要求1～10000之间的整数被抽取的可能性相同，"分布"选择"均匀"，随机数基数输入"1"。随机数产生后存放到当前EXCEL表的A1至A100中，在"输出区域"输入"$A$1:$A$100"。具体输入情况如图9-17：

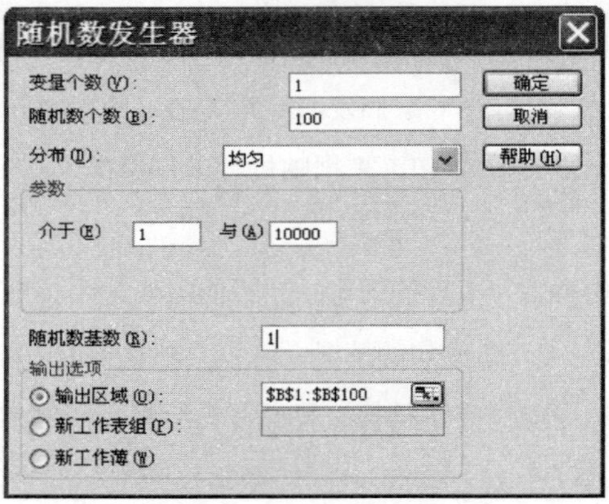

图9-17   产生均匀分布随机数的设置

最后按"确定"，则A1至A100中被100个随机数填满。这时候我们发现，所得到的随机数是1～10000之间的有理数。我们还需要对其进行四舍五入取整。取整后的结果放在B1至B100中，取整的方法是利用EXCEL提供的"TRUNC"函数，在B1中输入"=TRUNC（A1）"，回车后B1中就存放了A1中的数字取整后的结果。我们可以重复这样的操作，将A列中的所有的100个随机数进行取整。EXCEL的复制功能可以让我们不必每一个数都输入上面的公式，只要将B1的内容向下复制就可以了。方法是先点击B1一下，B1上出现黑色框，然后点击黑框右下角按住不放往下拉，一直拉到B100，则A中的所有

随机数都被取整填入B中了。如果需要这种操作的数据比较少时，此法还是比较方便的。如果涉及的随机数数量很大时，可能需要用很长时间拉动鼠标，这种办法就不方便了。还有一个更简便的办法就是，点击B1后，在其右下角双击鼠标左键，100个随机数的取整就会迅速完成。当然，如果涉及的数据数量很大，计算机还是要计算一会儿的，不过计算机计算的过程中无需人工干预。因此，这种办法适用于大量复制的情况。随机数取整后如图9-18：

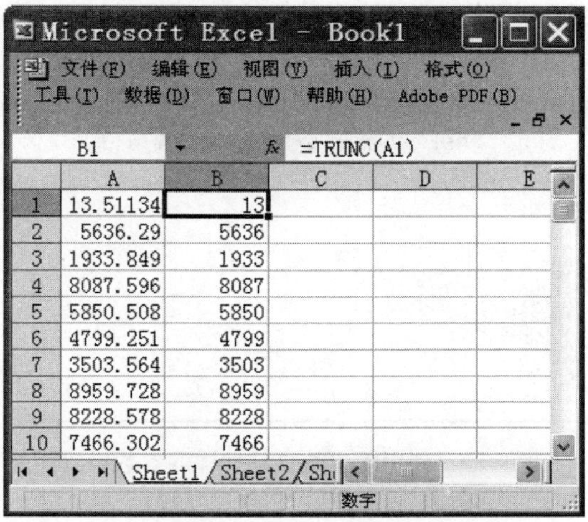

图9-18　随机数的取整

然后选择这100个随机整数用拷贝的方式，拷贝到windows的记事本中并将其保存起来，文件名为RAND100.txt。

B）例句的随机抽取

我们从《新潮文库》语料库中抽取了包含字符串"しか"的例句10000条，以文本文件的形式存放在D盘WORK文件夹中，文件名为shika.txt。我们的目的是要考察一下副助词"しか"的例句在这10000例句中所占的比例。当然，如果精力允许我们完全可以将这10000条例句进行逐条甄别，这样可以得到精确的结果。但是，通常情况下，完成这样庞大的数据确认需要花费很大的力气。我们完全可以使用抽样的办法进行估算，比如我们随机抽样100句，观察副助词"しか"的例句在这100例所占的比例，根据统计学原理，我们可以用这个比例来估算10000例中副助词"しか"的例句所占的比例。

首先我们将上述10000句数据从文本文件shika.txt导入到EXCEL表格中。方法是打开EXCEL的"数据"菜单，使用其中的"导入外部数据""导入数据"，找到文本文件shika.txt，然后按照向导即可将文本文件中的10000条例句导入到EXCEL表格的A列。

在EXCEL的某一个单元中以某一现有单元的内容填充时，只需要在这个单元中输入

"="和所要填入的单元号即可。比如，我们要用A10的内容填充B1，那么只需要在B1中输入"=A10"即可。这个方法为我们从10000句中随机抽取100个例句提供了很大方便。我们随机抽取100个例句，实际上是抽取A列中以随机数为行的那100个单元。假设所抽取的100个例句存放在B列的前100个单元中，那么根据上述原理，我们就可以在B列的前100个单元中输入"=A随机整数"即可。为了简便操作，在随机数前加上"=A"的操作我们可以用windows的记事本来实现。

用 windows 的记事本打开上一步保存的 100 个随机数并在每一个随机数前面加上"=A"。具体情况如图9-19：

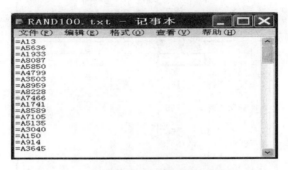

图9-19　利用随机数自动抽样的参数设置

在随机数前添加"=A"的操作也可以用EXCEL自动完成。具体做法是，将随机数拷贝到EXCEL的C列的前100个单元中，然后在B1单元中输入"="="A"&C1"，双击B1单元的右下角，则100个随机数前面就全部自动加上了"=A"。最后我们将B列中添加了"=A"的100个随机数再拷贝到记事本中。

完成在100个随机数前添加"=A"的操作后，我们可以用拷贝粘贴的办法将加了"=A"的100个随机数，拷贝到EXCEL的B列的前100个单元中，这时B列的前100个单元就被随机抽取出来的A列中的例句充满了，这样我们就完成了例句的随机抽样。图9-20就是从10000个句子中随机抽取100例的结果。

（2）单词表的生成和词频统计

单词表的生成和词频统计是我们在进行日语研究和日语教学中经常要做的工作。大多数介绍词表生成和词频统计方法的书籍，都是介绍利用专用软件工具进行该项工作的。实际上，我们利用EXCEL这样常见的工具也可以进行词频统计，而且使用比较简单快捷。这里我们介绍利用EXCEL进行日语词表生成和词频统计的办法和步骤。

A）分词

日语文章单词之间没有空格，在进行日语词频统计之前必须对日语文章进行分词。

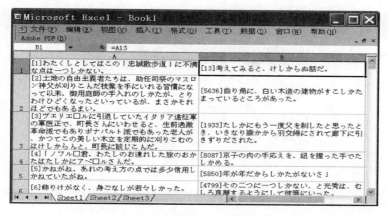

图9-20 利用随机数自动抽样的结果

我们可以按照前文介绍的方法用MECAB对日语文章进行分词。这里我们仍然使用D盘WORK文件夹中的TEST.TXT作为例子。日语单词在文章中都是以其活用形出现的，也就是说同一个单词在文章中的形态是不同的。这就需要将这些活用形归一化成它的词典形态。因此我们在分词标注时一定要使用MECAB的输出结果格式设置，指定输出结果中必须输出单词的词典形态。另外还有一点要注意的是，有一些单词属于多义词，即形态相同但意义不同的词汇，在进行词频统计时，应该按照其不同的词义分别进行统计。由于技术条件的限制，目前计算机的语言处理工具还不能很好地进行语义的辨别处理，我们只能依靠词性的标注信息来对其进行初步区分。因此在用MECAB进行分词时应该注意将词性信息、词典形态等标注上去。为了达到这个目标，我们可以使用jisyo选项进行分词标注处理。使用MECAB前需要对工作路径进行设置，这里不再赘述。分词标注的具体命令如下：

D:\WORK>c:mecab test.txt –O jisyo –o wordlist.txt

该命令执行后，分词标注的结果就保存在文本文件wordlist.txt中，下一步我们就可以用EXCEL对其进行统计分析了。

B）将标注分词结果调入EXCEL

将wordlist.txt的数据调入EXCEL有两种办法：一是用"文件"菜单中的"打开"，二是通过"外部数据导入"调入。使用文件打开时应该注意文件类型应选择"文本文件（*.PRN;*.txt;*.csv）"。利用"打开"调入数据应该注意，有时EXCEL不能够有效识别日语SHIFTJIS代码，会造成乱码现象。

利用"外部数据导入"时，EXCEL提供导入向导，用户可根据向导选择文本文件的代码格式。按"数据"→"外部数据导入"→"导入数据"的顺序进行操作，出现"选取数据源"窗口，在这个窗口中找到D盘WORK文件夹中wordlist.txt文件打开后，出现如

下数据导入向导窗口（图9-21）：

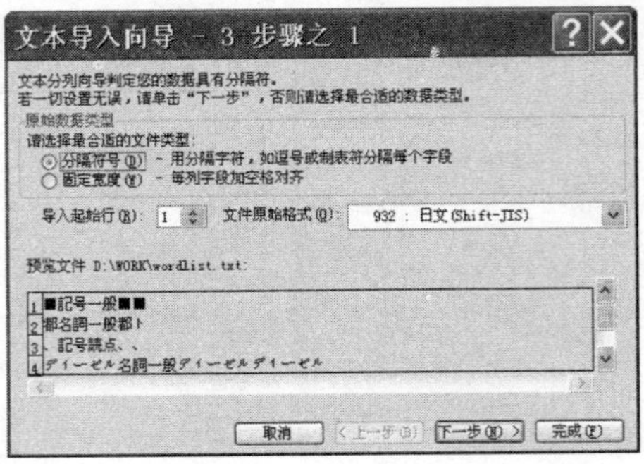

图9-21 EXCEL导入mecab的分词结果

通常情况下，"文本导入向导"会自动识别数据文件代码。如果在"预览文件"下的表框内看到的不是日文而是乱码时，请在"文件原始格式"中手动选择"932：日文（shift-jis）"。然后按照向导提示即可将数据导入到EXCEL表格中。图9-22为分词数据调入EXCEL后的情况。

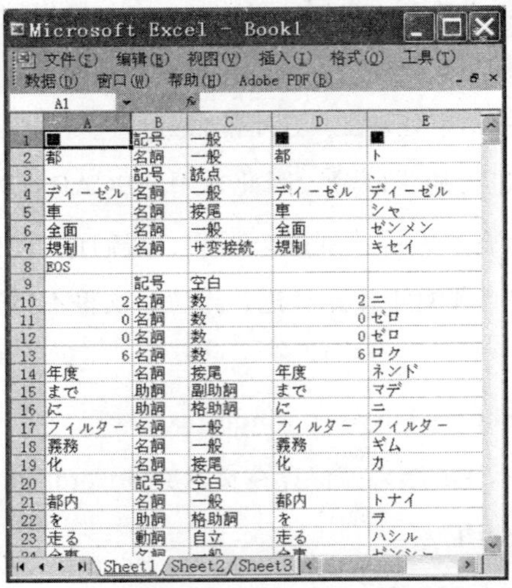

图9-22 分词结果导入EXCEL

这里要注意的是，MECAB用jisyo选项分词标注后的结果包括五组信息：表层词形、词性、词性小类1、词典词形、假名读音。分词数据调入EXCEL表格后的对应关系如下：A列：表层词形；B列：词性；C列：词性小类1；D列：词典词形；E列：假名读音。其中D列词典词形是我们重点关注的对象。

C）按词典词形排序

在进行单词词频统计之前，必须对分词词表按照词典词形进行排序，使得具有相同词

形的单词相邻排列。为了尽可能将同形异义词分开统计，在词形相同的前提下还需要按照词性是否相同进一步排序，使得词形相同词性也相同的单词相邻，词形相同词性不同的单词分开排列。具体做法如下：

打开"数据"菜单中的"排序"功能，选择"扩展选定区域"。由于EXCEL表的D列是单词的词典形态，我们主要是统计词典形态单词的词频，因此，D列是我们排序时的主关键字。同时，我们要以词性为依据来区分同形异义词，因此，第二关键字为B列，第三关键字为C列。具体设置情况如图9-23：

图9-23　利用EXCEL的排序功能对词汇表排序

最后，按"确定"按钮，EXCEL就会按照上面设定的关键字进行排序，这个过程根据词表中数据量的大小可能会用较长的时间。排序完成后，D列中具有相同词形的单词就会聚到一起，在词形相同的情况下，词性相同的单词也会聚到一起。这样我们只要统计具有相同词形和词性的单词的个数就可以统计出单词的词频了。

D）单词表生成

统计单词词频的基本思路是，首先预设单词词频存放在F列中，当某一行的D列、B列、C列和上面一行都相同，则在该行的F列中存放1，否则存放0。EXCEL提供的判断函数IF（）可以实现这个操作。由于统计时是和上面的行进行比较，第一行的上面没有单词了，因此，我们从第二行开始。我们可以在F列的第二行，即F2单元输入下列表达式：

=IF(((D2=D1)*AND(B2=B1)*AND(C2=C1)),1,0)

回车后，如果第二行和第一行相同则F2中会出现1，否则会出现0。在F2中出现0或者1以后，可以将上述公式复制到F列的其他各行，方法是将鼠标移至F2单元方框的右下角，出现"+"后双击鼠标右键，则F列的单元格都会填上0或者1。最后在F列的第一行手工输入0。由于，F列除了第一行的'0'是手工输入的外，其他单元的数字都是由上述公式

计算得到的，也就是说这些单元的内容实质上是公式而不是数字，只要公式中涉及的其他单元内容有变动时F列单元中的数字就会变动。因此，我们必须将上述操作所得到的的结果保存下来。保存的方法是用"文件"菜单中的"另存为"，保存文件名设为"wordlist1.txt"，文件类型设为"文本文件（制表符分隔）（*.txt）"。这样上述操作的结果就保存到了文本文件"wordlist1.txt"中了。

最后再用EXCEL打开"wordlist1.txt"文件，并用"排序"功能，选择"扩展选定区域"，将F列选定为排序关键字，按升序排列，这样F列为0的单词就会排到前面去了。其实，F列为0的单词就是test.txt文件中的语料的单词表，我们将其选择保存即可。

E）词频统计

词频统计主要使用EXCEL的数据透视表功能进行分类汇总。我们首先用EXCEL打开wordlist.txt文件，将数据调入EXCEL表中，掌握表格中每一列的情况，我们根据分词标注的信息，将每一列取一个名字，放在EXCEL表格的第一行（图9-24）：

A1：表层词形；B1：词性；C1：词性小类；D1：词典词形；E1：假名读音

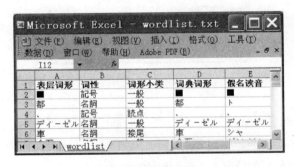

图9-24　具有列标记的排序结果

打开"数据"菜单中的"数据透视表和数据透视图"功能。"待分析的数据的数据源类型"选择"EXCEL数据列表或数据库"，"所需创建的报表类型"选择"数据透视表"，如图9-25：

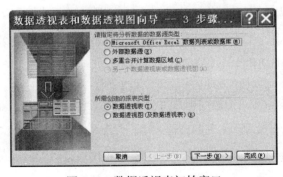

图9-25　数据透视表初始窗口

276

进入下一步，选择所要分析的对象数据，即输入我们调入到 EXCEL 的单词数据所在的单元区域。单词数据是从 A1 至 E6607 的所有单元。设定后的窗口情况如图 9-26：

图 9-26　设置需要进行透视分析的数据区域

在设定好所要分析的对象数据后，必须要设定分析统计出的结果所要存放的区域。我们可以新建一个工作表来存放单词词频的汇总结果，也可以就在当前的表中存放。由于单词条目比较多，为了不使统计结果和分析前的数据混合在一起，这里选择新建一个表。这样就完成了词频统计数据透视表的设置，我们按"完成"就可以看到在新建的一张表中有进行词频统计的透视表区域，如图 9-27：

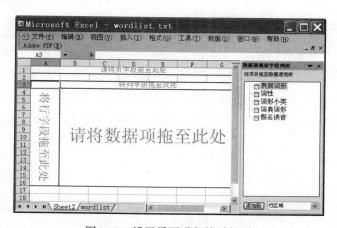

图 9-27　设置需要进行统计的列

图 9-27 中有两个区域，左侧区域是用于对单词进行归类统计的区域，我们对单词进行词频统计和词频统计的结果就在这个区域，右侧是我们在上面操作中赋予的单词数据表中每一列的名称。我们需要对其中某一个字段的数据进行汇总时，只需要将其拖到左侧的区域即可。词频统计一般都是针对词典词形的，所以我们这里将右侧"词典词形"分别拖至左侧的"将行字段拖至此处"和"请将数据项拖至此处"这两个区域，EXCEL 即生成 test. txt 文件语料的词频表。如图 9-28：

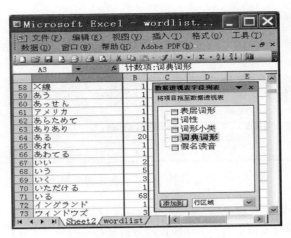

图9-28　EXCEL词频统计结果

　　这里我们简单介绍了MECAB和EXCEL两个工具在日语研究中的使用方法。分词标注是利用语料库进行日语研究的第一步，无论是进行日语词汇研究、语法研究、文体研究，许多情况下都必须对日语的文本进行分词和词性标注。所以掌握利用MECAB进行日语分词的技术是进行语料库日语研究的基础。现在专门用于语料库分析的软件工具层出不穷，各有特色，但是有的缺乏通用性。实际上，我们工作中最常用的EXCEL在语料库日语研究中可以发挥很大的作用，通常我们在进行日语研究的一些需求EXCEL都可以满足。EXCEL虽然不是为了语料库语言学研究而设计开发的，但是，其强大的功能基本能够满足我们进行日语语料库研究的需求。我们这里只介绍了一点初步知识，希望对读者有点帮助。

2. 日语词汇研究和日语语料库

　　语料库应用历史最长、使用最广泛、也最有效的一个研究领域就是日语词汇研究。有学者认为，日本语言学界的语料库语言学研究20世纪50年代就已经开始了（山崎诚，2013）。而且最早就是用在词汇研究领域，当时主要是用于词汇调查。大规模的日语词汇调查在日本国立国语研究所成立以来已经开展过好几次，日语词汇系统的很多大的问题基本上已经得到解决。但是，这并不意味着利用语料库的日语词汇研究已经终结，日语词汇研究的好多细节问题还必须使用语料库和统计手段加以解决。

　　语料库语言学手段最能够发挥作用的语言学研究领域可以说就是词汇学研究。目前，计算机对语言的智能处理研究真正能够达到实用水平的就是词汇处理技术，尤其是汉语、

日语这种连续书写语言的分词标注技术完全可以用于词汇研究。可以说，将语料库应用于词汇研究的主要计算机技术瓶颈已经突破。现在的关键是我们如何利用语料库和这些技术研究日语词汇方面的实际问题。

从事日语词汇研究的学者，一般都比较关注日语的词汇体系研究，特别是日语中层出不穷的专业术语。日语新词的发现方法是日语词典编纂和日语词汇研究经久不衰的课题。这一节，我们通过介绍专业术语的自动抽取，来讲述语料库在日语词汇研究中的应用。当然专业术语的自动抽取也仅仅是利用语料库解决词汇研究众多实际问题中的一个。读者所要研究的实际问题是什么还需要读者自己在研究和教学实践中发现。

互联网上有丰富的语言资源，而且其内容不断更新，互联网是抽取日语专业术语和快速便捷发现日语新词的重要途径。但是，由于互联网上的语言资源数量庞大、日新月异，手工抽取收集日语专业术语是不现实的。因此，我们可以尝试使用语料库语言学的思想和日语分词技术实现日语专业术语的计算机自动抽取。

2.1 日语专业术语的特点

日语专业术语是在语义和内容上受到专业严格限制的、特定专业领域所制造的特别的词汇。根据专业术语的语言学性质，我们可以从日语专业术语的语种构成、词形和词性等方面分析其形式特点。从语种的角度讲日语专业术语主要是外来语和汉语词汇，根据日本国立国语研究所的统计，这两种词汇占87.45%，而日语固有的和语词汇只占5%，其余的为英文字母书写缩略语。从词性角度讲，日语的专业术语一般都是名词和サ变动词。专业术语还有一个重要性质就是避免使用多义词或者是类义词，其词义不应该受到上下文影响，因此专业术语的语义所指必须明确，这就决定了专业术语的构词以复合词为主。日语专业术语的这些语言学特征为在统计过程中认定专业术语提供了可靠的依据。

日语专业术语无论在其语言形态或者分布领域上都具有普通词汇不具备的特点。从统计特点来看，日语专业术语一般只在特定的领域以高词频出现，而其分布非常狭窄，即只是分布在特定领域的文章中，所以从整个语言生活来看其使用的频率较低。为搞清楚日语医学专业术语这些特点的具体情况，我们从国际互联网日本《读卖新闻》网站上下载了2004年下半年的医学新闻报道和收集了近400万字的日文小说，制作了一个语料库，用该语料库对日语专业术语的统计特征进行了调查。

为统计专业术语同词汇的分布关系，我们首先根据《读卖新闻》的分类，将这些报道分成17类。剔除这些新闻报道中所附带的互联网广告等信息，获得20余万字的纯净医学

报道文本。然后对这二十万字的医学语料以及400余万字的小说语料进行分词处理，并进行词频统计。由于日语中存在大量同形异义词，它们的词形相同，但是意义不一样，属于两个词，如果不解决这个问题，会严重影响词频统计的精度。为了解决这一问题，较为准确获得单词的词频信息，我们在切分单词时要求切分系统给出词性以及词性小类。统计词频时同时考虑词形、词性、词性小类，就能够比较准确地统计出每一个词的词频数据。比如日语词形为"ある"的词有以下多种情况（表9-1）。

表9-1 "ある"的词性标注信息

ある	動詞	非自立	6
ある	動詞	自立	576
ある	助動詞		368
ある	連体詞		6

如果我们仅仅依靠词形进行词频统计，那么就会将四个不同的"ある"看成一个，从而造成统计上的错误。

经过切分、词频统计后，每一个类别的文章都会产生一个单词索引表。将所有17类文章统计产生的单词索引表去除其中词频信息，然后合并到一起，再次进行词频统计，这时统计出的所谓词频就是单词所出现的类别数，也就是单词的分布度。

由于作为文学作品的小说，其中专业术语出现的频率应该很低。基于这种认识我们采用小说语料作为参照语料，考察医学专业文章中出现的词汇在文学作品中出现的情况，以获取医学专业术语的统计特征。我们将由上述操作从医学专业文章得到的词汇表以及从小说语料获得的词汇表（共计词汇35465词）合并统计词频。实际上这次得到的词频只是描述了哪些词只在专业文章中出现，而哪些词是两个题材的语料中共同出现了。

我们将上面的情况又细分成5类以考察词汇在医学专业文章中的分布以及专业术语和非专业术语的关系。这五种情况分别是至少在一类文章中出现、至少在2类以上文章中出现、至少在5类文章中出现、至少在10类文章中出现、在17类文章中均出现。为了考察单词的分布和单词专业特性的关系，我们还考察了以上各类词汇在小说语料中的出现情况。由于小说中出现的单词可以认为专业性较低，因此，考察医学文章中的单词能否在小说中出现、这种同现和医学文章的单词在这17类文章中的分布有什么关系，就可以搞清单词分布和专业性的关系。表9-2和图9-29直观地表达了统计结果。

表9-2 各类文章中词的分布情况

	医学文章	医普共现	医学文章单独出现
1类以上	4373	2992	1381
2类以上	3174	2864	310
5类以上	1110	1079	31
10类以上	322	317	5
17类均出现	53	52	1

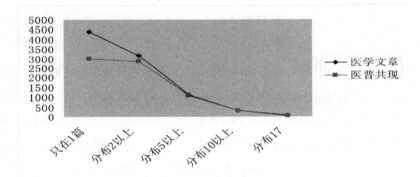

图9-29 各类文章中词的分布

　　如果认为，既能够在小说中出现又能够在医学文章中使用的单词不具有专业术语的特性的话，那么由上面图表可以清楚地看出，能够在两类以上医学文章中出现的单词，其绝大多数都可以在文学作品中出现，也就是说，其绝大多数都不具有专业术语的特性。在医学文章中分布度越大，专业术语的特性就越弱，一般词汇的属性就越强。上面语料中，在两类以上文章出现的3174个单词中有2864个在小说中出现，占90%左右，这些词可以说不具备专业性；能够在两类医学文章出现的单词中在小说语料中没有出现的单词只有310个，也就是说这些词中最多只有10%左右的单词有可能是专业术语。

　　由以上的统计分析可知，专业术语的分布度很低。哪怕同样是医学专业文章，其分布度也是很低的。图9-29中专业文章中出现类别越多的词的曲线和专业、非专业文章中都可以使用的词汇曲线越来越重叠也说明了这一点。

2.2 专业术语专业性的定量分析

根据上述统计我们知道，词汇的专业性与其在不同内容文章中的分布有关，其分布越广则专业性越弱，其分布越窄则专业性越强，为专业术语的可能性越大。这是专业术语的一个定性的特点。要将专业术语的这种特性应用到从语料库中自动抽取专业术语上，则必须将这个定性的特点定量化。

理论上讲，专业术语具有分布比较窄的特点，因此，在计算词汇的专业性重要度时，分布度越窄重要度应该越高，相反分布度越高词汇的专业性越低。笔者以词汇出现的文章的类别数作为描述词汇分布度的参数。但是有一个情况必须要考虑，有的词汇虽然分布很广，但是其集中出现的类别是有限的，多数类别也许只出现1次，因此这样的词汇如果仅仅依靠分布度一个参数来衡量其专业性是有失偏颇的。因此，在衡量专业性重要度时还必须加入其他的因素。

首先必须克服分布度大，但是只集中在某一个类中出现，也就是说个别类别频率很高，大多数类别频率很低对重要度带来的影响。这种情况有一个特点，就是除了一个高频类之外，词汇在其他类别中都均匀地以低频出现。为此在构建重要度计算的数学模型时，我们用词频的距离描写这一差别。所谓词频的距离就是最大的频率和次大的频率的差，如果这个差越大，说明词汇越是集中在一个类别中出现。如果用最大频率和最小频率的差来作为词频距离，则不能用词频距离说明词汇是否是集中在一个类别中出现，因为最大频率和最小频率的差的大小不能说明最小频率和中间频率之间的差距，也许中间有很多类别的频率只比最大频率小一点点。

还有一种情况就是，词汇在多个类别中出现频率很高，但是，在其他类别中出现的频率又很低，也就是说词汇在所有类别中的分布是不均匀的，这样的词汇也很有可能是专业术语。这一差别我们用各个类别中同一个单词词频的均方差SD来描述。均方差越大说明分布越不均匀，也说明词汇越有可能在几个类别中以高频出现。

另外，仅仅根据医学文章词的分布、词频的均方差、词频的距离还不能够完全说明词汇的专业性的问题。因为有一些基础性的医学词汇在所有的医学分支领域都有可能出现，这些医学专业术语，不但在医学文章中具有分布广的特点，而且在医学领域文章中普遍具有较高的使用频率，而在非医学文章中却很少出现。因此，衡量医学专业术语的重要性时还必须引入非医学领域的语料作为参照系。作为参照系的非医学领域语料规模应该和作为考察对象的医学领域语料规模相当。

2.3　从语料库中获取专业术语的试验

根据上述专业术语专业性的定量分析后，读者可以根据专业术语上述定量特征尝试构建一个衡量专业性重要度的系数，根据这个系数就可以获取专业术语了。我们是这样构建的：

$$系数 = \frac{词频标准差 \times (最高词频 - 次高词频)}{单词出现的类别数 \times 在普通文章中出现的频率}$$

我们用大量的数据进行了医学专业术语自动抽取的实验。实验中，我们通过国际互联网下载了《读卖新闻》一年的医学新闻数据，将这些数据分成了27类（由篇幅原因省略类别名称），并且剔除了数据中广告、互联网连接地址等无关信息，最后获得32万余字的医学语料制作了一个小型专业语料库。同时我们采用了12篇日本小说共计31.5万字。32万字医学专业语料分词统计最后得到总词汇9593条，31.5万字参照系语料分词统计得到总词汇13197条。

实验按以下步骤进行：

i. 按类别统计各类别中单词的词频，并统计参照系语料词频。

ii. 构建类别词频总表。

iii. 插入参照系语料词频。

iv. 计算各词的分布。

v. 计算专业性系数。

医学专业语料中出现的词汇很有可能不在参照语料中出现，也就是说上述系数公式中的普通文章出现频率很有可能为零，但是除数为零在计算上是不允许的，解决这个问题的方法是，当其为零时，我们将用一个比普通语料中出现词频最低单词词频还要小得多的任意值。因为普通文章中出现频率的主要作用是为了说明，参照系语料中频率越高，单词成为医学专业术语的可能性越小，相反这个频率越小单词成为专业术语的可能性越大，专业性重要度和普通文章中出现的频率是成反比的，如果单词在普通文章中出现频率为零时，采取一个比参照系语料中最小频率值还小的值，不会改变上述比例关系，同时还保证了除数不为零。

另外，由于数据量较大，因此词汇的频率值很小，在具体计算专业性重要度系数时我们首先将参照语料的词频乘上100。由于这个操作是针对每一个词汇的，所以对词汇的专业性重要度评价不会产生影响。同时还是因为数据量大，频率值低的原因，可能造成系数的值非常小，不利于观察，因此，具体计算专业性重要度时我们采用了系数的对数值。

$$系数=\log\frac{标准差\times(最高词频-次高词频)}{出现类别数\times普通文章出现的频率*100}$$

这里因为本次实验所用参照系语料的最小频率值为0.00000571079，所以当普通文章中出现频率为零时，其替代值我们采用了0.00000001。确保替代值比最小值小得多。

图9-30是完成上述操作的结果数据库的开始部分。

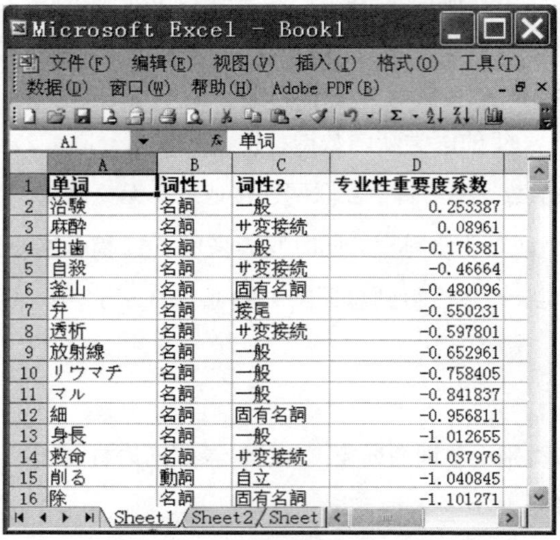

	A	B	C	D
1	单词	词性1	词性2	专业性重要度系数
2	治験	名詞	一般	0.253387
3	麻酔	名詞	サ変接続	0.08961
4	虫歯	名詞	一般	-0.176381
5	自殺	名詞	サ変接続	-0.46664
6	釜山	名詞	固有名詞	-0.480096
7	弁	名詞	接尾	-0.550231
8	透析	名詞	サ変接続	-0.597801
9	放射線	名詞	一般	-0.652961
10	リウマチ	名詞	一般	-0.758405
11	マル	名詞	一般	-0.841837
12	細	名詞	固有名詞	-0.956811
13	身長	名詞	一般	-1.012655
14	救命	名詞	サ変接続	-1.037976
15	削る	動詞	自立	-1.040845
16	除	名詞	固有名詞	-1.101271

图9-30　单词的专业重要度

vi. 医学专业术语的抽取和基本医学专业术语的抽取

我们可以根据专业性重要度按从大到小的顺序排列，直接从数据库中抽取专业性重要度值大的作为专业术语，由于专业性重要度系数只考虑了医学专业术语的统计特点，没有考虑专业术语的语言学特征，因此，这种抽取比较粗糙。抽取前100词观察，正确率为66%。

如果我们在考虑专业性重要度的同时也考虑词性等语言学因素，则正确率可得到大幅度提高。具体做法是，我们将数据库按照词性和专业性重要度系数从大到小排列，首先排除不可能成为专业术语的词汇，如副词、形容词、连词、助词，然后再将剩下的词汇按照专业性重要度进行抽取，这样就可以抽取到精确的医学专业术语词汇表。抽取词性为一般名词、专业性重要度系数最大的前100个单词观察，有18个单词为普通词汇，82个为医学专业术语，正确率为82%，比不考虑语言特征时提高了16个百分点。表9-3为词性为一般名词的词汇中专业性重要度系数最大的30个词。

表9-3 专业重要度系数最大的30词

治験	名詞	一般	1	4.3	1.862825
虫歯	名詞	一般	3	3.2	1.433057
放射線	名詞	一般	6	2.5	0.956477
リウマチ	名詞	一般	4	2.9	0.851033
マル	名詞	一般	2	3.6	0.767601
身長	名詞	一般	6	2.5	0.596783
かぜ	名詞	一般	4	2.9	0.361225
自閉症	名詞	一般	1	4.3	0.198314
ホスピス	名詞	一般	1	4.3	0.149329
ハムスター	名詞	一般	1	4.3	0.013317
インレー	名詞	一般	1	4.3	0.005551
関節	名詞	一般	5	2.7	0.004508
アナフィラキシー	名詞	一般	3	3.2	−0.00091
アナ	名詞	一般	3	3.2	−0.00091
障害	名詞	一般	22	1.2	−0.2717
ピアノ	名詞	一般	2	3.6	−0.34935
ジン	名詞	一般	1	4.3	−0.3591
アレルギー	名詞	一般	6	2.5	−0.44513
専門医	名詞	一般	17	1.5	−0.5856
酸素	名詞	一般	8	2.2	−0.66034
物理	名詞	一般	2	3.6	−0.74598
性器	名詞	一般	1	4.3	−0.81651
受精卵	名詞	一般	1	4.3	−0.82433
ホルモン	名詞	一般	10	2	−0.85987
リハビリ	名詞	一般	8	2.2	−0.93391
後遺症	名詞	一般	12	1.8	−0.95328
ウイルス	名詞	一般	5	2.7	−0.96855
酸	名詞	一般	12	1.8	−0.98968
ＨＩＶ	名詞	一般	1	4.3	−1.02724
ステロイド	名詞	一般	6	2.5	−1.0518
副作用	名詞	一般	13	1.7	−1.07848

根据以上结果，我们至少可以从以下两个方面看出，利用语料库和定量的办法抽取专业术语还是非常有效的。首先，专业性重要度高的名词为医学专门术语的可能性较高。我们将名词（一般）按照专业性重要度从大到小的顺序排列，从最前面、中间、最后面各取100个单词，考察其中医学专业术语的个数。专业性重要度最大的（前面100个单词排列序号为313-413）100个单词中有82个为医学专业术语；专业性重要度处于中间位置的100个单词（排列序号为1826-1926）中有26个专业术语；专业性重要度最小的，也就是说排在最后面的100个单词中（排列序号为3866-3966）只有"熱気、顎、膝"等三个词跟医学沾点边，但是这三个词属于一般词汇，并不是严格意义上的医学专业术语，因此，严格地讲，专业性重要度最小的100个单词中没有一个是医学专业术语。由此我们可以清楚地看到，随着专业性重要度的降低，医学专业术语越来越稀疏。换言之，专业性重要度越低成为医学专门术语的可能性也越低。这充分说明专业性重要度系数能够衡量医学专业术语的特点。其次，从语言学的角度讲，医学专门术语绝大多数属于名词。我们不考虑任何其他因素，只考虑单词的专业性重要度，仅按专业性重要度从大到小进行排序，结果我们发现专业性重要度最大的前1000词绝大多数都是名词，这与专业术语绝大多数是名词的语言学特性是吻合的。

3. 日语语法研究和日语语料库

在语料库或者互联网出现以后，对语法现象感兴趣或者是从事日语语法研究学者可能经常使用语料库确认所碰到的任何语法现象。可以说在进行日语语法研究的过程中，从语料库中搜索所感兴趣的语法现象的工作随时随地都可能发生。例句的搜寻可能是语料库在日语语法研究中的一个最频繁的应用。例句搜索是日语语言研究过程中最基础的资料搜集工作，过去靠手工作业的时代，研究者因数据的缺乏而烦恼。开展一项研究，其中要花费相当长的时间进行语言事实的收集。例句收集是一项艰苦、漫长、枯燥无味的体力劳动。语料库出现以后，这项工作变得十分轻松。过去需要多年积累才可能收集到的语言数据，现在人们可以轻而易举地从语料库中瞬间提取，并且能够获得研究相关的大量数据。这种轻而易举甚至会给研究者带来一种与以前截然相反的烦恼，那就是数据的泛滥。因此，面对泛滥的数据如何获取自己研究中所需要的，或者如何从语料库中精确定位到自己理想的数据，剔除不必要的数据？这又是我们利用语料库开展语法研究、进行数据收集时所要面临的问题。另外，由于语料库中的大量语言事实远比专家内省时所能够想到的情况复杂得多，语料库在语法研究中，除了可以帮助收集例句外，基于语料库的语言事实还可以发现

以往研究理论的不足，使我们发现语言研究的新课题。

　　语料库还能够在哪些方面帮助我们，这也是读者们非常关心的问题。语料库在语法研究中的应用问题往往比语料库在其他语言学研究领域（比如词汇研究）中的应用所面临的情况更加纷繁复杂，没有一个固定的规范可循。正因如此，读者在利用语料库进行日语语法研究时更能够发挥自己的主观能动性，更能够产生自己新的创新。虽然如此，在利用语料库进行日语语法研究时，有一些基本技巧和技术还是需要认识并且掌握的。比如，例句的精确搜索等等。这部分内容，我们将结合一个具体的研究事例简要介绍一下利用正则表达式进行例句的精确搜索的技术，以及利用语料库进行日语语法研究的一些其他问题。

3.1　形容动词连体修饰对「～な」「～の」的选择问题

　　其实例句的收集变得十分简单只是语料库在语法研究上的一种立竿见影的作用。语料库的出现，对语法研究还会产生更深层次的影响。这种影响至少表现在两个方面。首先，从语料库中获得的大量相关数据，使我们能够更加精细地描述语言规律。任何专家其所能触及和联想到的语言事实是有限的，有些本来在客观语言生活中存在规律的语言现象，因为专家本身所能联想到的用例有限而被忽视的情况很多。然而通过语料库的大量数据，我们可以很容易地将这些规律归纳出来。日语中有相当多的形容动词在作连体修饰成分时可以有「～な」「～の」两种形式，到底什么样的情况下用「～な」形修饰名词，什么情况下用「～の」形修饰名词。这个问题一般词典里恐怕都没有记载。日本学者田野村忠温（2003）以「朝日新聞記事データベース」6年的数据为语料库，对由「有～」构成的日语汉字复合词作连体修饰成分时与「～な」「～の」共现规律进行了考察。田野村（2003）所统计的对象词汇如下「有名・有益・有力・有効・有能・有用・有害・有毒・有限・有罪・有料・有給・有人・有償・有縁・有機・有機・有期・有業・有形・有税・有鉛・有色・有職・有声・有徳」。统计的内容包括：这些词以「～な」的形式出现的频度、以「～の」形式出现的频度、「～な」的形式在这些词作连体修饰语使用时所占的比例，并按照这个比例从大到小进行了排序，具体情况如表9-4：

表9-4　「～な」形和「～の」形的出现频度

词汇条目	「～な」	「～の」	「～な」所占比率
有名	1971	0	100
有益	169	0	100

词汇条目	「～な」	「～の」	「～な」所占比率
有力	1721	1	99.9
有効	1279	12	99.1
有能	346	3	99.1
有用	92	2	97.9
有害	247	8	96.9
有毒	48	4	92.3
有限	23	21	52.3
有罪	0	208	0
有料	0	130	0
有給	0	19	0
有人	0	18	0
有償	0	16	0
有縁	0	6	0
有機	0	5	0
有期	0	4	0
有業	0	4	0
有形	0	4	0
有税	0	3	0
有鉛	0	2	0
有色	0	2	0
有職	0	2	0
有声	0	2	0
有徳	0	2	0

　　根据以上情况，田野村对两种形式出现的语法条件和规律进行了归纳并认为，日语中的汉字复合词「有～」作连体修饰成分使用时，其对「～な」「～の」的选择和「有～」本身的语义特征有关。这些词如果能够接受程度副词「非常に」「少し」修饰，其所表达的属性可以有一定的幅度，则作连体修饰成分时多用「～な」的形式。如果其所表达的属性没有程度上的差别，只能是二择一，即不能够接受「非常に」「少し」等程度副词修饰，则其作连体修饰成分使用时通常使用「～の」的形式。

　　田野村的研究利用语料库对多个形容动词进行统计分析，清楚地归纳了不同的形容动

词作连体修饰成分时其对「～な」「～の」的选择规律。但是，在日语中有时同一个形容动词在作连体修饰成分时也存在着「～な」「～の」的选择问题。比如日语的「いろいろ」在修饰名词时既可以用「いろいろな」形式，也可以用「いろいろの」的形式。田野村的统计中也有多个词存在这样的情况。那么同一个形容动词在作连体修饰成分时对「～な」「～の」的选择是否存也存在规律，如果有规律，那么和什么因素有关？这个问题田野村并没有研究。

田野村在上述研究中，提到一个特殊的词汇，即日语汉字词汇「有限」。从上表可以也可以看出，「有限」作连体修饰成分时，其「～な」形「～の」形的使用频度基本相当。这是否说明，「有限」的「～な」形和「～の」形在使用上没什么区别。为了解决这个问题，我们利用日文报纸的数据进行了分析。要对「有限」的「～な」形和「～の」形的使用情况进行考察，必须要从语料库中搜索出「有限」的「～な」形和「～の」形的例句。当然搜索「有限」的例句可以直接以「有限」为关键词进行搜索。但是，仅以「有限」为关键词进行搜索会出现许多我们所不需要的例子，比如「有限だ」「有限責任」等等。实际上，我们以「有限」为关键词从上述语料库中进行搜索时，共找到包含「有限」的例子801条，而「有限」后面为「～な」形和「～の」的例子只有40句，这里还包括「有限なのに」这样的句子；而「有限」以「～な」形和「～の」形作连体修饰成分的例子更少。也就是说，我们仅以「有限」为关键词进行搜索时只有不足二十分之一的数据是符合我们的要求的。这种结果显然与我们所需要的结果有很大的差距，如果搜索结果有如此多的噪声数据，意味着我们还需要花费很大力气对其进行二次加工，对我们帮助不大。要解决这个问题，我们有一种搜索方案，就是分别以「有限な」和「有限の」为关键词，分两次进行搜索。用这个方案搜索结果当然可以大幅度减少不需要的噪声例子，使结果非常精确。但是，这种方案由于要分两次进行，在语料库规模不大、例句较少、搜索时间较短的情况下是可行的。但是，如果语料库规模很大，一次搜索需要很长时间，而且搜索结束时间不确定的情况下，研究者所需要的等候时间会很长，无疑也会增加研究者的负担。同时，这种搜索也不能排除「有限なのに」这样的例子。因此，我们还必须考虑使用更好的搜索方法。这就需要使用正则表达式。

正则表达（日语：正规表现）是一种计算机搜索算法，许多计算机编辑检索软件中含有这种算法。最著名的有 UNIX 操作系统中使用的 GREP 搜索软件。正则表达式最早的应用是软件开发人员用来修改软件代码，提高代码的修改和搜索效率的。正则表达式对用计算机高级语言编写的程序代码的处理非常有效。由于计算机高级语言可以看成是自然语言的子集，正则表达式在某种程度上可以提高自然语言的搜索效率。因此语料库语言学兴起以后，语言学家开始尝试在语言研究中使用正则表达式进行语言实例的分析检索。

3.2 正则表达式对形容动词 + 「な / の」连体修饰的用例搜索

正则表达式的思想是：规定一些特殊字符（正则表达式中叫做元字符，日语叫做メタ文字，所有元字符均是半角），这些字符在正则表达式检索软件中脱离计算机原来所规定的含义，拥有正则表达式所规定的特殊意义。以元字符和其他已知条件组成正则表达式，搜索工具对正则表达式进行解释搜索。描写正则表达式时，通常要将已知条件充分地写入正则表达式，对于未知条件或者可能有变化的部分用元字符或者元字符的组合进行替代。

正则表达式的常用元字符及其含义如表9-5：

表9-5 正则表达式元字符及其含义

元字符（半角）	正则表达式含义
.（英文句点）	可代表任何一个字符，可以是汉字、假名等。
+	对其前面的一个字符进行1-n次重复后搜索。"啊+"相当于"啊啊""啊啊啊"……"啊啊啊啊啊"等等。
?	对其前面的一个字符进行0-1一次重复后搜索。
*	对其前面的一个字符进行0-n重复后搜索。
{n}	n为整数，{n}对其前面的一个字符进行n次重复后搜索。如"啊{3}"只搜索"啊啊啊"的例句。
{n,m}	对含有其前面字符的n至m个的字符串进行搜索，如"啊{1,3}"搜索含有"啊""啊啊""啊啊啊"的例句。
[abcd]	搜索含有"abcd"中任何一个字符的例句。
[^abcd]	搜索不包含"abcd"中任何一个字符的例句
\	转义字符，取消元字符的特殊含义，或者赋予正常字符特殊含义。如"\+"搜索含有"+"的例句,"\t"表示制表符,"\n"表示换行符。
^	表示一行的开始。
$	表示一行的结束。
|	搜索包含|前或者后面字符或者字符串的例句。"我们|你们|他们|她们"搜索包含其中任何一个人称代词的例句。

根据以上正则表达式元字符的含义，我们现在构建抽取「有限」作连体修饰语时与「な」或「の」共现例句的正则表达式。根据前面的分析可以知道，我们的需求是将「有限」和「な」或「の」共现的例子找出来，但是其中不包含「有限なのに」「有限なので」

等和非实质名词共现的情况。编写正则表达式的原则是将所有已知的条件应该尽量写进正则表达式，未知或者变化的条件用元字符代替。我们这个搜索任务中，要求包含「有限」，这是一个已知并且确定的条件。不确定的条件是「有限」后面需要跟一个「な」或「の」，因为例句的情况不同，有的后面可能接「な」，有的可能接「の」，这是一个变化的条件。因此这个条件应该想法用原字符来实现。元字符[字符列表]是在字符列表中择其一进行搜索的意思，因此，选择「な」或「の」其中之一进行搜索即可用[なの]，加上前面的「有限」，那么正则表达式可以可以写成"有限[なの]"。根据要求我们不需要「有限なのに」「有限なので」这样的例子，因此我们在「な」后面还要排除接「の」的情况，根据元字符含义可知[^字符列表]是排除字符列表中的任何一个字符，因此正则表达式[^の]是搜索不包含「の」的情况，由于要求是在「有限な」后面不包含「の」，那么[^の]也应该放在正则表达式"有限[なの]"后面。至此，我们得到完成搜索日语形容动词「有限」作连体修饰成分时，其和「な」或「の」共现的例句这个任务的正则表达式应该是：

有限[なの][^の]

目前，可以进行语料库搜索的工具基本都可以使用正则表达式。我们开发的"汉日语料库通用分析工具"也具备这样的功能。完成这项搜索任务的条件输入情况如图9-31：

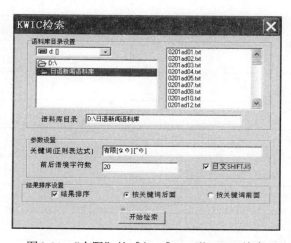

图9-31 "有限"的「な」「の」形KWIC检索

同一个检索任务或者检索要求，实现它的正则表达式不是唯一的。正则表达式的编写是仁者见仁智者见智。但是，基本原则就是要充分利用可以知道的条件，对于未知和变化的部分则使用元字符表达。同时高效的正则表达式是在反复分析检索结果的基础上不断完

善的。因此，要根据检索结果，不断改进正则表达式。

3.3　同一形容动词连体修饰对「な」「の」的选择倾向考察

实际上，我们在考察「有限」作连体修饰时对「な」「の」的选择倾向，主要考察了其修饰汉字词汇的情况。具体搜索的正则表达式如下：

有限[なの][亜-熙][亜-熙]

根据上述正则表达式，我们从语料库中检索到84个用例，并对其后的汉字词汇使用频率进行了统计（统计方法使用EXCEL的数据透视表）（表9-6）。

表9-6　"有限"「な」「の」形的频度表

	な	の
有限な資源	19	5
有限な地球	9	2
有限な環境	5	0
有限な人間	5	1
有限な電波	3	1
有限な化石	3	0
有限な天然	3	0
有限な材料	1	0
有限な存在	1	0
有限な道具	1	0
有限な公共	1	0
有限な記憶	1	0
有限な社会	1	1
有限な石油	1	0
有限な世界	1	1
有限な需要	1	0
有限な周波	1	0

	な	の
有限な自分	1	0
有限の財源	0	1
有限の単語	0	1
有限の海洋	0	1
有限の惑星	0	1
有限の空間	0	1
有限の年齢	0	1
有限の肉体	0	1
有限の時間	0	1
有限の手駒	0	1
有限の土地	0	1
有限の未来	0	1
有限の言語	0	1
有限の原油	0	1
有限の原資	0	1
有限の至福	0	1

根据以上统计结果，「有限」作连体修饰时与「な」共起的用例共38例，与「の」共起的用例有26例，与「な」共起的词目共18词，与「の」共起的词目有21词，其中，同时可以与「な」「の」共起的词目6词。从整体上看，「有限」作连体修饰时在「な」「の」的选择上似乎没有什么限制，二者均可以。但是我们观察一下被修饰名词相同的情况下，「な」「の」的使用频度就会发现，被修饰名词相同时用「な」的次数均等于或高于用「の」的次数，在「な」「の」都有用例的情况下，大多数情况是「な」的次数高于「の」次数，而相反的情况，即「の」出现的次数高于「な」出现次数的情况一例也没有。由此可以看出日语形容动词「有限」作连体修饰成分使用时，与「な」共现是常态。那么，同一个形容动词作连体修饰成分时，其对「な」「の」的选择是否存在一定的条件的呢？对此沈晨（2009）利用『現代日本語書き言葉均衡コーパス』对日语汉字形容动词"特别"的「な」「の」使用情况进行了考察，统计情况如表9-7。

表9-7 "特别"「な」「の」形的频度表

	总用例数	政府白皮书、宪法、参众议院会议相关用例	政府白皮书、宪法、参众议院会议相关用例所占比例	Yahoo!知惠袋用例	Yahoo!知惠袋用例所占比例
特别な	844	164	19.43%	104	12.32%
特别の	616	262	42.53%	4	0.65%

沈晨（2009）考察了两种语料，一是政府白皮书等政治性文体的语料，一是以网络用语为主的"Yahoo!知惠袋"。从上面的统计结果可以看出，政治性文体使用「の」的可能性要高于「な」，而语言比较随便的网络语料则用「な」的可能性远远高于「の」。由此可以看出同一形容动词对「な」「の」的选择和语体有一定的关联。

以上，我们以考察日语形容动词作连体修饰成分时对「な」「の」的选择为例，论述了语料库在日语语法研究中的应用问题。这里只不过涉及了一个例子。日语语法研究涉及的领域很广，课题也非常多。每一个课题都有自己的个性，语料库在其中发挥的作用也不一样。但是，用例的搜索是任何语法研究都无法省略的基础工作，因此，用例的语料库搜索技术作为语料库语法研究的基本技能是应该很好掌握的。这里只是涉及到了语法研究中语料库应用的一般方法，希望能够收到抛砖引玉之功效。

4. 日语文体研究和日语语料库

文体研究主要是区分不同文章、不同作家的风格特征。语法研究通常以句子为研究对象，词汇研究的对象则是词。和语法研究、词汇研究不同，文体研究的对象通常是能够反映风格特征的一段文字。也就是说，文体研究的对象必须从量上保持一定规模。研究某一个作家的风格时，需要对作家所有的文章进行考察，研究小说和新闻报道的语体差别时则需要更大规模的数据。因此，语料库语言学的方法在文体研究中可以发挥很大的作用。

文体的研究的目的是厘清文章独特的风格特征，文章的风格特征可以反映在两个主要方面，一是思想内容方面的特点，另一个方面则是语言表达上的独特性。前一方面的内容可能需要从思想或者从文学的角度去探求，我们这里只考察语言上的特征。日语中反映文体风格的语言特征很多。这里只考察日语拟声拟态词和日语文体的关系。

日语区别于其他语言的一个重要特征就是日语中有很多的拟声拟态词。拟声拟态词也不是在什么文章中分布情况都一样。不同的文体拟声拟态词的使用呈现出不同的特点。因此，拟声拟态词可以作为分析文体特征的一个重要线索。日本学者寿岳章子（1980）曾就

拟声拟态词和日语文体的关系作了如下归纳：

> 　　語の意味を伝えるのに、象徴語は一般意味論で言う感化的力を使う。故に、
> 象徴語を質量の点でいかに使うかは、ほかの種々の指標と相関して文体のある
> 指標となる。一般的には象徴語をよく使う言語である日本語でも感覚的形象性
> を尊ぶ文章では象徴語を使う可能性があり、又それを十分に実現させている場
> 合が多いのに反し、感化することを一義的に問わず純粋な通達を主目的とする
> ものは決してといってよいほど象徴語を使わない。あるいは描写性に富む話し
> 言葉は傾向として象徴語を多く使用するに反し、書き言葉はよく使う文体のも
> のでも少ない。

　　从定性的角度讲，文体和拟声拟态词确实存在着上述关系。但是，从定量的角度，不同文体拟声拟态词究竟呈现出什么样的特点是一个值得研究的问题。桦岛忠夫、寿岳章子（2001）在对100名日本作家的文体特征进行考察时，提出了一个文体特征项的尺度标准。这些特征项包括：名词、指示词、汉字词、引用句、含接续词的句子、现在时结句等的百分比；表情词、色彩词等的千分比；句子长度和MVR。其中MVR为名词、动词以外的词数总和与动词数之比。考察作家写作风格的差别时，可以用这个尺度标准去衡量作家在每一个特征项上的取值。这个尺度标准可以有效地对作家的文体特征差别进行描写。其中的表情词就是我们这里的拟声拟态词。我们这里主要考察拟声拟态词在小说、新闻报道、口语中是如何分布的，拟声拟态词的分布能否有效区分这三种文体。这里我们主要将利用语料库和统计的办法研究以下几个问题：

　　小说、新闻报道、口语中拟声拟态词在词次总量上所占的比例分别是多少？词汇量上所占的比例分别是多少？三种文体经常使用的拟声拟态词有哪些？利用拟声拟态词区分这三种文体时是否有效？另外，是不是所有的拟声拟态词在区分这三种文体时的贡献都是一样的？哪些贡献较大？哪些贡献较小？

　　我们使用的语料库有：新闻报道使用《朝日新闻》（1998–2000，共39.3M），小说使用《新潮文库》100册（38.7M），口语语料使用日本的《国会议事录》（1983年，41.1M）。三种语体的语料规模基本相当，总调查规模达到6200多万字。使用的技术为日语的分词标注技术，语料分析统计工具使用了我们在教育部人文社科项目资助下自主开发的《汉日语料库通用分析工具》。利用该分析工具主要开展了以下工作，即从三种文体中抽取拟声拟态词并生成各自的拟声拟态词列表、三种文体中拟声拟态词的使用频率的统计、三种文体中拟声拟态词的分布情况统计。

4.1 小说、新闻报道、口语体中拟声拟态词的自动抽取

日语的分词标注系统不但可以将日语句子中的单词还原成词典形态，而且还可以标注词性、活用型等信息。但是，拟声拟态词是副词下面的一个下位分类。分词标注工具虽然能够标注出副词词性，但是并不能够将拟声拟态词标注出来。因此，要考察拟声拟态词在三种文体中的使用情况，研究拟声拟态词的使用和三种文体的关系，必须找到从三种文体的语料库中抽取拟声拟态词的办法。我们按照如下步骤实现拟声拟态词的抽取：

步骤一：利用分词标注工具对上述三种文体语料库的语料进行分词、词形还原、词性标注。由于日语句子中的单词均是单词的活用形态，为了便于后续的词频统计，我们使用分词标注工具输出结果中的每一个单词的词典形。同时，为了最大可能识别同形异义词并对其进行正确统计，我们保留每一个单词的词性信息。

步骤二：利用《汉日语料库通用分析工具》对上述经过分词标注处理的语料进行词频统计并生成三种文体各自的单词词频表，分别保存到三个文本文件中（如wordlist1.txt、wordlist2.txt、wordlist3.txt）。这一步操作也可以使用EXCEL中的"数据透视表与数据透视图"功能实现。但是需要注意的是EXCEL2003以前的版本每一张数据表只能容纳65536条数据，也就是说早期的版本一次只能够对65536条数据进行词频统计。不过，后来的版本其数据处理能力有了大幅度提高。读者在使用EXECL进行数据词频统计时应该注意这个情况。因为本次调查的数据量很大，因此我们使用了我们自主开发的语料库分析软件。

步骤三：从上述词频表中将副词部分抽取出来。 这一步工作可以用 EXCEL 完成。用EXCEL 将 wordlist1.txt打开，或者使用外部数据导入将wordlist1.txt中数据导入到EXCEL中。然后，利用数据排序的功能，以词性栏为关键字，选择扩展到其他区域进行排序，这样词性为副词的单词就会聚集到一起，我们将词性为副词的那部分单词拷贝到另一张表并保存起来。为了便于下一步操作，这里用"另存为"将数据保存为文本文件（制表符分隔）形式，文件名可以用fukushi1.txt、fukushi2.txt、fukushi3.txt。

步骤四：拟声拟态词总词表的准备。由于日语的分词标注工具只能标注词性，拟声拟态词为副词的下位分类。我们在步骤三种虽然获取了副词，但是并没有将拟声拟态词分离出来。因此，还必须将这三种文体中所使用的拟声拟态词分离出来。这种分离工作必须有一个拟声拟态词的总表作为判断依据。我们使用了浅野鹤子（1978）编『擬音語・擬態語辞典』，将该词典中所有的拟声拟态词的条目输入到计算机。

步骤五：三种文体语料中出现的拟声拟态词的抽取。我们使用上述自主工具将步骤三抽取的三种文体中出现的副词表分别和拟声拟态词总表进行对照，将副词表和拟声拟态词总表中都出现的词作为三种文体中出现的拟声拟态词抽取出来。这样形成了三种文体中出现的拟声拟态词表。分别保存到 onomatobe1.txt、onomatobe2.txt、onomatobe3.txt。

经过上述5步，我们抽取出了小说、新闻报道、口语等三种文体语料中的拟声拟态词。其中，小说文体中出现的拟声拟态词共562种、新闻报道中出现的有309种、国会议事录中出现的有251种。上述方法抽取的拟声拟态词均附有词频信息。

4.2 小说、新闻报道、口语文体中拟声拟态词使用情况分析

前述日本『国語学大辞典』有关拟声拟态词作用的描述只是定性的，缺乏具体性。而『日本語百科大事典』（金田一春彦他，1988）中，也对拟声拟态词在各种文体中的使用进行了概述，认为拟声拟态词可以简洁、直接、恰切表达说话者所要表达的事情以获得听话人的同感，因此，文学家多爱用拟声拟态词，另外，口语和报纸杂志中也经常出现。而公用文、法律文章、论文等一般很少使用拟声拟态词。我们本次主要针对金田一春彦提到的小说、报纸、口语这三种文体，《新潮文库》《朝日新闻》《国会议事录》为语料调查拟声拟态词的使用和文体的关系，看看利用语料库的方法能否得出和专家内省方法一致的结论（参见表9-8）。

首先，我们考察一下小说等文学作品中拟声拟态词的使用情况。《新潮文库》100册收集了自明治以来日本有名作家的小说，这部分语料应该符合《日本语百科大事典》中涉及的文学作品的性格。《新潮文库》100册中共出现日语词目75293条，其中拟声拟态词词目562条。拟声拟态词占《新潮文库》总词汇量的7.5‰。从词次角度来看，《新潮文库》总词次为10957426词次，其中拟声拟态词出现了32289词次，拟声拟态词占总词次的2.95%。

其次，看《朝日新聞》的情况。《朝日新闻》的文体符合《日语百科大事典》中所提到的"报纸杂志"的文体性格。我们统计的《朝日新闻》语料的总词次为10095856词次，拟声拟态词出现的词次为5033词次，占总词次的0.5‰。从词汇量的角度看，我们考察的《朝日新闻》语料中，词目数量为68462词，其中拟声拟态词的词目有309。拟声拟态词占《朝日新闻》词汇量的4.5‰。

日本《国会议事录》是根据议员在日本国会上的发言记录整理而成的文本，具有浓厚的口语体色彩。我们本次调查的对象为1983年一年的国会议事录，总词次达到11451550

词次。其中拟声拟态词词次达到13993词次，拟声拟态词占总词次的1.22‰。从词汇量的角度看，1983年一年的国会议事录中共出现词目38641词，其中拟声拟态词的词目为251词。拟声拟态词占1983年国会议事录词汇量的6.5‰。

表9-8 拟声拟态词在不同文体中的使用情况

	新潮文庫100冊	朝日新聞	国会議事録
延べ語数	10957426	10095856	11451550
異なり語数	75293	68462	38641
擬声語擬態語延べ語数	32289	5033	13993
擬声語擬態語異なり語数	562	309	251
延べ語比率	2.95‰	0.5‰	1.22‰
異なり語比率	7.5‰	4.5‰	6.5‰

从表9-8可以看出，不管是从词次的角度，还是从词目的角度，小说文体中拟声拟态词的使用比例最高。小说文体中平均1000个词的文章中拟声拟态词就要出现三次。拟声拟态词使用频率最低的是新闻报道，新闻报道中平均1万词中拟声拟态词才出现5次，拟声拟态词的使用量不到小说的1/6。而口语中虽然拟声拟态词的词目没有新闻报道中那么丰富，但是，从使用的频率上讲，口语中的拟声拟态词的使用频率远高于新闻报道。由此看来，《日语百科大辞典》中所说的报纸杂志中经常出现拟声拟态词的结论需要再进行进一步考察。也就是说对报纸杂志中的文章性质还需要进行进一步细分，这样才能理清拟声拟态词在报纸杂志中的真实使用情况。

4.3　小说、新闻报道、口语中拟声拟态词的分布情况

拟声拟态词的分布情况是文体特征表现的一个重要侧面。三种文体的不同可以从拟声拟态词的分布表上清楚地看到。哪些拟声拟态词在三种文体中分布最广，不同文体各自使用的拟声拟态词词目有何区别？哪些拟声拟态词出现的使用的频率高，哪些很难出现？如果我们知道拟声拟态词的这些分布情况，也可以对一些文体未知的文章进行简单的归类。

我们独自开发的汉日语料库通用的"单词分布统计"功能可以根据上述三种文体拟声拟态词的词频统计结果统计出每一个拟声拟态词在三种文体中的出现情况并形成单词的分布情况表。表9-9即为三种文体中分布最广的前10个拟声拟态词。

表9-9　三种文体中分布最广的前10个拟声拟态词

NO	拟声拟态词	朝日新闻语料	国会议事录语料	新潮文库语料	出现的文体
1	ちょっと	256	5474	3160	3
2	ひっそり	25	2	4	3
3	ひしひし	6	15	31	3
4	あっさり	89	15	152	3
5	いらいら	1	2	11	3
6	うっかり	20	20	161	3
7	うっすら	11	1	64	3
8	うろうろ	3	4	52	3
9	うんざり	35	2	159	3
10	おずおず	5	1	113	3

　　实际上，每个拟声拟态词在三种文体中的使用情况并不一样。不是在一种文体中出现频率高、使用广泛的拟声拟态词在其他文体中也一定是使用最频繁的。这就形成了不同文体在拟声拟态词使用上的差异。即便词的分布相同，如果在不同文体中将拟声拟态词按照其词频进行排序，那么同一拟声拟态词在不同文体的词频表中排序也是不一样的。比如《朝日新闻》中使用频率最高的拟声拟态词是"はっきり"，而"はっきり"在小说和口语中却排在第二位；小说和口语中使用最多的是"ちょっと"，而"ちょっと"在《朝日新闻》中却排在第四位。这就是拟声拟态词使用所体现出来的文体差异。这还只是三种文体在拟声拟态词使用上所体现出来的差异的一个方面。小说、新闻报道、口语三种不同的文体其不同的文体特征还表现在各自使用最多的前10个拟声拟态词的词目、排序都是不一样的。这一点从表9-10就可以看出。

表9-10　小说、新闻报道、口语文体使用频度前10的拟声拟态词表

朝日新闻		国会议事录		新潮文库100册	
拟声拟态词	频度	拟声拟态词	频度	拟声拟态词	频度
はっきり	835	ちょっと	5474	ちょっと	3160
きちんと	424	はっきり	2398	はっきり	2127
しっかり	387	どんどん	1058	すっかり	1746
ちょっと	256	ちゃんと	894	きっと	1701
ゆっくり	233	きちっと	770	ゆっくり	1385
どんどん	204	しっかり	632	ちゃんと	1333
じっくり	141	きちんと	529	しっかり	879
ぎりぎり	117	さっぱり	118	そっと	868
すっかり	92	そろそろ	114	きちんと	531
あっさり	89	ぎりぎり	106	どんどん	478

　　日语文体研究有待解决的课题很多，包括如何区别不同文体的文章？衡量文体特征的语言形式有哪些？拟声拟态词只是衡量不同文体的一种语言特征。如何找到这些语言特征，然后利用这些语言特征进行文体的研究是语料库语言学手段在文体研究领域的长项。读者可以根据自己的研究需要不断摸索。

　　语料库语言学的方法以大量的语言事例为依据，使得语言学研究由内审走向实验、由粗犷的宏观归纳走向精确的微观描述成为可能。这种经验主义的研究方法使得当今的语言学更加接近自然科学，以此得出的语言学理论更能够揭示语言中蕴含的客观规律。也正因如此，语料库语言学的理论方法在涉及语言研究的各个领域得以迅速发展。由于篇幅的限制，我们这里只能够用很少的几个研究事例来介绍语料库的方法在日语研究中的应用问题，挂一漏万，希望能够对读者在利用语料库进行日语研究时有所启发。

注：
1. 本文使用的语料库有：

　　a) 『毎日新聞データ集』（毎日新聞社）

　　b) 日本国立国語研究所：『現代日本語書き言葉均衡コーパス』（モニター公開データ2008年度版）

　　c) 北京日本学研究センター：『中日対訳コーパス』

2. 本文所使用的软件工具：

    d) 日本語形態素解析 ツール：MeCab: Yet Another Part-of-Speech and Morphological Analyzer（京都大学情報学研究科作成2013年0.996版）

    e) 语料库分析工具：汉日通用语料库分析工具（施建軍作成2010年）

【研究思考题】

1. 除了分词标注软件工具以外，日语语言学研究中可以用得上的自然语言处理技术工具还有哪些？
2. 词汇调查是开展得最早的利用语料库进行日语语言学研究的一项工作，已经取得了丰硕的研究成果。可以因此认为词频统计的工作已经做完，没有必要再做了吗？为什么？
3. 利用语料库进行语法研究时，不但可以帮助研究者高效地搜索语言事例。还可以帮助我们发现以往理论的一些不足，以便找到研究的新课题。谈谈如何利用语料库发现前人理论的不足？
4. 不同作家的作品中存在着反映该作家风格的独特的语言特征。谈谈你所知道的能够反映作家作品独特风格的语言特征有哪些？

【参考文献】

黄昌宁.关于处理大规模真实文本的谈话.语言文字应用，1993(2)

沈晨.关于日语中部分形容动词存在ナノ两种接续现象的考察.2009上海外国语大学日本学国际论坛

施建军.抽取日语专业词汇的一种量化方法.日本学研究20.北京：学苑出版社,2010(20):56~62

施建军.日语专业词汇的统计特征及基本专业词汇的界定.日语学习与研究,2007(6):1~5

施建军.小説、新聞、話し言葉における擬音語・擬態語の使用実態.见：徐一平等著.日语拟声拟态词研究.北京：学苑出版社,2010

施建军等.语料库与日语研究.日语学习与研究,2003(4):7~11

浅野鶴子他（1978）『擬音語・擬態語辞典』、角川書店

樺島忠夫（2001）「文章分野での計量的研究概観」『日本語学』、(20)

岸井謙一他. 文節解析システムibukiと自動点訳システムIBUKI-TEN. http://ikd.info.gifu-u.ac.jp

金田一春彦他（1988）『日本語百科大事典』、大修館書店

工藤拓他.Conditional Random Fieldsを用いた日本語形態素解析.情報処理学会自然言語処理研究会SIGNL-1612004

国語学会（1987）『国語学大辞典（第五版）』、東京堂出版

山崎誠（2013）「語彙調査の系譜とコーパス」、前川喜久雄、『コーパス入門』、朝倉書店

田野村忠温（2003）「コーパスによる文法の研究」、『日本語学』、第22巻第5号

読売新聞：http://www.yomiuri.co.jp/iryou/news/

【推荐书目】

石川慎一郎他（2010）『言語研究のための統計入門』、くろしお出版

前川喜久雄他（2013）『コーパス入門』、朝倉書店
李在鎬他（2012）『日本語教育のためのコーパス調査入門』、くろしお出版
藤村逸子他（2011）『言語研究の技法データの収集と分析』、ひつじ書房
荻野綱男（2012）『コーパスとしてのウエブ』、明治書院

要旨

　　如果要更科学和有效地研究日语学习者的偏误问题，需要为此开发专业的软件。为了顺应这个时代的要求，我们团队开发了三个专业软件：即批改作文软件 TNR_WritingCorrection2014，加注标签软件 TNR_ErrorCorpusTagger2014，带复杂检索以及自动统计功能的偏误语料库制作软件 TNR_ErrorCorpusConc2014。在本章里，我们将在弄清偏误的定义、偏误研究的目的、偏误研究的理论和偏误研究的基本方法的基础上，着重介绍上述三个软件如何用于日语学习者的偏误研究。

　　誤用研究をより科学的なおかつ効率的に行うとすれば、コンピューターの機能を生かした専門のソフトは求められる。そのニーズを応えるために、私達のグループは、作文添削ソフト TNR_WritingCorrection2014、タグ付与ソフト TNR_ErrorCorpusTagger2014、データの集計や分析の専用ソフト TNR_ErrorCorpusConc2014TNR_ErrorCorpusConc2014 を開発した。本章では、日本語教育、第二言語習得、中間言語等の研究にも寄与できる日本語の誤用研究を中心に、まず、誤用の定義、誤用研究の目的、誤用研究に用いられる理論、誤用研究の基本的な方法を明らかにした上で、誤用研究のために開発した三つのツール及びそれぞれの使用方法について述べる。

1. 偏误的定义

偏误有两个大类：第一类是母语者的偏误，第二类是非母语者的偏误。我们这里要谈的是第二类的偏误，即非母语者的偏误。

判断是否为偏误大致有以下三个标准：

① 母语者都不认可的用法

② 语法没有大错，但很不自然和有碍理解的用法

③ 语法没错，意思也能理解，但不符合母语者表达习惯的用法

第一个标准和第二个标准与第三个标准有着本质上的不同。第一个标准和第二个标准的判断根据为是否有碍理解。也就是说，凡是影响和阻碍正确理解说话人表达意图的用法都是偏误的用法。第三个标准的判断根据不是是否有碍理解，而是是否符合母语者的表达习惯。也就是说，凡是不符合母语者表达习惯的用法，即便语法没错，意思也能理解，也都看作偏误用法。

实际上，判断是否符合母语者的表达习惯在很大的程度上会受到个人因素的影响，而且，很容易出现判断上的争议。第三个标准不是判断用法是否符合语法，而是句子是否说得通顺、得体和更好，所以，在判断非母语者的用法是否为偏误用法时并不会具有决定性的作用。而且，除非在目的语国长期生活，否则要达到与母语者完全一样的自然得体的表达基本上是很困难的。

鉴于上述情况，以用于汉语非母语者偏误语料库的语料为前提，我们将判断偏误用法的标准暂时做如下规定：

凡是母语者都不认可和觉得非常不自然，同时又影响和阻碍正确理解说话人表达意图的用法都看作偏误用法。凡是不影响或不阻碍正确理解说话人表达意图的用法，即便是不太通顺或不太得体或不太自然，也都不看作偏误用法。

2. 偏误研究的目的与理论

研究语言大致可以分为三大角度：第一个角度是语言本体的研究，比如从汉语的角度研究汉语、从日语的角度研究日语、从英语角度研究英语等。第二个角度是语言对比的研究，比如汉日语言对比研究、汉英语言对比研究、汉韩语言对比研究等，通过与其他语言的对比来研究语言。第三个角度是第二语言习得的研究，从语言的习得过程和习得机制来研究语言的形成和语言的获得。

偏误研究是第二语言习得研究中的一个非常重要的领域，是阐明第二语言习得过程和机制的重要前提和数据来源。同时，偏误研究也是外语教学研究中的一个非常重要的领域，它不仅与课程安排、教学法、课堂教学等研究直接相关，而且对教材编写也具有举足轻重的作用。

也就是说，偏误研究不仅与第二语言习得研究有关，也与外语教学研究有关。因此，研究目的至少可分两大类，第一类属于第二语言习得研究领域，第二类属于外语教学研究领域。日语偏误研究的具体内容基本可以包括以下几项内容：

与第二语言习得研究有关的日语偏误研究：

① 正确描写和说明日语偏误用法的各类分布和倾向

② 正确描写和说明何类日语偏误用法容易或不容易出现反复现象

③ 正确描写和说明何类日语偏误用法容易或不容易出现石化现象以及何类石化现象

④ 正确描写和说明日语偏误用法的出现、持续、变化、消失以及石化的过程

⑤ 通过偏误研究探讨日语中介语的构成和体系

与日语教学研究有关的日语偏误研究：

① 正确描写和说明日语偏误用法的各类分布和倾向

② 正确描写和说明在不同学习时间和学习条件下的日语各类词汇的习得难易度及其异同

③ 正确描写和说明在不同学习时间和学习条件下的日语各类语法的习得难易度及其异同

④ 正确描写和说明在不同学习时间和学习条件下的日语各类句法的习得难易度及其异同

⑤ 正确描写和说明在不同学习时间和学习条件下的日语表达和语用等方面的习得难易度及其异同

⑥ 通过在不同学习时间和学习条件下的日语习得难易度的研究来探讨日语的教材编写、课程安排、课堂教学、教学法的合理建构与具体内容的安排等问题

为了阐明第二语言学习者偏误的原因1940年开始出现了一个新的研究领域，即对比分析（contrastive analysis）研究，目的是为了分析语言之间的不同。1960年达到鼎盛，主要依据行为主义理论，认为母语的正负迁移将严重影响目的语的学习。到20世纪60年代后期，Corder认为学习者的偏误无法在语言对比中得到预测，指出学习者的偏误有一定的规律性、学习者是通过具有共性的学习平台来学习语言的。Selinker提出了一个新的概念，即中介语（interlanguage）。进入70年代后，以中介语为对象的研究不断深入，关心的焦点主要在于母语不同的学习者的习得顺序是否相同，目的语的习得顺序是否与母语的习得顺序相同，是否存在发达顺序（developmental sequences）和为何会出现该类的发达顺序。进入80年代以后，焦点集中在学习过程的研究上。下意识学习目的语的过程和无意识习得目的语的过程的研究成为最大的研究课题。1989年Pienemann否定了Krashen一派的自然习得顺序假设，认为第一语言习得与第二语言习得不同，需要充分意识到第二语言的规则。自90年代以后至今为止，除了上述的研究还在不断持续外，第二语言习得中的input和output的研究，input出现阻碍时的对策研究，语言交际能力培养的研究，听说读写四种技能习得过程的研究，学习动机的研究，教学法的研究开始成为研究的重点。

在各种研究理论当中，实际上并不存在专门研究偏误问题的理论。由于偏误研究既属于第二语言习得研究范畴，又属于外语教学研究范畴，所以，凡是可以用于这两个范畴的理论基本上都可以拿来使用。不过，理论不是一成不变的，理论需要根据新的事实不断得到修正，有的时候甚至需要重新构建。所以，无论使用何种理论，都需要以语言事实为前提，而不能先入为主，生搬硬套。

在第二语言习得研究中，有三个非常重要的课题[1]：

① 第二语言学习者所具有的语言知识与母语者所具有的语言知识在本质上是否相同

② 语言习得在学习者的脑中是如何形成的，即发生了什么变化和如何发生变化的

③ 学习者在运用第二语言时，在脑中经过了何种过程才形成句子的

日语的偏误研究与上述三个课题都有关系，即偏误是否出现和如何出现与学习者和母语者的语言知识是如何发生关系的；在学习者的脑中是如何形成的，发生了什么变化和如何发生变化的；学习者在运用日语时，在脑中经过了何种过程才会形成偏误或正确表达的。

白畑知彦，若林茂则，村野井仁（2010）指出，要研究上述三个课题，最具代表性的研究理论主要有三个：

① 认知理论（cognitive approach）

1　详见白畑知彦，若林茂则，村野井仁(2010，35-36)。

306

② 可加工性理论（Processability Theory）

③ 基于普遍语法理论的第二语言习得研究（UG-based SLA）

认知理论里面包括两个研究方法，一个是联结主义（connectionism），一个是认知语言学（cognitive linguistics）。这两个方法具备如下两个共性[1]：

① 语言知识基于与能够解数学题和预测事物的始末等一般认知能力相同的能力。所以，不预设语言知识具有一个独立于其他认知领域的结构模式（module），而且，也不预设人类先天具备专门用于语言的特殊知识。

② 人类之所以能够习得语言，是因为在反复使用该语言的过程中，发现了该语言的规则，然后，通过记忆该规则的过程来习得该语言。

"可加工性理论"与"认知理论"不同，这个理论认为语言知识具有与一般认知能力不同的结构模式，并假设随着人类语言处理能力的不断发达，先天性的装置激活，以此导致语言能力的发达。

"基于普遍语法理论的第二语言习得研究"主要是运用乔姆斯基的普遍语法理论框架来解释和揭示第二语言习得的过程。这个理论与"可加工性理论"相同，认为语言知识具有与一般认知能力不同的结构模式。

除此之外，S.D.Krashen 的第二语言习得理论也是运用较多和不可忽视的理论之一，尽管存在一些不同的见解，Krashen 提出的"监控模式（Monitor Model）被称作历史上第一个第二语言习得研究的理论，并成为第二语言习得研究理论的代名词。Krashen 的"五大假设"，即习得–学得假设（The Acquistiong-Learning Hypothesis），自然顺序假设（the Natural Order Hypothesis），监控假设（the Monitor Hypothesis），输入假设（the Input Hypothesis），情感过滤假设（the Affective Filter Hypothesis）依旧在第二语言习得研究中具有重要的意义。

另外，根据研究目的的不同，社会语言学、双语习得和语用学等理论也被用于第二语言习得研究。

3. 偏误研究的基本步骤及研究工具

偏误研究有3个基本步骤：

① 收集偏误语料

1　详见白畑知彦，若林茂则，村野井仁（2010，36-38）。

② 给偏误语料标注供统计和分析用的标签

③ 统计和解析标签以此阐明语言偏误的规律

这3个步骤环环相扣，缺一不可。没有偏误语料等于无米之炊；有了偏误语料，没有供统计和解析用的标签，结果还是得依赖目视来观察偏误语料，很难抽取出具有普遍意义的规则；有了标注标签的偏误语料，如果没有专门用来统计和解析这些语料的工具，等于有了材料却没锅炒菜。

偏误语料绝大多数来自给学生批改的作文。但是，迄今为止，批改作文依旧还是依靠笔头作业，即便是使用word的修订和批注功能来批改作业，其结果也如同手改一样，批改后的作文一旦还给学生，就如同泼出去的水一样一去不返。如果批改者不是有意识地收集批改后的句子，通常都会将非常宝贵的偏误语料白白地浪费掉，令人扼腕痛惜。而且，个人收集的偏误例句，量少，有一定的偏向性，所以，对这些个别性偏误语料的分析，充其量只能算作个案分析，很难得出具有普遍意义的结论。

处理偏误语料的最大目的是从偏误语料中抽取偏误的倾向和规律，以此阐明偏误的事实与学习难点的真正所在。要做到这一点，就需要对偏误语料进行统计和解析。要进行统计和解析，就需要有统计和解析的对象，而这个统计和解析的对象就是标签。以往标注标签有两个方法：一是手工标注，二是用英文字母为代号标注。手工标注太费时，代号标注难以辨认且缺乏直观性。因此需要有一个既省时直观性又强的标注标签的系统。

统计和解析标签是不能仅凭目视和大脑来进行的，需要有一个能够处理大规模标签数据并能够对这些数据进行统计和解析的系统。也就是说，有了偏误语料，对偏误语料标注标签，然后又有一个对标签数据进行统计和解析的系统，这样才能算作万事俱备，有了一个良好的研究平台（图10-1）。

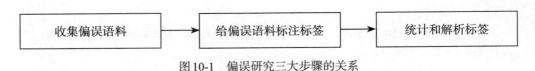

图10-1　偏误研究三大步骤的关系

收集到偏误语料后需要批改，并标注正误标签，这样才能让偏误语料真正成为可以分析和统计的语料；标注正误标签只是标出了偏误用法和正确用法，如果要对偏误的词汇和语法以及语用等偏误的类型进行分析和统计，就需要标注研究用标签，有了研究用标签才能真正抽取偏误的规律，找到阐明问题的线索；标注了正误标签和研究用标签的语料需要放在语料库里才能进行各类检索，但是，仅仅能够进行各类复杂性组合检索还不够，最关键的是需要对正误标签和研究用标签进行各类自动统计，这样才能获得偏误、中介语和二语习得研究所需的最客观的数据。

也就是说，要科学地进行日语的偏误研究，需要有一个带标签的偏误语料库，要建设这个偏误语料库需要三个工具：

① 批改作文的软件

② 标注标签的系统

③ 带统计和解析功能的偏误语料库

上述三个工具是日语偏误研究必不可少的工具，但是，至今为止无论是在日本还是在国内都尚未出现这三个工具。为了解决无米之炊的燃眉之急，我们着手开发了这三个工具，经过近两年的改进和升级完成了完整版。完整版已经制作成光盘，附在《日语偏误研究的方法与实践》（于康，2014）一书之后，读者可以通过购买该书获得这三个工具及其使用权。偏误研究的三个工具与偏误研究的三个步骤的关系如图10-2。

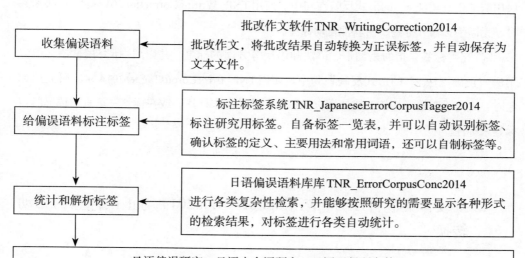

图10-2 偏误研究三个工具与三大步骤的关系

标签有三大类型：

①信息来源标签

②正误标签

③研究用标签

"信息来源标签"指的是有关例句来源的信息，比如，性别、母语、年龄、学习单位、学习时间、留学情况和文章体裁等等。为了便于不具备编程知识的读者也能够自如操作，"信息来源标签"可以用文件名的方式来表示，比如在给文件起名时可以直接书写为：女／中国語／21歳／人大／学習歴3年／留学0年／メール。文件名的信息会直接出现在例句之后，无需一一手工添加。

"正误标签"指的是给偏误之处标注"偏误用法"和"正确用法"的标签，并以"<偏误用法→正确用法>"的形式反映在句中。使用TNR_WritingCorrection2014标注正误标签时，无需手工输入标签，由软件自动标注。

"研究用标签"指的是词汇、语法和语用等方面的标签，并以"<研究用标签／偏误用法→正确用法>"的形式反映在句中。使用TNR_ErrorCorpusTagger2014标注研究用标签时，无需手工输入标签，或使用自动识别标签功能来标注，或在标签一览表中选择所需标签来标注。

4. 批改作文软件 TNR_WritingCorrection2014 与正误标签的自动转换

批改作文软件TNR_WritingCorrection2014主要具备以下3个功能：

① 批改作文的功能

② 一次性将批改作文的结果自动转换为正误标签的功能

③ 保存批改结果并自动生成文本文件的功能

启动批改作文软件TNR_WritingCorrection2014后，出现主画面。如图10-3所示，主画面有左右两个区域，左侧区域用来显示需要批改的作文，右侧区域用来键入批改结果。

批改完作文后，只要点击图10-4画面右上方的「タグ化」键钮，所有的批改结果就会一次性自动地转换为<偏误用法→正确用法>形式的正误标签，如图10-5。

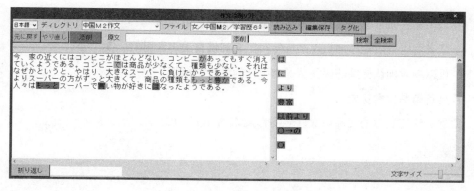

图10-3　批改作文软件主画面

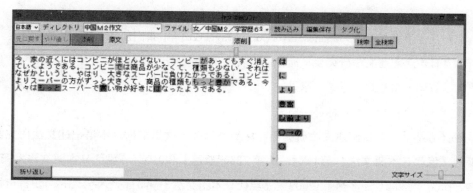

图10-4　「タグ化」键钮

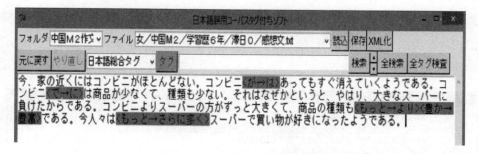

图10-5　正误标签的自动转换

5. 标注标签软件 TNR_ErrorCorpusTagger2014 与标注研究专用标签

标注标签系统 TNR_JapaneseErrorCorpusTagger2014 主要具备以下几个功能：

① 提供标签一览表

② 点击标签一览表中的标签便可标注标签

③ 自动识别标签

④ 点击标签便可确认标签的定义、主要用法和常用词语

⑤ 读者可以自由地添加自制的标签一览表和供自动识别用的标签一览

⑥ 可以随时确认标签的标注情况和以往标注过的标签

⑦ 具备简易检索功能

⑧ 将标注完标签的文件一次性转换为 XML 格式的功能

5.1　标签一览表

在标注标签系统 TNR_JapaneseErrorCorpusTagger2014 中我们预备了 3 个标签一览表。

① 「日本語記述文法研究会」标签一览表

② 「益岡・田窪説」标签一览表

③ 「日本語総合タグ」标签一览表

图 10-6 是「日本語記述文法研究会」标签一览表。这是根据日本语记述文法研究会编著的『現代日本語文法 1　第 1 部総論　第 2 部形態論』(2010)、『現代日本語文法 2　第 3 部格と構文　第 4 部ヴォイス』(2009)、『現代日本語文法 3　第 5 部アスペクト　第 6 部テンス　第 7 部肯否』(2007)、『現代日本語文法 4　第 8 部モダリティ』(2003)、『現代日本語文法 5　第 9 部とりたて　第 10 部主題』(2009)、『現代日本語文法 6　第 11 部複文』(2008)、『現代日本語文法 7　第 12 部談話　第 13 部待遇表現』(2009) 制作的标签一览表。

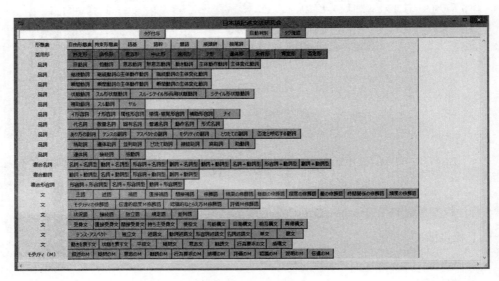

图 10-6　「日本語記述文法研究会」

图10-7是「益岡・田窪説」标签一览表。这是根据益岡隆志・田窪行则『基礎日本語文法・改訂版』（1992）制作的标签一览表。

图10-8是「日本語総合タグ」标签一览表。这是综合目前日语研究中使用最多的术语制作的标签一览表。

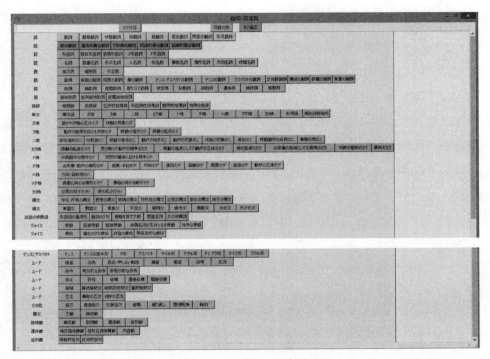

图10-7 「益岡・田窪説」

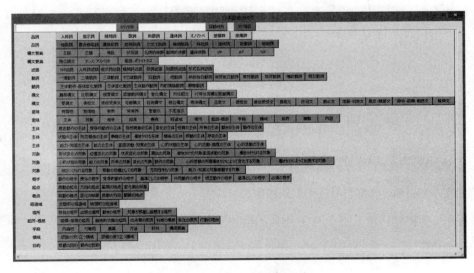

图10-8 「日本語総合タグ」

5.2 标注标签

标注标签指的是给正误标签标注研究用标签。这里的研究用标签指的是「日本語記述文法研究会」标签一览表、「益岡·田窪説」标签一览表和「日本語総合タグ」标签一览表中的标签。

标注标签只需要3个步骤：

① 用鼠标选择需要标注标签的正误标签

② 在菜单中选择标签一览表

③ 点击标签一览表中需要标注的标签键钮

比如，使用「日本語総合タグ」标签一览表给「コンビニ＜が→は＞あってもすぐ消えていくようである。」中的＜が→は＞标注研究用标签。先用鼠标选择＜が→は＞，再在标签一览表的菜单中选择「日本語総合タグ」标签一览表。＜が→は＞可以看作格助词的偏误用法，在「日本語総合タグ」的标签一览表中选择并点击「格助詞」键钮。如果将＜が→は＞在看作格助词偏误用法的同时，也看作「とりたて助詞」的偏误用法，可以在点击「格助詞」键钮后，再点击「とりたて助詞」的键钮。如图10-9所示，＜が→は＞就会被赋予「格助詞」和「とりたて助詞」两个标签，并以＜格助詞／とりたて助詞／が→は＞的形式显示。

图 10-9

5.3 自动识别标签

正误标签的形式有3种，即＜X→Y＞、＜○→Y＞和＜X→○＞。使用鼠标选择正误标签，启动标签一览表后，X将自动进入识别程序。

比如，用鼠标选择＜が→は＞，再在标签一览表的菜单中选择「益岡·田窪説」标签一览表，此时「が」将被自动识别，如图10-10。

图 10-10

如图10-10所示，画面的右上方将出现识别后的标签。如果识别后的标签不止一个，所有的标签选项都会在这里得到显示。「が」就有「格助詞」「接続詞」「並列接続助詞」3个选项，然后在选项中选择所需标注的标签。

另外，在「自動判別」键钮左侧的窗口里键入需要自动识别的词语，然后点击「自動判別」键钮，也可进行自动识别。

5.4 确认标签的定义、主要用法和常用词语

每一个标签一览表中我们都设置了「タグ確認」这个键钮。只要点击这个键钮就可以确认标签一览表中标签的定义、主要用法和常用词语。比如，当需要对「益岡・田窪説」标签一览表中的「統語的複合動詞」进行确认时，只要按照顺序完成下列步骤，便可以进行确认。

① 在「益岡・田窪説」标签一览表中点击「タグ確認」

② 点击标签一览表中的「統語的複合動詞」

如图10-11所示，画面将显示出「益岡・田窪説」标签一览表中「統語的複合動詞」的定义、主要用法和常用词语。

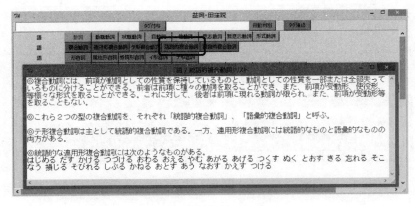

图 10-11

5.5 自制标签

标注标签系统预备的3个标签一览表有的时候未必能够满足所有读者的需要。而且，我们预备的3个标签一览表尽管涵盖了3个学说的主要分类，但在小分类上未必都有涉及。所以就会出现两种需求：

① 在现有的标签一览表中补充自己所需的标签

② 另起炉灶自制标签一览表

本系统可以满足这个要求。我们公开了系统文件tagjpnlist，只要使用一些简单的书写格式键入所需内容，就可以在现有标签一览表中的任意一个位置上补充自己所需的标签，还能够自制标签一览表。

比如，如图10-12所示，在「日本語総合タグ」标签一览表中「品詞」的「人称詞」之后添加标签AAA和BBB两个标签。

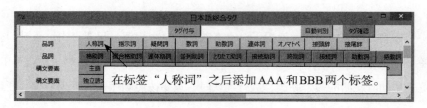

图 10-12

图10-13是书写格式。保存该内容之后，新标签AAA和BBB将被添加到「日本語総合タグ」标签一览表中的「人称詞」之后，如图10-14。

图 10-13

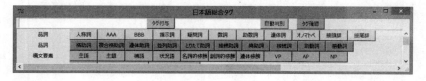

图 10-14

当需要自制标签一览表时，比如制作新标签一览表"我的标签"，可以如图10-15所示，在系统文件tagjpnlist中键入：NEWLIST "我的标签"，然后改行并键入各类标签，

比如，"定指示 不定指示 有界 非有界 動作主 对象 主語 動詞述語 形容詞述語 名詞述語"。

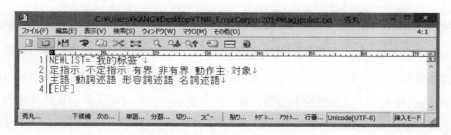

图 10-15

启动 TNR_JapaneseErrorCorpusTagger2014 后，如图 10-16 所示，在标签一览表的菜单中即会出现新的标签一览表"我的标签"。

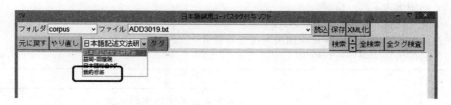

图 10-16

点击并打开新标签一览表"我的标签"，如图 10-17 所示，便会出现标签一览表的具体内容。至此新的标签一览表就算制作成功了。只要点击标签，便可以标注标签了。

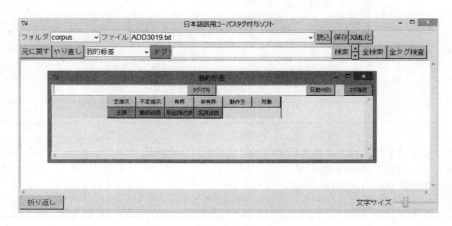

图 10-17

6. 偏误语料库 TNR_ErrorCorpusConc2014 与自动统计

偏误语料库 TNR_ErrorCorpusConc2014 不仅可以进行各类检索，包括使用"规则命令句（regular expression）"对搭配和句式进行检索外，还具备各种显示检索结果的功能，最主要的是可以对偏误用法和正确用法以及偏误类型进行自动统计。统计出来的结果可以使用 Excel 的图标来表示。各类检索功能、各类例句显示功能和自动统计功能的具体内容和相互之间的关系如图10-18。

```
┌─────────────────────────────────────────────────────────┐
│                      多种检索功能                          │
│  ① 单篇文章检索                                            │
│  ② 全部文章检索                                            │
│  ③ 对全文进行文字检索                                      │
│  ④ 以偏误用法为主进行检索                                  │
│  ⑤ 以正确用法为主进行检索                                  │
│  ⑥ 以研究用标签为主进行检索                                │
│  ⑦ 研究用标签、偏误用法和正确用法混合组合检索              │
│  ⑧ 以作者的信息为条件进行检索                              │
└─────────────────────────────────────────────────────────┘
                              │
            ┌─────────────────────────────────────────────────────────┐
            │                 多种显示检索结果的功能                    │
            │  ① 以颜色区别显示标签内容                                 │
            │  ② 在显示所有标签的上下文中显示检索结果                   │
            │  ③ 隐去所有标签并在批改后的正确的上下文中显示检索结果     │
            │  ④ 隐去所有标签并在尚未批改的上下文中显示检索结果         │
            │  ⑤ 显示作者的信息同时显示检索结果                         │
            │  ⑥ 显示整篇文章的同时显示检索结果                         │
            │  ⑦ 在画面中显示例句的全部内容                             │
            │  ⑧ 显示上下对齐排列的标签内容                             │
            │  ⑨ 隐去所有文章的内容只显示研究用标签和正误标签           │
            │  ⑩ 以标签类型为顺序显示检索结果                           │
            │  ⑪ 以偏误用法的发音顺序显示检索结果                       │
            │  ⑫ 以正确用法的发音顺序显示检索结果                       │
            └─────────────────────────────────────────────────────────┘
                              │
┌─────────────────────────────────────────────────────────┐
│                      多种统计功能                          │
│  ① 文章数、总字数、标签总数和检索结果例句总数的自动统计    │
│  ② 研究用标签类别的自动统计                                │
│  ③ 偏误用法类别的自动统计                                  │
│  ④ 正确用法类别的自动统计                                  │
└─────────────────────────────────────────────────────────┘
                              │
┌─────────────────────────────────────────────────────────┐
│              使用 Excel 图表来显示统计结果                 │
└─────────────────────────────────────────────────────────┘
```

图10-18

318

下面主要讨论TNR_ErrorCorpusConc2014最具特色的自动统计功能，即文章数、总字数、标签总数和检索结果例句总数的自动统计、研究用标签类别的自动统计、偏误用法类别的自动统计和正确用法类别的自动统计。

6.1　文章数、总字数、标签总数和检索结果例句总数的自动统计

　　只要启动TNR_ErrorCorpusConc2014，就会自动显示语料库里的文章数、总字数、标签总数。对语料进行检索后，在显示检索结果的同时还会显示检索结果例句总数。

　　比如，双击「誤用種別1」下面的窗口，在菜单中选择「格助詞」，然后点击「検索」键钮，此时，文章数、总字数、标签总数和检索结果例句总数都会同时得到显示，如图10-19。

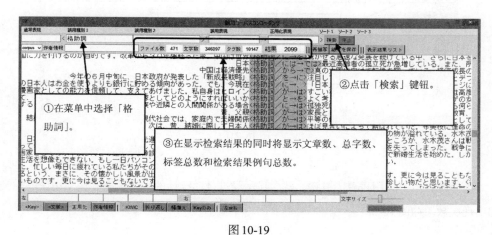

图10-19

6.2　研究用标签类别的自动统计

　　以「指示詞」的偏误例句为例。检索完例句后，主画面中出现检索的结果，点击画面右上方的「表示結果リスト」键钮。如图10-20。

　　出现统计画面。先选择并点击「語出現数改行」键钮，然后再选择并点击「誤用種別」键钮，此时，画面就会显示经过自动统计的研究用标签的种类和出现次数，如图10-21。

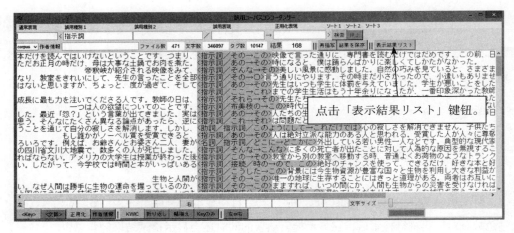

图 10-20

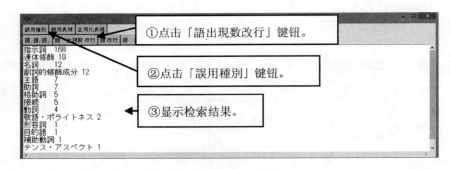

图 10-21

选择并点击「誤用表現」键钮，就会显示经过自动统计的「指示詞」偏误用法的种类和出现次数。如图 10-22。

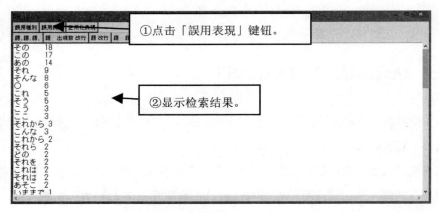

图 10-22

选择并点击「正用化表現」键钮，就会显示正确用法的种类和出现次数。如图 10-23。

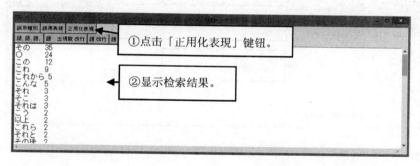

图 10-23

6.3　偏误用法类别的自动统计与正确用法类别的自动统计

"偏误用法类别的自动统计"和"正确用法类别的自动统计"与"研究用标签类别的自动统计"的原理和操作步骤基本相同。这里只以"偏误用法类别的自动统计"为例。

以偏误用法「その」为例。检索例句并显示检索结果后，点击画面右上方的「表示結果リスト」键钮，便出现统计结果的画面。

选择并点击「語出現数改行」键钮后，再选择并点击「誤用種別」键钮，就可以显示「その」的偏误研究用标签的种类和出现次数，如图 10-24。

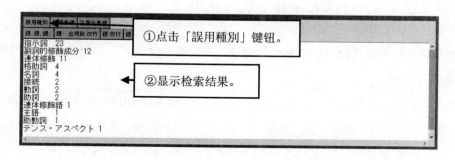

图 10-24

选择并点击「誤用表現」键钮，就可以显示「その」的偏误用法的种类和出现次数，如图 10-25。

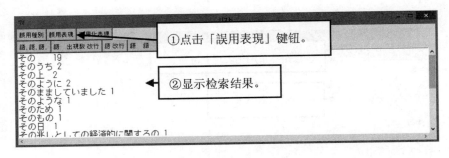

图 10-25

选择并点击「正用化表現」键钮，就可以显示「その」批改后正确用法的种类和出现次数，如图 10-26。

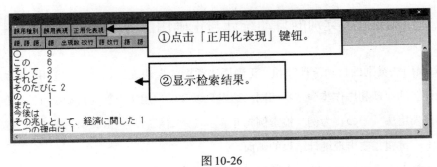

图 10-26

6.4　使用 Excel 图表来显示统计结果

有了统计结果就可以具体考察学习的难点和偏误的规律了。 统计的结果可以使用 Excel 图表来显示。

以批改后的结果为「○」为例。对批改结果为「○」的例句进行自动统计，分别点击「誤用種別」键钮和「誤用表現」键钮，得到「誤用種別」和「誤用表現」的统计结果，图 10-27 和图 10-28。

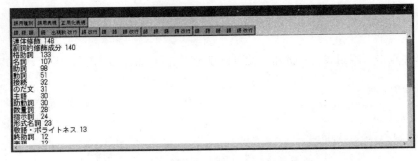

图 10-27　「誤用種別」的自动统计结果

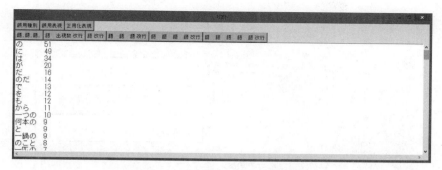

图 10-28 「誤用表現」的自动统计结果

　　启动 Excel。使用光标选择出现次数在 10 次以上「誤用種別」的标签和数字，然后点击鼠标的右键，在菜单里选择并点击「コピー」键钮，拷贝选择的内容。如图 10-29。

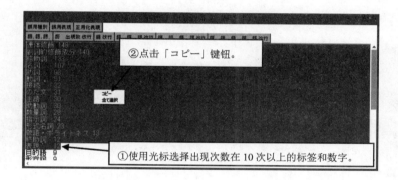

②点击「コピー」键钮。

①使用光标选择出现次数在 10 次以上的标签和数字。

图 10-29

　　将拷贝的内容复制到 Excel 里，如图 10-30。

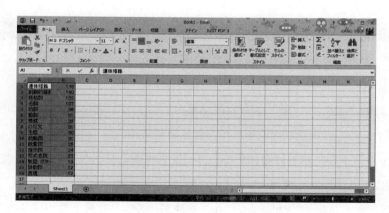

图 10-30

　　点击 Excel 上方的「插入」键钮，在一览中选择并点击棒状图图标，出现棒状图各类

图形，选择并点击所需图形。如图 10-31。

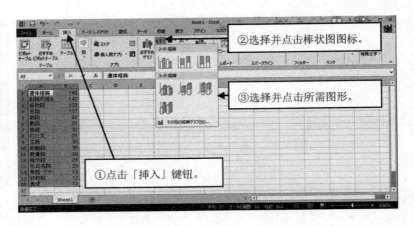

图 10-31

出现棒状图，如图 10-32。

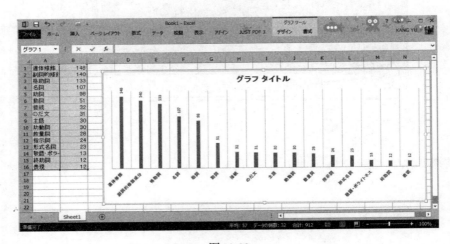

图 10-32

按照上述的方法使用 Excel 再读取批改结果为「○」的「誤用表現」的自动统计结果。得到棒状图后，与「誤用種別」的棒状图一起复制到 Word 里。如图 10-33。

对图 10-33 两个棒状图进行对比分析，可以发现批改结果为「○」即过度使用的偏误用法中存在以下两大倾向或规律：

① 「連体修飾」、「副詞的修飾成分」和「格助詞」最容易被过度使用，其次是「名詞」「動詞」和「接続」，最后是「のだ文」「主語」「助動詞」「数量詞」「指示詞」和「形式名詞」等。

324

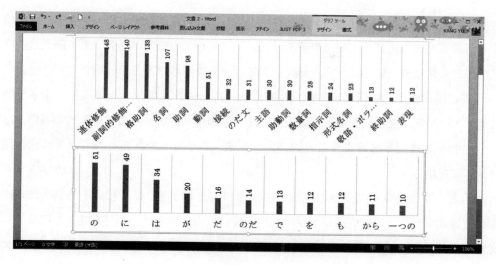

图10-33

②「の」「に」和「は」最容易被过度使用，其次是「が」「だ」「のだ」「で」「を」「も」和「から」等。

如果上面描述的现象符合语言事实，那么，是不是中国人日语学习者才会出现这种现象呢，如果只是中国人日语学习者才会出现这种现象的话，其产生的过程、是否会反复出现、是否会无法纠正而成为石化以及如何解释这些现象就是下一步需要阐明的了。通过对带标签偏误语料库的检索和自动统计，我们至少弄清了中国人日语学习者在什么情况下才会出现过度使用的偏误用法，而且，通过对过度使用的偏误用法的各类统计可以发现中国人日语学习者的学习难点以及难点的顺序。

7. 结语

偏误研究是语言研究和第二语言习得研究中一个非常重要的研究领域。要想从偏误研究中得出科学的结论，就需要系统地和有体系地研究偏误问题。显然，单靠手工收集的偏误例句和用目视的方法对偏误例句进行分析，是无法得出具有普遍意义的和科学性的结论的。

偏误研究有3个基本步骤，第一个是收集偏误语料，第二个是给偏误语料标注研究用标签，第三个是统计和解析标签。这三个步骤显然也不能依靠手工操作和目视来完成，而需要使用比较科学的手段。这个科学的手段指的是三个工具，即批改作文的软件，标注标签的系统和带统计和解析功能的偏误语料库。

偏误研究的数据来自日语作文的批改结果、由批改结果自动转换而来的正误标签和标

注的研究用标签，因此，日语作文的批改结果和标注的研究用标签是研究的根本，如果根本不可靠，那么，统计出来的结果就不可信，研究的结果也就站不住脚。为了避免这些问题的出现，在批改日语文章和标注研究用标签时，需要注意以下几个问题：

①收集和使用的偏误语料不能只反映少数一部分人、或某一个年级或某一个学校的日语学习的情况，必须具备涵盖性，能够真正说明和反映中国人日语学习者的学习情况。

②批改文章时不能受批改者主观判断的影响，必须有一个判断是否可以看作偏误用法的客观标准。

③日语文章的批改结果是数据统计的来源和研究的根基，批改结果不可靠，统计出来的数据就不可信，研究的结果也就没有任何价值。为了保证数据的可靠性，批改日语作文者必须是日语母语话者，而且至少应该是有两年以上教外国人学习日语的经验。一篇文章由两个人为一组批改，一个人主改，一个人负责检查。

④标注研究用标签者至少需要具备语言学和日语语法等方面的基础知识，熟悉术语的基本概念。这样才能避免标注上的判断失误，以保证研究用标签标注的准确度。

⑤标注研究用标签时必须保证标签的一致性，同样一个现象，不能一会儿标注A类标签，一会儿标准B类标签。为了保证标注的研究用标签具有标签的一致性，需要使用标签一览表，而且，当存在两个以上的标签一览表时，不能混合使用。

⑥标注研究用标签时，在很多情况下，不会一次到位，还需要标注二次标签和三次标签。可以根据研究的需要和研究的不断的深化，事先设计二次标签和三次标签。

研究语言大致可以分为语言本体研究、语言对比研究和第二语言习得研究三大研究领域，在这三大研究领域中，属于第二语言习得研究的偏误研究尚有非常大的开拓空间。这是因为，偏误研究需要大规模的偏误语料和可供统计的数据的支持，而这两项至今都没有得到解决，所以，偏误研究跟其他研究相比处于滞后状态。利用我们提供的三个工具，就可以发动大家的力量建设一个大规模的偏误语料库，这样就可以推动偏误研究的发展和第二语言习得研究的不断深化。

【研究思考题】

1. 与中介语研究相关的日语的偏误定义是什么？
2. 为什么要进行偏误研究？
3. 偏误研究的主要课题有哪些？
4. 偏误研究的基本步骤有哪三个？请叙述它们之间的关系。

【参考文献】

于康. 语料库的制作与日语研究. 杭州：浙江工商大学出版社. 2013

于康、田中良、高山弘子. 加注标签软件与日语研究. 杭州：浙江工商大学出版社. 2014

于康. 日语偏误研究的方法与实践. 杭州：浙江工商大学出版社. 2014

村木新次郎・于康・彭広陸（2012）「鼎談 日中言語研究と日本語教育をめぐって」、『日中言語研究と日本語教育』第5号

于康・田中良（2013）「日本語研究におけるタグ付与とタグ付与ソフト TNR_JpaneseCorpusTagger」、総合政策研究第44号

于康（2013）「中国語母語話者の日本語学習者の『格助詞』不使用について―格助詞『が』の不使用を中心に―」、『言語と文化』第16号

于康（2011）『中国語母語話者の日本語習得プロセスコーパス』、『中国語母語話者の日本語誤用コーパスの構築と中国語母語話者の日本語誤用研究のストラテジー. エクス：言語文化論集』7号

于康（2011）「統計から見る中国語母語話者の助詞の誤用」、『北研学刊』7

【推荐书目】

于康. 日语偏误研究的方法与实践. 杭州：浙江工商大学出版社. 2014

白畑知彦・若林茂則・村野井仁（2010）『詳説第二言語習得研究―理論から研究法まで』、研究社

要旨

基于学习者语料库的语言学研究基本可以分为两大类，即中介语比较研究（CIA）和误用研究（CEA）。前者在本族语使用者和学习者，或是不同母语的学习者之间开展质性或量化的对比研究。后者则以学习者产出中出现的表达失误为考察对象。

在本章中，笔者首先运用量化研究方法，观察、对比学习者与本族语使用者的产出，探究中介语的词汇构成特征。由此可以发现，在学习者产出中，修饰词、代词的使用频率远高于本族语使用者。在其他指标方面，学习者的产出则居于本族语会话和论述文之间，呈现出接近口语的倾向。

随后，笔者对两者所含词汇的量和质进行了分析。通过分析词频表发现，要想顺利完成会话、阅读理解等语言交际活动，学习者需要至少掌握高频词3559个和6451个。

最后，笔者通过对比学习者与本族语语料中的高频词，考察了学习者常用词汇的特点。在学习者语料中，可以观察到过度使用名词、形容词、形容动词、副词和係助词的现象。另一方面，学习者对于终助词和表示推量的助动词等则存在着使用能力不足的问题。由此，导致学习者的产出缺乏生动性，有自言自语之感。

学習者コーパスに基づく研究は、中間言語の比較研究（CIA）と誤用分析（CEA）に分けられる。前者は、母国語話者と学習者、あるいは母国語が異なる学習者の間に行われる質的または量的研究のことであるが、後者は、学習者の産出に現れた誤用を考察の対象とする。

本章は、まず計量的手法を持って学習者と母国語話者の産出を比較し、中間言語の特徴を突き止めた。その結果、学習者の産出における修飾語、代名詞の使用頻度は、母国語話者をはるかに上回っていることがわかり、またその他の指標においては、学習者の産出は母国語話者による会話と論説文の間に位置し、話し言葉めいた特徴が観察される。

次は、語彙の量と質の比較である。母国語話者コーパスを素材に、度数順語彙表を作成し、観察することによって、学習者は会話や読解などのコミュニケーション活動を順調に果たすために、高頻度語をそれぞれ3559個、6451個を身につける必要があることがわかった。

最後に、母国語話者と学習者の産出における高頻度語の比較を通し、学習者の基本語彙の特徴を観察した。その結果、学習者の作文において、名詞、形容詞、形容動詞、副詞と係助詞の過剰使用傾向が伺え、母国語話者に比べ、終助詞や推量を表す助動詞などを使いこなせないことがわかった。これによって、学習者の産出は表現性に欠けていて、独り言めいたところがあるように感じされる。

1. 语料库与中介语研究

Granger（2002:11-14）指出，利用学习者语料库进行研究的方法通常有两种：中介语对比分析（Contrastive Interlanguage Analysis，简称CIA）和计算机辅助错误分析（Computer-aided Error Analysis，简称CEA）。前者是指在母语者的输出和学习者的输出之间或不同第一语言背景的学习者之间进行定性或定量的对比分析。而后者是以学习者产出中的表达失误为对象，对其进行标注、检索和分析等。

中介语理论（Interlanguage）是由Selinker等人最先提出来的。所谓中介语是指第二语言学习者建构起来的介于母语和目的语之间的过渡性语言，它处于不断的发展变化过程中，并逐渐向目的语靠近。与目标语言相比，中介语在词汇、语法形式的运用以及句式、篇章等层面存在着或多或少的差异。同时，不同发展阶段的中介语或者不同母语的学习者产出之间也存在着不同。了解这些差异对于二语习得研究有着重要的理论和实践意义。

文秋芳等（2003）指出，学习者语料的对比研究具有三种维度：第一，比较不同母语的外语学习者的语料；第二，比较中介语语料与目标语语料；第三，比较不同水平的学习者语料。在迄今为止的研究中，既有单一维度的考察，如张雪梅·杨滢滢（2009）、王春艳（2009）和高见·戴曼纯（2009）等，也有多维度的综合分析，即不仅比较不同水平学习者语料，还对照本族语语料，探求学习者语料与本族语语料的差异，如马刚·吕晓娟（2007）、张萍（2007）、孙海燕（2008）和文秋芳（2009）等。

语料对比还可以在语言的各种层面进行。词汇、语块、语法形式、句式、篇章等都可以成为比较的对象。通过比较，不仅可以发现中介语中的显性变异（例如错用、滥用、少用）和隐性变异（例如回避），还可以考察中介语自身的特征与发展规律。

本章将着重探讨如何运用计算机自动分词技术，对本族语语料库和学习者语料库所收语料进行切分，通过分类统计，归纳其在词汇构成、词汇量和高频词目等方面的特征。在此基础上，探讨本族语内部各文体、学习者语料与本族语语料之间以及不同阶段学习者语

料之间的异同，揭示中国日语学习者内部中介语的总体特征。

2. 中介语词汇构成的对比研究

要衡量某一文本的特征，可以借鉴语言学文体理论的研究方法。以山本忠雄（1940）、
樺島忠夫・寿岳章子（1965）为代表的语言学文体理论派的研究者们认为，文体是静态
的、客观的，是以某种形态表现出来的作家或作品的文本特性，可以通过量化分析把握其
特征。由于这些研究从词汇构成、句长、时态等方面对日语本族语语料进行了较为深入的
分析，揭示了部分指标的意义，因此具有很高的参考价值。

樺島忠夫・寿岳章子（1965）选取了100名日本作家的各1篇短篇小说作为研究对象，
统计了「名詞の比率（名词比例）」[1]、MVR、「指示詞の比率（指示词比例）」「字音語の比
率（音读词比例）」「文の長さ（句长）」「接続詞を持つ文の比率（含有接续词的句子比例）」
「引用文の比率（引用句的比例）」「現在止めの文の比率（现在时态句的比例）」「表情語
の比率（表情词汇的比例）」「色彩語の比率（色彩词汇的比例）」等10个指标。根据统计
结果，设定了评判文本文体特征的五级尺度（见表11-1）。

樺島忠夫・寿岳章子（1965）对其中五个指标与文本性质的关系说明如下[2]：

a) 概括性的文章中名词比例较高，描写性的文章中名词比例较低。

b) MVR值越大，文章越倾向于状况描写，越小则越倾向于动作描写。

c) 句子越长，越有可能难以理解。

d) 使用接续词是使作品中的句子相互之间发生关联的一个方法。

对于音读词、现在时态的句子、色彩词汇和表情词汇的比例与文体的关系，樺島忠
夫・寿岳章子（1965）并没有做出说明，但也把它们作为评判文体特征的标准。

---

1 本文□各项数据的计算方法参考樺島忠夫・寿岳章子（1965）。其中，词类占比＝（检出数/自立词
数）×100%　MVR＝（形容词・形容动词・副词・连体词总数/动词总数）×100　句长＝自立词数/句
子总数。为了简洁起见，笔者省略了所有的"%"符号。

2 详见樺島忠夫・寿岳章子（1965：30, 32, 123, 125, 47, 125）的相关说明。

表11-1　评判文体特征的五级尺度（引自桦岛忠夫・寿岳章子（1965：130）表6-2）

評語	極めて小	小	普通	大	極めて大
出現率	10%以下	30%以下	30%以下	10%以下	
名詞%	45	48	54	56	
MVR	34	41	55	65	
代名詞%	2.1	2.8	5.0	6.0	
字音語%	13	16	26	31	
文長	7	9	14	18	
引用文%	1	8	30	70	
接続詞を持つ文%	3	7	21	27	
現在止%	3	13	47	76	
表情語‰	0.4	3.5	13.5	24.5	
色彩語‰	/	1.0	7.5	17.0	

在以上指标中，「字音語」「表情語」「色彩語」3项与作者的表达嗜好有关。从广义上来说，也可以认为是文本特征的一种。但是，这些指标的作用有待进一步考察。因此，暂将其排除在外。以下，笔者将从名词、动词、修饰词（包括形容词、形容动词、副词和连体词）所占比例、MVR、代词比例、平均句长、含接续词的句子比例等角度，在本族语语料内部、学习者语料与本族语语料之间以及不同级别的学习者语料之间进行多维度的观察、分析和比较，并着重探讨以下问题：

a)　本族语各类文体之间存在着怎样的差异？[1]

b)　中国日语学习者的产出在文本特征方面呈现出怎样特点？

c)　中国日语学习者的产出是否存在着一定的口语化倾向？

d)　中国日语学习者的产出是否随着级别的提高而有所变化？

本研究中使用的语料分为学习者语料和本族语语料两种。其中，学习者语料来自中国日语学习者语料库收录的全国日语专业四、八级考试的命题作文。这些作文都是从各年度全部试卷中随机抽取出的，各400篇，单词数分别为8.3万和10.5万左右。

文秋芳等（2003）指出，中国高水平英语学习者的书面语中表现出较强的口语化倾向，与本族语书面语存在着明显距离。为了验证中国日语学习者产出的特征是否也符合以

1　研究者通常认为，小说文体介于口语和议论文之间。但是据笔者管见，在日语研究领域，尚无学者对此进行过实证性的量化论证。

上规律，笔者随机选取了25部剧本[1]、100部小说[2]和50部论述性书籍分别作为本族语口语、小说和议论文的代表。这些本族语语料的作者各不相同，在一定程度上避免了个人表达偏好对统计结果的过度干扰。各类语料的具体构成详见表11-2。

表11-2　语料库素材构成一览[3]

语料	学习者语料						本族语语料		
	2007-4	2007-8	2008-4	2008-8	2009-4	2009-8	会话	小说	议论文
篇数	400	400	400	400	400	400	25	100	50
单词数	87,190	107,909	83,913	102,676	82,213	105,595	343,607	2,868,937	2,937,123

与欧美语言不同，日语的句子多为连续字符串，单词之间没有空格间隔。因此，为了对各种语料所含词汇进行统计、分析，首先必须对文本进行分词和词性标注。但是，无论是从工作效率还是标注标准的一致性看，手工操作都无法胜任如此庞大的工作，必须借助于计算机自动赋码技术。根据对学习者语料进行试标注发现，在目前常用的日语开源赋码器中，MeCab的解析精度最高，标准差最小，即最为稳定（表11-3）。工藤拓等（2004）也报告，MeCab对于日语本族语语料的解析准确率高于96.75%，能够满足语料自动标注对分词精度的要求[4]。

表11-3　常用的日语开源赋码器精度一览

	均值	标准差	N
JUMAN	97.2393	1.26491	30
ChaSen	98.6320	.96721	30
MeCab	98.8353	.65635	30

1　剧本中除了出场人物的对话以外，还有人物姓名、场景介绍（例a画线部分）等内容。为了不影响词类分析的结果，笔者运用语料自动处理技术，抽取出所有对话作为考察对象。

　　a）カオル「はあ－（気の抜けた声）」『バタアシ金魚』松岡錠司

2　这些小说出版于1980年至2005年间，合计20.4MB，赋码后数据规模超过120MB。考虑到统计软件的处理能力，对全部文本按50%比例进行了随机取样。其他语料均进行了全数赋码、分析和统计。

3　为了简明起见，文中将作文语料的年份和级别以"年份-级别"形式表述。例如，2007年四级作文语料简称为"2007-4"，以下同。

4　关于计算机自动赋码技术的作用、实现原理及应用，详见常宝宝·俞士汶（2009）、毛文伟（2007）、毛文伟（2009）和毛文伟（2012a），也可参考本书内容。

不过，尽管日语开源赋码器具有较高的分词精度，但在处理词目时还是需要一定程度的人工干预。词目包括单词的基本形及其曲折变化，并以单词的基本形表示（Nation & Waring 1997）。在日语中，除了动词、形容词等部分词汇具有曲折变化以外，书写方式也有用汉字和纯用假名两种。这导致同一词目最多可能具有10余种不同词形。如果按词形分别计数，会导致书写形式变化较多的单词数量被人为低估。因此，在运用赋码软件进行分词时，笔者通过设置参数在MeCab的输出中添加了读音信息。不过，读音相同的单词有时词性和意义又迥然不同（例（1）～（3））。如果归并为同一词目，也必将降低统计的精度。因此，笔者运用SPSS 10.0J for Windows以"读音，词性"为变量制作词表，并根据《明镜国语辞典》的词条设定，对所得词目进行了手工归并和拆分[1]。同时，修正了自动赋码过程中出现的各类错误[2]。

(1) 浅い春の香がひろがった。　　　　　　　　　　　　　　　　1983『光抱く友よ』高樹のぶ子

(2) 父は母や私たち兄弟にいつも桁外れに値が張る品をプレゼントした。　　　1996『家族シネマ』

(3) 頬にビニールテープを貼る。　　　　2003『陽気なギャングが地球を回す』伊坂幸太郎

在分词之后，笔者使用SPSS 10.0J for Windows软件，按词性对所有单词进行分类汇总，获得总词表。在此基础上，统计了各个文本的名词占比、MVR、平均句长等相关数据（受篇幅所限，具体数据从略），并运用SPSS软件"描述统计"菜单中的"描述"功能，归纳出不同类型语料各项数据的具体分布情况，获得表11-4至表11-10所示的统计结果。

纵观各项数据的分布情况，首先可以发现，与年份及考试级别无关，除了平均句长以外，学习者产出的各项数据的标准差均明显高于本族语语料，有的甚至差距很大（如MVR等）。这说明，在词汇运用、叙述方式等各方面，学习者个体的产出之间存在着显著差异，缺乏一致性。这从一个侧面显示，即便处于相同的学习阶段，受学习环境、教学条件等外部因素以及学习能力、学习意愿等内部因素的影响，中国日语学习者内部中介语的发展状况也是千差万别的，不能一概而论。而四级语料各项指标的标准差又普遍高于八级

1　例如，根据《明镜国语辞典》的词条设定，「つく」一词分为「付く」「着く」「突く」「就く」「点く」「吐く」。这些动词的意义差异显著，不宜作为同一个动词看待。因此在统计过程中，分别进行了计数。

2　例如，MeCab将「お父さん」中的「父」解析为「チチ，名詞」，不符合日语读音习惯。笔者对此逐一进行了修正。

语料，显示低年级学习者之间的差异通常大于高年级。导致该现象的一个可能的原因是，相比8级考试，4级考试的考生来源更广，其中除了4年制本科学生，还有3年制大专学生，因此语言能力差异更大。另一个可能的原因是，受语言石化、磨损等现象的影响，中介语的发展在一定时期（即所谓的高原期）遭遇阻碍，无法继续顺利地向更高水平靠拢。个体间的差距由此出现了缩小的趋势。对此，需要进行进一步的缜密分析。

以下，依次考察各项指标。桦岛忠夫·寿岳章子（1965）指出，概括性的文章中名词比例较高，描写性的文章中名词比例较低。观察表11-4可以发现，在本族语语料中，口语中名词比例最低，小说次之，议论文最高。而学习者语料的均值普遍接近于本族语小说，也介于本族语口语和议论文之间（见例（4））。这在一定程度上印证了文秋芳等（2003）的论点，即中国学习者的产出存在着一定的口语化倾向。从整体来看，更偏向于描写性，而不是概括性。不过，2008年八级作文命题为"信息化社会"，明显属于议论文题材。相应地，该年度作文中的名词比例也较其余年度的八级作文有所提高，非常接近于本族语议论文。这说明，较高水平的学习者在一定程度上具备了根据题材调整产出的能力。

表11-4　各类语料中的名词占比

	样本数	极小值	极大值	均值	标准差
2007-4	400	28.71	61.95	45.5539	6.20855
2007-8	400	27.08	59.06	45.2433	5.33581
2008-4	400	25.00	62.07	40.7842	5.60843
2008-8	400	35.04	64.44	49.3488	5.37819
2009-4	400	30.84	59.32	46.1948	5.27168
2009-8	400	32.37	64.75	46.9150	5.29897
四级总体	1200	25.00	62.07	44.1777	6.19465
八级总体	1200	27.08	64.75	47.1690	5.59356
本族语口语	25	33.13	47.00	38.7020	3.86098
本族语议论文	50	41.96	60.88	50.6298	4.43540
本族语小说	100	35.48	52.69	45.2239	3.23591

（4）本族语口语＜四级总体＜本族语小说＜八级总体＜本族语议论文

MVR值显示了文章中形容词、副词等描述性词汇与动词的相对比例。MVR值越大，文章越倾向于状况描写，相反，则倾向于动作描写。表11-5显示，在本族语语料中，小说最倾向于动作描写（例（5））。这也符合小说的一般特征。

在学习者语料中，日语专业四级考生作文的MVR值最高，专业八级考生次之。从总体上看，两者的均值都远远高于各类本族语语料，表现出显著的差异。可见，中国日语学

习者的产出更偏向于状况描写。这一方面可能是受到作文题材的制约。但另一方面，可以归咎于动词使用能力的相对不足。观察表11-6可以发现，除个别年份以外，学习者语料中动词所占比例普遍较低，接近本族语语料中的书面语水平。而修饰词所占比例均较本族语语料高得多（表11-7）。可见，与本族语语者相比，学习者更多地使用了形容词、形容动词等修饰词。

观察实际语料可知，与本族语语料相比，学习者产出中更多地出现了以「名词＋です」（例（6））或形容词、形容动词作谓语（例（7））的句子。这是因为，在日语中，动词与形容词、形容动词等修饰词都可以充当句子的谓语或是修饰语成分。但是，在活用、时制、时态等方面，使用动词时需要考虑的因素更加繁复。可以认为，正是由于与动词相比，形容词、形容动词等修饰词以及上述句式更加简单、不易出错，导致了学习者的过度使用。而对于动词，学习者则在一定程度上采取了回避策略。

此外，比较历年学习者语料的数据可以发现，除个别年份以外，八级作文中动词的出现比例都有所增加。相应地，MVR值和修饰词的占比则显著下降。这也从一个侧面反映了，随着学习的深入，日语学习者的动词使用能力有所提高，逐渐向目标语言靠拢。

在本族语语料方面，小说中动词占比最高，口语次之。在形容词等修饰词方面，小说则介于口语和议论文之间。口语最为简洁。因此，使用修饰词也最少。

表11-5　各类语料MVR值统计

	样本数	极小值	极大值	均值	标准差
2007-4	400	18.18	176.92	70.1344	24.38165
2007-8	400	12.24	131.03	52.3115	18.23504
2008-4	400	19.15	181.25	68.8942	24.10589
2008-8	400	26.19	233.33	63.9266	21.69281
2009-4	400	21.43	230.00	71.8090	26.05039
2009-8	400	21.62	155.00	67.9642	22.33851
四级总体	1200	18.18	230.00	70.2792	24.86880
八级总体	1200	12.24	233.33	61.4008	21.84884
本族语口语	25	29.35	71.85	57.8192	9.74589
本族语议论文	50	31.32	102.87	51.0268	12.11804
本族语小说	100	27.67	77.45	48.1539	8.16575

(5) 本族语小说＜本族语议论文＜本族语口语＜八级总体＜四级总体

(6) まるで情報化社会です。

(7) 彼が住んでいる星は静かで美しい。

表11-6　各类语料中的动词占比

	样本数	极小值	极大值	均值	标准差
2007-4	400	10.81	39.64	23.6988	4.26719
2007-8	400	14.69	38.30	27.1073	4.04399
2008-4	400	11.82	41.53	25.8338	4.82816
2008-8	400	10.71	35.88	24.8889	3.74246
2009-4	400	10.00	36.15	23.7952	4.30177
2009-8	400	13.49	36.15	24.4249	3.82377
四级总体	1200	10.00	41.53	24.4426	4.57658
八级总体	1200	10.71	38.30	25.4737	4.04228
本族语口语	25	22.47	37.16	25.8660	2.82374
本族语议论文	50	19.57	29.47	24.4160	2.01388
本族语小说	100	20.30	30.97	26.8588	2.07464

(8) 本族语议论文＜四级总体＜八级总体＜本族语口语＜本族语小说

表11-7　各类语料中的修饰词占比

	样本数	极小值	极大值	均值	标准差
2007-4	400	4.63	26.83	15.9401	3.96421
2007-8	400	4.14	26.39	13.7216	3.67820
2008-4	400	5.80	30.77	17.0139	4.18825
2008-8	400	7.09	27.56	15.3570	3.55042
2009-4	400	5.66	27.83	16.2741	3.76872
2009-8	400	5.30	30.15	16.0469	3.89342
四级总体	1200	4.63	30.77	16.4093	3.99937
八级总体	1200	4.14	30.15	15.0418	3.83315
本族语口语	25	10.24	18.42	14.7672	1.97570
本族语议论文	50	7.39	24.76	12.4084	2.82088
本族语小说	100	8.50	18.52	12.8418	1.82618

(9) 本族语口语＜本族语小说＜本族语议论文＜八级总体＜四级总体

　　文秋芳等（2003）指出，衡量文本读者/作者显现度的指标有两个，即第一、二人称代词和阅读/写作情景指代词的使用频率。在日语代词中，除了人称代词以外，其他代词的使用与阅读/写作情景指代密切相关。由表11-8可知，在本族语语料中，口语中代词的使用频率最高，议论文最低，小说介于两者之间（例（10））。从文本的叙述方式来看，为了体现客观性，议论文的作者通常以旁观者语气加以论述，是隐性的。相反，在日常会话中，说话人则作为显性主体出现。说话者的存在得到凸现。表11-8的统计数据证实了

336

日语各类代词的使用频率与读者/作者显现度之间存在着正比关系。

从总体上看，学习者语料中代词使用相对更为频繁。尤其是四级作文，作为书面语，甚至超过了本族语口语的水平（表11-8）。这一方面与作文命题的内容有关。2007年至2009年的四、八级作文多围绕着受试者本人展开，因此，作者容易作为显性主体出现。而2008年八级作文命题为"信息化社会"，显然是议论文类型，代词的使用频率便显著下降。但是即便如此，该语料中代词的出现频率仍然远远高于本族语议论文，体现出明显的口语化倾向。当然，其中也不能排除母语的影响。与日语相比，汉语中的人称代词使用频率更高。这可能导致部分学生的产出中出现了日语人称代词的滥用现象。

此外，从整体来看，八级作文中的代词占比低于四级作文。这显示，读者/作者显现度随着年级的提高出现了下降。可以认为，学习者产出中的口语化倾向或母语干扰得到了一定程度的改善。

表11-8　各类语料中的代词占比

	样本数	极小值	极大值	均值	标准差
2007-4	400	.00	22.52	6.3081	3.20880
2007-8	400	.00	15.00	5.7495	2.71071
2008-4	400	.84	23.23	7.3402	3.63747
2008-8	400	.00	12.59	3.9935	2.20728
2009-4	400	.83	18.63	7.1908	3.22177
2009-8	400	.00	25.93	5.8235	3.38000
四级总体	1200	.00	23.23	6.9464	3.38986
八级总体	1200	.00	25.93	5.1888	2.92988
本族语口语	25	3.89	8.22	6.4084	1.11205
本族语议论文	50	.87	5.30	2.5916	1.05692
本族语小说	100	1.23	10.80	4.2632	1.66055

(10) 本族语议论文＜本族语小说＜八级总体＜本族语口语＜四级总体

平均句长在一定程度上代表了句子的复杂程度。数值越大，句子越冗长。相应地，结构也就更复杂。从标准差来看，学习者语料在句长方面较为一致。而本族语小说和议论文则差异较大。本族语口语的句长最短，平均每句话不到4个实词。议论文最长，几乎是口语的4倍。小说仍居于两者之间。

学习者语料的句长普遍偏短，基本居于本族语口语和小说之间，说明学习者产出的句子复杂程度较低，运用复杂句式能力不足。作为书面语，表现出一定的口语化倾向。此外，八级作文的句长普遍长于四级作文。可见，随着学习阶段的提升，句子的复杂程度有

所提高，在一定程度上接近了本族语议论文（详见表11-9）。

表11-9　各类语料的平均句长

	样本数	极小值	极大值	均值	标准差
2007-4	400	4.11	17.43	8.0579	1.77564
2007-8	400	5.06	19.86	9.0377	1.93594
2008-4	400	3.72	61.00	7.8980	3.60352
2008-8	400	5.12	29.00	9.4052	2.33786
2009-4	400	3.62	13.50	7.3466	1.59226
2009-8	400	3.67	16.22	9.0083	2.03705
四级总体	1200	3.62	61.00	7.7675	2.51139
八级总体	1200	3.67	29.00	9.1504	2.11649
本族语口语	25	2.47	6.14	3.7364	.90871
本族语议论文	50	8.08	25.11	13.6226	3.05302
本族语小说	100	5.39	34.08	9.3742	3.32496

(11) 本族语口语＜四级总体＜八级总体＜本族语小说＜本族语议论文

最后，观察一下各类语料中含有接续词的句子比例。使用接续词可以使文本中的句子相互之间发生关联。因此可以假设，使用接续词的句子比例越高，句子间的关联性越密切，逻辑性越强。观察表11-10可知，在该项指标上，本族语语料中的口语语料最低，小说次之，议论文最高，达到了口语的近4倍。这符合这三种文体的基本特征，验证了以上假设。

表11-10　含有接续词的句子比例一览

	样本数	极小值	极大值	均值	标准差
2007-4	400	.00	47.06	15.1458	9.80884
2007-8	400	.00	62.50	19.6321	11.92455
2008-4	400	.00	71.43	22.6659	12.23725
2008-8	400	.00	75.00	23.5763	12.41749
2009-4	400	.00	53.85	17.0494	11.06967
2009-8	400	.00	66.67	21.3349	12.18584
四级总体	1200	.00	71.43	18.2870	11.52512
八级总体	1200	.00	75.00	21.5144	12.27430
本族语口语	25	1.77	15.73	6.2588	3.17303
本族语议论文	50	8.84	42.73	23.5342	7.96646
本族语小说	100	3.50	31.44	11.7963	5.03124

而在学习者语料中，含有接续词的句子比例普遍较高，均超过了本族语口语和小说的水平。从整体上看，较为接近本族语议论文。这说明，学习者在写作过程中，非常注重句子之间的关联性。而八级语料中含有接续词的句子比例普遍高于四级语料，也显示了学习者在语言水平上的差异。

(12) 本族语口语＜本族语小说＜四级总体＜八级总体＜本族语议论文

当然，本节探讨的内容仅仅反映了学习者产出特征的一个侧面。为了更加准确、详尽地把握中国日语学习者的语言习得情况，尤其是词汇运用的状况，我们还需要对学习者产出的词汇量和高频词目等加以观察和对比。在本章的第3、4节，笔者将就这些问题进行进一步的观察和讨论。

3. 中介语词汇量的对比研究

二语习得研究的实践表明，词汇量的多寡不仅对于学习者能否正确理解和使用目标语言具有重要意义，也关系到他们能否合理运用交际策略，顺利完成各种交际任务。因此，二语习得词汇研究的焦点问题之一就归结为，学习者需要掌握多少词汇以及哪些词汇才能够较好地满足口语以及书面语的交际需求。

在不同学习阶段，为了实现特定教学目标，应该使学习者的词汇量达到怎样的水平？这是每一个教学计划制定者都需要着重考虑的问题。由于高频词汇是目标语文本中出现频率较高的一些词，因此，相比那些相对生僻的词语，熟练掌握高频词汇对于提高学习者的理解和产出能力、改善教学效果具有更加重要的意义。

运用语料库工具，一些学者就此进行了有益的探索。Nation & Waring（1997）指出，阅读理解需要的基本词汇量为3000-5000个高频词群，口语与写作需要的基本词汇量大约为2000～3000个高频词群。甄凤超（2005）则以中国学习者英语口语语料库（COLSEC）和BNC（British National Corpus）口语部分、ICE（International Corpus of English）的口语部分为素材，考察了中国英语学习者口语与英语母语口语在词目覆盖率及常用词目使用上的差异后指出，中国学习者掌握的口语词汇量较少，并且过度使用了某些常用词汇。大多数中国学习者没有完全掌握英语会话的常用词汇，会话缺乏足够的交互性。

通常，在低年级阶段，我们要求学习者能够逐步具备口语交际能力。随着学习的深入，再逐渐过渡到对书面语的理解和产出。在本族语的口语、小说、议论文等不同类型的

文本中，高频词的分布状况不尽相同。相应的，在不同的学习阶段，学习者需要掌握的词汇及其数量也必然存在着差异。准确把握各类本族语文本中词汇的覆盖率以及高频词的分布状况，对于合理设置教学内容、顺利实现教学目标具有重要意义。而观察学习者产出中的词汇分布将帮助我们更为准确地掌握中国日语学习者语言发展的特点。通过采取相应对策将有助于提高学习者的学习效率，改善教学效果。

本节重点考察日语本族语语料和学习者语料在词汇量方面的特点，以便深化对中国日语学习者内部中介语形成状况的认识。

与上节相同，笔者将各种类型的日语本族语语料和学习者语料作为比对、分析的对象，语料构成及单词数详见表11-11。

表11-11 各类语料构成一览

语料	本族语语料			学习者语料					
	会话	小说	议论文	2007-4	2007-8	2008-4	2008-8	2009-4	2009-8
篇数	25	100	50	400	400	400	400	400	400
单词数	339,076	2,863,517	2,922,650	87,004	107,943	83,591	102,428	82,338	105,245

经过SPSS归并和手工校对后获得的各类语料的词目数如表11-12所示。除了2007年四级作文所含词目数偏多以外[1]，八级作文的词目数（均值3952）普遍多于四级作文（均值3406）。这从一个侧面显示，高年级学习者的表达较低年级更为丰富[2]。但是，与本族语语料相比，差距都非常大。四级语料所含词目数的均值仅为本族语会话的约1/4，不到本族语书面语的1/10。八级语料中的词目数均值也不到本族语会话的1/3和本族语书面语的1/8。这一方面可能是受到了命题作文题材的制约。但是，结合其他学习者产出研究以及教学实践可以发现，学习者能够熟练应用的词目较少也是一个不争的事实。

表11-12 各类语料词目数一览

语料	学习者语料						本族语语料		
	2007-4	2007-8	2008-4	2008-8	2009-4	2009-8	会话	小说	议论文
词目数	3887	3711	3107	3939	3224	4206	13485	34108	35271

---

1 2007年四级作文题为「感動を覚えた一冊の本（令人感动的一本书）」，相比其他命题可能更容易发挥。而2007年八级作文题为「私の人生設計（我的人生规划）」，命题较为抽象，在一定程度上限制了学生的产出。

2 日语专业四八级考试作文的篇幅不同，四级要求350～400字，八级要求450～500字。这对于学习者产出的丰富程度也有一定影响。

各个语料库中词目覆盖率与词目数的对应关系如表11-13所示（词目按出现频次高低降序排列）。例如，在本族语会话语料中，前28位高频词目的覆盖率为45%，而在小说语料中，前20位高频词目的覆盖率就达到了这个比例。

由表11-13可知，在词目覆盖率达到40%之前，各类语料中的高频词目数量相差不大。之后，本族语语料的词目数迅速增加，学习者语料的增长则相对缓慢。此外，学习者语料中的词目数量普遍较少，高频词目使用频率则偏高。例如，在本族语小说或是议论文中，出现频次前1000位的高频词目的覆盖率不过是80%左右，而在学习者语料中，普遍达到了93%以上（表11-14）。

表11–13　词目覆盖率与词目数对应表[1]

类型 覆盖率	会话	小说	议论文	四级			八级		
				2007	2008	2009	2007	2008	2009
5%	1	1	0	0	1	0	0	1	0
10%	2	2	2	1	2	2	2	2	1
15%	4	3	3	3	3	3	3	3	3
20%	6	4	5	4	4	4	4	4	4
25%	9	6	6	5	6	5	5	6	5
30%	12	7	8	7	7	7	7	7	7
35%	16	10	11	9	10	9	10	10	9
40%	22	14	15	12	13	11	13	12	12
45%	28	20	21	16	16	15	17	16	15
50%	37	32	33	22	21	20	22	21	20
55%	51	52	56	31	29	28	30	29	27
60%	73	87	99	45	39	40	42	41	39
65%	109	154	185	67	55	56	59	59	58
70%	165	284	344	101	79	79	85	87	87
75%	260	521	593	151	114	115	126	128	137
80%	437	930	995	235	172	170	187	192	220
85%	783	1662	1695	380	264	267	294	307	362
90%	1520	3075	3057	646	440	463	495	540	619
95%	3559	6631	6451	1279	860	912	987	1118	1246
100%	13485	34108	35271	3887	3107	3224	3711	3939	4206

1　表中首列数字显示了覆盖率区间，例如"5%"表示"0% ～ 5%"的区间。由于使用频率最高的词目占比有时会超过5%，所以，部分语料的该区间统计数字为0。

表 11-14　词目覆盖率一览表

类型 词目数	会话	小说	议论文	四级			八级		
				2007	2008	2009	2007	2008	2009
100	63.92	61.18	60.06	69.84	73.14	73.14	71.95	71.72	71.48
300	76.47	70.42	68.80	82.59	86.34	86.11	85.17	84.69	83.11
500	81.16	74.65	73.38	87.65	91.11	90.63	90.08	89.27	88.09
1000	86.93	80.62	80.04	93.36	95.83	95.53	95.07	94.25	93.64
1500	89.89	84.13	83.88	95.96	97.63	97.49	97.09	96.43	96.02
2000	91.80	86.55	86.47	97.42	98.67	98.51	98.21	97.68	97.41
2500	93.13	88.38	88.38	98.41	99.27	99.12	98.88	98.50	98.36
3000	94.12	89.81	89.85	98.98	99.87	99.73	99.34	98.99	98.85

　　为了较为直观地显示各类语料中词目数量与覆盖率的相互关系，笔者根据表11-13制作了词目覆盖率曲线对比图。[1]由图11-1可见，本族语小说和议论文的词目覆盖率曲线基本重合，随着覆盖率的上升，词目数量增长迅速。尤其在95%至100%区间，集中了28000多个词目，占所有词目的80%以上。其中大量词目的出现频次仅为1或2。这说明，这两类文本题材广泛，表达富于变化，因此出现了大量低频次词汇。相比之下，本族语会话中的语汇就显得不那么丰富。词目覆盖率曲线也相对平缓。而学习者使用的词汇数量就更少。尽管其中存在着作文题材等制约因素，但仍在一定程度上说明，中国日语学习者书面语产出中的词汇量非常有限。同时，存在着对部分高频词目过度使用的现象。

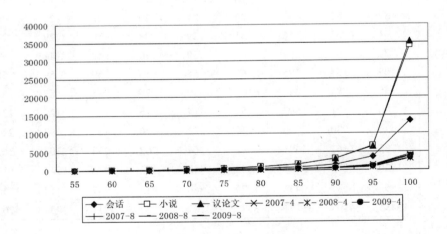

图11-1　词目覆盖率曲线对比图

1　在词汇覆盖率达到50%以上后，各类语料中词目数量的差距才显著起来，故笔者取该部分数据制成图11-1。

那么，学习者需要掌握多少词汇才能成功地进行口语或书面语交际呢？迄今为止，学者们尚未达成共识。Bonk（2000）推断日本学习者掌握的单词覆盖率至少需要达到95%，才能成功地进行口语交际。其他基于书面语的研究结论则多在95%至99%之间。如果我们将单词覆盖率目标定为95%，由表11-13可知，为了较为成功地完成口语交际任务，学习者至少需要掌握3559个单词，而要顺利完成书面语交际任务，则词汇量须达到6451以上。

4．中介语高频词目的对比研究

以下，对比各类语料中位居前300位的高频词目，探讨其间的异同。

首先，观察一下高频词目中自立词的数量和词汇覆盖率（表11-15）。为了更加直观地考察各类语料中高频词目分布的差异，笔者根据表11-15制作了图11-2、11-3。

表11-15　前300个高频词目中自立词分布一览表[1]

	会话	小说	议论文	2007-4	2008-4	2009-4	2007-8	2008-8	2009-8
名词	88	98	119	121	111	121	127	120	127
	7.4137	6.8416	8.7520	16.1744	17.4119	17.8862	19.5289	20.0315	16.3069
代名词	19	16	11	8	8	9	8	8	10
	3.7104	2.2758	1.3722	3.4758	4.1571	4.1718	3.3258	2.0853	3.1270
动词	56	64	49	59	52	47	53	53	45
	9.7073	9.9172	10.5481	11.1271	12.1440	11.5013	12.2631	11.7518	11.4140
形容词	5	7	9	14	17	17	7	13	13
	1.8235	1.1253	1.0675	1.4183	2.3076	2.0136	1.1107	1.9057	1.8579
形容动词	5	1	1	10	10	13	9	9	11
	0.3684	0.0269	0.0346	1.0138	0.9224	2.1751	0.8125	0.8478	1.4520
副词	16	14	16	16	27	20	22	21	24
	2.0901	1.0476	0.8265	1.4541	2.7098	2.1058	1.8790	1.6705	1.8141
感叹词	14	4	0	1	0	1	0	0	1
	1.7925	0.1573	0.0000	0.0862	0.0000	0.0632	0.0000	0.0000	0.0618
接续词	3	3	5	3	3	3	4	6	4
	0.2268	0.1929	0.3893	0.3839	0.5312	0.3546	0.4613	0.5745	0.5083
连体词	7	7	7	6	7	5	5	7	6
	0.9340	0.8742	1.0845	1.8470	0.9081	0.7250	0.9394	1.0037	1.2381

---

[1]　每个单元格的上方数据为该类词目数量，下方为该词类的覆盖率数据。以下同。此外，在MeCab的解析结果中，数词被归入了名词类。

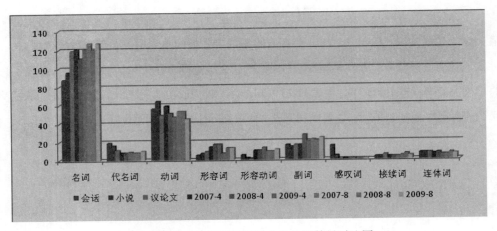

图11-2　前300位高频词目中自立词数量对比图

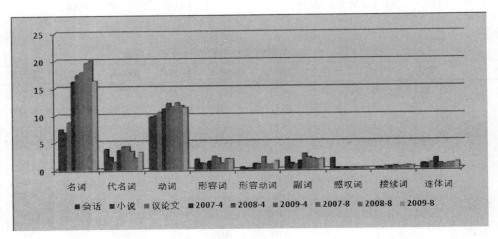

图11-3　前300位高频词目中自立词覆盖率对比图

　　结合表11-15和图11-2、11-3可知，除了连体词以外，中国日语学习者与本族语使用者对高频词目的实用均存在着一定差异，主要表现为对各类词汇的过度使用。

　　相比本族语语料，学习者语料中的高频名词、形容词、形容动词、副词不仅数量明显偏多，而且覆盖率也相对更高。尤其是名词，与词目数量相比，覆盖率的差距更为明显，体现出对部分词汇集中使用的趋势。

　　与本章第2节的结论相似，学习者对于高频形容词、形容动词也存在着过度使用的倾向。这可能是由于与动词相比，形容词、形容动词等使用相对简单、不易出错，在教学过程中导入也较早。因此，学习者对其更加熟悉。副词使用较多则可能部分由于母语的

344

负迁移[1]。

代名词、动词的分布情况则有所不同。从词目数量来看，学习者语料普遍少于本族语语料。但从覆盖率来看，学习者语料却均高于本族语语料。这说明，学习者熟练掌握的词目相对较少，但是却出现了对特定词汇过度使用的倾向。

在接续词方面，尽管学习者语料中高频词目的数量与本族语较为接近，覆盖率却普遍较高。这说明，学习者更为重视句间的意义关联。当然，这也可能在一定程度上受到了考试作文这一形式的影响。

感叹词除了在本族语会话中大量使用以外，在其他语料中均出现较少。这体现了文体对高频词目的影响。

由高频词目中附属词的分布状况也可以看出学习者产出的一些显著特征[2]（见表11-16、图11-4、11-5）。

表11-16　前300位高频词目中附属词分布一览

	会话	小说	议论文	2007-4	2008-4	2009-4	2007-8	2008-8	2009-8
助动词	21	16	13	12	12	11	12	12	12
	14.4422	12.6153	9.7564	11.6190	10.2236	9.9359	9.9804	8.4096	9.4524
格助词	10	9	9	9	9	9	9	9	9
	11.1916	17.8730	19.0482	18.5578	17.5582	19.6543	19.4102	18.8525	19.6266
接续助词	10	8	8	8	8	8	8	7	7
	5.1590	5.5350	5.0365	4.4734	5.5568	4.6818	5.3446	4.9499	4.8564
係助词	2	2	3	3	2	3	3	3	3
	3.6676	5.1423	5.0997	6.8250	6.8955	6.5826	5.3074	6.0520	6.2474
副助词	11	13	11	8	9	9	7	8	9
	2.4410	1.6374	1.4908	1.0987	1.5230	1.6991	1.2683	1.9389	1.8842
准体助词	1	1	1	1	1	1	1	1	1
	2.4906	1.5351	1.2022	0.5161	0.7848	0.6826	0.7550	0.5491	0.7706
终助词	11	7	4	2	4	3	1	1	1
	5.9208	1.6214	0.4180	0.1540	0.4427	0.2344	0.2603	0.2809	0.2822
复合辞	2	1	4	2	2	3	3	3	3
	0.1085	0.0666	0.1996	0.1253	0.3015	0.3522	0.3567	0.3239	0.3374
接头辞	2	3	5	3	1	3	2	4	2
	0.9078	0.3415	0.2844	0.3712	0.1328	0.1724	0.1992	0.1824	0.1397

1　汉语中常常在形容词前添加"很""非常"等表示程度的词，这导致了在学习者语料中，「とても」「なかなか」「一番」等副词的使用频率偏高。关于母语负迁移，参见何淑琴（2010）等研究。

2　严格说来，接头辞和接尾辞属于构词成分，不属于词类。但是，两者也是考察学习者词汇使用能力的重要内容。因此，笔者以MeCab的解析结果为准，未作特别调整。

	会话	小说	议论文	2007-4	2008-4	2009-4	2007-8	2008-8	2009-8
接尾辞	17	26	25	14	17	14	19	15	12
	2.1662	1.6518	2.1863	1.8700	1.8256	1.0276	1.9659	3.2821	1.7342

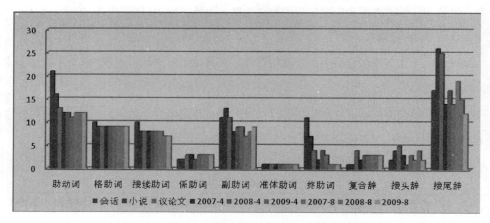

图 11-4　前 300 位高频词目中附属词数量对比图

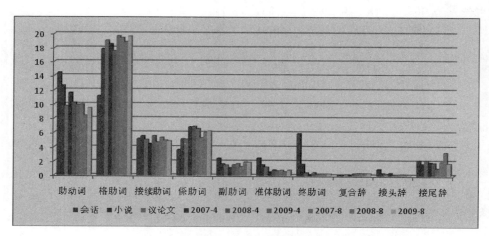

图 11-5　前 300 位高频词目中附属词覆盖率对比图

在接续助词的使用上，中国日语学习者与本族语使用者较为接近。但是，在其他附属词方面则存在着一定差异，主要可以分为使用不足和过度使用两类。

首先，在本族语各类语料的高频词目中，助动词的数量远较学习者语料多。除议论文以外，覆盖率也较学习者语料高。究其原因，一方面是由于文体的关系，本族语会话中出

现了大量口语化助动词，如「じゃ」「てく」「てる」[1]等。在本族语的其他类型素材中，它们的出现频率有所降低。考试作文作为书面语，自然较少使用这些助动词。另一方面，从这些高频助动词的具体使用情况也可以看出学习者使用能力的不平衡。学习者普遍能够熟练使用表示时制、态、否定的「た」「（ら）れる」「ない」等助动词，但是却很少使用在本族语语料中频繁出现的表示推断语气的「そうだ」「みたいだ」「らしい」。这说明，学习者对这些助动词的使用能力偏弱，有必要在教学过程中有意识地加以强化。

其次，学习者对于日语终助词使用较少。终助词在句中主要表示各类语气。因此，无论是高频词目的数量还是覆盖率，本族语会话语料都远高于小说等其他素材。不过，学习者语料中高频终助词的数量和覆盖率甚至普遍低于作为书面语代表的本族语议论文，表现出了明显的使用不足倾向。由此，也导致了学习者产出不够生动，缺乏交互性，比较接近于"自言自语"。

在准体助词「の」的使用上，本族语语料的使用频率远高于学习者语料。该助词在句中的主要作用是将长定语转换为名词结构。学习者产出中的句子结构相对简单，使用该词较少，与本族语语料存在明显区别。

此外，尽管学习者使用的高频接头辞数量较多，但是覆盖率普遍偏低。

另一方面，尽管各类语料中出现的高频格助词、係助词和复合辞词目数量基本相同，但是结合覆盖率可以发现，还是存在着不同程度的使用过度的倾向。

首先，在本族语口语中，由于出现了大量的格助词省略现象，所以覆盖率明显偏低。相比其他本族语语料，学习者语料中的格助词覆盖率普遍高于本族语语料，表现出轻微的使用过度倾向。

在係助词方面，尽管词目数量区别不大，但是在学习者语料中，係助词的覆盖率明显高于本族语语料。这主要是由于学习者对「は」的过度使用。尤其是在四级作文中，「は」的覆盖率位列高频词榜首，与本族语语料差异显著。之所以出现这一现象，是由于「は」在日语教学中导入最早，使用也最频繁，导致了滥用倾向的出现。相对而言，在八级语料中，「は」的排名和覆盖率都有所下降，呈现出向本族语接近的趋势。除此之外，「こそ」也使用偏多，这一点大多数先行研究均未提及，值得进一步深入探讨（表11-17）。

1　由于语法立场不同，部分研究者并不将这些表达形式归入助动词，本文以 MeCab 依据的理论体系为准。

表 11-17　各类语料中係助词使用情况一览

		谈话			小说			议论文	
	排名	检出数	覆盖率	排名	检出数	覆盖率	排名	检出数	覆盖率
は	7	7440	2.1942	5	103645	3.6195	4	106916	3.6582
も	11	4996	1.4734	12	43607	1.5228	12	41283	1.4125
こそ	×			×			286	848	0.0290
		2007-4			2008-4			2009-4	
	排名	检出数	覆盖率	排名	检出数	覆盖率	排名	检出数	覆盖率
は	1	4617	5.3067	1	4162	4.9790	2	3971	4.8228
も	13	1286	1.4781	12	1602	1.9165	12	1423	1.7282
こそ	266	35	0.0402	×			294	26	0.0316
		2007-8			2008-8			2009-8	
	排名	检出数	覆盖率	排名	检出数	覆盖率	排名	检出数	覆盖率
は	4	4276	3.9613	3	4174	4.0711	3	4687	4.4534
も	14	1408	1.3044	12	1987	1.9380	12	1843	1.7512
こそ	256	45	0.0417	247	44	0.0429	245	45	0.0428

　　学习者对副助词和接尾辞的使用状况具有一定的共通之处。从词目数量上看，本族语语料普遍多于学习者语料。从覆盖率来看，两者差距却不大。可见，学习者熟悉的副助词或接尾辞数量较少，但是对其使用偏多，存在着一定的过度使用倾向。

　　最后，在学习者语料中，复合辞的使用频率也明显高于本族语语料。这可以归因于训练迁移。复合辞不仅是日语教学的重要内容，也是日本语能力测试等各类考试的主要考察对象之一。因此，学习者对其非常熟悉，使用自然也更加频繁。

5. 结语

　　在本章中，笔者运用计算机自动分词和词汇分类统计技术，对本族语语料和学习者语料进行了对比、分析，探讨了其在词汇构成、词汇量和高频词目等方面表现出的不同特征。

　　在第2节，笔者统计了学习者语料和本族语语料的词汇占比、MVR、平均句长等数据，并在本族语内部、不同级别的学习者语料之间以及学习者语料与本族语语料之间进行了多维度的观察、分析和比较。主要结论归纳如下。

　　除了动词占比以及与此相关的MVR值之外，本族语小说确实在各项指标上都介于本族语口语和议论文之间。由此，以实证方式验证了学者们的假说。

在修饰词、代词的使用比例以及MVR等指标方面，学习者语料都远远大于本族语语料，显示出中介语的特异性。在其他方面，学习者的产出则介于本族语口语和议论文之间。结合读者/作者显现度等指标可以认为，作为书面语，中国日语学习者的产出表现出相当强的口语化倾向。

通过四、八级语料的相互对比，笔者发现，八级语料在各个方面都更加接近本族语语料。这证明，随着语言能力的增强，中介语在逐步向目标语言靠拢。但是，在动词、修饰词、代词等的应用能力方面，日语专业四年级学生与本族语使用者之间仍然存在着巨大差距，需要在教学的各个环节有针对性地加以纠正和强化。

在本文的第3节，笔者从词汇覆盖率视角出发，对各类本族语语料和学习者语料的词汇量进行了审视和对比。通过对比分析可知，为了成功地完成口语交际任务，学习者至少需要掌握3559个单词，而要顺利地完成书面语交际任务，词汇量须达到6451以上。

本文的第4节则通过与本族语语料进行高频词目的对比，探讨了学习者对不同词性词汇使用能力的差异。在学习者语料所含的高频词目中，名词、形容词、形容动词、副词等自立词以及附属词中的复合辞不仅数量较多，而且覆盖率高，表现出明显的过度使用趋势。接续词、格助词、系助词尽管词目数量相差不大，在学习者语料中的覆盖率却较高。学生能够熟练应用的代名词、动词和副助词总体词目偏少，覆盖率却差距不大，表现出对特定词汇的过度使用倾向。

另一方面，学习者对部分日语助动词、准体助词以及终助词的使用能力则明显不足。总体而言，学习者对于意义明确、构成句子主干的单词使用偏多，对于表达各类语气的词汇运用则偏少，导致表达单调、缺乏交互性。因此，有必要在教学过程中有针对性地加以强化。同时，适当抑制容易出现使用过度的词类，增加代名词、动词、副助词的导入，丰富学生的表达内容，也将帮助学习者内部的语言体系顺利向本族语靠拢。

通过以上分析，我们通过对语料素材的分析、比对，在一定程度上掌握了中国日语学习者使用的中介语的特点，也为更加全面、深入地研究中国学生的中介语形成机制提供了一定启示。为了更好地考察中国日语学习者词汇使用能力的发展状况，有必要在本章研究的基础上，补充更多的课堂命题作文、自选主题作文等素材，并开展多维度、多视角的研究，从而进一步推动日语中介语研究的深入开展。

【研究思考题】

1. 中国日语学习者的产出在文本特征方面呈现出怎样特点？

2. 与本族语语料相比，学习者语料的词目数呈现出怎样特点？
3. 学习者在高频词汇使用方面呈现出怎样特点？

【参考文献】

常宝宝·俞士汶.语料库技术及其应用.外语研究，2009(5)

高见·戴曼纯.英语学习者主题结构的习得研究.解放军外国语学院学报，2009(1)

何淑琴.从concern看词汇习得中的负迁移问题.外语研究,2010(6)

马刚·吕晓娟.基于中国学习者英语语料库的情态动词研究.外语电化教学,2007(3)

毛文伟.论语料库信息自动筛选技术的实现及排错.外语电化教学,2007(1)

毛文伟.语料库在历时语言学研究领域的应用.外语电化教学,2009(1)

毛文伟.日语自动词性赋码器的信度研究.外语电化教学,2012a(3)

毛文伟.日语学习者产出文本特征的量化分析.解放军外国语学院学报,2012b(1)

孙海燕.中国EFL学习者搭配能力的发展特征探析.外语研究,2008(2)

王春艳.基于语料库的中国学习者英语近义词区分探讨.外语与外语教学,2009(6)

王立非·张岩.大学生英语议论文中高频动词使用的语料库研究.外语教学与研究,2007(2)

文秋芳.学习者英语语体特征变化的研究.外国语,2009(4)

文秋芳·丁言仁·王文宇.中国大学生英语书面语中的口语化倾向-高水平英语学习者语料对比分析.外语教学与研究,2003(4)

张萍.不同二语学习者词汇复杂度的语料库对比研究.中国外语,2007(3)

张雪梅·杨滢滢.英语专业学习者的时态习得现状一项基于中国英语专业写作语料库的研究.外国语文,2009(3)

甄凤超.中国学习者英语口语词汇量及常用词汇研究.解放军外国语学院学报,2005(5)

樺島忠夫·寿岳章子(1965)『文体の科学』、総芸舎

北原保雄（2002）『明鏡国語辞典』、大修館書店

工藤拓·山本薫·松本裕治（2004）「Conditional Random Fields を用いた日本語形態素解析」、『IPSJ SIG Notes』(47)

山本忠雄（1940）『文体論－方法と問題－』、賢文館

Bonk.W.J. Second language lexical knowledge and listening comprehension . International Journal of Listening,2000(14)

Granger S.A bird's-eye view of learner corpus research. Granger S, Hung J, Petch-Tyson S. Computer Learner corpora, Second Language Acquisition and Foreign Language Teaching.Amsterdam: John Benjamins Publishing Company, 2002.

Nation.P.&R.Waring.Vocabulary size, text coverage and word lists.Vocabulary:Description, Acquisition and Pedagogy. Eds. N. Schmitt and M. McCarthy. Cambridge University Press.1997.

Selinker.L. "*Interlanguage*".International Review of Applied Linguistics,1972(10)

【推荐书目】

迫田久美子（2002）『日本語教育に生かす第二言語習得研究』、アルク

小池生夫ら（2004）『第二言語習得研究の現在—これからの外国語教育への視点』、大修館書店

迫田久美子（1998）『中間言語研究—日本語学習者における指示詞コ・ソ・アの習得研究』、渓水社

野田尚史·迫田久美菁·渋谷勝己·小林典子（2001）『日本語学習者の文法習得』、大修館

第十二章
语料库与翻译研究

林璋

要旨

如今，"翻译"这门学问，包含了许多的研究对象。不仅包括语际的信息传递，还包括信息的筛选、信息的传播以及产生的影响，等等。本章拟通过语料库来考察语际信息传递。鉴于迄今为止的平行语料库在翻译研究中能够处理的课题很有限，我们提议建立翻译误差标注语料库。我们认为：

（1）作为一种行为，翻译是为跨语言交际进行沟通。

（2）翻译研究可以依研究对象分为内部研究和外部研究。语际信息传递属于翻译的内部研究的对象，而信息的筛选、信息的传播以及产生的影响等属于翻译的外部研究的对象。

（3）要建立翻译误差标注语料库，首先需要对译文进行评价。

（4）翻译误差可分为外部原因造成的翻译误差和技术原因造成的翻译误差，后者又可分为译文自身的可接受性误差和对应度方面的误差。

（5）标注项目应包括形式上的不对应、意义的误解、意义的不对应、语用意义的不对应和语体的不对应等类型的误差。

（6）翻译误差标注语料库不仅可以用于检测翻译教学的成效，还可以用于分析文学作品的译文。

現在では、「翻訳」という学問には様々な研究対象が含まれている。言語間の情報伝達だけでなく、情報の選択や伝播、そしてそれによる影響なども含まれる。本章はコーパスを通して言語間の情報伝達について観察するものである。これまでの平行コーパスが翻訳研究で対処可能な課題が限られているため、翻訳誤差タグ付きコーパスの構築を提案する。本章では以下のことを主張する。

（1）行為としての翻訳は、異言語コミュニケーションのための疎通である。

（2）翻訳研究は、研究対象によって内的研究と外的研究に分けられる。言語間の情報伝達は翻訳の内的研究の対象であり、情報の選択や情報の伝播、それによって生まれた影響は翻訳の外的研究の対象である。

（3）翻訳誤差タグ付きコーパスを構築するには、まず最初に訳文の評価を行う必要がある。

（4）翻訳誤差は外部の原因による翻訳誤差と技術的原因による翻訳誤差に二分でき、後者はさらに訳文自体の受容性誤差と対応度の誤差に分けられる。

（5）形式上の不対応と意味の不対応、語用論的意味の不対応、文体の不対応といった種類の誤差にはタグを付与する必要がある。

（6）翻訳誤差タグ付きコーパスは、翻訳教育の成果の検証以外に、文学作品の訳文の分析にも利用可能である。

351

1. 翻译的内部研究与外部研究

1.1　翻译是什么

交流对于人类来说是非常重要的事情，这种交流并不会因为语言不通而受到阻碍。希望交流的双方即便言语不通，还可以通过翻译来进行。这个情况早在《礼记王制第五》之中就有记载："五方之民，言语不通，嗜欲不同。达其志，通其欲，东方曰寄，南方曰象，西方曰狄鞮，北方曰译。"而《说文解字》对"译"的解释是："传译四夷之言者。从言睪声。羊昔切。"先贤对翻译的认识是非常到位的，指出了翻译中最核心的问题：消除语言障碍，传达说话人想法，进行跨语言交际。由此可见，作为一种行为，翻译是为跨语言交际进行沟通。

随着跨语言交际在其深度和广度上的拓展，人们对翻译的认识也不断提高。东晋道安在佛经翻译中总结出的"五失本"和"三不易"，提起了可译性的问题。严复的"信达雅"是其本人的翻译追求，也是其翻译策略。但是，无论译者如何努力，不可译的问题总是无法逾越的。对此，翻译界出现了2种相反的翻译策略：直译和意译。所谓直译，就是较多地关注如何再现原文的要素，因此或多或少会影响译文的可读性。而所谓意译，就是首先考虑译文的可读性，因此多少会偏离原文的表达方式。

1.2　翻译研究

然而，作为翻译研究，问题却要复杂得多。首先是跨语言交际效果的问题。既然翻译要"达其志"，即传达言说者的想法，那么就必须更多地表达原文的要素。但是，由于语

言和文化的不可译，有时原文的某些要素对译文接受者而言会产生与原文不同的解读。从微观层面看，如（1）的「雪国」开篇第一句的译文。

(1) 国境の長いトンネルを抜けると雪国であった。

  a. 穿出长长的国境隧道就是雪国了。（侍桁译1981）

  b. 穿过县界长长的隧道，便是雪国。（叶谓渠译1985）

  c. 穿过县境上长长的隧道，便是雪国。（高慧勤译1985）

  d. 穿过边界上的漫长隧道，来到了雪国。（尚永清译1997）

  e. 穿出两县之间长长的隧道，就是雪国了。（林少华译2012）

  这个例子可以看到语言的不可译和文化的不可译。语言的不可译表现在「トンネルを抜けると雪国であった」。这里，「トンネルを抜けると」表示移动已经实现，「雪国であった」则是「抜ける」这个行为实现时的"发现"。而助词「と」本身表示既定条件，表示「抜ける」是一次性的动作。但是，汉语译文中，（1a）–（1c）和（1d）使用"穿出/穿过+隧道+便是/就是雪国（了）"这样的形式翻译。从形式对应的角度看，应该说与原文基本一致。但是在意义的传达方面存在两个问题。一、汉语中这种句式不表示一次性的行为，因此其中的"穿出"或"穿过"也不表示一次性的行为。二、汉语中，这种句式不用于表示"发现"。"穿出/穿过+隧道+便是/就是雪国（了）"经过抽象可以描写为"穿出/穿过+场所+便是/就是场所（了）"。在北大语料库（CCL）中，我们检索到以下这样的说法。

（2）a. 他在村前稍仁，再一次察看地形，确信这便是数年前来过的地方，<u>穿出</u>村子往那边山弯一拐，<u>便是</u>独家独院的孟氏宅落。（CCL）

  b. 这里是城区和乡下的交界处。从轮船公司往南，<u>穿过</u>一条深巷，<u>就是</u>北门外东大街<u>了</u>。（CCL）

  c. 往南不远是霞飞路；往北，<u>穿过</u>两条横马路，<u>便是</u>静安寺路、南京路。（CCL）

  从以上例句可以看出，在"穿出/穿过+场所+便是/就是场所（了）"这个句式中，从句表示恒定条件。因此从句中的"穿出/穿过"不表示实际的移动，整句话表示场景配置。相比之下，（1c）的"来到了雪国"，虽然形式上与原文不同，使用了动词"来"，但是其从句中的"穿过"则可以表示移动。不足之处是仍然缺少"发现"的语义。作为文学作品，这里的"发现"可以导致相应的解读。即由"发现"带来的某种情感，诸如惊喜。缺少了"发现"，相应的解读也就无法产生。

其次是文化不可译的问题。原文的「国境」，曾有过「こっきょう」读法和「くにざかい」读法之争。但是，首先有一个前提是不争的。那就是没有出日本国。在日本人的百科知识中，出国境而不离开日本国，那就只剩下一种解释：那国境是历史上战国时代诸侯国之间的边界。从语言表达上看，「雪国」和「国境」之间有「国」作为联系的纽带。过了「国境」进入「雪国」是必然的结果。但是，对于普通的中国读者而言，"国境"可以表示日本历史上战国时代诸侯国之间的边界这种背景知识并不是必备的。因此，当我们看到（1a）的"国境"时，我们首先就会认为火车要出日本国。（1b）和（1d）译作"县界"，（1c）译作"县境"。但是，过了"县界/县境"进入"雪国"这种说法，至少在关联上是有缺陷的。（1d）的"边界"与"雪国"不矛盾，但是已经没有了与历史关联的意义。这样的"边界"已经是冗余的，还不如不要。实际上 Seidensticker 的英译本就没有与「国境」对应的部分（The train came out of the long tunnel into the snow country.）。

翻译是跨语言交际。在笔译中，这种信息传递是单向的。因此，从宏观层面上看，在进入语言转换操作之前，首先要处理的是信息筛选。即要翻译什么或不翻译什么。韦努蒂（1996/2000：365-366）以日本小说英译为例指出，上世纪50和60年代翻译出版的日本文学作品主要集中在谷崎润一郎、川端康成和三岛由纪夫等极少数作家身上。"他们确立起来的典律，构筑的是对逝去不可复得之过往的感伤忆念。不仅译过来的日本小说经常谈及传统的日本文化，而且还痛悼因军事冲突和西方影响而招致的断裂性的社会变化；日本被再现成'一个被异化、审美化了的完美的异域国度，这与其战前好斗黩武、近在咫尺的威胁性的形象完全相反'（Fowler1992:3，着重号为Fowler所加）。""日本小说的英译典律为美国与日本的外交关系从本土给予了文化上的支持，这也是为遏制苏联在东方的扩张行为而设计的。"

在翻译作品出版之前，有些内容也会因为种种社会环境的因素进行调整。例如1989年版《挪威的森林》（林少华译，漓江出版社）略去了有关情爱描写的部分。"尤为值得一提的是《挪威的森林》（已于2001年2月出版）的修订，共增补了散布于全书数十处的约3000字，使这部名作成为名副其实的全译本。这一增补其实也是一种观念的解放，与当年《十日谈》的由节本而至全本颇为相似。同时，这一增补也是上海译文出版社对版权合同中'未得到甲方（村上）的事先书面承诺，不得变更或缩小本书的文字及其他资料'的条款的忠实履行。"（沈维藩，2001）除了在翻译过程中的这种选择性翻译，还会出现译者刻意的变更。对侍桁将川端康成的「伊豆の踊子」译作《伊豆的歌女》，王志松（2004）认为："歌女与舞女尽管都卖艺，但差别在于中文的'舞女'有伴舞的意义，也就是说与异性有身体接触，多少有些沦落风尘的意味，因此中文的'歌女'比'舞女'在词义形象上显得更加清纯，而阿薰的'清纯'正是构成这篇小说的基调——青春的浪漫气息中弥漫

着淡淡的感伤情绪——不可缺或的因素。"

翻译作品进入流通领域之后，还会造成某种影响。莫言在京都大学演讲时说："我的觉悟得之于阅读：那是十五年前冬天里的一个深夜，当我从川端康成的《雪国》里读到'一只黑色而狂逞的秋田狗蹲在那里的一块踏石上，久久地舔着热水'这样一个句子时，一幅生动的画面栩栩如生地出现在我的眼前，我感到像被心仪已久的姑娘抚摸了一下似的，激动无比。我明白了什么是小说，我知道了我应该写什么，也知道了应该怎样写。""当时我已经顾不上把《雪国》读完，放下他的书，我就抓起了自己的笔，写出了这样的句子：高密东北乡原产白色温驯的大狗，绵延数代之后，很难再见一匹纯种。这是我的小说中第一次出现'高密东北乡'这个字眼，也是在我的小说中第一次出现关于'纯种'的概念。""川端康成的秋田狗唤醒了我：原来狗也可以进入文学，原来热水也可以进入文学！从此以后，我再也不必为找不到小说素材而发愁了。"（莫言，2000）

上述这些内容都是翻译研究的对象。其中与语言转换操作相关的问题属于狭义的翻译研究，可以说是翻译的内部研究；而拟译作品的选择以及翻译作品的影响则属于广义的翻译研究，可以说是翻译的外部研究。"转换是翻译行为的本质，也是翻译学研究的支点，整个翻译学研究都是围绕着转换而展开的。如果说传播学跟翻译学研究有关的话，那么它研究的是转换结果的传播问题，而转换结果的传播则属于后翻译阶段的问题，并不是翻译本身。"（林璋，1999）

2. 译文的评价方法

2.1 特定语境中的译文评价

作者写文章，为了表达某种思想会用上许多词语以及各种语法手段。这些词语和语法手段都是表达意义的形式。以词语来说，一个词在不同的语境中可以实现为不同的意义。比如动词「打つ」，在不同的语境中就有不同的解释，如（3）。

(3) a. バットでボールを打つ

　　 b. ホームランを打つ

　　 c. 波が岸壁を打つ（以上：『明鏡国語辞典』）

（3a）中，「ボール」是「打つ」的对象，与之接触的是工具「バット」。（3b）中的「ホームラン」则是「打つ」这个动作的结果。而（3c）中，与「打つ」的对象接触的，是以主格标记的「波」。

翻译文章，目的在于传达原文的思想。因此，翻译首先考虑的是特定的意义在译入语中的表达，而不是与原文形式的绝对一致。以「打つ」为例而言，不同的意义可以由同一个形式「打つ」来实现。但是，在翻译的时候，一般不要求以同一种形式来对应「打つ」，如（4）。

（4） a. 用球棒击球

　　 b. 打出/击出本垒打

　　 c. 波浪拍打/击打岸壁

「打つ」的例子容易理解，因为双语词典中就列有许多译词。而词典不收录的"用法"，在翻译处理时就不那么直观了。

(5)「駅長さんもうお帰りですの？」(「雪国」)

　　 a. "站长，您回家吗？"（侍桁译1981）

　　 b. "站长先生这就回家了？"（叶谓渠译1985）

　　 c. "您这就回去？"（高慧勤译1985）

　　 d. "站长，您这是下班了？"（尚永清译1997）

　　 e "您要回去了？"（林少华译2012）

这里的「駅長さん」在句中做主语，是以职务来称呼对方，是第二人称的尊敬说法。也许因为助词被省略，（5a）和（5d）将这个成分处理成了"呼语"。（5b）译作"站长先生"，（5c）和（5e）译作"您"。按照汉语一般的表达习惯，（5b）的"站长先生"更容易被理解为第三人称，而不是第二人称。因此（5c）和（5e）的"您"是比较好的。当然还有一种处理方式，那就是把（5a）和（5d）的逗号删除，说成"站长您"。这时，"站长"就不再是"呼语"，而是"您"的同位语。这种说法汉语中很常见。如（6）。

（6） a. 岳福春看着市长，语气坚定地说："市长您放心，俺不光自己多种棉，种好棉，保证带动俺左邻右舍多种棉。"

　　 b. 那办事员仍辩解说："院长您别说开了我们，就是杀了我们也办不了这事啊。……（略）"（以上：CCL语料库）

356

2.2 译文评价的技术指标

对译文进行评价，是翻译内部研究的最主要内容之一。对译文进行评价，首先我们要确立一个观念，即译文是原文的复制品，准确地传达原文的内容是译者的使命。但是，从以上事例可以看到，在语言转换操作中译者会受到译入语社会的价值观等因素的制约而做出取舍或变更之类的调整。王东风（2003）说："在翻译过程中，除了语言操作平台在起着显性的作用之外，还有一个意识形态的隐性作用力也在对翻译行为施加压力。忽视这一隐性平台的作用，在有些问题上难免会出现认识上的片面性。"在译文评价的过程中，上述因素的确有必要考虑到。不过，这种因外部原因引起的翻译误差，可以与译者的技术原因所造成的翻译误差区分开来考虑。

$$
翻译误差
\begin{cases}
外部原因造成的翻译误差 \\
\\
技术原因造成的翻译误差
\end{cases}
$$

进行译文评价时，更多地考虑在排除外部原因造成的翻译误差之后，其余部分在翻译技术的运用上是否合理。

从大的方面说，好的译文必须同时具备两个条件：译文本身的可接受性和译文与原文的最大对应关系（林璋，2008）。译文本身的可接受性包含两个方面的内容：（i）符合译入语广义上的语法规范，（ii）不因社会文化因素的差异造成理解上的困惑。广义的语法规范包括搭配等问题，如（7）。

（7）a. 对德国的监听是从反对伊拉克战争的元首相施罗德时代<u>开始持续</u>的。（学生译文）

　　b. 这在都道府县中是<u>初次的措施</u>。（学生译文）

　　c. 岐阜大学在18日，<u>将</u>对该試験室的考生是否要参加24日举行的再試験进行确认。（学生译文）

　　c. 尽管是衰弱的体力，却<u>也在微弱的程度上</u>显出一种甜蜜的和谐。（尚永清译《雪国》，1997）

社会文化因素如「浴衣」。引文长了些，主要想说明日本的「浴衣」是可以穿着离开房间进入公共场所的。

(8) しかし、島村は宿の玄関で若葉の匂いの強い裏山を見上げると、それに誘われるように荒っぽく登って行った。

なにがおかしいのか、一人で笑いが止まらなかった。

ほどよく疲れたところで、くるっと振り向きざま浴衣の尻からげして、一散に駆け下りて来ると、
足もとから黄蝶が二羽飛び立った。（「雪国」）

a. 到了相当疲倦的时候，他抓起单衣服底襟掖在腰带上，转过身就不停步地往山下跑去，在他的脚底
下有两只黄色的蝴蝶向空飞起。（侍桁译1981）

b. 这时，他恰巧觉得倦乏，便转身撩起浴衣后襟，一溜烟跑下山去。从他脚下飞起两只黄蝴蝶。（叶谓
渠译1985）

c. 直到觉得累了，才一转身，撩起浴衣的后摆，一口气跑下山来。这时，脚下飞起一对黄蝴蝶。（高慧
勤译1985）

d. 等他感到适当地累了，一转身，掖起单衫的后襟，一溜烟儿跑下山来。只见两只黄蝴蝶从他脚底下
飞了起来。（尚永清译1997）

e. 差不多爬累的时候，他一转身撩起和服后襟，一溜烟跑下山来。两只黄蝴蝶从脚前飞起。（林少华译
2012）

　　『明鏡国語辞典』对「浴衣」的解释是，「木綿で仕立てたひとえの着物。湯上がりに、
また、夏のくつろぎ着として着る」。（8a）的"单衣服"和（8d）的"单衫"，想必是取
单层没有衬里的意思。但是，普通中国读者看到有必要"抓起单衣服底襟掖在腰带上"或
"掖起单衫的后襟"这样的译文，比较容易想到的就是长衫。（8b）和（8c）译作"浴衣"，
应该是取其浴后穿用这一功能。但是，普通中国读者也许会感到疑惑：日本人真的可以穿
着"浴衣"进入公共场所吗？（8e）译作"和服"，至少在不对照原文的情况下，不会让
普通读者产生误解。

　　在满足了译文本身的可接受性之后，还有必要考虑译文与原文的对应关系。总的说
来，翻译是在不可译的情况下进行的作业，因此译文与原文的绝对对应是做不到的。因
此，提高译文与原文的对应度是翻译研究的重要内容之一。对应度是一个弹性概念，其内
部有程度差异，但是对应度的高低还是可以判断出来的。以（9）来看，（9c）和（9e）的
对应度要高于其他译文。

(9)「駅長さんもうお帰りですの？」（「雪国」）

a. "站长，您回家吗？"（侍桁译1981）

b. "站长先生这就回家了？"（叶谓渠译1985）

c. "您这就回去？"（高慧勤译1985）

d. "站长，您这是下班了？"（尚永清译1997）

e "您要回去了？"（林少华译2012）

「駅長さん」的问题前面分析过，「お帰りです」如果仔细分析的话，（9d）"下班"的对应度是最低的。（9c）和（9e）的"回去"，对应度高于（9a）和（9b）的"回家"。因为「帰る」的去处并非仅限于"家"。

要提高译文质量，就有必要对这种细节进行推敲。若要对译文质量进行较为全面的评估，我们可以把需要评估的译文制作成语料库，并对其中的翻译误差进行标注。这样就可以比较方便地评估译文质量。

一篇译文总是有对的部分也有错的部分；既有对应度高的部分，也有对应度低的部分。以公开出版的译文看，总的说来，译得好的部分要多于译得不好的部分。换一句话说，译得好的部分是无标记的，而译得不好的部分是有标记的。因此，我们可以针对译得不好的部分进行标注。

对译文进行标注，就需要一套完整的评估指标。这里暂且将其称作翻译误差评估指标。这套指标需要应对以下翻译误差：

1）译文自身的可接受性误差；

2）对应度方面的误差。

对应度误差方面需要标注的有误译部分和对应度低的部分。需要标注的主要有以下项目：

1）形式上的不对应；

2）意义的误解；

3）意义的不对应；

4）语用意义的不对应；

5）语体的不对应。

为了方便对语料库的检索，有必要将评估指标标签化，制作成评估指标体系。

3. 基于语料库的翻译研究

3.1 平行语料库与翻译研究

通过语料库研究翻译，首先是需要建立可用于翻译研究的语料库。这种语料库一般称

作平行语料库，由原文和译文构成。对齐后可以通过对原文或译文一方的检索同时获取另一方的语料。由北京日本学研究中心研制的《中日对译语料库》就是这种平行语料库。

语料库的使用，在很大程度上受到检索方法的制约。从迄今为止的语料库翻译研究看，通过语料库研究翻译主要有两种途径：（i）基于生语料的研究，（ii）基于赋码语料的研究。

基于生语料的翻译研究案例如：

1）莎剧汉译本中"被"字句应用于译者风格研究（胡开宝2011：116-121）

2）汉语"把"字句与英语语句的对应关系（胡开宝2011：149-151）

3）英译汉文本中人称代词的显化特征（王克非2012：104-114）

基于赋码语料的翻译研究案例如：

1）翻译汉语的词汇简化与显化（王克非2012：80-90）

2）汉译文学作品的语法显化（王克非2012：91-103）

基于生语料的翻译研究，就是通过关键词检索来分析对应说法在两种语言中的使用状况。日语方面，毛文伟（2014）也属于此类研究。基于赋码语料的翻译研究，主要是使用机器赋码语料来实施。这两类研究，分析的结果基本上是关键词及对应译文在各自语言中的分布状况，因此总体说来偏向语言对比研究。而翻译研究更关注某个词或某种句法结构在特定译文中的使用状况。这种研究不太适合使用上述两种语料库。

近来在语料库翻译研究方面出现了人工标注的尝试。王惠、朱纯深（2012）介绍了自建的用于翻译教学的平行语料库。标注的内容包括原文背景知识和翻译技巧，并附有参考译文。标注实例如（10）和（11）。

（10）　[2. 0]New rules put brakes on China car sales[2.0a]

[2. 0]贷款新规定抑制中国汽车销售[2.0a]

[2. 0a]译文根据下文（context），采用增译法增添"贷款"（addition），从而使标题明确化、具体化（clarity），帮助读者理解。原文put brakes on是俗语（vernacular idiom），它利用人们对刹车的功能联想，既有助于说明规定对于汽车销售的打击，又和文章主题紧密结合起来。译文可以看作是解释性翻译方法（explanatory translation）的一个例子。这种方法只把俗语的意思翻译出来，而不拘泥于原文形式，这就避开了因为语言形式不同而造成的行文不便，同时也使信息更清晰明确（clarity）。刹车在中英文读者中的功能联想相似，可以尝试设计一个译文，以保留原文俗语生动传神的形象。（参考译文点此）

（11）　[2. 0a参考译文]

1. 新规定出台中国汽车销售降温

这个译文为了更简练，不加"贷款"一语。因为采用了当代中国传媒话语中典型的形象化语汇"出台"、"降温"，在保留生动性的同时，令标题本土化（domestication）。注意这个译文语气比原文缓和，也不像原文般引起驾驶汽车的联想。如要保留"刹车"的意象，可尝试如下译文：

2. 新规定出台中国汽车市场刹车

更口语化的甚至可以是：

3. 贷款定新规中国车市踩闸

从（10）和（11）可以看出，这里的标注不是通常意义上的文本标注，而是以句子为单位对翻译处理的得失进行说明。

于康、田中良、高山弘子（2014a）发布了加注标签软件及其使用说明。其中一款软件 TNR_TranslationCorpus 是专门为翻译标注设计的，可以同时对原文和译文进行标注。从软件附带的标注集看，标签是为文本表达形式的语法、语义分析准备的，汉语文本用标签和日语文本用标签各一套。标注实例如（12）。

(12) a. （〈作家の〈名詞的修飾〉+太宰治〈主語〉〉は、+〈《創設されたばかりの〈名詞的修飾〉》+芥川賞を〈目的語〉、+《のどから手が出るほど〈副詞的修飾〉》+欲しかった〈VP〉〈テンス・アスペクト〉。〉）（于康、田中良、高山弘子2014a：147）

b. （〈作家〈名詞的修飾〉+太宰治〈主語〉〉+〈《{对〈介词〉+创立伊始的芥川奖〈目的語〉}〈副詞的修飾〉》+垂涎欲滴〈VP〉，）（于康、田中良、高山弘子2014a：169）

另外，从于康、田中良、高山弘子（2014b）的汉日翻译案例分析看，分析的对象是"主动句"和"被动句"的比例，"「ている」结句"和"非「ている」结句"的比例，以及"「なければならない」结句""「必要だ／がある」结句"所占的比例等等。

以上两种人工标注的语料库各有特色，王惠、朱纯深（2012）的方案偏向翻译案例分析，而于康、田中良、高山弘子（2014a，2014b）偏向双语结构对比。

3.2 翻译误差标注语料库构想

前面说过，翻译中存在语言不可译和文化不可译的现象，因此译文无法与原文绝对一致。但是，即便排除不可译的问题，翻译操作过程中还是可能出现误译和表达不到位的译

文。在翻译教学和翻译研究中，有时我们想了解译者在翻译操作时容易出现什么样的误差，这种误差是否具有共性，等等。了解了翻译误差的类型，有助于我们改进翻译方法，提高翻译质量。

语料库的使用，关键在于检索手段。目前的翻译语料库一般是对语料本身或语法属性进行检索。如前所述，这样的检索结果更适合用于语言对比研究。一般情况下，翻译要处理的是文本。一个文本包含各种词语和语法要素。同样，作为翻译操作结果的译文也包含词语和语法要素。而翻译误差可能发生于文本的任何位置。若想通过语料库把这样的翻译结果检索出来，最可行的方法就是将翻译误差类型化，并通过标签的形式将误差类型固定下来。然后通过对翻译误差类型的检索，来了解翻译状况。

要检索翻译误差，首先就需要设计翻译误差标注集。我们以语言单位为主线，设计了一个标注集，目前尚处于测试阶段。同时，为了测试并不断完善标注集，我们选了两篇新闻报道和一篇杂文的各七篇学生译文，以及《雪国》两个译本（叶谓渠译1985，尚永清译1997）的一小部分作为翻译误差标注语料库的测试材料。

要进行翻译误差标注，首先需要判断什么是翻译误差。判断的基本原则是前面讨论的可接受性和最大对应度。但是，从长远看，语料库的标注需要有较多的人参与，而各个人对最大对应度的把握可能出现偏差。因此，此次测试没有追求译文与原文的最大对应。例如，如果追求最大对应度，那么（9）的「お帰りです」译作"回家"就会被当作翻译误差的标注对象，此次测试忽略这种程度的差异。再如（13）中的画线部分。

(13) 国境の長いトンネルを抜けると雪国であった。夜の底が白くなった。<u>信号所に汽車が止まった</u>。
　　（「雪国」）

　　a. 火车停在信号房前面。（侍桁译，1981）

　　b. 火车在信号所前停了下来。（叶谓渠译，1985）

　　c. 火车在信号所前停了下来。（高慧勤译，1985）

　　d. 列车停在信号房的前面。（尚永清译，1997）

　　e 火车在信号所停了下来。（林少华译，2012）

这是《雪国》的第一个自然段。描写主人公岛村在火车上看到的情景。第一个句子中，岛村看到"雪国"。第二个句子通过状态变化来描写雪国情景，即通过隧道内外的色彩变化对"雪国"进行补充说明。第三个句子的语序并非常规语序，常规语序应该是「汽车が信号所に止まった」。这种语序的调整，意在说明在火车移动的过程中，岛村首先看到了"信号房"，然后感觉到火车的状态变化——停下了。这三个句子是靠视觉连贯起来

的：「雪国であった」→「白くなった」→「信号所」。如果这样来看《雪国》的第一个段落，那么（13）最理想的汉语译文应该是"到信号房前火车停下了"。（13）的五个译文都没有反映这种语序带来的视觉效果。这种细微的差异，在文本分析上有可能做到，但是作为语料库素材对其进行翻译误差判断时只能忽略不计。然而,（13a）和（13d）的"停在"与另外三个译文的"停了下来"之间的差异是非常大的，有必要进行标注。因为从表达的结果看，前者表示存在的状态，后者表示变化。

对语料库素材进行人工标注，是一件繁重的工作。使用工具软件可以大幅度提高效率。这里我们使用了于康、田中良、高山弘子（2014a）的标注软件。该书的随书光盘含有三套软件：（i）日语语料库专用的加注标签软件TNR_JapaneseCorpus，（ii）偏误语料库专用的加注标签软件TNR_ErroCorpus，（iii）翻译语料库专用的加注标签软件TNR_TranslationCorpus。其中，TNR_TranslationCorpus的标注实例如（12）。此次我们使用的是偏误语料库专用的加注标签软件TNR_ErroCorpus。TNR_ErroCorpus由两个软件构成：（i）用于批改日语作文的软件TNR_WritingCorpus，（ii）给偏误作文加注标签的软件TNR_ErroCorpusTagger。TNR_WritingCorpus的标注结果如（14）。"→"左侧的「で」是误用，右侧的「に」是批改后的正确用法。

(14) コンビニ〈で→に〉は商品が少なくて、種類も少ない。（于康、田中良、高山弘子2014a: 91图3-41）

使用TNR_ErroCorpusTagger加注标签的结果如（15）。其中的「格助詞」指的是误用项「で」的属性为格助词。

(15) コンビニ〈格助詞／で→に〉は商品が少なくて、種類も少ない。（于康、田中良、高山弘子2014a: 112图3-82）

翻译误差标注使用偏误语料库专用的加注标签软件TNR_ErroCorpus，该软件的使用方法参见于康、田中良、高山弘子（2014a）。标签格式借鉴（15）的标注方式，如（16）。

(16) <误差类型／误差项目→与误差项目对应的原文>

3.3　翻译误差标注语料库的应用

由于目前尚处于测试阶段，语料库中只有非常少量的语料。下面就以这些语料做个简

单的案例分析。检索和统计使用于康、田中良、高山弘子（2014c）发布的语料库综合检索工具软件TNR_ErrorCorpusConc2014。

（一）学生译文的误差倾向

学生译文总字数为7137字，误差标注项为425项。前五类翻译误差如表12-1。

表12-1　学生译文前5类翻译误差

翻译误差类型	频次（百分比）
词义不对应	66（15.53%）
结构误解	28（6.59%）
成分添加	27（6.35%）
译文搭配不当	27（6.35%）
成分缺失	22（5.18%）

前五类误差占总误差数的40%。由此可见，这五类翻译误差是学生在翻译过程中最容易犯的错误。

"词义不对应"方面，如将「試験室」译作"考场"，将「ウクライナ情勢」译作"乌克兰政治危机"。「試験室」应该译作"考室"，与"考场"对应的日语说法是「試験会場」。与「ウクライナ情勢」对应的汉语说法应该是"乌克兰局势"或"乌克兰时局"。

"结构误解"有各种形式，如（17）。

(17) a. 原文：米国務省報道官も務めた欧州担当のトップ女性外交官ヌランド氏の言葉だ。

　　　译文1：这是<结构误解 / 美国国务院新闻发言人兼任→米国務省報道官も務めた>欧洲负责人的首位女外交官纽兰的言辞。（学生译文）

　　　译文2：这是也担任过美国外交部发言人负责欧洲的首席女性外交官纽兰说的话。（学生译文）

b. 原文：この試験室では37人が受験していたが、希望者は24日に行う再試験を受けられるようにする。

　　　译文1：该考场的37名考生<结构误解 / 暂定于24日接受重考→24日に行う再試験を受けられるようにする>。（学生译文）

　　　译文2：在这个里37个考生中，希望重新再考一次的考生可以参加24日举行的重考。（学生译文）

（17a）把动宾结构误解为主谓结构。（17b）中，「ようにする」是考试主办方的行为，而是否重考尚未最后决定，「24日に行う再試験を受けられる」只是说明一种可能性。

（17b）的译文1没有译出可能性的意思。

"成分添加"的实例如（18）。

(18) a. 原文：岐阜大で17日にあった大学入試センター試験の英語のリスニングで、監督者が予定より
　　　も25秒早く試験を終わらせたことがわかった。

　　　译文1：据悉，在17日岐阜大学举行的大学入学考试中的英语听力中，监考教师提前25秒就结束了
　　　　　　<成分添加／这场→○>考试。（学生译文）

　　　译文2：据悉，17日在岐阜大学举行的大学入学考试中心测试的英语听力考试中，监考老师比原定
　　　　　　时间提前25秒结束了考试。（学生译文）

　　b. 原文：何者かに盗聴され、録音がネットに暴露された。

　　　译文1：不知道被谁偷听了去，录音<成分添加／已经→○>被晒在了网上。（学生译文）

　　　译文2：通话内容被人窃听，录音也被披露在网络上。（学生译文）

　　　添加某些成分，意味着会添加相应的意义。（18a）中「試験を終わらせた」只不过表达一种行为，（18a）的译文1添加了"这场"，也就添加了"特定的某一场考试"的意思。这个句子是该报道的第一个句子，没有文脉支持"特定的某一场考试"的意思。（18b）译文1中添加了"已经"，也就添加了完成体的语义。从表达的角度看，这里的"已经"会让人觉得是某种期待的实现。

"译文搭配不当"如（19）。

(19) a. 原文：都道府県では初めての取り組みという。

　　　译文1：这在都道府県中是<译文搭配不当／初次的措施→初めての取り組み>。（学生译文）

　　　译文2：此举尚属各都道府县首例。（学生译文）

　　b. 原文：ハイブリッド車や電気自動車、天然ガス車などの導入を検討している。

　　　译文1：<译文搭配不当／○→（主语）>商讨动力汽车啊电动汽车啊天然气汽车等的引进问题。（学生译文）

　　　译文2：目前埼玉县正在探讨混合动力车、电力发动车和天燃气车等的导入问题。（学生译文）

　　（19a）的译文1中，"初次的措施"作为汉语表达本身是不成立的。译文2的处理是比较合理的。（19b）是段落开头的句子。作为汉语的表达形式，译文2由于补充了"埼玉县"这个主语成分，译文就显得自然，而译文1则不自然。

"成分缺失"的实例如（20）。原文中的画线部分没有译出。

(20) a. 原文：都道府県では初めての取り組み<u>という</u>。

译文1：<成分缺失／〇→という>此举尚属各都道府县首例。（学生译文）

译文2：<u>据悉</u>，这是都道府县政府首次采取此类行动。（学生译文）

b. 原文：岐阜大で17日にあった大学入試センター試験の英語のリスニングで、監督者が予定よりも25秒早く試験を終わらせた<u>ことがわかった</u>。

译文1：<成分缺失／〇→ことがわかった>17日，岐阜大学，入学考试的英语听力考试上，监考人员比原定时间提早25秒结束了考试。（学生译文）

译文2：<u>据悉</u>，17日在岐阜大学举行的大学入学考试中心测试的英语听力考试中，监考老师比原定时间提前25秒结束了考试。（学生译文）

学生译文的原文共三篇，两篇新闻报道（以下称报道1、报道2），一篇杂文。报道1是本科生3年级第一学期前期的翻译课练习，报道2是3年级第一学后期的翻译课练习，杂文是3年级第二学期前期的翻译课练习。报道1译文的总误差数是102项，前五类误差占52.94%；报道2译文的总误差数是115项，前五类误差占48.70%；杂文译文的总误差数是208项，前五类误差占36.54%。这三个练习的前五类误差率见表12-2–表12-4。

表12-2　报道1学生译文前五类翻译误差

翻译误差类型	频次（百分比）
词义不对应	28（27.45%）
译文符号使用不当	7（6.86%）
结构误解	7（6.86%）
成分添加	6（5.88%）
评价添加	6（5.88%）

表12-3　报道2学生译文前五类翻译误差

翻译误差类型	频次（百分比）
词义不对应	22（19.13%）
成分添加	10（8.70%）
成分缺失	8（6.96%）
结构误解	8（6.96%）
译文搭配不当	8（6.96%）

表12-4　杂文学生译文前五类翻译误差

翻译误差类型	频次（百分比）
非通用名称	18（8.65%）
译文搭配不当	17（8.17%）
词义不对应	16（7.69%）
结构误解	13（6.25%）
格式不当	12（5.77%）

表12-2中的"译文符号使用不当"，指的是标点符号的使用不妥当，如（21）。

(21) a. 译文：岐阜大学在18日<译文符号使用不当／，→○>就是否要重考这件事，向那些考生征求了意见。（学生译文）

b. 译文：岐阜大学<译文符号使用不当／，→○>将于18日确认这群考生是否愿意进行重考。（学生译文）

"评价添加"指的是译文中添加了译者的评价，如（22）。

(22) a. 原文：センターによると、試験の終了直前、ほとんどの受験生が聞き取り用のイヤホンをはずしたため、監督者が自分の判断で試験の終了を告げた。

译文：　考试中心表示，考试即将结束的时候，因为大多数考生已摘下听力耳机，监考老师<评价添加／自作主张→自分の判断で>宣布了考试结束。（学生译文）

b. 原文：受験生の苦情はなかったが、同じ試験室にいたタイムキーパーが気づき、報告した。

译文：　考生虽然没有抱怨，但同考室的计时员<评价添加／却→○>注意到了，汇报了上去。（学生译文）

（22a）中原文「自分の判断で」是客观叙述的说法，而译文"自作主张"虽然在意义上与原文相近，但是明显添加了负面的评价。（22b）中的"却"，也让人觉得添加了某种评价。"'但是……却……'的格式表示强调转折的语气。"（王自强1998：175）例子如（23）。

(23) a. 约好一点钟在院子里集合，但是到时候他却没有来。[1]

---

1 原文在"但是"之下使用空心圆标注，在"却"之下使用实心圆点标注。受电脑符号限制，这里分别使用波浪线和直线标注。

b. 他生活很俭朴，<u>但是</u>如果别人有困难，他<u>却</u>十分慷慨。（以上：王自强1998）

这种强调可以带来两种评价：（23a）带有负面的评价，而（23b）带有正面的评价。同样，（22b）的译文带有正面评价。

表12-4中的"非通用名称"，指的是某些词语在汉语中已经有相对稳定的说法，而译文没有使用这样的说法，如（24）。

(24) a. 译文：正因为当时对这位"人权派<非通用名称／<u>大总统→大統領</u>>"的评价很高，如今失望也很大。（学生译文）

b. 译文：对德国的监听是从反对伊拉克战争的<非通用名称／<u>元首相→元首相</u>>施罗德时代开始持续的。（学生译文）

（24a）应该是"总统"，而（24b）应该是"前总理"。此类误差之所以数量多，可能是因为日语专业的学生更多地将注意力放在与日本有关的事情上，而对日本以外的事情关注不够。

表12-4中的"格式不当"，均为汉语译文的段落起始处没有留出两个全角空格或只留出一个全角空格。

把学生的翻译练习按时间先后排列，还可以观察翻译学习状况。例如，从表12-2到表12-4，我们可以看到"词义不对应"的频次有所下降，表12-2中与标点符号相关的"译文符号使用不当"在其后的表12-3和表12-4中未出现。这说明在翻译教学中，这些翻译误差得到了纠正。

（二）《雪国》的误差倾向

翻译误差语料库还可以用于分析文学作品的译文。此次测试选用了『雪国』前2589字（含标题）的2个汉语译本。按照与学生译文相同的标准判断，翻译误差总数为248项，其中前五类翻译误差为102项，占41.13%，如表12-5。这两个译本该部分的误差数都是124项，不过前五类误差略有不同，如表12-6和表12-7。

表12-5 《雪国》2译本前五类翻译误差

翻译误差类型	频次（百分比）
句子切分	37（14.92%）
词义不对应	23（9.27%）
结构意义不对应	15（6.05%）

译文符号使用不当	14（5.65%）
成分添加	13（5.24%）

表12-6 叶谓渠译《雪国》前五类翻译误差

翻译误差类型	频次（百分比）
句子切分	17（13.71%）
词义不对应	11（8.87%）
结构误解	9（7.26%）
结构意义不对应	7（5.65%）
成分添加	7（5.65%）

表12-7 尚永清译《雪国》前五类翻译误差

翻译误差类型	频次（百分比）
句子切分	20（16.13%）
词义不对应	12（9.687%）
译文符号使用不当	9（7.26%）
结构意义不对应	8（6.45%）
成分添加	6（4.84%）

从上表可以看出，2位译者在翻译时较多地把复杂的句子切分为较为简单的句子。句子的问题比较复杂，这里不做探讨。"词义不对应"如（25）。

(25) a. 原文：雪の冷気が流れこんだ。

　　译文：一股<词义不对应／<u>冷空气→雪の冷気</u>>卷袭进来。（叶谓渠译1985）

b. 原文：ラッセルを三台備えて雪を待つ、国境の山であった。

　　译文：这是边界上的一座山，为了<词义不对应／<u>迎接→待つ</u>>大雪，已经准备下三辆除雪车。（尚永清译1997）

"冷空气"是气象术语，与原文的意思不对应。"<u>迎接</u>大雪"和「雪を<u>待つ</u>」的意思也不对应，主要差异在于对"雪"的态度不同。

"结构意义不对应"的例子如（26）。

(26) a. 原文：実際また自分より年上の男をいたわる女の幼い母ぶりは、遠目に夫婦とも思われよう。

译文：一个女人像慈母般地照拂比自己岁数大的男子，<结构意义不对应／<u>老远看去</u>→遠目に>，免不了会被人看作是夫妻。（叶谓渠译1985）

b. 原文：彼がその娘を不思議な見方であまりに見つめ過ぎた結果、

译文：因为他以<结构意义不对应／<u>神秘的眼光</u>→不思議な見方>凝视这个姑娘实在太久了。（尚永清译1997）

（26a）中的「遠目」，各主要词典的释义都强调空间距离之远，但是在原文中岛村与对方的实际距离似乎不适合使用"老远看去"来描述。尚永清（1997）将此译作"从旁看上去"，这是比较可取的译法。其实，日语中「遠目」也有不强调空间距离远的用法，如（27）。相片是不太可能从很远的距离来看的。

(27) 入り組んだ迷路のような緻密な模様。巨大なレース編みのような渦巻き。手でつまめそうな立体感のある桜の花びら。写真を<u>遠目</u>に見るとそんな風に見えるが、これらはすべて1人の人間の手によって作られた、塩を使ったアート作品だ。（HP）

（26b）的「不思議な見方」说的是观察方式很奇特，而"神秘的眼光"的意思与此不同。"译文符号使用不当"如（28）。

(28) 原文：娘は窓いっぱいに乗り出して、遠くへ叫ぶように、

「駅長さあん、駅長さあん。」

译文1："站长先生<译文符号使用不当／<u>，</u>→さあん>站长先生<译文符号使用不当／<u>！</u>→さあん>"（叶谓渠译1985）

译文2："站长<译文符号使用不当／<u>！</u>→さあん>站长<译文符号使用不当／<u>！</u>→さあん>"（尚永清译1997）

「さあん」中的长音，是为了声音能够及远。两个译本中的逗号和感叹号都不是能够使声音及远的符号。汉语中，要拖长声音通常使用破折号，如"站长——，站长——"。

4. 结语

翻译作为一种行为，是为跨语言交际进行沟通。由于翻译中存在语言和文化上的不可译性，因此翻译的结果译文就会出现偏差。我们将这种偏差称作翻译误差。当我们需要对译文的翻译状况进行评价时，我们首先排除由可译性原因造成的误差。我们需要关注的是外部原因造成的翻译误差和技术原因造成的翻译误差。不过，这两种情形还是可以分开考虑的。

对译文的评价可以有各种形式，如抽取译文的某个部分进行分析，或对全文进行分析。但实际上对译文全文进行分析的案例多限于诗歌等语篇容量较小的文本。随着语料库运用范围的扩大，翻译界也开始探讨使用语料库来分析译文。目前的翻译语料库主要有两种，一是使用生语料的平行语料库，二是通过机器赋码的平行语料库。由于这两种语料库在翻译研究上受到较多的限制，近来学术界在探讨人工标注的方法。

前面我们提出了翻译误差标注语料库的构想，并借助于康、田中良、高山弘子（2014a）发布的注标签软件TNR_ErroCorpus和于康、田中良、高山弘子（2014c）发布的语料库综合检索工具软件TNR_ErrorCorpusConc2014对少量的日译汉语料进行测试。从提取出的数据，我们可以大致了解翻译误差的分布状况。这种语料库不仅可以用于检测翻译教学的成效，还可以用于分析文学作品的译文。

【研究思考题】

1. 平行语料库在翻译研究中比较适合研究什么？不太适合研究什么？
2. 翻译误差语料库适合研究什么问题？

【参考文献】

胡开宝.语料库翻译学概论.上海：上海交通大学出版社，2011

林璋.论翻译学的基础研究.外国语，1999（6）：61～66

林璋.关于译文的质量指标——可接受性＋最大对应关系.日语学习与研究，2008（4）：1～6

毛文伟.基于中日对译语料库的汉日翻译文本特殊性研究——以小说文本为例.日语学习与研究，2014（4）：99～106

莫言.我变成了小说的奴隶——莫言在日本京都大学的演讲.正义网，2000年9月10日

沈维藩.漓江版译文版村上春树小说比较谈.文汇报，2001年3月17日（书缘）

王东风.一只看不见的手——论意识形态对翻译实践的操纵.中国翻译，2003（5）：16～23

王惠、朱纯深.翻译教学语料库的标注及应用——"英文财经报道中文翻译及注释语料库"介绍.外语教学与研究, 2012（2）：246～255

王克非.语料库翻译学探索.上海：上海交通大学出版社，2012

王志松.川端康成与八十年代的中国文学——兼论日本新感觉派文学对中国文学的第二次影响.日语学习与研究，2004（2）：54～59

王自强.现代汉语虚词词典.上海：上海辞书出版社，1998

韦努蒂（1996），查正贤译.翻译与文化身份的塑造.见：许宝强、袁伟选编.语言与翻译的政治.北京：中央编译出版社，2000.358～382

于康、田中良、高山弘子.加注标签软件与日语研究.杭州：浙江工商大学出版社，2014a

于康、田中良、高山弘子.《TNR汉日日汉翻译语料库》和《TNR标签软件》的研发与翻译教学.日语学习与研究，2014b（4）：92～98

于康、田中良、高山弘子.日语偏误研究的方法与实践.杭州：浙江工商大学出版社，2014c

【推荐书目】

胡开宝.语料库翻译学概论.上海：上海交通大学出版社，2011

王克非.语料库翻译学探索.上海：上海交通大学出版社，2012

于康、田中良、高山弘子.加注标签软件与日语研究.杭州：浙江工商大学出版社，2014

于康、田中良、高山弘子.日语偏误研究的方法与实践.杭州：浙江工商大学出版社，2014

参考答案

第一章

1. 平均值：数据中所有数值之和除以数值数。

标准差：反映数据内部的发散情况。

方差：反映数据离散趋势的另一个量度。

2.

描述统计量

	N	全距	极小值	极大值	均值	
	统计量	统计量	统计量	统计量	统计量	标准误
VAR00002	20	47.00	45.00	92.00	73.4000	2.98805
有效的N（列表状态）	20					

	标准差	方差	偏度		峰度	
	统计量	统计量	统计量	标准误	统计量	标准误
VAR00002	13.36295	178.568	−.713	.512	−.143	.992
有效的N（列表状态）						

统计量

VAR00002

N	有效	20
	缺失	0
均值		73.4000
均值的标准误		2.98805
中值		76.5000
众数		45.00ᵃ
标准差		13.36295
方差		178.568
偏度		−.713
偏度的标准误		.512
峰度		−.143
峰度的标准误		.992
全距		47.00
极小值		45.00
极大值		92.00

a. 存在多个众数。显示最小值

3. 参照2.5小结。

4. 结果显示，词汇量大小不同的两组学生在理解外来语时所需的反应时间 [$t(37)$=-3.774, p<.001]，以及错误率 [$t(37)$=-2.579, p< .05] 的差异均达到了显著性的水平。日语词汇量大的学生能够更快且更加准确的理解外来语。

5. 首先，应该用重复测量设计的单因素方差分析，分别对肯定和否定情况下五种句式间礼貌度的平均差。然后，用配对样本t检验分别对每种句式在肯定和否定两种情况下礼貌度的平均差。总共要进行两次重复测量设计的单因素方差分析，五次配对样本t检验。

6. 结果显示，年龄段的主效应是显著性的。因为只有两个水平，可以直接通过均值判断哪一个年龄段的被试者更加频繁的使用"着メロ"。10 -20岁的被试者的均值为4.84，30－40岁的被试者均值为4.12，由此可知年轻人更加频繁使用该词。性别的主效应也勉强达到显著性水平，女性的均值为4.67，男性为4.39，女性比男性更加频繁使用该词。而年龄段和性别的交互效应未达到显著性水平。也就是说，两个因素之间并未产生相互影响。

   在论文中可以这样描述：在本研究中，我们使用2×2方差分析考察了不同年龄段不同性别的人使用"着メロ"的频率。结果显示，年龄段 [$F(1,190)$=27.499, p<.001] 以及性别 [$F(1,190)$=3.900, p<.05] 的主效应均达到了显著性水平，但是交互效应是不显著的 [$F(1,190)$=2.547, ns.]。由此可知，10–20岁的年轻人更为频繁的使用"着メロ"这一缩略语。此外，女性的使用频率比男性更高。

7. 参考4.2回归分析。

8. 运用多元回归分析，分析X_1 X_2 X_3对因变量Y是否具有影响，其结果是 [$F(3,274)$=32.990, p<.001]，具有统计学意义，调整后的判定系数 R^2 为 0.265，说明模型拟合度较高。X_1(β=.010, ns.) 对 Y 的影响没有显著效应，不具备统计学上的意义。而 X_2 (β=.27, p<.001) 对Y的影响具有统计学意义，X_3 (β=.22, p<.001) 对Y的影响也具有统计学意义。而且比较X_2和X_3对Y的影响力，可以知道X_2的影响力稍强。

9. 阅读（均值21.56，标准差5.14）和听力（均值12.06，标准差3.12）在0.01水平（双侧）上显著相关（r=.37，p<0.01）。阅读（均值21.56，标准差5.14）和语法（均值27.75，标准差5.47）在0.01水平（双侧）上显著相关（r=.60，p<0.01）。语法（均值27.75，标准差5.47）和听力（均值12.06，标准差3.12）在0.01水平（双侧）上显著相关（r=.44，p<0.01）。

第二章

1. ① 新聞と小説の文章を集めて，「リーディングちゅう太」や「日本語文章難易度判別システムalpha版」でテキスト分析をし，新聞の文章8問と小説の文章8問の難易度を同レベルに統制する。そして設問を作り，読解テストを作成する。

   ② 語彙テストと文法テスト（宮岡・玉岡・酒井（2011），宮岡・玉岡・酒井（2014）を使用してもよい）と読解テストの信頼性係数を出す。

   ③ 読解テストの得点で，上位群と下位群に分ける。

   ④ 読解テストの得点を従属変数にし，語彙テストと文法テストの得点を独立変数にして，重回帰分析（項目数が少ないので，5%有意の強制投入法が望ましい）を上位群と下位群の別に行う。

2. ①「謝罪」のメールを評価したいので、まず、相手に趣旨が伝わるかという意味で「趣旨の明確さ」、「文法的な正確さ」が評価基準として考えられます。また、相手や場面に合った表現や語が用いられているかということも重要になるので、「語や表現の適切さ」や「読み手への配慮」も評価項目としたいところです。その他、「表現の豊かさ」や「構成・形式」なども評価項目として考えられます。

   ② まず、複数の評価者で評価していますので、どの程度評価者間の評価が一致したか調べます。このとき、各評価項目の評価者間一致度を調べると、どのような項目で評価が分かれるのかを知ることができます。評価者間一致度が低い項目については、評価者の間で評価をする上での認識が一致していないということなので、認識を共有するための話し合いを行うと改善がはかられる場合があります。さらに、複数名の評価者の各学習者につけた点数の平均、標準偏差、識別力を比較することで、評価者の評価の傾向も分かります。

3. ① まず、聴解テスト・外来語の聞き取り理解テスト、2つのテストの信頼性分析をする。

   ② 次に、聴解テスト得点の平均を基準にして、被験者を上位・（中位・）下位群に分ける。

   ③ 最後に、能力群によって外来語の聞き取り理解度に違いがあるか、分散分析を行う。

4. A. 実力が近い学習者に対する試験なので、学習者同士でペアを組ませて、学習項目の中から課題を与え（例えば道案内や買い物など）、会話を行わせる「グループ形式テスト」がよい。あるいは、受験人数が少ないことから、「直接インタビュー」により、教師が学習項目に関する質問をする。

B. 受験する集団内の実力の差を明らかにするために、一度に多人数にテストができ、受験者に類似した内容の出題をする「CBT」を用いるのが適当である。

5. 産出能力を測る口頭試験と受容能力を測る読解・聴解試験の相関関係が明らかになれば、一方の試験がもう一方の試験の能力をどれだけ反映しているかがわかる。

第三章

1. 参考本章内容，分别从质的研究的研究信念、书写报告及评价基准方面来概括自己的理解。

2. 参考本章内容，从与"浅描"的对比中理解"深描"。有价值的"深描"不是浪费笔墨，而是为读者交代一个清晰的语境，并呈现研究的整体性、情景化以及动态化。

第四章

1. 由于质的研究在中国得到一定的发展，现阶段采用访谈进行数据收集的研究论文并不少见。然而，采用访谈进行数据收集的研究主要集中于人类学、社会学、教育学等领域。在日语教育研究中，使用这一研究方法的研究并不多见。读者可通过网络关注日本大阪大学日本语研究室发行的《阪大日本语》(『阪大日本語研究』) 或者大阪大学文学会编的《待兼山论丛》(『待兼山論叢』) 的内容。这两本刊物每年都定期发表两到三篇关于利用质性研究法的日语教育研究方面的论文。读者可阅览上述的两本刊物或者其他刊物、书籍，再根据自己的研究兴趣确定所要阅读的论文。

2. 推荐阅读王晴峰（2014）等论文了解访谈这一数据收集方法本身存在的不足以及导致这种不足的原因。在此基础上，结合自己的研究课题，思考回答研究课题所需要的数据与采用访谈法得到数据之间的差距，并讨论弥补这一差距的方法。简单来说，有两种方法可弥补采用访谈法存在的不足。其中一种是，提高访谈数据本身的质量。提高访谈数据质量的方法可参见本小节内容。另外一种是，使用访谈法的同时，也采用了别的数据收集。例如，访谈法与观察法相结合（关于"观察法"可参见"田野调查"一节的内容）。这样一来，研究数据中便添加了研究者看受访者的世界的视角，有利于改善访谈数据的只集中于倾听受访者个人观点的不足；其次，采用"混合研究法"。利用"量的研究"的长处来弥补质性研究的访谈的不足。关于"混合研究法"的具体

内容，请参见克雷斯威尔（2007）、塔沙克里（2010）、沈奕斐（2014）等。

3. 参见本章内容并结合自己的研究课题进行思考讨论。

4. 可以参考陈向明（1999）和（1997），费孝通（1996）等参考文献。

5. 可以参考箕浦（1999），佐藤（2002）等外文参考文献。

6. 参考佐藤（2002），范玉梅（2012）等与访谈相关的内容。

第五章

1. "发想"一词是川喜田二郎对，"abduction"的翻译（中文译作不明推论式、溯因推理等）。他对这一概念的理解则是受到了20世纪初美国著名实用主义奠基人皮尔士（Charles Sanders Peirce，1839-1914）的影响，意旨在有限的信息（数据）中提取出某个规律或者结论（例如门捷列夫根据不完整的元素信息提取出了元素周期律这一描述这些信息的规律）。这也深刻影响了KJ法的通过整理数据的层次和关联生成假说这一理念。与元素周期律这样的具有普适性的自然规律不同的是，在质的研究当中，研究者面对的现场或对象都具有某些特质，这些特质决定了在研究的结果或者产生的假说难以具有普适性，而这也并非质的研究的目的。质的研究的目的在于了解人对自己的行为以及社会现象所赋予的意义。因此，作为质的研究的一种，KJ法的假说生成或者创造，其目的在于更加深刻地去理解某个特定的现场中或者某个个人所产生的一次性或多次性现象，创造的假说用于解释这些现象的关联和对象本人对现象赋予的意义。

2. 质的数据往往非常繁多，难以整理。KJ法的图解能够将所得到的信息进行简化，并且整理出信息之间的层级和关联，使得结果更清晰明了。与量的研究假说验证这一理念不同的是，KJ法作为质的研究的一种，在假说的探索和产生方面能够发挥威力。例如，研究者对于日语学习课堂中教师与学生的互动抱有兴趣，进行了参与观察的田野调查，记下了观察笔记。对这些数据使用KJ法进行分析，能够详细记述某个特定教育现场中所产生的教学现象，整理出教师和学生各自的特性，并且通过图解能够构建出解释这一教育现场中师生互动关联的模型图。总的来说，对于以某个特定的现场（field）或者某个个人为对象的研究中，希望理清数据内的层次和关联，并以此产生新的假说或想法时，则可以考虑采用KJ法。

3. KJ法虽然能够呈现数据内部的关联，但作为一种重视空间结构的图解法，时间这一概念无法得到凸显。例如，假设研究目的为"考察日语学习者在学习中对自我这一概念产生的变化过程"，此时的焦点在于探讨过程，即存在时间先后的概念。KJ法因为自

身处理的手续，导致了各个不同时间段的数据被混合在了一起，研究者往往忽略时间不同带来的微妙变化。因此，在进行重视时间、重视考察变化过程自身的研究中，KJ法则难以发挥最大的效用，不适用于以描述过程为目的的研究。

第六章

1. 阅读参考文献和推荐书目中关于案例研究的数据收集方法的章节，理解题目中所列举的六种数据收集方法，并找出各种方法的优点和缺点。结合自身的经验，和同学讨论克服各种数据收集方法的缺陷的方法。

2. 从参考文献和推荐书目中选择自己感兴趣的实践研究论文，或检索与自己研究问题相关联的案例研究论文进行阅读。阅读时，请注意带着题目中所列举的要点进行深入思考。阅读结束之后，列举出所阅读论文的优点、不足点。

3. 参见本章的内容，结合自己的研究问题进行思考，并列举出理由。

4. 参见本章内容，主要理解"叙事性思维模式"与"典范性思维模式"的区别，并将其与叙事探究结合起来思考。

5. 参见本章内容，联系杜威的"经验论"，并将研究过程联系起来，思考该问题。研究者在做叙事探究时，在调查阶段、分析阶段以及最后写研究报告阶段都要有"三维"空间的意识。

6. 参见本章内容，希望同学能与其他质的研究方法进行对比来思考该问题。

7. 可参照民族志的历史和发展以及民族志的种类等。

8. 可参考费孝通（1996）陈向明（1999）等系列和质的研究相关的著作。

9. 可参考八木（2013）和范玉梅（2012）等质的研究著作。

第七章

1. 参见本章内容，结合至今为止所学的质的研究的特点以及各种研究方法来思考这一问题。也就是说比起量的研究，质的研究由于其研究理念、调查方法以及对研究参与者的依赖等特点都决定了质的研究方法有其独特的伦理问题。

2. 参加本章内容，联系笔者所举的实例来思考该问题。可以思考假如自己在做一项质的研究，自己的头脑里会不会受到"典型化"或者"感动化"的诱惑，而通过学习本章，自己又应该如何去避免这些问题的发生。

第八章

1. 参见本章1.1和1.3的内容，进行归纳、思考和说明。
2. 参见本章1.2的分类和说明，进行思考、举例和说明。
3. 参见本章2和3的论述及实例，进行归纳梳理，在此基础上结合自己的教学需要和研究课题设计运用方案，并对教材语料库提出改进意见。
4. 参见本章1.3和4的内容，阅读参考文献何推荐书目，进行思考和讨论。

第九章

1. 日语自然语言处理研究领域目前比较成熟的技术有分词、词性标注、汉字词汇的读音标注等，除此之外还有句法分析工具在某种程度上也可以应用在日语语言学研究上。
2. 日本从上世纪50年代就开始了大规模词汇调查研究，取得了包括日语词频表在内的多项令人瞩目的成果。虽然针对日语词汇系统的词频统计日本国立国语研究所已经有很多成熟的研究，但是，这不是说词频统计作为语言研究的一个手段就没有用武之地了。特别是在针对特定目的、或进行某一特定领域研究时还需要词频统计这个手段，如研究文章难度和词汇的关系、研究文体特征等。
3. 传统的语言理论大多数是建立在专家内省的基础上的，有一些未必和语言运用的实际相符合。因此，针对这些理论可以利用语料库进行验证，验证过程中就可能发现以往研究之不足。如：金田一春彦先生认为"そびえる"这一类词总是以"ている"形式出现的，但是田野村忠温先生在对语料库进行调查时发现，"そびえる"和"そびえている"两种形态在实际运用中的用例数基本相当。基于这个语言事实，至少可以认为"そびえる"这一类词的分类问题还有进一步研究的余地。
4. 作家的独特风格可以反映在作品的句子长度、对同义词的选择、色彩词的使用、不同品词的比例等等方面。

第十章

1. 凡是母语者都不认可和觉得非常不自然，同时又影响和阻碍正确理解说话人表达意图的用法都看作偏误用法。凡是不影响或不阻碍正确理解说话人表达意图的用法，即便是不太通顺或不太得体或不太自然，也暂时不看作偏误用法。

2. 偏误研究是第二语言习得研究中的一个非常重要的领域，是阐明第二语言习得过程和机制的重要前提和数据来源。同时，偏误研究也是外语教学研究中的一个非常重要的领域，它不仅与课程安排、教学法、课堂教学等研究直接相关，而且对教材编写也具有举足轻重的作用。也就是说，偏误研究不仅与第二语言习得研究有关，也与外语教学研究有关。

3. 与第二语言习得研究有关的日语偏误研究的主要课题有以下几类：

   ① 正确描写和说明日语偏误用法的各类分布和倾向

   ② 正确描写和说明何类日语偏误用法容易或不容易出现反复现象

   ③ 正确描写和说明何类日语偏误用法容易或不容易出现石化现象以及何类石化现象

   ④ 正确描写和说明日语偏误用法的出现、持续、变化、消失以及石化的过程

   ⑤ 通过偏误研究探讨日语中介语的构成和体系。

   与日语教学研究有关的日语偏误研究的主要课题有以下几类：

   ① 正确描写和说明日语偏误用法的各类分布和倾向

   ② 正确描写和说明在不同学习时间和学习条件下的日语各类词汇的习得难易度及其异同

   ③ 正确描写和说明在不同学习时间和学习条件下的日语各类语法的习得难易度及其异同

   ④ 正确描写和说明在不同学习时间和学习条件下的日语各类句法的习得难易度及其异同

   ⑤ 正确描写和说明在不同学习时间和学习条件下的日语表达和语用等方面的习得难易度及其异同

   ⑥ 通过在不同学习时间和学习条件下的日语习得难易度的研究来探讨日语的教材编写、课程安排、课堂教学、教学法的合理建构与具体内容的安排等问题

4. 偏误研究有3个基本步骤：

   ① 收集偏误语料

   ② 给偏误语料标注供统计和分析用的标签

   ③ 统计和解析标签以此阐明语言偏误的规律

这3个步骤环环相扣，缺一不可。没有偏误语料等于无米之炊；有了偏误语料，没有供统计和解析用的标签，结果还是得依赖目视来观察偏误语料，很难抽取出具有普遍意义的规则；有了标注标签的偏误语料，如果没有专门用来统计和解析这些语料的工具，等于有了材料却没锅炒菜。

第十一章

1. 中国日语学习者的产出在文本特征方面主要呈现出以下特点：在形容词、形容动词、副词等修饰词、代词的使用比例以及MVR等指标方面，学习者语料都远远高于本族语语料。在其他方面，学习者的产出则介于本族语口语和议论文之间。结合读者/作者显现度等指标可以认为，作为书面语，中国日语学习者的产出表现出相当强的口语化倾向。

2. 与本族语语料相比，学习者语料的词目数呈现出两个特点。一是总数较少，四级语料所含词目数的均值仅为本族语会话的约1/4，不到本族语书面语的1/10。八级语料中的词目数均值也不到本族语会话的1/3和本族语书面语的1/8。二是本族语语料的高频词目覆盖率较低。在本族语小说或是议论文中，出现频次前1000位的高频词目的覆盖率不过是80%左右，而在学习者语料中，普遍达到了93%以上。在词目覆盖率达到40%之前，各类语料中的高频词目数量相差不大。之后，本族语语料的词目数迅速增加，学习者语料的增长则相对缓慢。

3. 一方面，学习者在部分高频词汇使用方面呈现出过度使用的倾向。名词、形容词、形容动词、副词等自立词以及附属词中的复合辞不仅词目数量多，而且覆盖率高。接续词、格助词、係助词尽管词目数量相差不大，覆盖率却也较高。这些都是存在较为明显过度使用倾向的词汇。此外，学生能够熟练应用的代名词、动词和副助词总体词目偏少，覆盖率却与本族语语料库差距不大，表现出对特定词汇的过度使用倾向。另一方面，对表示推断语气的助动词、准体助词以及终助词的使用能力则存在不足。总体而言，学习者对于意义明确、构成句子主干的单词使用偏多，对于表达各类语气的词汇运用则偏少，导致表达单调、缺乏交互性。

第十二章

1. 语料库的使用主要看语料形式和检索手段。目前的平行语料库有2种：(i) 使用生语料，

（ii）使用赋码语料。检索的基本原理就是需要关键词。将语料形式和检索手段这2个因素结合起来看，使用生语料的语料库能检索到原文和译文本身。因此，这种语料库在翻译研究中比较适合研究词语的翻译和有标记的语法项目的翻译问题。使用赋码语料的语料库能检索到语料的词性等信息，这种材料可以用于研究所用素材的对比，并以此考察文体特征的异同。但是，这种语料库不太适合用于研究话题的展开方式和词语的使用状况等问题，因为这些问题很难通过对平行语料库检索获得资料。

2. 翻译误差语料库是通过对译文的误差进行标注后制作成的语料库，因此除了可以对文本本身进行检索外，还可以对误差标签的检索来获取研究资料。由于误差标签本身就是对翻译处理的一种分析，因此翻译误差语料库不仅可以当作普通的平行语料库来使用，还可以用于研究漏译、词语不对应、语序调整不当以及译文标点符号使用不当等翻译误差。